Heinlein · Hartleben: POP3 und IMAP

open source
PRESS

Peer Heinlein ▪ Peer Hartleben

POP3 und IMAP

Mailserver mit Courier und Cyrus

Bibliografische Information Der Deutschen Nationalbibliothek

Die Deutsche Nationalbibliothek verzeichnet diese Publikation in der Deutschen Nationalbibliografie; detaillierte bibliografische Daten sind im Internet über http://dnb.d-nb.de abrufbar.

Gesamtlektorat: Patricia Jung
Satz: Open Source Press (LaTeX)
Umschlaggestaltung: www.fritzdesign.de
Gesamtherstellung: Kösel, Krugzell

ISBN 978-3-937514-11-6

http://www.opensourcepress.de

Inhaltsverzeichnis

Vorwort

IMAP-Server führen in der Fachliteratur ein Schattendasein: Es gibt kaum deutschsprachige Literatur, und auch auf Englisch findet man keine aktuelle Dokumentation, die sich mit dem Thema in der nötigen Tiefe beschäftigt.

Dass das nicht damit zu tun haben kann, dass die gängigen Software-Lösungen keine Fragen offen ließen, zeigt ein Blick in die einschlägigen Mailinglisten, die voll mit Anfragen und Problemen sind. Auch wenn IMAP auf den ersten Blick eine übersichtliche und einfache Angelegenheit ohne allzu großen Konfigurationsaufwand zu sein scheint, lauern doch zahlreiche Fallstricke, sobald ein IMAP-Server für größere Nutzerzahlen ausgelegt oder neben den Grundfunktionen mit raffinierten Zusatzfeatures glänzen soll.

In unserer täglichen Arbeit haben wir uns in den letzten Jahren insbesondere auf Courier und Cyrus spezialisiert. Beide haben Vor- und Nachteile, so dass je nach Projekt neu entschieden wird, welche Software nun eingesetzt wird. Peer Heinlein beschäftigt sich vorwiegend mit Courier-IMAP und realisiert damit große ISP-Mailserver für fünf- oder sechsstellige Nutzerzahlen, während Peer Hartleben sich mit Cyrus-IMAP auf kleine und große Firmenmailserver spezialisiert hat, in denen die Cyrus-Userverwaltung – zum Teil auch via Konsole – und die serverseitige Mailfilterung mit Sieve gefragt sind. Dementsprechend hat Peer Heinlein die allgemeine Einführung und den Courier-Teil geschrieben, Peer Hartleben den gesamten Cyrus-Teil.

Weder Courier noch Cyrus zeichneten sich (bis jetzt!) durch eine angemessene Dokumentation aus. So müssen wir zugeben: Die Arbeit an diesem Buch war streckenweise wirklich hart. Viele undokumentierte Verhaltensweisen oder Aufrufparameter mussten wir mühsam debuggen, nach der Trial-and-Error-Methode testen oder anhand des Quellcodes analysieren, weil ihre Bedeutung schlichtweg *nirgendwo* dokumentiert war. Auch die Projekt-Mailinglisten waren dabei teilweise nicht wirklich hilfreich, da sie oft mehr Fragen als Antworten bereithielten.

So hat die Detailarbeit an diesem Buch weit mehr Zeit verschlungen, als wir uns zu Beginn dachten, so dass wir uns bei allen entschuldigen, die mit einem immer wieder verschobenen Erscheinungstermin vertröstet wurden. Nun aber gibt es – hoffentlich – erstmals seit langer Zeit wieder eine umfassende und aktuelle Dokumentation rund um IMAP, Courier und Cyrus.

Angesichts der heutigen Bedeutung der E-Mail-Kommunikation hoffen wir, damit vielen Admins und Postmastern bei ihrer Arbeit zu helfen.

Dieses Buch ist in seiner ersten Auflage sicher noch nicht vollständig; einige Kleinigkeiten mussten wir auf eine zukünftige zweite Auflage verschieben. Gleichzeitig können wir nicht ausschließen, dass uns bei der Interpretation der vielen kaum oder gar nicht dokumentierten Verhaltensweisen der eine oder andere Fehler unterlaufen ist, so sehr wir uns auch bemüht haben, alles durch Tests abzusichern.

Auf `http://www.imap-buch.de/` werden wir daher Korrekturen und Ergänzungen bereitstellen und freuen uns immer über Anregungen, Hinweise oder Berichtigungen. Diese Ihre Hilfe ist sehr wichtig für uns. Schreiben Sie uns bitte, welche Themen Sie gut fanden, wo Unklarheiten geblieben sind oder wo Sie einen Fehler vermuten. Auf der Webseite finden Sie auch einen Link zur Mailingliste `imap-buch`, auf der sich hoffentlich recht schnell eine lebhafte und kompetente Diskussion entwickeln wird.

Wenn dieses Buch in die Druckerei wandert, können viele Leute aufatmen, denen wir zu wirklich großem Dank verpflichtet sind. Allen voran unserer Lektorin Patricia Jung für ihre wochenlange hartnäckige Feinarbeit und das Hinterfragen eines jeden Details. Das hat uns Autoren zwar oft genug verzweifeln lassen, aber diesem Buch erst die Qualität verliehen, die es nun endlich besitzt. Nicht zuletzt hat sie mit ihrem eigenen Fachwissen viele wichtige Anregungen und Erklärungen ins Buch eingebracht.

Ebenso hat das weitere Team von Open Source Press mit Markus Wirtz und Ulrich Wolf einen nicht gerade unwesentlichen Anteil an der Entstehungsgeschichte – wir sind sicher, dass die beiden nicht nur ein graues Haar dabei bekommen haben – 'tschuldigung!

Arnt Gulbrandsen hat uns mit seinen Detailkenntnissen zu IMAP fachlich enorm unterstützt, auch hier ein großes Dankeschön für sein Engagement. Ebenso ein Dank an Frank Richter von der TU Chemnitz für seine Schützenhilfe beim „Kampf“ mit dem Cyrus-Cluster.

Hinter den Kulissen werkelten noch weitere Helfer im Team von Heinlein Support, die uns für dieses Buch tapfer zugearbeitet haben, Messungen vornahmen (seien wir ehrlich: Drecksarbeit übernommen haben), Details recherchierten und von uns Aufgaben zugeschoben bekamen, so dass wir uns voll auf das Buch konzentrieren konnten: Danke an Stefan, Holger, Chrizz, Henri, Christian, Matthias und Christiane.

Wann immer Bücher geschrieben werden, darf auch ein „Danke“ und „Jetzt wird alles wieder besser“ an die Liebsten nicht vergessen werden. Unseren *vier* Frauen senden wir darum ein erleichtertes *Wir-haben-jetzt-wieder-mehr-Zeit-für Euch*! An unsere großen Frauen, Anja und Ivonne, die alles tapfer mit uns durchgestanden haben und die damit leben mussten, dass *das Buch* lange Zeit und jedes Wochenende wie ein Damokles-Schwert über jedem Moment Freizeit hing. Aber natürlich auch an unsere (klitze-)kleinen

Frauen: An Lara Hartleben, die kaum trocken hinter den Ohren ist und noch keine Nacht durchschläft, und an die noch namenlose Heinlein-Junieuse, die zwar noch nicht einmal geboren ist, aber immerhin schon den ersten Wettlauf ihres Lebens aufgenommen hat: Wer erblickt zuerst das Licht der Welt – sie oder „POP3 und IMAP"? Es scheint so, als ob das Buch knapp gewinnen wird...

Peer Heinlein und Peer Hartleben Berlin, im September 2007

Teil I

Der IMAP-Server: Aufzucht und Pflege

1 Protokolle und Begriffe

Was eigentlich ist ein Mailserver? Als Bezeichnung für eine Maschine, die irgendwo im Rechenzentrum steht und sich um die E-Mail-Verwaltung kümmert, mag das Wort durchaus geeignet sein. Tatsächlich besteht ein Mailserver baukastenartig aus einer Vielzahl verschiedener Komponenten und Programme und kommuniziert über verschiedene Protokolle. Das gilt auch für kommerzielle Produkte, die viele der nötigen Funktionen unter einem gemeinsamen Produktnamen anbieten. In den meisten Fällen lassen sich die verschiedenen Aufgaben auf mehr als einen Server verteilen, so dass „der Mailserver" in Wahrheit aus mehreren Maschinen besteht, die unterschiedliche Funktionen haben.

Über das *Simple Mail Transport Protocol* (SMTP) unterhalten sich Mailserver miteinander, wenn sie E-Mails ans Ziel bringen wollen. Clients wie Outlook, KMail, Thunderbird oder Evolution liefern ihre E-Mails meist per SMTP beim für sie zuständigen *Relay-Server* ein. SMTP eignet sich jedoch nur für den *Versand* von Mail, nicht aber für den nutzerseitigen *Empfang*, so dass man per SMTP weder sein Postfach abfragen noch Mailverzeichnisse darin anlegen kann. Folglich hat ein *Mail Transfer Agent* (MTA), der die

Aufgabe hat, von Clients oder anderen Servern übernommene Mails ans Ziel zu transportieren, nichts mit Empfangsmechanismen wie POP3, IMAP und dergleichen zu tun. Kurzum: Um SMTP-Server wie Postfix, QMail, Exim oder Sendmail geht es in diesem Buch allenfalls am Rande; dass sie korrekt funktionieren, setzen wir voraus.[1]

Das *Post Office Protocol Version 3* (POP3) als vergleichsweise einfaches Protokoll bietet nur wenige Konfigurationsmöglichkeiten, so dass reine POP3-Server sehr geringen Administrationsaufwand erfordern. Einmal gestartet oder in die Konfiguration des X(Inet)-Daemons eingetragen, lassen sich E-Mails auf Port 110 über POP3 abrufen.

Das *Internet Message Access Protocol* (IMAP), sozusagen der große Bruder von POP3, ist durchaus komplex. Die zahlreichen Möglichkeiten der Einflussnahme auf den Prozess des Mailabrufs und der Mailverwaltung sind Hauptthema dieses Buchs, nach dessen Lektüre Sie auch anspruchsvolle Szenarien umsetzen können. Die bekannten IMAP-Server bringen auch einen kleinen POP3-Daemon mit; für Programmierer, die sich mit der Komplexität des IMAP-Protokolls befassen, stellt es kein Problem dar, „nebenbei" auch noch das POP3-Protokoll anzubieten.

In diesem Buch dreht sich alles um die beiden bekanntesten Open-Source-Vertreter dieser Software-Gattung: Courier-IMAP und Cyrus-IMAP. Da beide einen POP3-Server mitbringen, sind im Folgenden oft beide Dienste gemeint, wenn wir der Einfachheit halber von IMAP-Servern sprechen.

LMTP, das *Local Message Transfer Protocol*, ist eng mit SMTP verwandt, aber ausschließlich für den lokalen Einsatz gedacht, um zum Beispiel E-Mails von einem Mail Transfer Agent (etwa Postfix) an andere Mail-Komponenten, speziell den *Mail Delivery Agent* (MDA), zu übergeben. Es hat in diesem Fall gegenüber SMTP den Vorteil, dass sich sicherer unterscheiden lässt, an welche Mailadressen die lokale Zustellung möglich war und an welche nicht: Anders als bei SMTP wird hier *nach* dem `DATA`-Kommando pro Empfänger eine Statusmeldung ausgegeben, die besagt, in wessen Postfach die Mail tatsächlich gespeichert wurde. Bei SMTP lässt sich hingegen nur feststellen, ob der Server eine Mail für diesen Empfänger erfolgreich in die Queue zur späteren Zustellung stellen konnte. In Hochleistungsumgebungen soll LMTP zudem einen gewissen Performance-Gewinn bringen.

LMTP sollte nur lokal innerhalb eines eigenen Netzes benutzt werden, beispielsweise für die Zustellung vom Front-Relay (der per SMTP empfängt) an das eigentliche Mail-Backend, das die Speicherung übernimmt. So lässt sich das Protokoll beispielsweise zur Anbindung von Cyrus an den MTA nutzen (siehe Kapitel 11.4.1 ab Seite 197).

Unter dem populären Schlagwort *Groupware* versteht man eine Software, die für mehrere Nutzer Aufgaben, Kalender, Mailkontakte und Adressbü-

[1] Ausführliche Informationen zu Postfix bietet „Das Postfix-Buch" von Peer Heinlein, das ebenfalls bei Open Source Press erschienen ist.

cher verwaltet – je nach Ausführung kommen auch Ressourcen- und Raumverwaltung, Dateimanagement oder andere Einsatzbereiche hinzu. Zwar hat Groupware folglich nur bedingt etwas mit E-Mails zu tun, doch integrieren solche Software-Lösungen typischerweise einen Maildienst. Die hier vorgestellten IMAP-Server sind *keine* Groupware-Server, allerdings basieren einige freie Groupware-Lösungen wie Kolab, OpenGroupware oder eGroupWare auf ihnen, so dass dieses Buch bei der Anpassung auch dieser Software hilfreich sein kann.

1.1 Was macht IMAP so komplex?

Der POP3-Server wartet, bis sich ein Nutzer erfolgreich eingeloggt hat und übermittelt ihm dann die in dessen Postfach gespeicherten, ungelesenen Nachrichten. Je nach Client-Anforderung werden die übertragenen Nachrichten anschließend gelöscht, um Platz zu sparen, oder als gelesen markiert und aufgehoben. Das ist nicht weiter anspruchsvoll, und so gibt es wenig, was eine Software hier falsch machen kann.

Bei einem IMAP-Server sieht das ganz anders aus: Er liefert nicht nur E-Mails an die Nutzer aus, sondern organisiert die vollständige E-Mail-Verwaltung. Der Mailclient des Nutzers fungiert nur noch als eine Art „Fernsteuerung“ für das auf dem Server vorgehaltene Postfach.

Ein IMAP-Server stellt den Speicherplatz zur Verfügung und hält alle E-Mails vorrätig, was ggf. den Einsatz von Quotas nahelegt, damit die Nutzer von Zeit zu Zeit aufräumen und wertvollen Speicherplatz freigeben. Legt der Nutzer Ordner an, um seine Mails zu sortieren, so muss der IMAP-Server diese Ordnerstruktur abbilden und die E-Mails entsprechend umsortieren. Auch die Suche nach Absendern oder Textblöcken ist möglich, darüber hinaus erlaubt IMAP das Markieren von E-Mails, etwa als gelesen, ungelesen oder beantwortet. Ebenfalls praktisch sind gemeinsam genutzte Ordner, auf die mehrere Mailuser parallel Zugriff haben.

Ein IMAP-Server ermöglicht es den Nutzern, von mehreren Computern aus parallel dasselbe Postfach zu pflegen, so dass sie, egal wo sie auf ihre Mails zugreifen, überall den identischen Datenbestand vorfinden, wodurch sich Synchronisation erübrigt.

All das stellt hohe Anforderungen an das IMAP-Protokoll und damit an die Programmierer. Für Administratoren hält sich der Konfigurationsaufwand von IMAP-Servern in Grenzen, sobald sie an eine Nutzerdatenbank angebunden sind.

Jedoch birgt der Betrieb von IMAP-Servern einige Fallstricke und technische Schwierigkeiten, auf die dieses Buch natürlich eingehen wird:

Performance
: Mit steigenden Nutzerzahlen macht sich die Last des IMAP-Servers bemerkbar. Er muss Millionen von E-Mails verwalten, viele Hundert oder Tausend IMAP-Verbindungen parallel bedienen können, Suchoperationen in den E-Mails oder umfangreiche Kopieraktionen bewältigen. Je nach Szenario können IMAP-Server einen erheblichen RAM-Verbrauch haben oder hohe I/O-Last auf den Datenträgern erzeugen.

Verfügbarkeit
: E-Mail muss heute nahezu rund um die Uhr funktionieren, denn ein Ausfall gilt häufig als unternehmenskritisch. Auch bei Wahl eines robusten IMAP-Servers sollte die Infrastruktur ab einer gewissen Größenordnung hardwareseitig durch den redundanten Einsatz zweier Server abgesichert werden.

Storage
: Der Mail-Speicher kann erhebliche Ausmaße annehmen, was den Einsatz eines NAS oder SAN notwendig macht. Spätestens beim Einsatz eines IMAP-Servers als Server-Cluster reicht eine lokale Speicherung auf der Festplatte nicht mehr aus.

Quotas
: Platzbeschränkungen durch Quotas sind nicht immer leicht zu implementieren und erfordern eine genaue Planung.

Rechtslage
: E-Mails unterliegen dem Postgeheimnis. Was viele nicht wissen: Auch strafrechtlich können fahrlässige Fehler des Admins sanktioniert werden. Da es sich dabei jedoch um ein allgemeines Mailserverproblem handelt, werden wir in diesem Buch darauf nicht weiter eingehen. Das bereits erwähnte Postfix-Buch beschäftigt sich ausführlich mit diesem Thema.

1.2 Courier und Cyrus im Vergleich

Bei der Entscheidung für einen IMAP-Server spielen die Anforderungen und die Größenordnung der jeweiligen Installation die entscheidende Rolle. Sowohl Courier als auch Cyrus stellen geringe Anforderungen an die CPU, auf schnelles I/O sollte man in beiden Fällen ab ca. 20 000 Nutzern achten.

Beide erlauben es Usern, IMAP-Folder zur gemeinsamen Nutzung freizugeben, und Admins, die Anzahl gleichzeitiger Logins zu limitieren. Die Nutzerdaten lassen sich aus Unix-Accounts übernehmen, per PAM auslesen, in einem LDAP-Verzeichnis oder einer MySQL- bzw. PostgreSQL-Datenbank abspeichern.

Einzig die sichere Authentifizierung über die in RFC 2222 als Internet-Standard spezifizierte (und auch von Postfix u. a. MTAs genutzte) *Simple Authentication and Security Layer* (SASL) – bei Cyrus unproblematisch – geht bei Courier nur über Hacks und Winkelzüge, die sich auch gute Admins nicht zumuten werden. Stattdessen setzt Courier auf die eigens entwickelte Authentifizierungsbibliothek *Authlib* mit dem `authdaemond` als zentralem Programm, die Cyrus seinerseits als SASL-Modul übrigens ebenfalls unterstützt (siehe Seite 222).

Beide Server erlauben POP3 bzw. IMAP über SSL/TLS, sowohl über die dedizierten Ports 995 (POP3 über SSL) und 993 (IMAP über SSL) als auch über das Kommando `STLS` (POP3, siehe Seite 335) bzw. `STARTTLS` (IMAP, siehe Seite 311), und unterstützen virtuelle Domains.

Am deutlichsten unterscheiden sich Courier und Cyrus in der Verwaltung von Mailaccounts und Metadaten. Courier benutzt ausschließlich das Dateisystem und ASCII-Dateien. Das hat vor allem den Vorteil, dass nichts kaputtgeht: Solange das Dateisystem in Ordnung ist, ist auch Courier am Start. Courier nutzt das Maildir-Format, das sich speziell für den Einsatz über NFS eignet, da grundsätzlich kein File-Locking benötigt wird.

Accounts auf einem Courier-IMAP-Server existieren automatisch, sobald bzw. solange sie in der Userdatenbank stehen. Wenn der Cyrus die Logindaten eines neuen Nutzers kennt, erzeugt er die Kontostrukturen automatisch beim ersten Login. Alternativ kann man neue Mailboxen auch mit dem Verwaltungstool `cyradm` initialisieren.

Während der Courier-Admin unproblematisch mit Shellskripten ins System eingreifen kann, verwaltet der Cyrus-Admin seinen Server grundsätzlich über `cyradm`.

Cyrus speichert Mails und Verwaltungsinformationen in kleinen dateibasierten Datenbanken, was den Zugriff bei hohem Mailaufkommen etwas schneller machen soll; dafür ist aber der Zugriff über einen Index prinzipiell fehleranfälliger. Einfache Manipulationen am Mail-Speicher wie das Löschen oder Hinzufügen von E-Mails sind nicht ohne Weiteres möglich. Ein Einsatz über NFS erfordert wegen der internen Datenbanken funktionierendes File-Locking, denn der parallele Zugriff mehrerer Cyrus-Nodes auf dieselben Index-Dateien zerstört diese. Ob NFS in Frage kommt, hängt also prinzipiell von der NFS-Version und der Reife der davon bereitgestellten Locking-Mechanismen ab; in der Praxis nehmen die meisten Admins Abstand davon.

Im Gegenzug punktet Cyrus durch die Mailfiltersprache Sieve und durch ein leichter einzurichtendes Rechtesystem für gemeinsam genutzte IMAP-Folder.

Kapitel

2 POP3 und IMAP auf Protokollebene

Ob POP3 oder IMAP das Protokoll der Wahl zum Mailabruf ist, sollte der Einsatzzweck bestimmen: Das eine ist einfach und robust, das andere mächtig und flexibel. Da sowohl Courier als auch Cyrus beide Protokolle sprechen, können Sie Ihren Nutzern IMAP und POP3 ohne Zusatzarbeit parallel anbieten.

2.1 POP3

Das vergleichsweise einfache *Post Office Protocol* in Version 3 (POP3) erlaubt nicht viel mehr, als Mails vom Server auf den Client zu laden: einloggen, Inhaltsverzeichnis einsehen, Mails übertragen, Mails löschen, ausloggen, das alles über den Server-Port 110. Das kostet vergleichsweise wenig Ressourcen, zudem gibt's wenig zu (ver-)konfigurieren.

Die E-Mails werden lokal auf den Desktop-PCs der Nutzer gespeichert, das spart teuren Plattenplatz auf dem Server und verkürzt dessen Backupzeiten. Allerdings muss der Nutzer in der Regel alle E-Mails herunterladen und kann erst dann entscheiden, ob ihn Betreff und/oder Absender interessieren. Mittlerweile unterstützen die meisten Clients jedoch den Einsatz von Filterregeln.

Die lokale Speicherung erlaubt es den Nutzern, ihre Mails offline zu bearbeiten. Das minimiert Onlinezeit und eignet sich auch gut für Laptops unterwegs. Greifen User allerdings von mehreren Rechnern – beispielsweise vom Laptop und vom Schreibtisch-PC aus – auf ein Postfach zu, bietet POP3 keine Mechanismen an, die beide Mailclients in die Lage versetzten, mit einem identischen Datenbestand zu arbeiten.

Der Nutzer hat über seine Client-Software lediglich die Möglichkeit zu entscheiden, ob die E-Mails nach der Übertragung vom Server gelöscht werden oder dort verbleiben. Belässt er sie auf dem Server, kann jeder der parallel genutzten Mailclients stets alle E-Mails herunterladen. Dabei erkennen gute Clients neue Nachrichten anhand der gespeicherten Message-IDs selbst als neu, so dass keine Mails doppelt übertragen werden.

Allerdings hat dieses Vorgehen auch Nachteile: Da die Mails nicht gelöscht werden, wächst das Postfach auf dem Server ständig. Zudem werden wirklich alle Mails auf alle Clients übertragen – selbst die Nachrichten, die der Nutzer auf einem anderen Client bereits gelöscht hat. Zudem gibt es keinen gemeinsamen Datenbestand aller selbstgeschriebenen E-Mails, da jeder Client seinen eigenen Postausgang lokal verwaltet.

2.1.1 Eine Testsession

Eine POP-Session lässt sich einfach „per Hand" nachvollziehen:

```
user@linux:$ telnet mail.example.com 110
Trying 192.168.50.50...
Connected to mail.example.com.
Escape character is '^]'.
+OK Hello there.
USER tux
+OK Password required.
PASS geheim
+OK logged in.
```

Wir befinden uns nun in der `INBOX`, denn auf weitere (IMAP-)Folder kann man per POP3 nicht zugreifen. Das `LIST`-Kommando verschafft uns den Überblick über alle darin gespeicherten Nachrichten (im folgenden Beispiel neun Stück) und ihre jeweilige Länge:

```
LIST
+OK POP3 clients that break here, they violate STD53.
```

```
1 9586
2 1125022
3 53125
4 2451
5 5931
6 4943
7 4206
8 5231
9 9481
.
```

Der von Courier in der `+OK`-Antwort gegebene Hinweis bezieht sich übrigens auf POP3-Clients, die fälschlicherweise erwarten, dass sich der Server auf das `LIST`-Kommando mit der Anzahl der Nachrichten meldet:

```
LIST
+OK 2 messages (320 octets)
1 120
2 200
.
```

Dieses Beispiel ist so in den RFCs 1081, 1225, 1460, 1725 und 1939 aufgeführt, allerdings mit dem Hinweis, dass der Standard weder die Angabe der Nachrichtenanzahl und -größe noch den genauen Antworttext vorschreibt. Die Courier-Autoren hätten die Serverantwort also auch hilfreicher (und weniger arrogant) beispielsweise als `POP3 clients that expect a specific string here violate RFC 1939.` formulieren können.

Eine Nachricht ruft man mit RETR ab:

```
RETR 2
Return-Path: <p.heinlein@heinlein-support.de>
X-Original-To: p.heinlein@heinlein-support.de
Delivered-To: tux@example.com
Received: from [10.0.42.2] (unknown [10.0.42.2])
        (using TLSv1 with cipher DHE-RSA-AES256-SHA (256/256 bits))
        (Client did not present a certificate)
        by plasma.heinlein-support.de (Postfix) with ESMTP id BEA0581A4B
        for <tux@example.com>; Sat,  7 Apr 2007 01:02:01 +0200 (CEST)
From: Peer Heinlein <p.heinlein@heinlein-support.de>
To: Tux <tux@example.com>
Subject: Testnachricht 2
Date: Sat, 7 Apr 2007 01:02:01 +0200
User-Agent: KMail/1.9.5
MIME-Version: 1.0
Content-Type: text/plain; charset="iso-8859-1"
Content-Transfer-Encoding: quoted-printable
Content-Disposition: inline
Message-Id: <200704070102.01895.p.heinlein@heinlein-support.de>
X-Length: 1519
```

```
Status: R
X-Status: NC
X-UID: 0

Hallo!
Ich bin eine Testmail.

=2D-=20
Heinlein Professional Linux Support GmbH
Linux: Akademie - Support - Hosting

http://www.heinlein-support.de

Zwangsangaben lt. =A735a HGB:
HRB 93818 B / Amtsgericht Berlin-Charlottenburg,=20
Gesch=E4ftsf=FChrer: Peer Heinlein =A0-- Sitz: Berlin
```

Ebenso einfach lässt sich Nachricht 2 danach zum Löschen markieren:

```
DELE 2
DELE 2
+OK Deleted.
```

Tatsächlich gelöscht ist sie jedoch noch nicht – das passiert erst beim Logout des Nutzers. Wir können die Löschmarkierung deshalb auch zurücknehmen:

```
RSET
+OK Resurrected.
```

Um nicht gleich eine ganze Nachricht übertragen zu müssen, kann man mit dem Kommando TOP den kompletten Mailheader und die als zweites Argument angegebene Anzahl Zeilen des Mailbodys (hier sieben) abrufen:

```
TOP 2 7
Return-Path: <p.heinlein@heinlein-support.de>
X-Original-To: p.heinlein@heinlein-support.de
Delivered-To: tux@example.com
Received: from [10.0.42.2] (unknown [10.0.42.2])
        (using TLSv1 with cipher DHE-RSA-AES256-SHA (256/256 bits))
        (Client did not present a certificate)
        by plasma.heinlein-support.de (Postfix) with ESMTP id BEA0581A4B
        for <tux@example.com>; Sat,  7 Apr 2007 01:02:01 +0200 (CEST)
From: Peer Heinlein <p.heinlein@heinlein-support.de>
To: Tux <tux@example.com>
Subject: Testnachricht 2
Date: Sat, 7 Apr 2007 01:02:01 +0200
User-Agent: KMail/1.9.5
MIME-Version: 1.0
```

```
Content-Type: text/plain; charset="iso-8859-1"
Content-Transfer-Encoding: quoted-printable
Content-Disposition: inline
Message-Id: <200704070102.01895.p.heinlein@heinlein-support.de>
X-Length: 1519
Status: R
X-Status: NC
X-UID: 0

Hallo!
Ich bin eine Testmail.

=2D-=20
Heinlein Professional Linux Support GmbH
Linux: Akademie - Support - Hosting
.
```

Damit der Client die Verbindung offen halten kann, gibt es zudem ein Kommando „Nichtstun“:

```
NOOP
+OK Yup.
```

Die Verbindung beendet das Kommando `QUIT`:

```
QUIT
+OK Bye-bye.
Connection closed by foreign host.
```

2.1.2 Authentifizierung per APOP und KPOP

Anders als beim auf Seite 26 gezeigten „normalen“ Login auf dem POP-Server wird beim Authentifizierungsverfahren APOP (*Authenticated Post Office Protocol*) das Kennwort nicht mehr im Klartext, sondern nur noch kodiert übertragen. Das ist gar nicht so einfach, wenn man davon ausgehen muss, dass ein unbefugter Lauscher stets die ganze Verbindung und damit auch die Vorbereitungen zur Verschlüsselung abhören kann.

Bei APOP liefert der POP3-Server zu Beginn der Verbindung einen Zeitstempel aus (hier fettgedruckt), der für jede POP-Session unterschiedlich ist:

```
user@linux:$ telnet localhost 110
Trying 127.0.0.1...
Connected to localhost.
Escape character is '^]'.
+OK ready <13226.1017708644@mail.example.com>
APOP tux c4c9334bac560ecc979e580001b3e22fb
```

```
+OK maildrop has 42 messages 43231 octets
[...]
```

Der Mailclient kann nun aus dem ihm bekannten Klartextpasswort, dem in spitze Klammern gefassten String mit dem Zeitstempel und den üblichen Hash-Verfahren ein Login-Kennwort errechnen, das nur zu diesem Zeitstempel und damit zu dieser Verbindung passt.

Der Server führt seinerseits die gleiche Berechnung aus – muss also das Kennwort ebenso im Klartext vorliegen haben. Stimmen beide Berechnungen überein, kann davon ausgegangen werden, dass beide Seiten das gleiche Klartextkennwort kennen, und das Login wird akzeptiert.

Aus den vom Client übermittelten Logindaten lässt sich das Originalkennwort jedoch nicht mehr berechnen. Gleichzeitig nützt dem Angreifer auch ein mitgeschnittener Loginvorgang nichts: Verbindet er sich mit den ausspionierten Logindaten seinerseits mit dem Server, ist das Login-Passwort aufgrund des mittlerweile geänderten Zeitstempels unbrauchbar.

Im Prinzip ist APOP eine einfache Implementation der auch an anderen Stellen üblichen Login-Verfahren (siehe auch Kapitel 9.13 ab Seite 152).

Bei KPOP (*Kerberos Post Office Protocol*) wiederum handelt es sich um eine kaum verbreitete Kerberos-Erweiterung für POP3. Auch hier wird das Kennwort nicht im Klartext übertragen. Allerdings ist die Einrichtung eines Kerberos-Systems nicht unbedingt einfach. Eine freie Kerberos-Implementation gibt es vom *Massachusetts Institute of Technology* (MIT).[1]

2.2 IMAP

Gänzlich anders als POP3 funktioniert das *Internet Mail Access Protocol Version 4* (IMAP), das der Server über Port 143 anbietet. Es ist wesentlich komplexer als POP3, unterstützt auf dem Server liegende Mail-Unterordner (einschließlich solcher, auf die mehrere Nutzer gemeinsam zugreifen dürfen), komplexe Suchabfragen und das Hochladen von Mails auf den Server. Der gesamte Mailbestand verbleibt stets auf dem Server – der Client hält allenfalls eine lokale Kopie vor, die er mit dem Bestand des Mailservers abgleicht.

Mails werden also nur beim konkreten Zugriff auf den Client übertragen und dort temporär gespeichert – fast wie der Abruf einer Webseite. So können mehrere Mailclients problemlos parallel auf das gleiche Postfach zugreifen – alle finden denselben Datenbestand vor, den der Server synchronisiert. Anhand des Inhaltsverzeichnisses der Mailbox kann der Nutzer zudem entscheiden, welche Mails er auf den Client übertragen will.

[1] `http://web.mit.edu/kerberos/www`

Das Datenhalten auf dem Server kostet dort allerdings wertvollen Speicherplatz. Dafür reicht ein Backup des Servers,[2] um den Mailbestand aller Nutzer zu sichern – geht die Festplatte eines Client-Rechners kaputt, sind die Mails dieses Users nicht betroffen, allenfalls seine ausgehenden Mails, wenn er deren Kopien nur lokal abgelegt hat.

IMAP ist vorrangig dazu gedacht, in Echtzeit online bedient zu werden. Bei langsamen Dialup-Verbindungen kann das Abfragen der Mails eventuell etwas träge ausfallen.

Gute Mailclients beherrschen jedoch eine Art „Offline-IMAP" und verbinden damit das Verhalten von POP3 (lokales Vorhalten des Mailbestands) mit dem von IMAP (Synchronisation des Mailbestands auf dem Server). So lässt sich auch ein IMAP-Postfach zur Offline-Nutzung auf dem Laptop mitnehmen.

2.2.1 Das Design des IMAP-Protokolls

Anders als die Protokolle SMTP und POP3, deren Kommandos man zu Debuggingzwecken notfalls schnell „per Hand" schreibt, ist IMAP alles andere als einfach. Dafür kann es auch weit mehr als die anderen Mail-Protokolle.

So schreibt IMAP selbst kaum vor, welche Statusinformationen (gelesen, ungelesen, wichtig, neu) eine Mail haben kann.[3] Server und Client können sich auf eigene, zusätzliche solcher *Flags* einigen. Neben permanenten Flags gibt es auch sitzungsbasierte (siehe dazu auch Kapitel 8.2.1 auf Seite 119). Beide Typen lassen sich pro Ordner definieren. Server und Client müssen sich also sowohl darüber verständigen, welche Flags sie benutzen, als auch welcher Natur diese sein sollen.

IMAP sieht vor, dass der Client weitgehend auf dem Server arbeitet, und bietet daher Such- und Auswahlfunktionen, die der Client nutzen kann. Damit werden Suchen wie „Alle ungelesenen Mails UND vom Absender `geeko@example.com` UND Nachrichtennummer größer als 300" möglich.

Darüber hinaus bietet IMAP aber auch Funktionen, die es dem Client ermöglichen, möglichst viele Details lokal zu speichern und diese über mehrere Logins erneut zu benutzen – zum Beispiel ein lokal vorgehaltenes Inhaltsverzeichnis. Das ist nicht trivial, da sich zwischenzeitlich Änderungen am Mailverzeichnis ergeben können. Darum nutzt IMAP zur Nummerierung der E-Mails sowohl eine *linear aufsteigende Sequenznummer* ohne Lücken, also etwa 1–399, als auch sogenannte *Unique IDs*, die für jede Mail eindeutig sind und sich pro Mail nie ändern sollten. Wobei *sollten* eben auch heißt, dass sie sich trotzdem ändern *können* und sich Client und Server darum auch über eventuell geänderte Unique IDs verständigen müssen.

[2] Beispielsweise durch raffinierte Anwendung von `rsync`: `http://www.heinlein-support.de/web/support/wissen/rsync-backup/`

[3] Welche Systemflags der IMAP-Standard festlegt, dokumentiert Tabelle 8.1 auf Seite 117.

Dies erleichtert der *Unique ID Value*, den sich Client und Server merken. Solange dieser sich nicht ändert, darf sich auch an der Zuordnung der Unique IDs zu den einzelnen Mails nichts ändern. Setzt der Server den Unique ID Value jedoch auf einen für den Client neuen Wert, muss dieser die Liste der E-Mails mit ihren Unique IDs vollständig neu einlesen.

Dieses komplexe Design macht IMAP zukunftsfähig und flexibel, da sich neue Möglichkeiten und Flags einführen lassen, ohne das Protokoll zu ändern.

Disconnected IMAP, auch *Offline IMAP* genannt, ist so ein Beispiel: Hier hält der Mailclient den kompletten Datenbestand des Mailpostfachs lokal vor, der Nutzer kann offline Ordner anlegen, Mails verschieben, neu flaggen oder löschen – und beim nächsten Connect mit dem IMAP-Server synchronisieren Client und Server alle Änderungen. Diese Methode funktioniert nach anfänglichen Implementierungsmacken mittlerweile erstaunlich gut und verbindet so die Vorteile von POP3 und IMAP.

Spannend und komplex zugleich wird eine IMAP-Sitzung auch dadurch, dass der Client mehrere Kommandos parallel zum Server senden und die Antworten in anderer Reihenfolge erhalten kann. So lassen sich ein komplexer Suchbefehl an den Server senden und zwischenzeitlich neue Mails hochladen oder Ordner anlegen. Alle Requests des Clients sind darum „getaggt", also mit einer eindeutigen Kennung versehen, die sich der Client aussuchen darf. Die Serverantworten tragen ebenfalls diese Kennung, so dass der Client die Antwort zuordnen kann. Schon beim Login muss man diese Tags benutzen:

```
a1 login username passwort
a1 OK LOGIN OK
```

Dass wir in diesem Beispiel das Tag `a1` benutzt haben, ist willkürlich. Es hätte auch `001` oder `abc` sein können.

Dummerweise können manche Antworten eines Servers auch mehrzeilig ausfallen. Man unterscheidet darum zwischen *getaggten* und den ebenfalls vorhandenen *ungetaggten* Antworten eines Servers. Letztere beginnen einfach nur mit einem Sternchen, die getaggten Antworten tragen den vom Client gewählten Identifier und markieren das Ende der Antwort.

Das Kommando `NOOP` ist so ein Fall, wo der Server eine mehrzeilige Antwort senden kann und ungetaggte Antworten ins Spiel kommen. Eigentlich wird `NOOP` nur dazu genutzt, *keine* Operation durchzuführen: Der Client darf es senden, um die Verbindung offen zu halten. Als Reaktion liefern manche Server darauf jedoch als Statusinformation die Anzahl der seit dem Login neu hinzugekommenen Nachrichten (im folgenden Beispiel 3 Stück) wie auch der gelesenen (14 Stück) oder zum Löschen vorgemerkten (22 Stück) E-Mails:

```
a2 NOOP
* 22 EXPUNGE
* 23 EXISTS
* 3 RECENT
* 14 FETCH (FLAGS (\Seen \Deleted))
a2 OK NOOP completed
```

Die Serverantwort besteht aus mehreren ungetaggten (mit * eingeleiteten) Antworten und schließt mit dem getaggten `OK NOOP`.

2.2.2 Der Ablauf einer IMAP-Session

Eine erfolgreiche IMAP-Session beginnt nach der Begrüßung des Clients durch den Server und durchläuft – wie in Abbildung 2.1 gezeigt – vier Zustände:

Not Authenticated
: Typischerweise der Zustand zwischen dem Connect und der erfolgreichen Authentifizierung mit Username und Passwort. Dementsprechend sind nur wenige Befehle wie `STARTLS`, `LOGIN`, `LOGOUT` und `NOOP` zulässig (siehe Anhang A.1 und A.2 ab Seite 310).

Authenticated
: Der Client hat sich authentifiziert, aber noch keinen Ordner ausgewählt. Er kann sich über die vorhandenen Ordner informieren, diese abonnieren oder abbestellen und neue anlegen oder vorhandene löschen (siehe Anhang A.3 ab Seite 312).

  Das Lesen oder Speichern von E-Mails ist hier *nicht* möglich – schließlich bleibt unklar, welche E-Mails und Verzeichnisse gemeint sein könnten.

Selected
: Der Client hat Farbe bekannt und ein einzelnes Verzeichnis mittels `SELECT`, `EXAMINE` oder `STATUS` ausgewählt. Er kann nun Mailkommandos absetzen, die sich auf die Mails dieses Verzeichnisses beziehen. Wählt der Client ein Verzeichnis mittels `CLOSE` oder `EXPUNGE` wieder ab, wechselt die Verbindung zurück in den Authenticated-Status. Eine Übersicht aller hier möglichen Kommandos liefert Anhang A.4 ab Seite 318.

Logout
: Der Client hat mittels `LOGOUT` kundgetan, dass er sich abmelden will. Jetzt erst löscht der Server alle als `\Deleted` markierten Nachrichten – im Falle eines unkontrollierten Verbindungsabbruchs sollten diese also stets erhalten bleiben. Anschließend verabschiedet sich der Server und trennt die Verbindung.

Eine normale IMAP-Verbindung wechselt immer zwischen „Authenticated“ und „Selected“ hin und her. Daraus folgt, dass nicht zu jedem Zeitpunkt alle Kommandos möglich sind.

Abbildung 2.1: Eine IMAP-Verbindung kennt verschiedene Zustände.

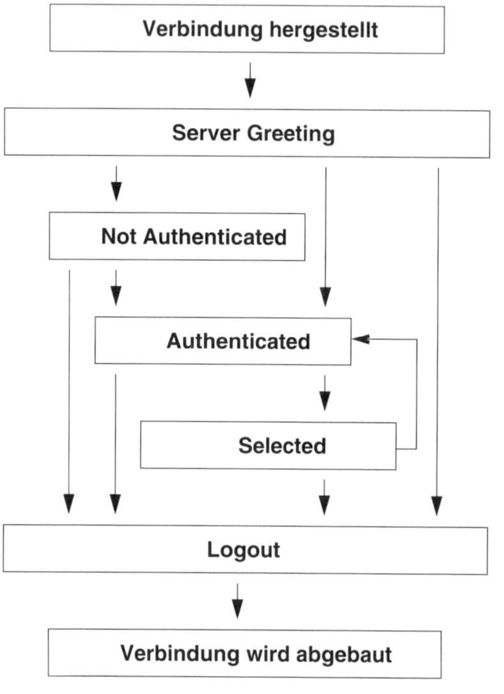

IMAP ist also ein sitzungsbasiertes Protokoll, vergleichbar mit FTP oder SMTP. Das Gegenteil demonstriert beispielsweise HTTP, wo der Client jeden Request einzeln abfeuert und ein Request nicht davon abhängt, was in dieser Sitzung bereits passierte. IMAP-Verbindungen zwischen Server und Client werden meistens permanent offen gehalten – auch über Stunden.

In der Regel schauen die Clients alle paar Minuten nach neuen E-Mails; aber auch der Server kann den Client umgehend über neue Nachrichten informieren. In der PR- und Websprache nennt man ersteres *Pull-*, letzteres *Push-Verfahren.* Aus Sicht des Servers ist das Push-Verfahren weit performanter und erstrebenswerter. Es bedeutet deutlich weniger Last, einige Verzeichnisse auf Änderungen zu überwachen und den Client zu informieren, als wenn der Client alle paar Minuten durch drei Dutzend IMAP-Folder rödelt, um dann festzustellen, dass sich gar nichts geändert hat. Leider unterstützen bislang nur wenige Clients diese Fähigkeit; wir beleuchten sie für Courier in Kapitel 10.4 ab Seite 181. Cyrus implementiert sie in einem eigenen Daemon, dem `idled` (siehe Seite 274 und Seite 206).

Wenn Clients Verbindungen permanent offen halten, bringt das auch Probleme mit sich: Wenn ein Courier-IMAP-Server pro Session ca. 1,5 bis 2 MB RAM verbraucht, so können Sie leicht ausrechnen, dass Sie auf einem Mailserver mit 4 GB RAM keine 2500 gleichzeitigen IMAP-Nutzer versorgen können. Mit POP3 ließen sich mit diesen Ressourcen problemlos 25 000 aktive Mailaccounts bedienen, da sich jeder Client umgehend wieder ausloggt und Ressourcen freigibt. Mehr dazu in Kapitel 3 ab Seite 45.

2.2.3 IMAP praktisch

Auch wenn RFC 3501, der IMAP beschreibt, weit mehr als 100 Seiten umfasst, erklärt das Dokument das Protokoll nur bedingt. Der Autor Marc Crispin schreibt selbst: „Abgesehen vom Überblick über das Protokoll in Abschnitt 2 ist es nicht optimal auf diejenigen zugeschnitten, die die Handhabung des Protokolls verstehen wollen.“[4]

Natürlich muss man zum Betrieb eines Servers weder zwangsläufig die zugehörigen RFCs gelesen haben, noch unbedingt das Protokoll wie in Anhang A ab Seite 309 beschrieben in allen seinen Einzelheiten kennen – schon gar nicht auswendig. Aber den grundlegenden Ablauf sollte man ebenso verstanden haben wie die technischen Möglichkeiten, die der Server dem Client bietet.

Da man sich das, was man selbst einmal praktisch durchgeführt hat, besser merkt, lohnt es sich, die im Folgenden demonstrierten IMAP-Kommandos selbst an einem IMAP-Server auszutesten. Spätestens im Fehlerfall macht sich das bezahlt, und natürlich ist es schön, den Server zu verstehen, für den man verantwortlich ist.

Dazu brauchen Sie keine `root`-Rechte auf dem Server; Ihr eigenes, per IMAP erreichbares Mailkonto auf dem Server eines Internet-Providers oder Mail-Anbieters reicht vollkommen aus. Bauen Sie eine Verbindung zum IMAP-Port 143 des Servers auf:

```
user@linux:~$ telnet imap.example.com 143
Trying 192.0.2.12...
Connected to imap.example.com.
Escape character is '^]'.
* OK [CAPABILITY IMAP4rev1 UIDPLUS CHILDREN NAMESPACE THREAD=ORDEREDSUB
JECT THREAD=REFERENCES SORT IDLE AUTH=CRAM-MD5 AUTH=CRAM-SHA1 ACL] Cour
ier-IMAP ready. Copyright 1998-2005 Double Precision, Inc.  See COPYING
 for distribution information.
```

Darauf antwortet der Server mit einer Präsentation seiner Fähigkeiten, den *Capabilities*. Nicht jeder Server muss alle IMAP-Features zwingend unterstützen: Die über das Kernprotokoll hinausgehenden IMAP-Erweiterungen,

[4] `http://www.faqs.org/rfcs/rfc3501.html`

die *IMAP-Extensions*, sind stets optional. Im Beispiel verrät der Server, welche Version des IMAP-Protokolls (IMAP4rev1) und welche Extensions er unterstützt. In vielen, aber längst nicht allen Fällen stellen die Extensions gleichnamige IMAP-Kommandos bereit, derer sich der Client bedienen darf.

Einige Extensions – dazu zählen Sortierungsfunktionen wie THREAD[5] oder SORT[6] – verlagern Aufgaben vom Client auf den Server, andere vereinfachen die Abfrage von Mail- und Verzeichnisstrukturen, was Zeit und Traffic spart (darunter UIDPLUS, beschrieben in RFC 2359, CHILDREN, beschrieben in RFC 3348, und NAMESPACE, definiert in RFC 2342).

IMAP schreibt zwingenderweise nur die Login-Methoden LOGIN und PLAIN vor, bei denen das Passwort im Klartext übermittelt wird. Bessere Methoden wie CRAM-MD5 oder CRAM-SHA1 kann der Server wie im Beispiel als Alternativen anbieten.

Im Beispiel offenbart der Server außerdem, dass er die Extensions IDLE (RFC 2177, siehe ab Seite 181 und 206) und ACL (RFC 4314) unterstützt. Letztere ist eine Voraussetzung für die Nutzung eines IMAP-Folders durch mehrere User (siehe Kapitel 10.1 ab Seite 157 und Kapitel 14.2 ab Seite 240).

Loggen Sie sich dann mit Usernamen und (Klartext-)Passwort ein:

```
a1 LOGIN "tux" "geheim"
a1 OK LOGIN completed
```

Der Server verrät mit seinem OK, dass wir uns erfolgreich authentifiziert und dadurch in den Status „Authenticated“ gewechselt haben. Rufen Sie nun eine Liste aller vorhandenen Verzeichnisse ab:

```
a2 LIST "" "*"
* LIST (\HasNoChildren) "." "INBOX.Privates.Urlaub"
* LIST (\HasNoChildren) "." "INBOX.Privates.Orchester"
* LIST (\HasChildren)   "." "INBOX.Privates"
* LIST (\HasNoChildren) "." "INBOX.ToDo"
* LIST (\HasNoChildren) "." "INBOX.Test"
* LIST (\HasChildren) "." "INBOX.Buchzeugs"
* LIST (\HasNoChildren) "." "INBOX.Buchzeugs.LPIC-1"
* LIST (\HasNoChildren) "." "INBOX.Buchzeugs.Postfix 3"
* LIST (\HasNoChildren) "." "INBOX.Buchzeugs.Snort"
* LIST (\HasNoChildren) "." "INBOX.Buchzeugs.IMAP"
* LIST (\Unmarked \HasChildren) "." "INBOX"
a2 OK LIST completed
```

[5] Im Beispiel verrät der Server, dass er den Threading-Algorithmus ORDEREDSUBJECT unterstützt. Dieser sehr einfache Algorithmus geht davon aus, dass alle Mails mit identischem Subject zu einem gemeinsamen Thread gehören. Die THREAD-Extension selbst ist in **http://tools.ietf.org/rfcmarkup?doc=draft-ietf-imapext-thread** spezifiziert. Darin ist auch der Threading-Algorithmus REFERENCES beschrieben.

[6] **http://www3.tools.ietf.org/rfcmarkup?doc=draft-ietf-imapext-sort**

Die Flags in der dritten Spalte verraten, ob das jeweilige Verzeichnis Unterordner (`\HasChildren` – ja, `\HasNoChildren` – nein) und Nachrichten beherbergt: In mit `\Unmarked` gekennzeichneten Folder sind seit dem letzten Zugriff keine neuen Mails eingegangen.

Die vierte Spalte gibt an, welchen Hierarchie-Trenner die nachfolgende Folder-Angabe benutzt: Im Beispiel kommt der Punkt (im Gegensatz zum Schrägstrich, mit dem die Verzeichnisangabe beispielsweise `INBOX/Privates/Urlaub` heißen würde) zum Einsatz.

Wenn Sie viele Ordner haben, können Sie auch gezielt ein Muster für die Ordnernamen angeben:

```
a3 LIST "" "INBOX.Priv*"
* LIST (\HasNoChildren) "." "INBOX.Privates.Urlaub"
* LIST (\HasNoChildren) "." "INBOX.Privates.Orchester"
* LIST (\HasChildren)   "." "INBOX.Privates"
a3 OK LIST completed
```

Mit dem SELECT-Befehl können Sie nun einen Ordner auswählen – hier im Beispiel den Ordner `Test`, der unterhalb der `INBOX` liegt:

```
a4 SELECT INBOX.Test
* FLAGS (\Draft \Answered \Flagged \Deleted \Seen \Recent)
* OK [PERMANENTFLAGS (\Draft \Answered \Flagged \Deleted \Seen)] Limited
* 3 EXISTS
* 1 RECENT
* OK [UIDVALIDITY 1175900586] Ok
* OK [MYRIGHTS "acdilrsw"] ACL
a4 OK [READ-WRITE] Ok
```

Der Server teilt uns mit dem Stichwort `FLAGS` die in diesem Ordner zulässigen Flags für E-Mails mit, denn diese sind ja nicht fest vorgegeben. Meist wird es sich dabei um folgende handeln:

- `\Answered` besagt, dass die Mail als beantwortet markiert wurde.
- Mit `\Deleted` versehene Mails sind zum Löschen vorgemerkt.
- `\Draft` markiert Mails als noch nicht versandten Entwurf.
- `\Flagged` verrät, dass es sich um eine wichtige Mail handelt.
- `\Seen` besagt, dass eine Mail als gelesen markiert wurde.
- Mit `\Recent` versieht der Server alle Nachrichten, die seit dem letzten Login hinzu kamen und die noch kein anderer Client zu Gesicht bekam.[7] Anders als die eben genannten fünf Systemflags kann man `\Recent` nicht mit dem `STORE`-Kommando (vgl. Seite 41) setzen.

[7] Greifen mehrere Clients auf dieselbe Mailbox zu, bekommt – laut Standard – tatsächlich nur einer davon das `\Recent`-Flag einer Mail zu sehen.

- Mit der (hier im Beispiel fehlenden) Angabe `\*` verrät der Server, dass es erlaubt ist, selbstdefinierte Flags zu verwenden (siehe Kapitel 8.2.1 ab Seite 119).

`n EXISTS` verrät, wieviele Nachrichten dieser Ordner insgesamt enthält – hier 3. Dass seit dem letzten Login nur eine einzige neue Nachricht eingegangen ist, erfahren wir aus der Zeile *n* `RECENT`.

`OK [PERMANENTFLAGS (flag1 flag2 ...)]` listet all die Flags auf, die der Client dauerhaft ändern kann. Liefert der Server diese Angabe nicht, darf der Client davon ausgehen, dass sich alle Flags modifizieren lassen.

`OK [UIDVALIDITY n]` gibt den derzeit gültigen Unique-ID-Wert an.

`OK [MYRIGHTS n]` verrät dem Client, welche Lese-, Schreib- oder Löschrechte er für Mails in diesem Verzeichnis hat (siehe Tabelle 2.1).

Die mit dem Tag der Anfrage versehene Antwort `tag OK [READ-WRITE] Ok` verrät, dass das `SELECT`-Kommando hiermit beendet ist. Wenn der Client Schreibzugriff auf den Ordner hat, *sollte* der Server dem `OK`-Kommando die Information `[READ-WRITE]` hinzufügen. Hat der Client ausschließlich Leserechte, *muss* der Server `[READ-ONLY]` ausgeben.

Tabelle 2.1: Für IMAP-Folder vergebbare Rechte

Recht	**Erklärung**
`r`	Der User darf den Inhalt einer Mailbox einsehen.
`l`	Der Name einer Mailbox darf dem User präsentiert werden. Weiß ein Nutzer, wie ein Folder heißt, kann er auch dann darauf zugreifen, wenn er das `r`-, nicht aber das `l`-Flag besitzt. Diese Einschränkung gilt *nicht* für Shared Folder unter Cyrus; hier benötigen die Nichtbesitzer des Folders vernünftigerweise sowohl das `r`- als auch das `l`-Recht für den Zugriff.
`s`	Der User darf eine Nachricht als gelesen oder ungelesen markieren. Wie sich das Recht auswirkt, hängt davon ab, ob der Server Flags pro Datei oder pro Mail und User setzt. Gibt man eigene Verzeichnisse für andere Nutzer frei, kann man bei Courier über dieses Recht beeinflussen, ob der Zugriff durch Dritte zu einer Veränderung des `\Seen`-Flags führen kann. Ist das der Fall, bekommt der Verzeichnisbesitzer die Nachricht als bereits gelesen angezeigt, wenn andere User auf sie zugegriffen haben. Cyrus hingegen speichert die Flags User-basiert, daher hat die Änderung des `\Seen`-Flags durch einen User keine Auswirkungen auf andere Nutzer desselben Folders.
`w`	Der User darf schreiben, also Flags etc. neu setzen. `w` erlaubt *nicht* das Löschen von Mails.

Fortsetzung:

Recht	Erklärung
`i`	User darf Nachrichten einfügen und kopieren.
`p`	Nur wenn auf dem Cyrus dieses Recht (die Abkürzung steht für *post*) gesetzt ist, dürfen Mails in Verzeichnisse und Unterverzeichnisse einsortiert werden, etwa wenn sie direkt an einen Subfolder adressiert sind (siehe Kapitel 14.4 ab Seite 248) oder wenn man sie über Filterskripte (siehe Seite 250 ff.) automatisch verschiebt. Ohne dieses Recht landen die Nachrichten in der INBOX. Courier kennt dieses Recht – mangels entsprechender Funktionalität – nicht.
`c`	User darf eine neue Mailbox oder ein Mailbox-Unterverzeichnis anlegen (*create*), bei Cyrus auch umbenennen oder löschen.
`d`	Mit diesem, nur bei Cyrus vergebenen Recht darf der User die Löschung der Nachrichten oder der Mailbox selbst veranlassen. Bei Courier kommt für diesen Zweck die Kombination `tex` zum Einsatz.
`t`	Dieses Courier-spezifische Recht erlauben es dem User, Nachrichten als `\Deleted` zu markieren.
`e`	Mit diesem Courier-spezifischen Recht ausgestattet kann der User als `\Deleted` markierte Nachrichten auch tatsächlich vom Server löschen lassen.
`x`	Dieses Courier-spezifische Recht erlaubt es dem User, das betreffende Verzeichnis zu löschen oder umzubenennen.
`a`	User darf ACLs setzen.

Mails anschauen, kopieren und löschen

Nun kann der Client Nachrichten oder auch nur Teile davon abrufen. Für den Aufbau des Inhaltsverzeichnisses reichen beispielsweise die Mailheader. Über das Kommando `FETCH` lässt sich sehr genau steuern, welche der E-Mails (im Folgenden: die Nachrichten mit den Sequenznummern 1 bis 3)[8] und welche Teile dieser E-Mails übertragen werden sollen. Das Schlüsselwort `ALL` verlangt vom Server die Herausgabe der Flags, der Ankunftszeit, der Nachrichtengröße in Bytes sowie der Header-Felder `From`, `To`, `Cc`, `Reply-to`, `Message-ID`, `Date` und `Subject`:

[8] Möchte man statt der Sequenznummern Unique IDs angeben, benutzt man das Kommando `UID FETCH` (siehe Seite 328).

```
a5 FETCH 1:3 ALL
* 1 FETCH (FLAGS (\Seen) INTERNALDATE "07-Apr-2007 01:03:06 +0200" RFC822
.SIZE 1647 ENVELOPE ("Sat, 7 Apr 2007 01:01:51 +0200" "Testnachricht 1" (
("Peer Heinlein" NIL "p.heinlein" "heinlein-support.de")) (("Peer Heinlei
n" NIL "p.heinlein" "heinlein-support.de")) (("Peer Heinlein" NIL "p.hein
lein" "heinlein-support.de")) (("Tux" NIL "tux" "example.com")) NIL NIL N
IL "<200704070101.52187.p.heinlein@heinlein-support.de>"))
* 2 FETCH (FLAGS () INTERNALDATE "07-Apr-2007 01:03:06 +0200" RFC822.SIZE
 1646 ENVELOPE ("Sat, 7 Apr 2007 01:02:01 +0200" "Testnachricht 2" (("Pee
r Heinlein" NIL "p.heinlein" "heinlein-support.de")) (("Peer Heinlein" NI
L "p.heinlein" "heinlein-support.de")) (("Peer Heinlein" NIL "p.heinlein"
"heinlein-support.de")) (("Tux" NIL "tux" "example.com")) NIL NIL NIL "<2
00704070102.01895.p.heinlein@heinlein-support.de>"))
* 3 FETCH (FLAGS () INTERNALDATE "07-Apr-2007 01:03:06 +0200" RFC822.SIZE
1651 ENVELOPE ("Sat, 7 Apr 2007 01:02:10 +0200" "Und Testnachricht 3" (("
Peer Heinlein" NIL "p.heinlein" "heinlein-support.de")) (("Peer Heinlein"
 NIL "p.heinlein" "heinlein-support.de")) (("Peer Heinlein" NIL "p.heinle
in" "heinlein-support.de")) (("Tux" NIL "tux" "example.com")) NIL NIL NIL
 "<200704070102.11133.p.heinlein@heinlein-support.de>"))
a5 OK FETCH completed.
```

Sehen wir uns Nachricht Nummer 2 vollständig an. Dazu verwenden wir – zugegebenermaßen nicht unbedingt logisch – das FETCH-Subkommando BODY[]:

```
a6 FETCH 2 BODY[]
* 2 FETCH (BODY[] 1646
Return-Path: <p.heinlein@heinlein-support.de>
X-Original-To: p.heinlein@heinlein-support.de
Delivered-To: p.heinlein@heinlein-support.de
Received: from [10.0.42.2] (unknown [10.0.42.2])
        (using TLSv1 with cipher DHE-RSA-AES256-SHA (256/256 bits))
        (Client did not present a certificate)
        by plasma.heinlein-support.de (Postfix) with ESMTP id BEA0581A4B
        for <tux@example.com>; Sat,  7 Apr 2007 01:02:01 +0200 (CEST)
From: Peer Heinlein <p.heinlein@heinlein-support.de>
To: Tux <tux@example.com>
Subject: Testnachricht 2
Date: Sat, 7 Apr 2007 01:02:01 +0200
User-Agent: KMail/1.9.5
MIME-Version: 1.0
Content-Type: text/plain;
  charset="iso-8859-1"
Content-Transfer-Encoding: quoted-printable
Content-Disposition: inline
Message-Id: <200704070102.01895.p.heinlein@heinlein-support.de>
X-Length: 1519
Status: R
X-Status: NC
X-UID: 0
```

```
Hallo!
Ich bin eine Testmail.

=2D-=20
Heinlein Professional Linux Support GmbH
Linux: Akademie - Support - Hosting

http://www.heinlein-support.de

Zwangsangaben lt. =A735a HGB:
HRB 93818 B / Amtsgericht Berlin-Charlottenburg,=20
Gesch=E4ftsf=FChrer: Peer Heinlein =A0-- Sitz: Berlin
)
a6 OK FETCH completed.
```

Auch das Herausgreifen einzelner Headerzeilen ist möglich:

```
a7 FETCH 2 BODY[HEADER.FIELDS Message-ID]
* 2 FETCH (BODY[HEADER.FIELDS ("Message-ID")] 59
Message-Id: <200704070102.01895.p.heinlein@heinlein-support.de>

)
a7 OK FETCH completed.
```

Natürlich können wir Nachrichten auch kopieren – in einen anderen Ordner oder der Einfachheit halber erneut in `INBOX.Test`.

```
a8 COPY 2:3 INBOX.Test
a8 OK [COPYUID 1175900586 2:3 4:5] COPY completed.
```

Nachricht Nummer 2 und 3 finden wir jetzt auch in Gestalt von Nachricht 4 und 5 wieder. Da es nicht sinnvoll ist, in einem Folder Dubletten vorzuhalten, versehen wir diese mit dem `\Deleted`-Flag, das dazu führt, dass sie beim nächsten `EXPUNGE`-, `SELECT`- oder `CLOSE`-Kommando (vgl. Seite 318, 312 bzw. 318)[9] gelöscht werden:

```
a9 STORE 2,3 +FLAGS \Deleted
* 2 FETCH (FLAGS (\Deleted))
* 3 FETCH (FLAGS (\Deleted))
a9 OK STORE completed
```

Der IMAP-Server gibt für diesen Ordner nun eine andere Statusinformation aus – keine neuen Nachrichten mehr, auch wenn die Kopieraktion die Anzahl zwischenzeitlich erhöht hat:

9 ...nicht aber beim Verlassen des Folders mit `UNSELECT` entsprechend der IMAP-Erweiterung aus RFC 3691.

```
a10 NOOP
* 5 EXISTS
* 0 RECENT
a10 OK NOOP completed
```

Die als gelöscht markierten Nachrichten können vorerst weiter benutzt werden. Erst wenn wir den Ordner verlassen, indem wir ein neues Verzeichnis wählen, verschwindet die Nachricht tatsächlich vom Server.

Nach Mailinhalten suchen

Für die Suche nach bestimmten Mailinhalten auf dem Server stehen komplexe und mächtige Abfragemöglichkeiten zur Verfügung: Alter und Größe einer Nachricht können ebenso berücksichtigt werden wie Absender, Headerzeilen, IMAP-Flags und natürlich auch der echte Inhalt der E-Mail. Die folgende Anfrage lässt den Server die Sequenznummern aller ungelesenen Nachrichten ausgeben:

```
a11 SEARCH UNSEEN
* SEARCH 3 5
a11 OK SEARCH done
```

Die E-Mail Nummer 1 erscheint hier nicht mehr, weil sie – wie das `FETCH`-Kommando auf Seite 39 zeigt – bereits zu Beginn der Session als `\Seen` markiert war.

Um unter den ersten vier Nachrichten alle zum Löschen markierten zu finden, lautet das Kommando

```
a12 SEARCH 1:4 DELETED
* SEARCH 2 3
a12 OK SEARCH done
```

Natürlich kann auch der Inhalt durchsucht werden. Dabei unterscheidet das `SEARCH`-Kommando *nicht* zwischen Groß- und Kleinschreibung:

```
a13 SEARCH ALL TEXT Heinlein
* SEARCH 1 2 3 4 5
a13 OK SEARCH done
```

Aber Achtung: Da man mit `TEXT` in Rohdaten sucht, „übersieht" diese Suchanfrage unter Umständen Mails, die den Suchbegriff eigentlich enthalten. So liefert das Beispiel keinen Treffer, wenn das Wort „heinlein" im Quoted-Printable-kodierten Mailtext einen weichen Zeilenumbruch enthält und damit als `hein=(crlf)lein` dasteht. Meistens ist es sinnvoller, statt `TEXT` das `SEARCH`-Subkommando `BODY[]` (siehe Seite 320) zu verwenden.

Bereits diese einfachen Beispiele deuten es an: Das IMAP-Protokoll bietet dem Client vielfältige Möglichkeiten, auch komplexe Aufgaben effizient auf den Server auszulagern und Übertragungsvolumen zu sparen. Leider implementieren die Mailclients das IMAP-Protokoll in sehr unterschiedlicher Qualität.

Auch Webmailer, die für die vielfältigen Möglichkeiten eigentlich dankbar sein sollten, machen davon nicht ausreichend Gebrauch. Anstatt von vornherein nur die anzuzeigenden Mails vom Server zu ziehen und für die Anzeige aufzubereiten, greifen viele unnötigerweise auf alle E-Mails zurück, um selbst mühsam und speicheraufwändig die entsprechende Auswahl vorzunehmen.

2.2.4 IMAP-Ordner abonnieren

Aus der Liste aller Folder eines IMAP-Postfachs kann ein Client mit den Kommandos `SUBSCRIBE` einzelne Folder auf eine Abo-Liste setzen bzw. sie mit `UNSUBSCRIBE` wieder davon streichen. Die Liste abonnierter Folder wird direkt auf dem IMAP-Server gespeichert, der dieses Feature also unterstützen muss. Sowohl Courier als auch Cyrus können das ohne weitere Konfiguration problemlos.

Ob ein Verzeichnis abonniert ist oder nicht, macht erst bei den IMAP-Kommandos `LIST` und `LSUB` einen Unterschied: `LIST` listet alle IMAP-Folder auf, egal ob abonniert oder nicht. Es gibt also auch dann stets alle IMAP-Folder aus, wenn auf dem Server eine Abo-Liste hinterlegt ist. Dahingegen antwortet der Server auf das `LSUB`-Kommando (kurz für *list subscribed*) nur mit einer Liste der abonnierten Verzeichnisse.

Abgesehen von diesem kleinen Unterschied verhalten sich `LIST` und `LSUB` absolut identisch. Ein Client kann sich damit bei jedem Abruf stets aussuchen, ob er alle oder eben nur die abonnierten Verzeichnisse sehen möchte.

Letzteres ist zum Beispiel für einen Laptop-Nutzer mit UMTS-Einwahl oder an Standorten mit teurem Traffic oder langsamer Anbindung von Vorteil, da hier bei einem Postfachabruf nicht aufwändig alle, sondern nur die abonnierten IMAP-Folder synchronisiert werden, wenn der IMAP-Client entsprechend konfiguriert ist. Während man so unterwegs Zeit und Geld spart, kann der parallel eingerichtete IMAP-Client am stationären Büroschreibtisch so eingerichtet werden, dass er abonnierte Verzeichnisse für dieses Postfach nicht unterstützen soll. Er sendet dann weiterhin stets das `LIST`-Kommando und tauscht damit stets den vollständigen Datenbestand aus.

Wo und wie Sie IMAP-Verzeichnisse abonnieren, ist Sache Ihres jeweiligen IMAP-Clients. Üblicherweise werden Sie eine Funktion findet, aus allen aufgelisteten Ordnern einzelne Verzeichnisse zu abonnieren, zugleich aber auch einstellen können, ob Abonnements beachtet werden sollen.

3

Kapitel

Lastverteilung und Ausfallsicherheit

Ein Webserver kann viele Tausend Hits in der Stunde abfertigen – doch für IMAP-Server tun sich bei solchen Dimensionen neue und weitreichende Probleme auf. Pro IMAP-Sitzung verbrauchen die IMAP-Prozesse von Courier und Cyrus rund 1,5 bis 2 MB RAM, selbst wenn sich die Verbindung im Leerlauf befindet und der Client kaum aktiv ist. Einem Server mit 4 GB RAM droht darum schon bei ca. 2500 Verbindungen ein „Out of Memory".

Während sich beim POP3-Verfahren der Client für jede Abfrage neu einloggt und nach Beendigung des Serverprozesses der Speicher wieder für andere Verbindungen zur Verfügung steht – ähnlich wie bei HTTP oder SMTP, wo RAM nur dann beansprucht wird, wenn tatsächlich Arbeit zu erledigen ist –, ist IMAP solche Bescheidenheit leider fremd. Die Clients versuchen, die Verbindung zum Server permanent offen zu halten.

Bei gleichzeitig 20, 50 oder auch 100 Nutzern spielt das kaum eine Rolle, denn 250 MB RAM-Reserve stehen üblicherweise auf einem Server zur Verfügung. Bei vierstelligen Nutzerzahlen und entsprechend zahlreichen parallelen IMAP-Verbindungen wird der Hauptspeicher schnell zum Flaschenhals, denn mehr Verbindungen, als das RAM zulässt, sind nicht möglich.

Die Prozessorleistung ist hingegen bei großen IMAP-Servern selten problematisch. Fragen beispielsweise Clients in 2500 parallelen Verbindungen alle drei Minuten neue E-Mails ab, ergeben sich lediglich 10 bis 20 parallele Requests pro Sekunde, was sogar eine schnelle Single-Prozessor-Maschine bewältigt.

Platten-I/O kann da schon eher zum begrenzenden Faktor werden, denn anders als bei CPUs hat sich die Performance bei Festplatten in den vergangenen Jahren nicht wesentlich verändert. Über den Plattencache wird derzeit versucht zu retten, was zu retten ist.

Bei vier- oder fünfstelligen Nutzerzahlen sind darum RAM und Speicher-I/O die Schwachstellen, die man notfalls über den Aufbau eines verteilten IMAP-Clusters oder eine entsprechend schnelle Festspeicherlösung auszugleichen sucht.

Stößt Ihr IMAP-Server bei der Anzahl der zeitgleichen Logins und/oder dem Umfang der Postfächer an seine Grenzen, haben Sie zwei strategische Möglichkeiten: Sie setzen entweder Loadbalancer oder Proxys ein.

Im ersten Fall haben mehrere IMAP-Server über ein zentrales Dateisystem (SAN/NAS) Zugriff auf alle Maildaten, so dass grundsätzlich jeder Node jeden Nutzer bedienen kann. Ein zentraler Loadbalancer verteilt die Last auf eine beliebige Anzahl identisch konfigurierter IMAP-Server. Damit es im gemeinsam genutzten Mailspace nicht zu doppelten Dateinamen kommt, sollten Sie den IMAP-Nodes trotzdem unterschiedliche Hostnamen geben. Den Vorteilen einer solchen Lösung –

- einfache Lastverteilung schon durch Round Robin DNS (allerdings ohne Ausfallsicherheit), besser aber durch einen Loadbalancer,
- keine feste Zuteilung der Accounts zu einzelnen Nodes und
- optimale Lastverteilung auf alle Server

– stehen als Nachteile gegenüber, dass man ggf. eben jenen Loadbalancer – ob als Appliance oder Eigenbau-Variante – braucht, dass das zentrale Dateisystem die gesamte I/O-Last des IMAP-Clusters trägt und dass beide damit Single-Points-of-Failure sind, sofern sie nicht selbst redundant ausgelegt werden.

Ein IMAP-Proxy nimmt alle Verbindungen der Clients an und leitet sie an den zuständigen IMAP-Server weiter. Jeder dieser IMAP-Server verwaltet also nur einen bestimmten Teil der Accounts, deren Maildaten er lokal speichert. Darüber hinaus existiert eine Liste sämtlicher Accounts und deren Passwörter (beispielsweise in einer MySQL-Datenbank oder in einem LDAP-Verzeichnis). Das hat Vorteile:

- keine I/O-Probleme, da viele lokale Festplatten zum Einsatz kommen,
- kein (teurer) zentraler Mailstorage,
- kein Loadbalancer.

Allerdings kann ein zentraler Proxy-IMAP-Server bei sehr großen Nutzerzahlen ebenfalls überfordert sein, einzelne IMAP-Server können überlastet sein, obwohl andere Nodes noch Reserven haben, und jeder einzelne IMAP-Server ist ein Single-Point-of-Failure. Accounts auf anderen Servern sind von einem solchen Ausfall allerdings nicht betroffen.

3.1 Loadbalancer

Greifen alle Hosts – wie in Abbildung 3.1 gezeigt – auf eine gemeinsame Speicherlösung zu – ganz gleich ob über NFS, SAN oder iSCSI mit Cluster-Dateisystem –, spielt es prinzipiell keine Rolle, auf welchem Host die Verbindung eines Clients landet. Dem Einsatz eines Loadbalancers steht dann nichts mehr im Wege: Selbst auf einem einfachem Linux-Router kann man mit wenigen Handgriffen eine Lastverteilung konfigurieren, denn der Linux-Kernel bietet verschiedene Möglichkeiten, IP-Verbindungen aufzuteilen.

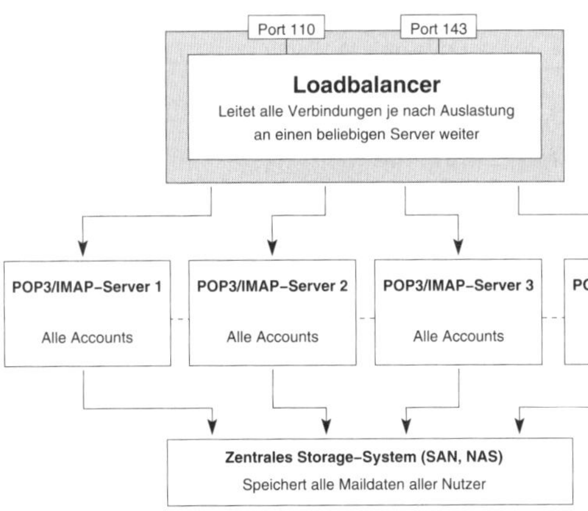

Abbildung 3.1: Greifen alle Mailserver auf die gleiche Maildatenbank zu, lässt sich jede Verbindung individuell einem Server zuweisen.

Wird das zentrale Storage-System unter der Last zahlreicher simultaner Zugriffe auf unzählige Dateien zum Performance-Flaschenhals, bleibt nur die Flucht in sehr schnelle und vor allem sehr viele Festplatten, was die Kosten für diese Lösung rasch in die Höhe treibt.

Bei der Konfiguration sollten Sie auf möglichst hohe *Persistenz* achten. Das bedeutet, dass der Balancer einen erneuten Verbindungsaufbau eines Clients nach Möglichkeit wieder demselben Server zuteilt, damit er möglichst viele Informationen im lokalen Festplattencache nutzen kann.

3.1.1 DNS Round Robin

Eine (sehr) einfache Lastverteilung ist bereits über das DNS möglich. Wenn Sie für Ihren Hostnamen mehrere DNS-Einträge setzen, erhalten die Clients nach dem Zufallsprinzip bei jeder Abfrage eine andere IP-Nummer.

Die folgenden Einträge in einer DNS-Zonendatei sorgen dafür, dass alle Anfragen (zufällig) einer der genannten IP-Nummern zugewiesen werden:

```
mail.example.com.        IN A  192.168.10.11
mail.example.com.        IN A  192.168.10.12
mail.example.com.        IN A  192.168.10.13
```

Damit sind Sie allerdings auf das DNS angewiesen, das oft über Stunden gecacht wird und entsprechend schwierig zu beinflussen ist. Damit ist DNS Round Robin höchstens ein erster Versuch zur Lastverteilung und keine echte Ausfallsicherung. Im Notfall können Sie eine auf den folgenden Seiten beschriebene `iptables`-Regel anpassen und IPs zu- oder abschalten. Die Frage ist dann: Warum nicht gleich so?

3.1.2 Round Robin über `iptables`

`iptables` kann über das `DNAT`-Target Verbindungen an eine Reihe *aufeinanderfolgender* IP-Nummern aufteilen. Echte Lastverteilung erreicht man damit nicht; die Verbindungen werden nur durch Round Robin verteilt. Anders als beim DNS Round Robin spielen Cache-Zeiten hier keine Rolle, so dass sich die Lösung beliebig ändern und anpassen lässt.

Wenn Sie ohnehin einen Linux-Router als Gateway an zentraler Stelle einsetzen, können Sie damit ohne großen Aufwand alle POP3/IMAP-Verbindungen zur Lastverteilung an mehrere Server mit unterschiedlichen IP-Adressen weiterleiten.

Das folgende Beispiel zeigt, wie Sie nach außen unter der IP `192.168.10.10` einen einzelnen POP3-IMAP-Server anbieten, wobei die Anfragen intern mittels `DNAT` auf die drei Server `192.168.10.11`, `192.168.10.12` und `192.168.10.13` verteilt werden:[1]

[1] Der besseren Lesbarkeit halber werden die stets einzeiligen Kommandos hier und im Folgenden umbrochen.

```
linux: # iptables -A PREROUTING -t nat -p tcp --dport 110 -d 192.168.10.
10 -j DNAT --to-destination 192.168.10.11-192.168.10.13
linux: # iptables -A PREROUTING -t nat -p tcp --dport 143 -d 192.168.10.
10 -j DNAT --to-destination 192.168.10.11-192.168.10.13
linux: # iptables -A PREROUTING -t nat -p tcp --dport 993 -d 192.168.10.
10 -j DNAT --to-destination 192.168.10.11-192.168.10.13
linux: # iptables -A PREROUTING -t nat -p tcp --dport 995 -d 192.168.10.
10 -j DNAT --to-destination 192.168.10.11-192.168.10.13
```

Auch die `iptables`-Targets `BALANCE` und `CLUSTERIP` können Sie hier nutzen und damit – über den Fokus dieses Buchs hinausgehende – komplexe Setups verwirklichen. Mehr dazu in `man (5) iptables`.

Die Anfragen, die ein ausgefallener Host oder Dienst auf diese Weise erhält, kann `iptables` jedoch nicht umleiten; der Client erhält im ungünstigsten Falle einen Timeout oder ein „Connection Refused". Auch wenn diese Variante High-Availability-Anforderungen nicht genügt, empfiehlt sie sich als einfache, robuste und funktionierende Einstiegslösung.

3.1.3 Linux Virtual Server (LVS)

Das LVS-Projekt[2] hat nichts mit *virtuellen Root-Servern* (*VServern*), wie sie von einigen Hostern angeboten werden, zu tun. Es stellt vielmehr Kernel-Funktionalität und Steuerungskommandos zur Verfügung, mit denen sich mit wenig Aufwand aus jedem Linux-System ein *echter* Loadbalancer aufbauen lässt. Anders als das einfache `DNAT` von `iptables` erlaubt es LVS, die Verbindungen gezielt nach verschiedenen Kriterien auf einzelne Hosts zu verteilen – also beispielsweise unter Berücksichtigung der bereits bestehenden Verbindungen eines Servers bei grundsätzlicher Bevorzugung einzelner (starker) Server.

Das LVS-Projekt stellt Verbindungen zu den Zielhosts auf drei verschiedene Arten her. Doch in den meisten Fällen dürfte *Direct Routing* das Mittel der Wahl sein.[3]

Direct Routing basiert auf der Idee, die Server neben ihrer normalen echten Wartungs-IP (hier: `192.19.10.11`, `192.168.10.12` und `192.168.10.13` nach außen mit einer auf allen Nodes identischen Produktiv-IP auszustatten (hier: `192.168.10.10`). Damit es keine IP-Konflikte gibt und die Server sich nicht gegenseitig ins Gehege kommen, wird diese IP auf jedem einzelnen Server als virtuelle IP ans Loopback-Interface gebunden. Damit der Server nicht versucht, andere Nodes des Netzes über das Loopback-Interface zu erreichen, muss die Netzmaske unbedingt auf `255.255.255.255` gesetzt werden:

2 `http://www.linuxvirtualserver.org/`

3 Es ist detailliert auf `http://www.linuxvirtualserver.org/VS-DRouting.html` beschrieben.

```
linux: # ifconfig lo:1 192.168.10.10 netmask 255.255.255.255 broadcast \
192.168.10.255
```

Gleichzeitig muss man dem Linux-Kernel beibringen, dass er bei ARP-Anfragen nach dieser IP nicht mehr mit der MAC-Adresse von `eth0` antwortet. Der Linux-Kernel hat die Eigenschaft, ARP-Anfragen auch dann mit der IP des empfangenden Interface zu beantworten, wenn die angefragte IP-Adresse auf *irgendeinem* seiner Interfaces liegt. Gleichzeitig nutzt er auch für ausgehende Anfragen recht willkürlich irgendeine seiner IP-Adressen.

Um das zu verhindern, übernehmen Sie die folgenden Einträge in die Datei `/etc/sysctl.conf`:

```
net.ipv4.conf.all.arp_ignore = 1
net.ipv4.conf.lo.arp_ignore = 1
```

Das sorgt dafür, dass der Kernel nur dann auf ARP-Requests antwortet, wenn sie auf dem richtigen Interface hereinkommen. ARP-Anfragen nach der hinter `lo:1` versteckten IP-Adresse ignoriert er, da sie auf `eth0` hereinkommen. Stattdessen soll der Kernel nur die echte IP-Adresse des ausgehenden Interfaces `eth0` benutzen. Ergänzen Sie `/etc/sysctl.conf` darum um zwei weitere Einträge:

```
net.ipv4.conf.all.arp_announce = 2
net.ipv4.conf.lo.arp_announce = 2
```

Beim Einrichten laden Sie diese Parameter manuell, später werden sie automatisch beim Booten aktiviert. Hier der Aufruf für SuSE:

```
linux: # /etc/init.d/boot.sysctl start
Setting current sysctl status from /etc/sysctl.conf
net.ipv4.icmp_echo_ignore_broadcasts = 1
net.ipv4.conf.all.rp_filter = 1
net.ipv4.conf.all.arp_ignore = 1
net.ipv4.conf.lo.arp_ignore = 1
net.ipv4.conf.all.arp_announce = 2
net.ipv4.conf.lo.arp_announce = 2
```

Bei Debian heißt das entsprechende Kommando `/etc/init.d/procps.sh start`.

Nun haben wir die Situation, dass viele Server dieselbe IP haben – doch antwortet keiner auf ARP-Anfragen. Damit ist diese IP de facto nicht erreichbar – zumindest solange nicht, bis wir den LVS-Loadbalancer ins Spiel bringen.

Geben Sie Ihrem Loadbalancer also ebenfalls die Produktiv-IP, diesmal allerdings ganz normal auf `eth0` oder als zusätzliche IP auf `eth0:1`. Die Einstellungen in `/etc/sysctl.conf` werden auf dem Balancer nicht mehr benötigt, denn er soll ja ganz normal erreichbar sein.

Richten Sie bei dieser Gelegenheit auch gleich IP-Forwarding ein. Sie können das wie in diesem Beispiel auf der Kommandozeile erledigen oder die entsprechenden Parameter in die passenden Konfigurationsdateien Ihrer Distribution eintragen (bzw. Setup-Programme wie SuSEs YaST nutzen):

```
linux: # ifconfig eth0:0 192.168.10.10 netmask 255.255.255.0 broadcast \
 192.168.10.255 up
linux: # echo 1 > /proc/sys/net/ipv4/ip_forward
```

Nun antwortet der LVS-Server auf diese IP. Wenn Sie die POP/IMAP-Anfragen jeweils an den Host weiterreichen wollen, der aktuell die wenigsten offenen Verbindungen hat, müssen Sie LVS anweisen, die Verbindungen nach dem Verfahren *Least Connection* (`lc`) zu verteilen. Dazu geben Sie die *echte* IP-Adresse von `eth0` auf den einzelnen Hosts als Ziel an. Für POP3 und IMAP brauchen Sie dazu zwei Regelsätze: einen für den TCP-Port 110 (POP3) und einen für den TCP-Port 143 (IMAP):[4]

```
linux: # ipvsadm -A -t 192.168.10.10:110 -s lc
linux: # ipvsadm -a -t 192.168.10.10:110 -r 192.168.10.11 -g
linux: # ipvsadm -a -t 192.168.10.10:110 -r 192.168.10.12 -g
linux: # ipvsadm -a -t 192.168.10.10:110 -r 192.168.10.13 -g
linux: # ipvsadm -A -t 192.168.10.10:143 -s lc
linux: # ipvsadm -a -t 192.168.10.10:143 -r 192.168.10.11 -g
linux: # ipvsadm -a -t 192.168.10.10:143 -r 192.168.10.12 -g
linux: # ipvsadm -a -t 192.168.10.10:143 -r 192.168.10.13 -g
```

Kommt eine neue Verbindung zustande, bestimmt LVS den dafür am besten geeigneten Zielhost. Anschließend tauscht LVS im TCP/IP-Paket die MAC-Adresse aus. Das Paket bleibt dann zwar an dieselbe Produktiv-IP-Adresse adressiert (`192.168.10.10`), geht auf Ethernet-Ebene (im OSI-Schichtenmodell Layer 2) aber an das `eth0`-Interface eines bestimmten Zielhosts im Serverpool. Dieser empfängt das Paket und bemerkt von dem kleinen Umweg nichts. Das Paket ist zwar an seine, an `lo:1` gebundene IP-Adresse adressiert, kommt aber aufgrund der ausgetauschten MAC-Adresse über sein externes Interface `eth0` herein. Doch da er die Ziel-IP tatsächlich besitzt, ist es ihm einerlei, über welches Interface ihn das Paket erreicht.

Anders als beim `DNAT`-Verfahren werden die Antwortpakete direkt an das Default-Gateway geschickt und gehen nicht mehr den Weg zurück durch den LVS-Balancer. Das gesamte Setup skaliert entsprechend gut, da nur wenige Daten vom Client durch den LVS-Balancer zum Server wandern und die großen Datenmengen vom Server zum Client das Netzwerkinterface des LVS nicht belasten.

4 Analog geben Sie auch die Einstellungen für die Ports 993 (POP3 über SSL) und 995 (IMAP über SSL) an, wenn Sie SSL/TLS nutzen.

Da der LVS-Balancer eine Tabelle bestehender Verbindungen unterhält, ist sichergestellt, dass zu einer darin verzeichneten Verbindung gehörende Pakete stets zum selben Produktiv-Server weitergeleitet werden.

Zur Vertiefung des Themas Loadbalancing sei auf die umfangreiche Online-Dokumentation verwiesen.[5] Dort ist auch im Detail beschrieben, wie Sie automatisch die Verfügbarkeit eines einzelnen Hosts überwachen und das Loadbalancing ggf. dynamisch an ausgefallene Hosts anpassen.

3.2 IMAP-Proxys

Setzen Sie mehrere IMAP-Server mit jeweils lokalem Festplattensystem auf, müssen diese nicht mehr alle Nutzer kennen und Zugriff auf sämtliche Mails haben, sondern können jeweils nur einen Teil der User-Postfächer verwalten. Ein zentraler IMAP-Proxy hat dann nicht die Aufgabe, ganze (IMAP-)Sitzungen zu cachen (wie beispielsweise der HTTP-Proxy Squid), sondern vielmehr die einkommenden Verbindungsanfragen dem jeweils zuständigen IMAP-Server zuzuordnen (Abbildung 3.2).

Dazu muss jeder User-Datensatz in einem separaten Feld die Information enthalten, auf *welchem* IMAP-Server der Account liegt. Der IMAP-Proxy fragt diese Daten beim Login ab und leitet die IMAP-Anfrage transparent an den benötigten IMAP-Server weiter. Da jeder Nutzer immer bei „seinem" Server landet, ist grundsätzlich kein gemeinsam genutzter Dateibereich notwendig. Dadurch findet bei dieser Lösung aber zunächst einmal keine Lastverteilung auf verschiedene Server statt.

In sehr großen Umgebungen mag die Kombination von IMAP-Proxy *und* Loadbalancer sinnvoll sein: Der Proxy teilt die Verbindung anhand der User-ID einem Balancer zu, und der wiederum verteilt sie an mehrere IMAP-Server. So lassen sich im Fall, dass ein einzelnes Speichersystem mit der Last überfordert ist, getrennte Mailstorages aufbauen.

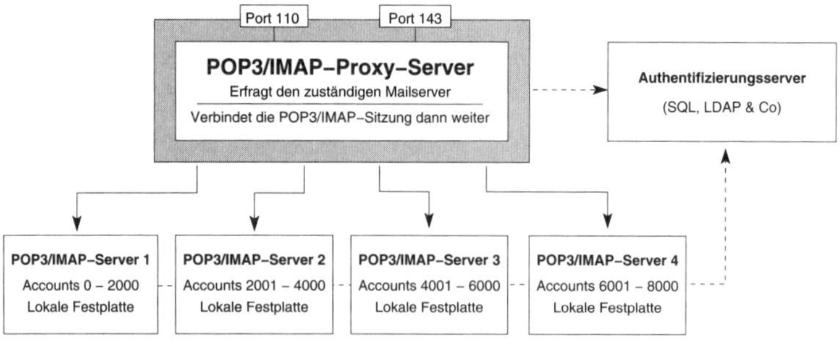

Abbildung 3.2: Autarke Mailserver mit lokalem Dateisystem sind schnell – aber auch Single-Points-of-Failure. Der Auth-Server weiß, wo welcher Account liegt.

[5] `http://www.linuxvirtualserver.org/`

Allerdings verbrauchen die meisten IMAP-Proxys ebensoviel RAM wie der IMAP-Client selbst, müssen sie doch die volle Authentifizierungsroutine und auch das IMAP-Protokoll implementiert haben. So ergibt sich rasch das Problem, dass der IMAP-Proxy selbst überlastet wird und in RAM-Nöte kommt. Eine solche Lösung bietet sich also vorzugsweise an, um I/O-Last, nicht um RAM-Last besser zu verteilen. Softwareseitig kommen dafür folgende Varianten in Frage:

Courier-IMAP Proxy
: Courier-IMAP bringt seit Version 4.0 selbst Proxy-Funktionalität mit. Für einen Courier-Server sollte darum die Nutzung des Projekt-eigenen Proxys die unkomplizierteste Entscheidung sein. Die Einrichtung beschreibt Kapitel 10.3 ab Seite 180.

Cyrus Murder Cluster
: Auch Cyrus bringt in den neueren Versionen einen eigenen IMAP-Proxy mit, den *Cyrus-Aggregator*, der in Cyrus-Murder-Clustern (siehe Kapitel 17.1 ab Seite 296) zum Einsatz kommt. Aktuell (August 2007) hat er aber noch immer den Status „Nutzung auf eigene Gefahr".[6]

Perdition
: Perdition[7] soll als eigenständiger IMAP-Proxy mit beliebigen IMAP-Servern zusammenarbeiten. Er kann den IMAP-Zielhost aus einer Reihe von verschiedenen Datenbankquellen abfragen: ODBC, MySQL, PostgreSQL, GDBM und NIS. Auch die Zuordnung von Usernamen zu IMAP-Hosts mittels regulärer Ausdrücke ist möglich. LDAP wird leider nicht unterstützt.

  Angesichts der Tatsache, dass sowohl Courier als auch Cyrus einen eigenen Proxy mitbringen, ist der Einsatz von Perdition mit diesen Servern wenig sinnvoll, denn Sie können ohnehin nur User-Datenbanken nutzen, die auch Ihr IMAP-Backend verwenden kann. Zudem scheint das Projekt entweder perfekt oder eingeschlafen zu sein, denn seit Juni 2005 gab es kein neues Release mehr.

Nicht für den Betrieb eines IMAP-Clusters eignet sich hingegen der

IMAP-Proxy
: Anders als die bisher genannten Proxies versucht er[8] die Verbindungen performant zu cachen, statt sie an andere IMAP-Server weiterzuleiten. Einsatzzweck ist darum vornehmlich die Beschleunigung von Webmailern, die sich aufgrund der einzelnen PHP-Aufrufe ständig neu auf dem IMAP-Server einloggen müssen. Das Programm `in.imap`

[6] `http://cyrusimap.web.cmu.edu/imapd/install-murder.html`
[7] `http://www.vergenet.net/linux/perdition/`
[8] `http://www.imapproxy.org/`

`proxyd` hält diese Verbindungen zum IMAP-Server offen, entlastet diesen so und beschleunigt die PHP-Anwendung. Er ist in Kapitel 5.3 ab Seite 76 beschrieben.

Kapitel 4

Die Wahl des Dateisystems

Auf kleinen Mailservern für 20 Nutzer spielt die Art und Weise, wie das Betriebssystem die Daten auf der Festplatte organisiert, keine nennenswerte Rolle für die Performance. Doch wer als Internet- oder Mail-Service-Provider ohnehin mit schnellen Festplatten hantiert, auf denen die E-Mails mehrerer Hundert oder Tausend Nutzer lagern sollen, wird durchaus einigen Aufwand betreiben müssen, um das optimale Dateisystem für die Lagerung sehr vieler, meist kleiner Dateien zu finden.

Damit begibt man sich in einen Glaubenskrieg, der wohl nie entschieden wird: Leider findet man eine Vielzahl höchst unterschiedlicher Aussagen und Tests zu Geschwindigkeit und den Vorteilen der verschiedenen Dateisysteme – und diese sind nicht nur verwirrend, sondern oft genug auch widersprüchlich, da sich durch verschiedene Entwicklungszuständen in unterschiedlichen Kernel-Versionen zum Teil erhebliche Unterschiede ergeben. Lag ein Dateisystem in einer Version noch hinten, kann die nächste Kernel-Version schon zu deutlichen Geschwindigkeitszuwächsen geführt haben.

Wenn man auf verbreitete, erprobte und stabile freie Systeme mit Journaling setzt, schränkt das Zahl möglicher Dateisysteme allerdings schnell ein.

Unter Linux sollte man den Klassiker Ext2/Ext3 nicht unterschätzen: Die Verarbeitungsgeschwindigkeit erhöhte sich in den letzten Jahren, so dass sich die Frage stellt, ob das wegen seiner Performance bei zehntausenden Dateien gelobte ReiserFS tatsächlich noch nennenswert schneller ist. Früher war das unbestritten der Fall, doch die in diesem Kapitel gezeigten Messergebnisse zeigen, dass Ext2/Ext3 in Sachen Geschwindigkeit ReiserFS überholen konnte.

Zugegeben: ReiserFS nutzt bei vielen kleinen Dateien den Plattenplatz weitaus effizienter als Ext2/Ext3. Doch die Probleme in Punkte Datensicherheit reißen bei ReiserFS nicht ab: Wann immer die Autoren in den letzten Jahren vorsichtig ReiserFS einsetzten, hatten sie mit korrupten Reiser-Dateisystemen und merkwürdigen Datenverlusten zu kämpfen. Wenn selbst ein angeblich fehlerfrei durchlaufendes `fsck.reiserfs` nicht mehr die Gewähr dafür bietet, dass sich das Dateisystem anschließend wirklich in einem konsistenten Zustand befindet, hört der Spaß und das Vertrauen allerdings endgültig auf. Oft genug half nur ein `fsck.reiserfs --rebuild-btree`, eine heikle Prozedur, die mehrere Stunden dauern kann, für den Server eine nicht akzeptable Downtime verursacht und beim Admin über Stunden hinweg mehr Adrenalin ins Blut gelangen lässt, als er sich im Laufe eines Jahres antun sollte.

Kann man Datenverlust verschmerzen – etwa auf `/tmp` oder im Cache-Verzeichnis eines Proxy-Servers – und defekte Partitionen daher ohne Bedenken neu formatieren, spricht beispielsweise auf einem cachenden Proxy-Server nichts gegen ReiserFS. Gerade bei älteren Kernel-Versionen kann ReiserFS ja noch in Sachen Geschwindigkeit punkten.

Dauerhaft zu speichernde Mailverzeichnisse vertrauen die Autoren ReiserFS hingegen schlichtweg nicht an, eine Ansicht, die Sie von vielen Seiten bestätigt bekommen können.

Nicht wenige Leute schwören geradezu auf XFS. Es scheint so, dass man es schätzen lernt, wenn man sich erstmal eine Weile damit beschäftigt. Stabil und robust ist es sicherlich, doch schöne Features wie das Vergrößern oder Verkleinern eines bestehenden Dateisystems kennt es (anders als Ext2/Ext3 oder ReiserFS) derzeit nicht. Zudem liefern verschiedener Tests und Benchmarks[1] unterschiedliche Aussagen darüber, wie XFS beim Zugriff auf kleine Dateien abschneidet.

Die Autoren selbst haben noch keine langjährige Erfahrung mit XFS gesammelt, und angesichts der gemessenen Geschwindigkeiten scheint ein Einsatz auf Hochleistungsmailservern mit *kleinen* Dateien nicht sinnvoll zu sein.

[1] `http://www.debian-administration.org/articles/388`

Gerade erst auf Linux und *BSD portiert wird das bei OpenSolaris verwendete ZFS, das neben allen Vorteilen der bisher genannten Journaling-Dateisysteme auch noch die Fähigkeiten eines Logical Volume Managers (LVM) aufweist. Das System hat den großen Vorteil, dass es über die tatsächliche Physik der darunterliegenden Plattenstruktur Bescheid weiß und beim Schreiben auf Festplatten die I/O-Geschwindigkeit optimal ausnutzen kann. Es unterstützt bei einfacher Bedienbarkeit Software-RAID und Snapshots, nutzt Prüfsummenverfahren und braucht nach einem Stromausfall keinen Filesystemcheck. Dabei gilt es als sehr stabil, wobei Software-RAID und Prüfsummenmethoden einige Geschwindigkeitsvorteile ggf. wieder auffressen können.

Wer im SAN nicht an Geld sparen muss, landet in vielen Fällen bei den NetApp-Filern der Firma Network Appliance. Deren hauseigenes Dateisystem WAFL kommt mit den klassischen Zugriffen auf viele kleine Maildateien gut bis perfekt zurecht.

4.1 Eine Performance-Messung

Zum Testen der Dateisystem-Performance auf Mailservern eignen sich die bekannten Messwerkzeuge `iozone` und `bonnie` bzw. `bonnie++` nur bedingt, da sich bei ihnen Lese- und Schreibzugriffe auf den Datenträger zu wenig abwechseln. Das von NetApp geschriebene Tool `postmark`[2] hingegen simuliert die Arbeit von Mail- und Newsservern: Während der Messung werden viele kleine Dateien abwechselnd gelesen, geschrieben und gelöscht und so die Index-Struktur des Dateisystems ordentlich strapaziert.

Die nachfolgenden Testergebnisse geben Ihnen nur einen Anhaltspunkt, denn die tatsächlichen Resultate hängen stark von den eingesetzten Kerneln ab: Von Version zu Version ergeben sich bei ein und demselben Dateisystem erhebliche Leistungsunterschiede. Dies erklärt auch, warum man sehr unterschiedliche Aussagen über die Qualität der Dateisysteme findet.

So bestätigten die Messungen den subjektiven Eindruck der Autoren, dass ReiserFS seinen Geschwindigkeitsvorsprung gegenüber Ext2/Ext3 verloren hat – es landet deutlich abgeschlagen auf Platz zwei. Die künftige ReiserFS-Version 4 scheint hingegen wieder deutlich aufgeholt zu haben und derzeit noch vor dem (ebenfalls zukünftigen) Ext4 zu liegen. Seit der Drucklegung des Buchs kann sich also eine ganze Menge getan haben, so dass die nachfolgend präsentierten Ergebnisse nicht als einzige Grundlage zukünftiger Entscheidungen dienen sollten.

[2] Früher: `http://www.netapp.com/tech_library/postmark.html`, derzeit scheint jedoch keine offizielle Webseite mehr zu existieren.

Tabelle 4.1: Messergebnisse des SCSI-Systems

15 000 RPM SCSI	Ext3	ReiserFS 3	XFS
Transaktionen pro Sekunde	162	123	81
Anlegen von Dateien pro Sekunde	1225	411	457
Dateilöschungen pro Sekunde	816	924	175
Lesezugriffe pro Sekunde	81	61	40
Schreibzugriffe pro Sekunde	80	61	40
Durchschnittlicher Lese-Durchsatz	769,75 KB/s	578,73 KB/s	370,87 KB/s
Durchschnittlicher Schreib-Durchsatz	969,20 KB/s	728,69 KB/s	466,96 KB/s

Die Messungen mit `postmark` 1.51 liefen unter folgenden Rahmenbedingungen ab:

- Als Betriebssystem kam der Default-Kernel von OpenSuSE 10.2 in der Version 2.6.18.8 zum Einsatz.
- Als 15 000-RPM-SCSI-Festplatte (Tabelle 4.1) diente eine Seagate Cheetah ST336753LC FN mit 8 MB Plattencache in einem mit XEON 2.8 GHz Dual-Core (512 KB CPU-Cache) ausgestatteten Rechner.
- Bei der Messung an einer IDE-Festplatte mit 7200 RPM (Tabelle 4.2) kam eine (recht langsame) IBM Deskstar IC35L060AVVA07-0 mit 2 MB Plattencache auf einem Pentium-IV 3 GHz HT (512 KB CPU-Cache) zum Einsatz.
- Die Dateigrößen der maximal 125 000 Dateien, verteilt auf 10 000 Unterverzeichnisse schwankten zwischen 1500 und 15 000 Bytes.
- Die Messung betrachtete eine Million Transaktionen im Journaling-Modus `ordered` bei angeschaltetem Kernel- und Festplattencache.

Was Ext4 und ReiserFS in der Version 4 hier in Zukunft rausholen können, zeigen erste Tests unter `http://www.linuxinsight.com/first_benchmarks_of_the_ext4_file_system.html`.

7200 RPM IDE	Ext3	ReiserFS 3	XFS
Transaktionen pro Sekunde	47	41	26
Anlegen von Dateien pro Sekunde	29	24	15
Dateilöschungen pro Sekunde	29	24	15
Lesezugriffe pro Sekunde	23	20	13
Schreibzugriffe pro Sekunde	23	20	12
Durchschnittlicher Lese-Durchsatz:	229,33 KB/s	196,48 KB/s	120,86 KB/s
Durchschnittlicher Schreib-Durchsatz:	288,75 KB/s	247,39 KB/s	152,17 KB/s

Tabelle 4.2: Die Performanceergebnisse des IDE-Systems

4.2 Performancetuning am Dateisystem

Doch nicht nur die Frage, welches Dateisystem man einsetzt, sondern auch die Frage, *wie* man das tut, kann sich auf die Geschwindigkeit auswirken. Einige Konfigurationsänderungen sorgen für einen kleinen Geschwindigkeitsgewinn, den man gerne mitnimmt – vor allem dann, wenn dadurch keine weiteren Nachteile entstehen.

4.2.1 Die `atime`

Per Default zieht jeder Lesezugriff auf eine Datei zugleich einen Schreibzugriff nach sich, denn Linux speichert pro Datei nicht nur eine, sondern *drei* Datumsangaben:

- Die *Modification Time* (`mtime`) ist das Datum, das auch im Dateilisting angezeigt wird und den Zeitpunkt der letzten Änderung am Datei*inhalt* beschreibt.
- Die *Change Time* (`ctime`) speichert das Datum der letzten Änderung, die die Datei*rechte*, also die Lese-, Schreib- und Ausführbarkeitsangaben,

oder den Dateibesitzer betrifft. Ein chmod-Kommando sorgt dafür, dass eine neue `ctime` gesetzt wird, lässt die `mtime` aber unverändert.

- Die `atime` (*Access Time*) verrät das Datum des letzten *lesenden* Zugriffs. Jeder Lesezugriff, und sei es ein einfaches `cat`, führt zur Speicherung einer neuen `atime`.

Damit haben wir einen kleinen Performance-Killer gefunden. Auch wenn die `atime` oft genug erstmal nur im Schreibcache landet, so zieht sie doch unnötige Verwaltungsarbeit und Platten-I/O nach sich, obwohl der Client nur ein paar Mails abgerufen hat.

Auf den Servern interessiert man sich üblicherweise nicht für die `atime`, so dass man sie getrost abschalten kann. Mounten sie die Datenpartition dazu mit der Option `noatime` und/oder tragen Sie diese Option in die `/etc/fstab` ein. Der Linux-Kernel wird die `atime` bei Lesezugriffen dann unverändert lassen. Nachteile hat dies keine.[3]

4.2.2 Access Control Lists

Das klassische (Unix-)Dateisystem unterscheidet bei Dateirechten nur zwischen dem Besitzer der Datei (dem *Owner*), der Gruppe des Dateibesitzers (*Group*) und allen anderen Nutzern (*Other/World*). Da dies recht unflexibel ist, wurden später *Access Control Lists* (ACLs) hinzugefügt, mit denen sich filigran Rechte für einzelne andere Benutzer freigeben oder sperren lassen.

Die Auswertung von ACLs kostet natürlich Zeit – sehr, sehr wenig Zeit, die normalerweise absolut keine Rolle spielt, aber eben doch etwas Zeit. Auf Hochleistungsservern summiert sich so etwas schnell: Aus „so-gut-wie-nichts“ wird hier rasch ein „10 Millionen mal so-gut-wie-nichts“ – und damit ein kleiner, aber relevanter Faktor.

Solange Sie nicht dateisystembasierte Shared Folders unter Courier betreiben (siehe Kapitel 10.1.2 ab Seite 168), werden Sie in den Mailverzeichnissen eines IMAP-Servers kaum sinnvolle Einsatzzwecke für (dateisystembasierte) ACLs haben. Grund genug, diese für die Maildatenpartition zu deaktivieren.

Ebenso wie das eben besprochene `noatime` gibt es auch eine `mount`-Option, die die Auswertung der ACLs verhindert: `noacl`.[4] Sie können sie wie gewohnt in die Optionenspalte der `/etc/fstab` aufnehmen.

[3] Generell können Sie alle Partitionen Ihres Systems mit der Option `noatime` mounten, auch die Root-Partition. Da es auf letzterer bei Servern üblicherweise wenig Aktivität gibt, ist hier der Performancevorteil aber eher gering.

[4] Diese gilt auch für ReiserFS, obwohl sie `man mount` nur für Ext2 auflistet.

4.2.3 Die Ext2/Ext3-Option `dir_index`

Eine Schwäche von Ext3 war in der Vergangenheit der Zugriff auf Verzeichnisse mit vielen Tausend Dateien. Bei 100 000 Dateien war es im wahrsten Sinne des Wortes möglich, sich eine Tasse Kaffee zu holen, bevor ein `ls -la` seine Ausgabe begann.

ReiserFS hatte hier die Nase vorn – doch Ext2/Ext3 hat nachgezogen und die Option `dir_index` eingeführt, die die Dateien eines Ordners nach einem Hash-Index sortiert und damit theoretisch deutlich schnelleren Zugriff auf die einzelnen Dateinamen ermöglicht. Doch Sie lesen bereits unsere Einschränkung: *theoretisch*. Die Messung in Tabelle 4.3 zeigt lediglich einen leichten Geschwindigkeitszuwachs bei aktiviertem `dir_index` und sogar eine deutliche Verschlechterung beim Löschen von Dateien.

Theodore „Ted" Tso, der zentrale Entwickler des Ext2/Ext3-Dateisystems, lüftete das Geheimnis auf Anfrage so: `dir_index` an sich sei eine performante Angelegenheit, sorge jedoch dafür, dass nacheinander angelegte Dateien nicht mehr in aufsteigender Inode-Reihenfolge auf der Festplatte liegen. Stattdessen werden sie anhand eines Hash-Werts sortiert abgelegt. Dies führt beim gemeinsamen Anlegen und Löschen zahlreicher Dateien zu mehr Plattenkopfbewegungen, als wenn alle Dateien chronologisch aufsteigend geschrieben werden können.

`dir_index` beschleunigt damit zwar den Zugriff auf eine einzelne Datei, sorgt beim chronologischen Zugriff auf viele Dateien aber für wild verteilte Zugriffe auf die Festplatte. Durch die dafür notwendige Positionierungszeit des Plattenkopfes („Seek Time") kommt es zu Verzögerungen.

Doch ist das in unserem Fall kein Problem: Gute Programme lesen vor dem Zugriff oder Löschvorgang erst das Dateiverzeichnis ein und sortieren dann die Dateien in aufsteigender Reihenfolge nach ihrer Inode-Nummer, damit der Festplattenkopf nicht mehr zurückspringen Courier-Autor Sam Varshavchik hat diese Sortierung in Courier eingebaut, im hier benutzten Benchmark-Tool fehlt sie jedoch. Also ist Courier-IMAP für den Einsatz mit `dir_index` optimiert und die Messergebnisse lassen sich darum nicht exakt auf Courier übertragen. Leider bot sich den Autoren keine Gelegenheit, das Verhalten des Benchmark-Tools anzupassen.

Aktuelle Distributionen wie OpenSuSE 10.2 sind mittlerweile sogar dazu übergegangen, die Option `dir_index` für Ext3-Partitionen automatisch zu setzen. Je nach Distribution und Version können Sie die nachfolgende Anleitung zum Aktivieren von `dir_index` also ggf. überspringen.

Um in den Genuss indizierter Verzeichnisse zu kommen, gibt man die Option `dir_index` direkt beim Formatieren mit `mkfs.ext3` an:

```
linux: # mkfs.ext3 -O dir_index /dev/sda5
```

Auf einer bereits benutzten Partition aktivieren Sie dieses Feature über tune 2fs. Anschließend müssen Sie fsck einmal über die (nicht gemountete!) Platte laufen lassen, damit dir_index auch für bereits angelegte Verzeichnisse aktiviert wird. Der Parameter -fD erzwingt dabei die Optimierung der Verzeichnisstruktur, so dass auch zu bereits vorhandenen Verzeichnissen ein Index aufgebaut wird:

```
linux: # umount /dev/sda5
linux: # tune2fs -O dir_index /dev/sda5
linux: # fsck.ext3 -fD /dev/sda5
linux: # mount /dev/sda5
```

Tabelle 4.3: Der Einfluss der dir_index-Option

15 000 RPM SCSI	**Ext3 ohne** dir_index	**Ext3 mit** dir_index
Transaktionen pro Sekunde	91	95
Anlegen von Dateien pro Sekunde	4424	4065
Dateilöschungen pro Sekunde	1360	1283
Lesezugriffe pro Sekunde	45	47
Schreibzugriffe pro Sekunde	45	47
Durchschnittlicher Lese-Durchsatz	426,34 KB/s	445,63 KB/s
Durchschnittlicher Schreib-Durchsatz	651,37 KB/s	680,86 KB/s

4.2.4 Der Journal-Modus

Die Journaling-Dateisysteme Ext3 und ReiserFS kennen derzeit drei verschiedene Methoden, ihr Journal zu führen:

journal
: Dieser Modus garantiert höchste Datensicherheit, da die Daten zuerst ins Journal und dann an den endgültigen Bestimmungsort geschrieben werden.

ordered (Default)
: Der Kernel schreibt die Daten sofort an den Bestimmungsort und

trägt anschließend lediglich die Informationen über die abgeschlossene Aktion ins Journal ein.

`writeback`
: Anders als bei den anderen beiden Methoden ist nicht festgelegt, in welcher Reihenfolge die Daten ins Journal und in den Nutzdatenbereich geschrieben werden.

  Diese Methode schützt grundsätzlich genauso sicher vor Datenverlust wie `journal`, doch können bei einem Crash ggf. bereits gelöschte Dateien wieder im Dateisystem auftauchen – sozusagen das Gegenteil von Datenverlust. Auf einem Maildir-System mit Courier sollte das unproblematisch sein, im schlimmsten Fall tauchen einige alte Mails wieder auf.

Welche Methode genutzt wird, entscheidet die entsprechende `data`-Option beim Mounten der Partition bzw. der passende Eintrag in der `/etc/fstab`.

Tabelle 4.4 zeigt die Geschwindigkeitsunterschiede; dort ist deutlich zu sehen, dass `ordered` für Maildir-basierte Mailserver anscheinend am performantesten ist. Die Autoren müssen zugeben, dass sie dieses Ergebnis nicht erwartet haben. Einer Anfrage bei Ted Tso war bis zur Drucklegung dieses Buches leider kein Erfolg mehr beschieden, daher die Bitte: Werfen Sie bei Gelegenheit einen Blick auf `http://www.imap-buch.de/`!

15 000 RPM SCSI	`ordered`	`journal`	`writeback`
Transaktionen pro Sekunde	91	90	91
Anlegen von Dateien pro Sekunde	4424	1160	846
Dateilöschungen pro Sekunde	1360	1244	1320
Lesezugriffe pro Sekunde	45	45	45
Schreibzugriffe pro Sekunde	45	45	45
Durchschnittlicher Lese-Durchsatz	426,34 KB/s	416,95 KB/s	419,01 KB/s
Durchschnittlicher Schreib-Durchsatz	651,37 KB/s	637,03 KB/s	640,18 KB/s

Tabelle 4.4: Der `writeback`-Modus macht Ext3 nicht schneller

Nach allgemeiner Meinung hätte `writeback` als klarer Sieger hervorgehen müssen, denn man liest in diversen Tests immer wieder, dass `writeback` gegenüber `journal` einen Leistungszugewinn von ca. 10 Prozent (Ext3) bzw. 30 Prozent (ReiserFS) bringe. Unsere Messungen relativieren diese Aussage zumindest für das gemessene Ext3-System: Geschwindigkeitszuwächse von 10 Prozent konnten wir nicht verzeichnen, geringfügig schneller sind die meisten Operationen aber durchaus. Das Anlegen von Dateien ist jedoch der Performance-Killer, hier bricht `writeback` deutlich ein. Anders als ein vorzugsweise ausliefernder Webserver legt ein Mailserver stets und ständig in großem Maßstab neue Dateien an. `writeback` scheint sich darum für Mailserver auf Ext3-Basis entgegen der allgemeinen Meinung nicht zu eignen.

Die gemessenen Unterschiede im `journal`- und `writeback`-Modus bestätigte Ted Tso mit folgender Erklärung: Grundsätzlich ist `writeback` im normalen Betrieb durchaus etwas schneller; nicht jedoch, wenn die laufende Software häufig `fsync()` aufruft, also das System zwingt, die Daten definitiv vom Cache auf die Festplatte zu schreiben.

Diese häufigen Sync-Aktionen wirken sich sehr unterschiedlich aus: Im `writeback`-Modus müssen die Nutzdaten auf die Festplatte geschrieben werden. Dafür sind viele einzelne Zugriffe und auch Plattenkopfbewegungen notwendig, da die Datenblöcke weit verstreut liegen. Hingegen reicht es im `journal`-Modus, wenn die Daten bei `fsync()` ins Journal geschrieben werden. Das kann das Dateisystem in einem Zugriff ohne große Plattenkopfbewegungen tun und ist dabei deutlich schneller.

Mailserver rufen in der Tat stets und ständig `fsync()` auf, um die Sicherheit der E-Mails zu gewährleisten. Anderenfalls würden sie im Falle eines Absturzes oder Resets im laufenden Betrieb alle noch im Cache befindlichen E-Mails verlieren. Schon wird das grundsätzlich etwas schnellere `writeback` zur Bremse. Hier unterscheidet sich ein Mailserver deutlich von einem Desktop-PC mit KDE/Gnome, OpenOffice & Co.

4.2.5 Optimierte `fstab`-Einträge

Wenn Sie alle hier vorgeschlagenen Optionen zusammen benutzen wollen, sieht ein Eintrag in der `/etc/fstab` für Ext3 wie folgt aus:

```
/dev/sda5 /mail ext3 defaults,noatime,noacl,data=ordered 1 2
```

Bei einem entsprechenden ReiserFS-Eintrag ändert sich nur die Angabe des Dateisystems: `reiserfs` statt `ext3`.

4.3 RAID

Die Speicherung der sensiblen Maildaten auf einem RAID-System sollte selbstverständlicher Standard sein. RAID 1 (die Spiegelung der Daten auf zwei Festplatten) ist vom Rechen- und Verarbeitungsaufwand deutlich performanter als RAID 5 (Speicherung mit einfacher Parität) bzw. RAID 6 (Speicherung mit doppelte Parität). Vor allem bei Schreibzugriffen brechen RAID-5- und RAID-6-Systeme in der Regel deutlich ein und bieten erheblich weniger Durchsatz als RAID 1.

Allgemein kann RAID 5/RAID 6 beim Lesezugriff auf große Datenblöcke punkten und erreicht hier deutlich höhere Durchsatzraten als RAID 1. Je mehr Festplatten im RAID 5 verbaut sind, desto besser verteilen sich dabei die Lesezugriffe. Für Mailserver ist RAID 5/RAID 6 jedoch ziemlich ungeeignet, denn anders als bei Webservern wird auf Mailservern ständig geschrieben. Zudem besteht ein Maildir aus zu vielen klitzekleinen Dateien, so dass RAID 5/RAID 6 seine hohen Datendurchsätze im lesenden Zugriff gar nicht ausspielen kann. Ganz im Gegenteil: Durch die große Anzahl beteiligter Festplatten bremsen die dadurch deutlich höheren Positionierungszeiten der Plattenköpfe den Zugriff auf viele kleine Dateien gegenüber RAID 1 deutlich aus. Nach Beobachtung der Autoren ist für Mailserver darum das schreibstärkere RAID 1 die bessere Wahl.

RAID 5 ist auch nicht sicherer als RAID 1! Ein RAID 1 verkraftet genauso nur den Ausfall einer Platte wie RAID 5. Nur RAID 6 hingegen kann zwei gleichzeitig ausgefallene Platten überleben.

Bevor Sie also ein RAID 5 aus drei Festplatten bauen (zwei für Daten, eine für die Parität), ist es deutlich sinnvoller und sicherer (!), daraus ein RAID 1 zu machen (zwei Datenplatten, eine Spare-Platte).

So erhalten Sie bei gleichem Materialeinsatz nicht nur ein schreibschnelleres RAID, sondern haben stets eine Reserveplatte verfügbar. Allerdings hat ein solches RAID 1 50 Prozent weniger Platz für Nutzdaten als ein entsprechendes RAID 5, so dass Sie ggf. in größere Festplatten investieren müssen, wenn Sie das volle Speichervolumen wirklich brauchen.

Den Aufpreis eines RAID-5-Controllers sollten Sie lieber in die Anschaffung einer vierten Platte investieren und stattdessen ein billigeres (aber schnelleres) RAID 10 bauen, eine Kombination aus RAID 1 (Mirroring) und RAID 0 (Striping). Selbst anstelle des Einsatzes von RAID 5 mit Spare-Platte (zwei Datenplatten, die dritte für die Parität, die vierte zur Ausfallsicherung) empfiehlt sich unter Performancegesichtspunkten die Nutzung der vier Platten unter RAID 1 oder RAID 10. Sie können hier jeweils zwei Platten zu je einem RAID 1 zusammenstellen und beide RAIDs unter LVM zu einem großen Dateisystem zusammenfassen. Oder Sie legen alle vier Platten zu einem RAID 10 zusammen. RAID 10 ist klar das performanteste RAID, das derzeit verfügbar ist.

Auch wenn zukünftig auf den Markt kommende, schnelle RAID-5-Controller die Schreibnachteile ggf. zunehmend ausgleichen können, darf die I/O-Last großer Mailverzeichnisse nicht unterschätzt werden. Der Flaschenhals bei Mailsystemen ist oft weniger der zur Verfügung stehende Speicherplatz, sondern die gesamte I/O-Last des Plattenverbundes, wenn tausend POP3- und IMAP-Nutzer parallel auf die gesammelten Mails zugreifen.

Jede Platte hat nur eine beschränkte Kapazität für I/O-Operationen, was sich aus der Positionierungsgeschwindigkeit des Plattenkopfes und damit indirekt auch der Umdrehungszahl der Festplatte ergibt. Hier sind Platten mit 10 000 RPM oder 15 000 RPM klar im Vorteil, stoßen bei mehreren Tausend Nutzern aber ebenfalls an ihre Grenzen. Dann hilft nur massives Parallelisieren – also der Einsatz weiterer autark agierender Leseköpfe im RAID 10. Wenn Sie Platz und viele IMAP-Nutzer haben, lohnt sich ggf. eher die Anschaffung vieler kleiner als weniger großer Festplatten.

4.4 NFS

Wenn Sie die Mails auf einem zentralen System vorrätig halten, können Sie mit recht wenig Aufwand die Last auf mehrere physikalische IMAP-Server verteilen. Da jeder Server dann über einen identischen Dateibaum verfügt, ist es prinzipiell egal, welcher Maschine der Nutzer zugewiesen wird. Sie können die Verbindungen in diesem Fall wahlweise über einen Loadbalancer oder über einfaches DNS-Round-Robin verteilen, wie wir es in Kapitel 3.1 ab Seite 47 beleuchtet haben.

Das Maildir-Speicherformat für E-Mails, wie es von Courier genutzt wird, wurde speziell für den Einsatz über NFS konzipiert. Es kommt völlig ohne die bei NFS nicht unproblematischen File-Lockings aus und kann darum von mehreren unabhängig agierenden Servern parallel benutzt werden – sowohl von Courier-IMAP zur Auslieferung der E-Mails, als auch von Postfix & Co. zum Speichern derselben.

Bei Cyrus sieht das leider etwas anders aus: Dessen Index-Dateien erfordern File-Locking. Die heutigen NFS-Implementationen bringen zwar einen File-Locking-Daemon mit, der dieses Problem prinzipiell lösen soll, allerdings halten sich hier selbst die Cyrus-Entwickler mit eindeutigen Aussagen bedeckt. Im Cyrus-Wiki ist als konkreteste Angabe der Satz „Es scheint mit NFS4 zu funktionieren.“[5] zu finden. Allerdings wird in verschiedenen Diskussionsforen immer wieder von Locking-Fehlern auch mit NFS4 gesprochen. Von einem produktiven Einsatz von NFS als Speicherort für Cyrus sei daher abgeraten. Da Cyrus (anders als Courier) nicht in der Lage ist, mit mehreren Instanzen in den gleichen Datenbestand zu schreiben, verliert NFS hier ohnehin seinen Charme.

5 `http://cyrusimap.web.cmu.edu/twiki/bin/view/Cyrus/CyrusCluster`

Beim Einbinden des (Courier-)Mail-Speichers per NFS muss man an sich nichts beachten, doch gibt es einige Tuning-Tipps, wie Sie den Zugriff erheblich beschleunigen können.

4.4.1 `atime` abschalten und Blockgröße optimieren

Auch bei NFS haben Sie die Möglichkeit, die ganze Storage-Partition mit `noatime` zu mounten (siehe Kapitel 4.2.1 auf Seite 59), und zwar sowohl auf dem NFS-Server als auch auf dem NFS-Client.

Zudem sollten Sie die Optionen `rsize=8192,wsize=8192` auf Client-Seite mit angeben, damit er die Blockgröße für Lese- und Schreibzugriffe vergrößert.

Will der Client eine größere Mail lesen bzw. speichern, so muss er diese entsprechend der Blockgröße aufteilen: Eine Mail von 16 KB wird in 16 Blöcken à 1024 Bytes übertragen. Der Haken: NFS-Requests können nur bedingt parallel abgehandelt werden, der Client muss also nach jedem einzelnen Block auf eine Bestätigung des Servers warten, bevor er weiter senden darf. Das kostet wertvolle Zeit. Bei entsprechend größerer Blockgröße von 8192 Bytes kann die 16 KB große E-Mail in nur zwei Requests verarbeitet werden.

Die kleinen Blockgrößen wurden eigentlich eingeführt, um bei Übertragungsfehlern und verlorengegangenen Blöcken die Datenmenge für Neuübertragungen gering zu halten. Innerhalb des LANs sollten jedoch kaum Übertragungsfehler auftreten,[6] so dass es für die kleinen Blockgrößen keinen Grund gibt.

Mittlerweile setzen verschiedene Kernel-Versionen und Distributionen statt des ursprünglichen Defaults von 1024 Bytes Blockgrößen von 4096 oder 8192 Bytes ein.

4.4.2 NFS-Version 3

Geben Sie auf Seiten des NFS-Clients als Mount-Option `nfsvers=3` an, damit er die Protokollversion 3 zur Kommunikation mit dem Server nutzt. Derzeit ist Version 3 in den üblichen Distributionen zwar enthalten, die Clients älterer Distributionen nutzen aber ggf. noch per Default Version 2.

Protokollversion 3 kennt einige zusätzliche NFS-Kommandos, die dem Client unter bestimmten Umständen Zeit und Last ersparen. Die Option schadet generell nicht: Sollte Ihr Linux/Unix diese Version nicht unterstützen, merken Sie es daran, dass der Mount-Versuch scheitert. Dann müssen Sie auf diesen Trick verzichten, Schlimmeres kann aber nicht passieren.

6 Wenn doch, müssen Sie hier die Ursache beheben!

4.4.3 Schnelles I/O

Unterschätzen Sie die I/O-Last auf dem Server nicht! Auf einem normalen Server liefern einfache SATA- oder IDE-Platten mit 7200 Umdrehungen bereits gute Leistungen, und auch normale RAID-Controller bringen gute Ergebnisse, da sich beim Gesamtsystem die Geschwindigkeit auch nach der CPU und der lokalen Datenverarbeitung richtet. Mittelmäßige I/O-Performance äußert sich hier nicht so deutlich.

Der NFS-Server hingegen verarbeitet die Daten nicht, er liefert sie nur aus. Bei ihm bündeln sich alle Anfragen aller anderen Hosts. Schnell wird hier das lokale I/O zum Problem. Mittelmäßige RAID-Controller oder Festplatten geraten rasch an ihre Grenzen und bremsen alles andere unnötig aus.

Achten Sie also gerade beim NFS-Server ganz besonders auf alle in diesem Kapitel genannten Tuning-Tipps zu Festplatten, Mount-Optionen, Journaling-Varianten und Dateisystemen. Guter Plattencache bringt wie immer eine ganze Menge, und auch hier zeigt sich schnell der Vorteil von Festplatten mit 10 000 oder 15 000 Umdrehungen.

5 Webmailer als ergänzendes Angebot

Alle E-Mails überall lesen zu können – dieser Ansatz von IMAP ruft geradezu nach Webmail-Clients als ergänzendes Angebot. Dabei gibt es grundsätzlich zwei Ansatzmöglichkeiten: den direkten Dateisystem-Zugriff auf den Mail-Speicher oder den Zugriff per IMAP.

Große, kombinierte Maillösungen bringen manchmal ihren eigenen Webmailer mit; dieser ist oft speziell auf deren Datenbankformat ausgelegt und greift direkt auf den jeweiligen Mail-Speicher zu. Mit Cyrus lassen sich solche Webmailer nur kombinieren, wenn sie explizit Cyrus-Datenbanken unterstützen. Ein Einsatz mit Courier fällt dann in den Bereich des Möglichen, wenn der Webmailer direkt mit einer Maildir-Struktur arbeiten kann.

Die meisten freien Webmailer greifen jedoch einfach über das IMAP-Protokoll auf den Mailserver zu, so dass es ihnen egal sein kann, wie und wo der IMAP-Server seinen Mailbestand speichert. Daraus folgt auch, dass sich diese Webmailer prinzipiell mit jedem IMAP-Server kombinieren lassen –

sie laufen zwar im Browser, kommunizieren mit dem Server aber nicht anders als ein normaler Mailclient auf dem Desktop.

Dieses Kapitel stellt die beiden bekanntesten freien Webmailer vor, die mit beliebigen IMAP-Servern zusammenarbeiten: Squirrelmail und Horde/IMP. Beide sind in PHP geschrieben und laufen in einem normalen Webspace. Da sie sich per IMAP-Protokoll mit dem Mailserver verbinden, benötigen sie weder Zugriff auf das Mail-Dateisystem, noch müssen sie aufwendig an die User-Datenbank des Mailservers angebunden werden: Login-Namen und Passwort des Benutzers geben diese Mailer einfach über die IMAP-Verbindung an den Mailserver weiter.

5.1 Squirrelmail

Squirrelmail[1] (Abbildung 5.1) ist nicht nur schnell, sondern auch leicht zu installieren und stellt mittels zahlreicher Plugins interessante Feature bereit, darunter

- ein virtuelles Keyboard beim Login, um Keylogger zu umgehen,
- gemeinsam genutzte Kalender und Adressbücher,
- den aktuellen Wetterbericht der Region,
- Spamschutz und -filter,
- einen Fetchmailer, der beliebige POP3-Konten auf den IMAP-Server importiert,
- Sicherheitsfunktionen, mit denen sich Nutzer oder IP-Adressen sperren lassen oder die die Quelle des letzten Zugriffs protokollieren,
- automatische Signaturen und Headerzeilen.

Für den Einstieg bietet sich das fertige Paket Ihrer Distribution an, denn Squirrelmail ist z. B. in Debian und SuSE enthalten. Auch eine Installation aus dem Quellcode stellt kein Problem dar, da Squirrelmail lediglich eine Sammlung von PHP-Skripten ist.

[1] `http://www.squirrelmail.org/`

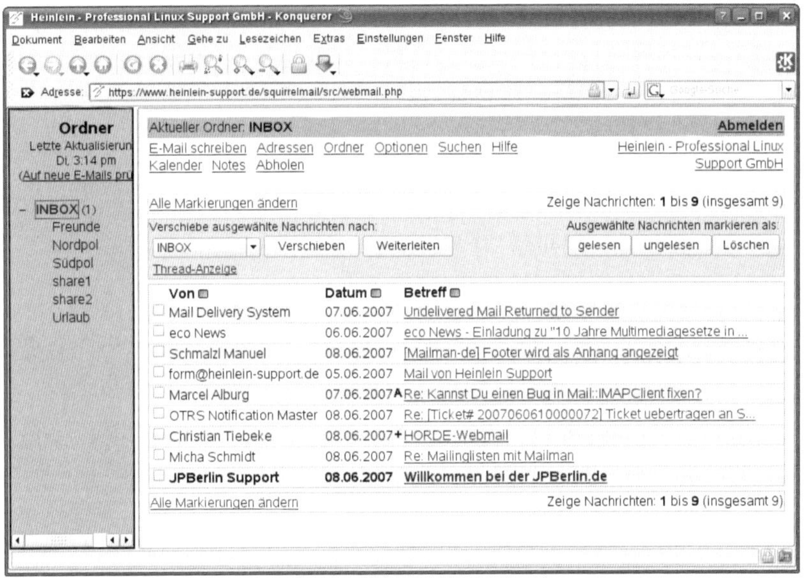

Abbildung 5.1: Ein Blick in die Inbox von Squirrelmail

Das Archiv packen Sie ins Dokumentenverzeichnis Ihres Webservers:[2]

```
linux: # tar -xvzf squirrelmail-1.4.9a.tar.gz
[...]
linux: # mv squirrelmail-1.4.9a /srv/www/htdocs/squirrelmail
linux: # cd /srv/www/htdocs/squirrelmail
```

Nach der Installation konfigurieren Sie Squirrelmail menügesteuert über ein kleines Perl-Skript:

```
linux:/srv/www/htdocs/squirrelmail # ./configure
SquirrelMail Configuration : Read: config.php (1.4.0)
---------------------------------------------------------
Main Menu --
1.  Organization Preferences
2.  Server Settings
3.  Folder Defaults
4.  General Options
5.  Themes
6.  Address Books
```

[2] Wenn Sie das Verzeichnis nicht **squirrelmail** oder **webmail** nennen, sondern ihm einen etwas ungewöhnlicheren Namen geben, halten Sie sich mit wenig Aufwand zahlreiche Skript-Kiddie-Möchtegernhacker vom Hals.

```
7.  Message of the Day (MOTD)
8.  Plugins
9.  Database
10. Languages

D.  Set pre-defined settings for specific IMAP servers

C   Turn color on
S   Save data
Q   Quit

Command >>
```

Richten Sie dabei vor allem die zu benutzenden SMTP- und IMAP-Server unter dem Menüpunkt **2. Server Settings** ein. Unter **10. Languages** stellen Sie durch die Angabe `de_DE` Sprache und Zeichenkodierung ein:

```
Command >> 10

SquirrelMail Configuration : Read: config.php (1.4.0)
---------------------------------------------------------
Language preferences
1.  Default Language       : de_DE
2.  Default Charset        : iso-8859-1
3.  Enable lossy encoding  : false

R   Return to Main Menu
C   Turn color on
S   Save data
Q   Quit

Command >> S

Data saved in config.php
Press enter to continue...
```

Rufen Sie nun die entsprechende Squirrelmail-URL auf, also etwa `http://www.example.com/squirrelmail`. Sie sollten sich nun einloggen können, denn Squirrelmail benutzt Ihre Logindaten, um sich seinerseits am IMAP-Server anzumelden. Darum benötigt Squirrelmail keine eigene Anbindung an die User-Datenbank.

Zum weiteren Ausbau von Squirrelmail sei hier auf die Projekt-Webseite verwiesen, wo Sie zahlreiche (mehr oder weniger nützliche) Plugins finden, darunter die eingangs erwähnten *Virtual Keyboard*, *Calendar* und *Shared Calendar*. Erwähnt sei das Plugin *Show SSL Link*, das Nutzer ermuntert, sich per SSL einzuloggen – das setzt natürlich voraus, dass der Webmailer auf einer HTTPS-gesicherten Webseite betrieben wird.

Im laufenden Betrieb sollten Sie ein Auge auf das Unterverzeichnis `data` haben. Hier sammeln sich alle persönlichen Einstellungen der Nutzer, ihre

Filterregeln, die Adressbücher und ggf. auch Kalendereinträge. Vergessen Sie diesen Ordner also keinesfalls bei Ihren Backups oder bei einer Migration. Wenn Sie zu einer IMAP-Serversoftware wechseln, die einen anderen Namensraum nutzt als die alte, passen die hier liegende Filterregeln möglicherweise nicht mehr. Bei defekten Filterregeln können sich betroffene Nutzer ggf. nicht mehr einloggen (siehe Kapitel 6.3 ab Seite 83).

5.2 Horde/IMP

Der Webmailer IMP gehört zum Horde-Projekt,[3] einem ebenso mächtigen wie unüberschaubaren (und darum auch nicht intuitiv konfigurierbaren) Framework für Web- und Groupwareanwendungen. Das Projekt wird seit knapp zehn Jahren entwickelt und hat neben dem „normalen" Webmailer auch spezielle Ajax- und Mobiltelefon-Webmailer hervorgebracht, dazu Projekte wie (Gruppen-)Kalender, Aufgabenmanagement, Dateimanager und Adressbücher oder Bookmark-Tools. Horde hat seinen Weg auch in die Distributionen gefunden (SuSE liefert es in Form der Pakete `horde` und `imp` aus, Debian stellt die Pakete `horde3` und `imp4` bereit).

Nachfolgend richten wir IMP so ein, dass er sich (so wie Squirrelmail) als reiner Webmailer für einen IMAP-Server nutzen lässt. Damit bleiben die übrigen beachtlichen Funktionen des Horde-Projekts ebenso außen vor wie die Horde-eigene Benutzerverwaltung.

Nach der Installation sollten Sie einen Blick auf `http://localhost/horde` werfen, wo Sie automatisch eingeloggt sind. Sie finden dort im Menüpunkt **Administration/Konfiguration** die Einstellungen sowohl zu Horde als auch zu IMP. Verwirrenderweise müssen Sie auch dann in beiden Bereichen Einstellungen vornehmen, wenn Sie nur den Webmailer aufsetzen wollen.

Zunächst sollten Sie klären, ob und wie sich User im Horde-Framework authentifizieren. Nutzen Sie das Horde-Projekt in vollem Umfang, werden Sie hier irgendwann direkt eine MySQL-Datenbank oder LDAP abfragen. Geht es nur um den Webmailer, empfiehlt es sich, die Userdaten einfach an den IMAP-Server durchzureichen.

Dazu benötigen wir zunächst den Reiter **Authentication** in der Horde-Konfiguration. Im Menüpunkt **What backend should we use for authenticating users to Horde?** wählen Sie den Punkt **IMAP-Server** aus, geben dessen Hostnamen und Port ein und stellen ein, ob er mittels SSL/TLS-verschlüsselter Verbindung kontaktiert wird. Damit sagen Sie Horde, dass der Zugang zum Webmailer nur per Authentifizierung über IMAP-Username und -Passwort möglich ist.

[3] `http://www.horde.org/`

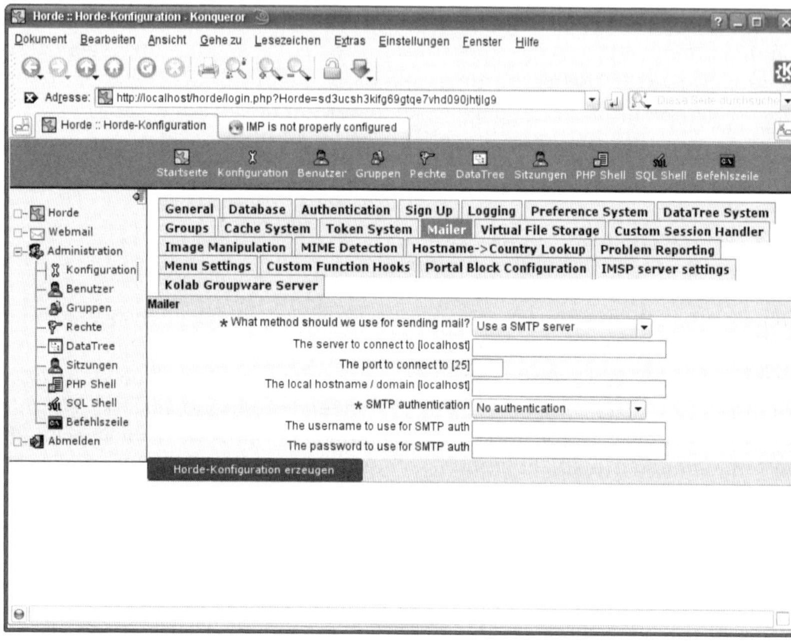

Abbildung 5.2: Nicht gerade übersichtlich: Die Konfiguration von Horde

Vorsicht: Sperren Sie sich nicht aus Ihrem eigenen Webfrontend aus! Bevor Sie diese Einstellung speichern, müssen Sie unter **Which users should be treated as administrators** Ihren eigenen (IMAP-)Usernamen hinterlegen, wenn Sie später wieder Admin-Rechte haben wollen.

Ebenfalls in der Horde-Konfiguration stellen Sie im Reiter **Mailer** ein, wie das Framework neue Mails versenden soll: Wollen Sie sie per Pipe an `/usr/lib/sendmail` weiterleiten oder an einen Mailserver per SMTP übergeben? Abbildung 5.2 zeigt die Entscheidung für SMTP. Ein Klick auf **Horde-Konfiguration erzeugen** sichert die Einstellungen.

Im Bereich **IMP** des Menüs **Administration/Konfiguration** können Sie verschiedene Darstellungsmöglichkeiten wählen, Mailgrößen festlegen und andere Anzeigedetails klären. Vergessen Sie nicht, die Einstellungen über **Webmail-Konfiguration erzeugen** zu speichern.

Merkwürdigerweise lässt sich die entscheidende Frage nicht an dieser Stelle beantworten: Mit welchem IMAP-Mailserver soll sich der Webmailer verbinden? Der im ersten Schritt eingestellte IMAP-Server diente wie beschrieben lediglich dazu, das Login ins Horde-Framework zu verifizieren, und hat nichts mit dem Mailabruf zu tun. Hier müssen Sie in den Konfigurationsdateien Hand anlegen: Im Verzeichnis, das die Horde-PHP-Dateien enthält

(`/srv/www/htdocs/horde`), finden Sie die ausgiebig kommentierte Datei `imp/config/servers.php`, in der Sie das Setup im IMAP-Server-Abschnitt dem folgenden Beispiel entsprechend vervollständigen:

```
$servers['imap'] = array(
        'name' => 'Web und Mail',
        'server' => 'mail.example.com',
        'hordeauth' => false,
        'protocol' => 'imap/notls',
        'port' => 143,
        'maildomain' => 'example.com',
        'smtphost' => 'smtp.example.com',
        'smtpport' => 25,
        'realm' => '',
        'preferred' => 'true',
);
```

IMP ist in der Lage, mit mehreren IMAP-Servern parallel zu arbeiten. Der Nutzer kann sich beim Login aussuchen, auf welchen IMAP-Server er zugreifen möchte. Im Single-Server-Betrieb (also im Normalfall) sorgt man mit der Einstellung `preferred => true` dafür, dass stets der genannte Server genutzt wird, im Multi-Server-Betrieb können Sie den Nutzern einen Server als Vorauswahl nahelegen.

Wenn möglich empfiehlt es sich zudem, das `protocol` auf `'imap/tls'` zu setzen, um die Verbindung zum IMAP-Server über SSL/TLS zu tunneln. Anschließend können Sie sich unter `http://localhost/horde/imp` in den Webmailer einloggen (Abbildung 5.3).

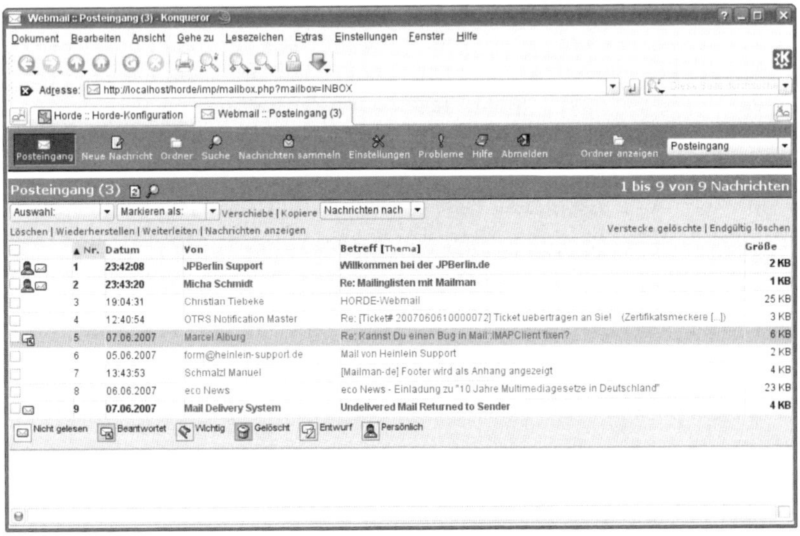

Abbildung 5.3:
Ein gefälliger Webmailer: IMP

5.3 Schneller Zugriff durch den IMAP-Cache-Proxy

Das Problem der Webmailer: Sie können keine Verbindungen zum IMAP-Server offen halten. Bei jedem Zugriff des Nutzers, bei jedem Klick auf eine Mail, bei jeder Auswahl eines Verzeichnisses muss der PHP-Code des Webmailers eine neue Verbindung zum IMAP-Server aufbauen. Das kostet nicht nur Zeit, sondern sorgt auch für entsprechende Last auf dem IMAP-Server selbst.

Das noch recht unbekannte Programm `in.imapproxyd` des IMAP-Proxy-Projekts hält Verbindungen zum IMAP-Server offen, auch wenn der Webserver seine IMAP-Verbindung bereits abgebaut hat bzw. abbauen musste. Beim nächsten Zugriff erkennt es anhand der gecachten Logindaten die bereits bekannte Verbindung und leitet den Zugriff über die noch offene IMAP-Sitzung an den Webserver durch. Die weiterhin notwendige Anmeldung des Webmailers bei `in.imapproxyd` ist dabei deutlich ressourcenschonender als das Login auf dem IMAP-Server.

Unter `http://www.imapproxy.org/` finden Sie den Quellcode; außerdem gibt es eine Mailingliste.[4] Obwohl die IMAP-Proxy-Software nach der Installation stabil und sorgenfrei funktioniert, hat sie noch keinen Einzug in die Distributionen gehalten. Es gibt lediglich einige von Dritten gebaute Red-Hat-Pakete; von einem der Autoren (Peer Heinlein) erstellte Pakete für die jeweils aktuelle SuSE-Version finden Sie auf der Webseite zu diesem Buch.[5] Letztere ersparen Ihnen nicht nur das Kompilieren nach der nachfolgenden Anleitung: Sie enthalten auch ein gegenüber dem Originalskript deutlich besser an SuSE anpasstes Init-Skript.

Die nachfolgende Anleitung bezieht sich auf die Version 1.2.5 unter OpenSuSE 10.2, doch sollte das Vorgehen mit anderen Versionen oder Distributionen ähnlich sein. Außer dem Quellcodepaket[6] brauchen Sie den `gcc`, die OpenSSL- und NCurses-Bibliotheken samt Headerdateien (aus den Paketen `openssl-devel` und `ncurses-devel`) sowie Wietse Venemas `tcpd`, ein Log-Utility für Netzwerke,[7] samt Entwicklungspaket (etwa `tcpd-devel`).

Kompilieren und installieren lässt sich der IMAP-Cache-Proxy mit den Kommandos `configure`, `make`, `make install` und `make install-config` im entpackten Quellenverzeichnis. Der Originalcode bringt auch ein Initskript mit, das das mitgelieferte `Makefile` unterhalb von `/etc/rc2.d` verlinkt. Das ist für Debian richtig, sorgt unter SuSE aber für eine Fehlermeldung.

4 `http://lists.andrew.cmu.edu/mailman/listinfo/imapproxy-info`
5 `http://www.imap-buch.de/`
6 `http://www.imapproxy.org/downloads/up-imapproxy-1.2.5.tar.gz`
7 `ftp://ftp.porcupine.org/pub/security/index.html`

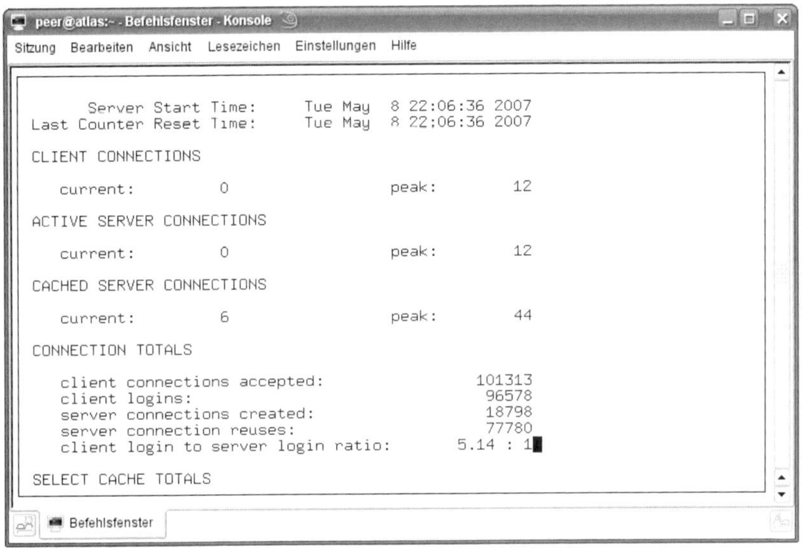

Abbildung 5.4: `pimpstat` macht das Sparpotential des IMAP Proxy transparent.

Das Startskript `/etc/init.d/imapproxy` selbst ist auch unter OpenSuSE lauffähig, wird hier aber in `/etc/init.d/rc3.d` und ggf. auch `rc5.d` erwartet:

```
linux:~/up-imapproxy-1.2.5 # cd /etc/init.d
linux:/etc/init.d # ln -s ../imapproxy rc3.d/S99imapproxy
linux:/etc/init.d # ln -s ../imapproxy rc5.d/S99imapproxy
```

Neben dem eigentlichen Programm `in.imapproxyd` wird auch das Tool `pimpstat` installiert. Es liefert (vergleichbar mit `top`) eine fortlaufend aktualisierte Übersicht über die Anzahl der Verbindungen, die durch das Caching eingesparten Verbindungen und weitere Details (Abbildung 5.4).

6 IMAP-Server migrieren

Wenn Sie die IMAP-Serversoftware wechseln oder von POP3 auf IMAP migrieren, werden Sie nur in seltenen Fällen auf ein exakt passendes Konvertierungsprogramm oder eine Import-Funktion der neuen Software zurückgreifen können, die den alten Datenbestand sauber einliest. Sofern nicht beide Programme die gleiche Speichermethode für den Mailbestand nutzen (MBox- oder Maildir-Format), lässt Sie die Migration kaum durch bloßes Umkopieren der Dateien bewerkstelligen.

Es gibt aber eine einfache Lösung: das IMAP-(bzw. POP3-)Protokoll selbst, denn schließlich stellen sowohl die alte als auch die neue Software eine entsprechende Schnittstelle zur Verfügung. Zudem lässt sich per IMAP der gesamte Mailbestand eines Accounts hochladen, und zwar unter Beibehaltung aller fest definierten IMAP-Flags (gelesen, gelöscht, beantwortet) sowie ggf. auch der selbstdefinierten Flags, sofern der jeweilige IMAP-Ziel-Server dies unterstützt.

Ob dies der Fall ist, verrät der `SELECT`-Befehl: Gibt der Server bei der Auflistung der Flags ein `\*` zurück, heißt das: Beliebige Flags erlaubt. Der Cyrus unterstützt insgesamt maximal 128 Flags pro Folder, Courier hat theoretisch keine Obergrenze. Bei einer Migration von Courier auf Cyrus kann es bei Nutzung sehr vieler selbstdefinierter Flags also eng werden.

Es gibt einige Tools, die die Migration übernehmen, darunter

`imapsync`[1]
: Ein flexibles und ausgereiftes Migrationstool von Gilles Lamiral – empfehlenswert!

`pop2imap`[2]
: Der kleine Bruder von `imapsync` synchronisiert den Datenbestand eines POP3-Servers mit dem eines IMAP-Servers.

`imap_migrate`[3]
: Dieses PHP-Skript erwartet ein leeres Zielpostfach und eignet sich daher nicht für fortlaufenden Datenabgleich – bei entsprechenden Versuchen entstehen Dubletten. Für eventuelle Eigenentwicklungen bietet es ggf. eine gute Ausgangsbasis.

`imapcopy`[4]
: Dieses Tool wird noch weiterentwickelt und lohnt einen Blick, sollten `imapsync` oder `imap_migrate` nicht passen.

`imap_tools`[5]
: Eine Sammlung verschiedener Perl-Skripte, darunter auch solche, die IMAP-Server- in MBox-Dateien kopieren oder Mails aus MBox-Dateien auf IMAP-Server hochladen. Auch den Wechsel von POP3 zu IMAP erledigt ein passendes Werkzeug.

6.1 Migration mit `imapsync`

Aus eigener Praxis empfehlen wir `imapsync`. Es ist nicht nur stabil und wird aktiv entwickelt, sondern bietet auch die Möglichkeit, IMAP-Folder fortlaufend zu synchronisieren. Sie können ein und dasselbe Postfach inkrementell migrieren, ohne auf dem Zielsystem doppelte E-Mails vorzufinden.

Das ist wichtig, denn die Migration per IMAP dauert relativ lange. `imapsync` erlaubt es jedoch, damit im laufenden Betrieb zu beginnen, um initial möglichst viele E-Mails eines jeden Accounts auf das Zielsystem zu kopieren. Bei vielen Tausend Accounts und vielen GB Mailbestand kann der erste

1 http://www.linux-france.org/prj/imapsync/
2 http://www.linux-france.org/prj/pop2imap/
3 http://freshmeat.net/projects/imapmigration/
4 http://home.arcor.de/armin.diehl/imapcopy/imapcopy.html
5 http://www.athensfbc.com/imap_tools

Durchlauf etliche Tage dauern, was aber selten von Belang sein dürfte, wenn der Betrieb weitergehen kann.

Bei weiteren imapsync-Durchläufen fällt der Zeitaufwand schon erheblich geringer aus, da der Großteil der Datenmenge bereits kopiert ist. Das Synchronisationszeitfenster wird also immer kleiner. Zum endgültigen Migrationszeitpunkt müssen Sie allerdings den Zugriff der Nutzer auf das alte System sperren und eine Downtime einplanen, die bei dieser Art der Vorbereitung entsprechend kurz ist und ggf. in eine Nacht am Wochenende gelegt werden kann. imapsync muss dann nur noch hinzugekommene Mails kopieren, gelöschte Mails auf dem Zielsystem entfernen und veränderte E-Mails-Flags anpassen.

Das folgende Beispiel kopiert nicht nur die INBOX, sondern auch alle anderen IMAP-Folder des Nutzers tux:

```
linux: # imapsync --host1 oldmail.example.com --user1 tux \
  --password1 "geheim"  --host2 newmail.example.com --user2 t.tux \
  --password2 "geheim"
```

Wenn Sie eine Liste aller Usernamen und der zugehörigen Passwörter anlegen, lässt sich der Durchlauf von vielen Hundert oder Tausend Accounts automatisieren. Das Übergeben von Passwörtern in Aufrufparametern ist allerdings stets heikel, da sie in der bash-History landen. Außerdem sehen auch unprivilegierte (!) Nutzer bei einem Blick in die Prozessliste den imapsync-Prozess – mitsamt der als Option angegebenen Passwörter. imapsync bietet darum explizit an, diese jeweils aus einer eigenen Datei zu lesen. Sie sollte in einem sicheren Verzeichnis liegen und Leserechte nur für root aufweisen:

```
linux: # cat /root/pw1
geheimespasswort1
linux: # cat /root/pw2
geheimespasswort2
linux: # imapsync --host1 oldmail.example.com --user1 tux \
  --passfile1 /root/pw1  --host2 newmail.example.com --user2 t.tux \
  --passfile /root/pw2
```

Hilfreich sind folgende Aufrufparameter:

- Mit dem Flag --dry versehen, spielt imapsync den Synchronisationslauf readonly durch und verändert keine Daten – der ideale Test.
- --delete löscht die Mails auf dem mit --host1 angegebenen Ausgangshost nach erfolgreicher Migration.
- --delete2 löscht Mails auf dem mit --host2 angegebenen Zielhost, die auf dem Ausgangshost nicht (mehr) existieren.

- `--ssl1` und `--ssl2` schalten SSL-Verschlüsselung zum Ausgangs- bzw. Zielrechner ein. Spätestens diese beiden Parameter machen die Arbeitsweise des Skripts klar: Es „sitzt" *zwischen* den beiden Servern und hält zu jedem davon eine eigene Verbindung offen.
- `--help` gibt eine Liste der zahlreichen Aufrufparameter aus. So lassen sich auch komplexe Auswahlkriterien (Größe, Alter, Foldernamen) für die zu migrierenden Mails festlegen sowie Anpassungen an den Namen der IMAP-Folder vornehmen.

Wenn Sie die Migration testen, sollten Sie unbedingt auf folgende Stolpersteine achten:

- Können alle IMAP-Foldernamen korrekt konvertiert werden? Enthalten IMAP-Ordner auf dem alten System Sonderzeichen, die das neue System nicht richtig interpretiert? Eventuell sind sich altes und neues System in der Frage uneinig, ob IMAP-Folder parallel zur `INBOX` liegen dürfen (siehe Kapitel 6.3 ab Seite 83). `imapsync` kann auch Ordnernamen anpassen oder verschieben, indem man über den Parameter `--regextrans2` entsprechende reguläre Ausdrücke angibt: `--regextrans2 s/INBOX/INBOX.old-inbox/`.
- Müssen die Nutzer Ordner auf dem Zielsystem eigens abonnieren (siehe Kapitel 2.2.4 ab Seite 43)?

  Wenn Ihre User auf dem alten System mit abonnierten Foldern arbeiten, müssen Sie deren Abo-Listen auf den neuen Server übertragen. `imapsync` stellt mit `--subscribe` einen passenden Aufrufparameter bereit.

  Ein Client, der so konfiguriert ist, dass er nur abonnierte Ordner mit dem Server abgleicht, präsentiert seinem Nutzer nämlich *gar keine* Mails, wenn die Abo-Liste leer ist. Aktualisieren die Clients ohnehin stets alle IMAP-Folder, können Sie diesen Punkt problemlos ignorieren.
- Nicht bei allen eingesetzten Mailservern und -clients lässt sich verhindern, dass POP3-User alle migrierten E-Mails als neu angezeigt bekommen und darum vollständig herunterladen müssen. Hier hilft im Vorfeld wohl nur die Bitte um Verständnis.

6.2 MBox zu Maildir konvertieren

Auch wenn eine MBox alle E-Mails in einer einzigen Datei enthält, während Maildir für jede E-Mail eine separate Datei vorsieht, ist das Format der einzelnen E-Mails in beiden Fällen identisch. Es ist darum nicht schwierig, MBox-Dateien ins Maildir-Format umzuwandeln.

Das aktuell von Juri Haberland gepflegte Tool `mb2md.pl`[6] erledigt alle notwendigen Arbeitsschritte weitgehend automatisch und eignet sich auch zum Konvertieren großer Datenbestände. Setzt Ihr Zielsystem das Maildir-Format ein, läuft die Migration auf Dateiebene wahrscheinlich deutlich schneller ab als mit den eben vorgestellten IMAP-Tools.

Das folgende Beispiel zeigt, wie Sie eine einzelne MBox-Datei eines Nutzers konvertieren – den Pfad für die Quelldatei gibt man mit `-s`, den für das Zielverzeichnis mit `-d` an:

```
username@linux:$ mb2md.pl -s /var/mail/username  \
  -d /var/maildir/username/Maildir/
Converting /var/mail/username to maildir: /var/maildir/username/Maildir
Source Mbox is /var/mail/username
Target Maildir is /var/maildir/username/Maildir
666 messages.
```

Dieser Befehl sollte nicht als `root`, sondern unter der User-ID des Nutzers ausgeführt werden. Anderenfalls legt `mb2md.pl` das Ziel-Maildir mit falschen Rechten an, das so für seinen Benutzer nicht mehr lesbar oder schreibbar ist. Wenn Sie in einer Schleife die Dateien vieler Nutzer konvertieren, können Sie die jeweilige User-ID über einen `su`-Aufruf annehmen; das `mb2md.pl`-Kommando wird hier per `-c` übergeben:

```
linux: # su username -c "mb2md.pl -s quelldatei -f zielverzeichnis"
```

6.3 Änderungen an Ordnernamen

Wenn Sie im Zuge der Migration die Namen der IMAP-Folder anpassen müssen, kann das Problem auftreten, dass das Zielsystem Ordner nur unterhalb der `INBOX` erlaubt und ein Name wie `Freunde` nicht mehr zulässig ist. Die Lösung heißt: Wandeln Sie `Freunde` in `INBOX.Freunde`! Dabei können sich zwei Arten von Komplikationen ergeben.

Was geschieht, wenn ein Nutzer auf dem alten System `Freunde` *und* `INBOX.Freunde` besitzt? Das Szenario ist durchaus realistisch, denn auch unter den Mailclients herrscht beispielsweise Unsicherheit, ob die Folder `Trash`, `Sent` und `Drafts` parallel zu oder unterhalb der `INBOX` anzulegen sind. Hat man Pech, legt der Desktop-Mailclient eines Nutzers die Verzeichnisse parallel an, der zusätzlich benutzte Webmailer aber darunter – schon gibt es diese Verzeichnisse doppelt. Natürlich kann man sie bei einer Migration zusammenkopieren, aber das erfordert Handarbeit.

Wenn Sie Folder einfach verschieben, kann es zudem passieren, dass Filterregeln der Nutzer unbrauchbar werden und angepasst werden müssen.

[6] `http://batleth.sapienti-sat.org/projects/mb2md/`

Hier bleibt Ihnen nichts anderes übrig, als Ihre Nutzer rechtzeitig vorab zu informieren und um Verständnis zu bitten.

Sehr empfindlich reagiert auf dieses Problem übrigens der populäre Webmailer Squirrelmail: Im Normalfall liest Squirrelmail nach dem IMAP-Login die möglicherweise veränderte Ordnerstruktur vom Server ein. Sind jedoch Filterregeln definiert, die auf jetzt nicht mehr existierende IMAP-Folder verweisen, so hängt sich Squirrelmail auf, und der Nutzer kann sich nicht mehr einloggen. In diesem Falle sollten Sie die nutzerspezifischen Profil-Dateien im Ordner `data` unterhalb des Squirrelmail-Verzeichnisses anpassen. Wenn Nutzer eigene Regeln definiert haben, finden Sie in den Profilen Einträge folgenden Schemas:

```
filter0=From,tux@example.com,INBOX.Freunde.tux
filter1=From,support@heinlein-support.de,INBOX.Arbeit.heinlein-support
```

Diese Zeilen lassen sich leicht durch ein `grep` aufspüren, so dass man frühzeitig nach möglichen Problemen Ausschau halten kann. Im Fall der Fälle passt etwa ein `sed`-Skript die Ordnernamen an. Die beiden nachfolgenden Skripte lassen sich nicht universell übernehmen, sondern dienen lediglich als Beispiel:

```
for FILE in * ; do
        sed s/alternname/neuername/ $FILE > $FILE.WORK
        cp $FILE $FILE.ORIG
        mv $FILE.WORK $FILE
done
```

Kontrollieren Sie die Ergebnisse genau, bevor Sie die ursprünglichen Profil-Dateien mit der neuen Fassung überschreiben.

Wenn gar nichts mehr geht, müssen Sie die problematischen Filterregeln aus den Profil-Dateien ggf. ganz herauslöschen und Ihre Nutzer um Verständnis bitten. Das folgende Skript entfernt *alle* Filterregeln:

```
for FILE in * ; do
        grep -v ^filter $FILE > $FILE.WORK
        cp $FILE $FILE.ORIG
        mv $FILE.WORK $FILE
done
```

6.4 Klartextpasswörter ermitteln

Obwohl Klartextpasswörter die Sicherheit in aller Regel *erhöhen* (siehe Kapitel 9.13 ab Seite 152), speichern viele Setups in den Userdaten die Passwörter der User nur in gehashter Form ab.

Müssen Sie im Zuge einer Migration die Authentifizierungsquelle wechseln, kann das zum Fiasko werden: Selbst wenn die neue Authentifizierungsdatenbank die Passwörter gar nicht im Klartext speichert, können diese zur Berechnung der abzulegenden Passwort-Hashes notwendig sein. Man liest immer wieder, dass verschiedene Programme Hash-Werte unterschiedlich berechnen. Dann lassen sich bereits vorhandene Passwort-Hashes nicht sauber weiterbenutzen, obwohl dies theoretisch kein Problem sein dürfte.

Auch der Einsatz von `imapsync` und anderen IMAP-Migrationstools setzt voraus, dass Sie Userdaten besitzen, mit denen Sie sich anstelle der normalen Nutzer einloggen können. Haben Sie keine, ist Ihnen diese äußerst bequeme Art der Datenmigration plötzlich verwehrt. Dann rächt es sich, früher auf die Speicherung der Klartextpasswörter verzichtet zu haben. Das heißt aber noch lange nicht, dass es keinen Ausweg gäbe.

Schauen Sie in diesem Fall, ob das bisherige Produkt einen Debug-Modus kennt, in dem ggf. Passwörter protokolliert werden. So können Sie im Laufe der Zeit die Klartextpasswörter der aktiven Nutzer einsammeln. Achten Sie währenddessen aber ganz besonders auf restriktive Dateirechte des Mail-Logfiles.

Ist die Ausgangsbasis ein Courier-Server, so können Sie dazu die Option `DEBUG_LOGIN=2` in der Konfigurationsdatei `authdaemonrc` (früher: `pop3d` und `imapd`) nutzen. Im laufenden Courier-Betrieb ermitteln Sie auf diese Art die Passwörter, die sie anschließend in die Authentifizierungsdatenbank übertragen.

Auf Systemen, die keine Klartextpasswörter nutzen, sind die Nutzer oft auf die Authentifizierungsmethoden `PLAIN` und `LOGIN` beschränkt. Gerade diese beiden Methoden sind aber unsicher, da sie das Passwort leicht abhörbar im Klartext übertragen. Andererseits wird es durch dieses Sicherheitsrisiko möglich, die Logindaten ohne großen Aufwand fortlaufend mitzusniffen und auszuwerten, um damit die Authentifizierungsdatenbank aufzufrischen. Die verbreiteten Sniffing-Tools erledigen all diese Aufgaben vollautomatisch und präsentieren am Ende eine übersichtliche Liste abgelauschter Userdaten.

Beachten Sie bitte, dass diese Erläuterungen nicht für Leser unter dem Geltungsbereich des deutschen Strafrechts gegeben werden. Der Einsatz dieser Tools kann in Deutschland neuerdings selbst dann einen Srtaftatbestand erfüllen, wenn Sie einem Hack der Nutzeraccounts in Wirklichkeit vorbeugen und dies Ihre einzige praktische Chance ist, die Sicherheit des Systems zu erhöhen. Administratoren mit deutscher Staatsbürgerschaft können die Autoren daher weder im In- noch im Ausland zum Einsatz dieser Tools raten. Auch Administratoren mit anderen Staatsbürgerschaften dürfen diese Tools nicht innerhalb der Bundesrepublik Deutschland einsetzen.

In den Besitz des Klartextpassworts gelangen Sie auch über ein selbsterstelltes Webfrontend, in das sich die Nutzer einloggen müssen, um die Migration ihres Postfachs auf den neuen Server anzustoßen. Das darüber aufgerufene Skript muss auf dem neuen Server den Useraccount anlegen und kann dann Tools wie `imapsync` starten. Dieser Weg ist oft schneller und und zuverlässiger als das Loggen oder Ersniffen der Passwörter.

Auch Migrationen von Exchange-Servern zu anderen Programmen und Authentifizierungsdiensten lassen sich damit gut bewerkstelligen, denn diese Software erlaubt weder das Mitloggen der Passwörter noch das Auslesen von Passwortdaten (ganz gleich in welcher Form) aus dem Active Directory – selbst gehashte Passwortdaten bleiben verborgen.[7] Die Autoren haben mit dieser Methode in verschiedenen Projekten gute Erfahrungen gemacht.

Im Endeffekt ist dies nichts anderes als Passwort-Phishing, nur dass es hier von den Guten kommt. Informieren Sie Ihre Nutzer aber vorab (eventuell sogar per Briefpost), und stellen Sie dabei klar, dass dies eine echte Ausnahme ist und ohne Ankündigung/Aushang nie Login-Daten abgefragt werden.

[7] Wir freuen uns über jeden Hinweis, wie man dennoch an diese Daten gelangen kann.

Teil II

Courier-IMAP

7

Aufbau und Grundkonfiguration

Courier-IMAP ist nur ein Baustein eines größeren Projekts, das einen vollwertigen Mailserver bestehend aus Mail Transport Agent (*Courier-MTA*), dem Webmailer *SqWebMail*, einem Mail Delivery Agent mit Filter-Engine (*Maildrop*), einem kleinen Kommandozeilen-Mailclient (*Cone*), einer generischen Authentifizierungsbibliothek (*Courier-Authlib*) als Ersatz für die in RFC 4422 beschriebene *Simple Authentication and Security Layer* (SASL) und besagtem IMAP- und POP3-Server mit Proxy-Fähigkeit bereitstellt.

All diese Komponenten lassen sich jedoch auch für sich alleine nutzen, so dass Courier-IMAP häufig als IMAP-Server neben z. B. Postfix oder Exim als MTA bzw. Squirrelmail oder Horde/IMP als Webmailer arbeitet. Diese sind moderner, besser entwickelt und leistungsfähiger als die entsprechenden Courier-Komponenten, von denen in der Praxis nur Courier-IMAP und `maildrop` eine Rolle spielen.

Die Arbeiten am Courier-Projekt begannen 1998, so dass die Software schon längst ihren Weg in alle üblichen Distributionen gefunden hat. Man kann nicht behaupten, dass die Weiterentwicklung derzeit rasant und aufstrebend vonstatten geht. Im Courier-IMAP-CVS auf Sourceforge[1] sind zwar einige Aktivitäten zu bemerken, und pro Tag gibt es auch ein halbes Dutzend Mails auf den zugehörigen Mailinglisten. Einen großen Hype mit neuen Major Releases und zahlreichen neuen Funktionen darf man in Zukunft aber wohl nicht erwarten.

Das ist auch gar nicht so schlimm, denn die Software beherrscht alle nötigen Funktionen, ist sehr robust und alles in allem durchaus sehr performant. Hat man den Server einmal richtig installiert, kann man ihn getrost auf lange Zeit vergessen – ein Arbeitstier, das unbemerkt im Hintergrund seinen Job verrichtet, kaum besonderer Aufmerksamkeit bedarf und in der Vergangenheit auch nicht durch größere Sicherheitsprobleme auffiel.

Der Einfachheit halber nennen wir den IMAP-Server im Folgenden einfach *Courier*, auch wenn dieser Titel genaugenommen dem gesamten Softwareprojekt zusteht.

7.1 Die Installation der Software

Bei der Installation landen ein paar Binärprogramme und einige überschaubare Konfigurationsdateien im System. Sie benötigen weder zusätzliche Datenbanksysteme, noch müssen Sie besonderen Konfigurationsaufwand treiben und dabei wichtige Entscheidungen treffen. Lediglich die Anbindung des Courier an die Authentifizierungsmechanismen, insbesondere MySQL, LDAP o. ä., ist ein wenig heikel.

Um sich mit Courier anzufreunden, nutzt man daher am besten zunächst Shell-Accounts. Das verringert die Anzahl möglicher Fehlerquellen und damit eventuellen Frust. Für die Anbindung von LDAP und MySQL sollte man verstanden haben, wie Courier arbeitet, damit klar ist, was in welche MySQL- oder LDAP-Felder eingetragen werden muss.

Wenn Sie Courier-IMAP selber kompilieren wollen, finden Sie eine detaillierte Anweisung in Anhang C.1 ab Seite 337. In den meisten Fällen reicht es aber, die Courier-IMAP-Pakete des Linux-Distributors zu installieren. Debian und Ubuntu bringen aktuelle `.deb`-Pakete mit, so dass `apt-get install courier-imap` seines Amtes walten kann. Wenn Sie ein Paket mit SSL-Unterstützung benötigen, rufen Sie zudem noch `apt-get install courier-imap-ssl` auf.

Für Red-Hat-Enterprise- oder Fedora-Systeme gab es zu Druckunterlagenschluss leider keine RPM-Pakete, so dass Sie selbst kompilieren müssen.

SuSE liefert den Courier-IMAP in zwei getrennten Paketen aus: Den IMAP-Server installiert man mit `yast -i courier-imap`. Die Unterstützung für LDAP ist in einem separaten RPM-Paket untergebracht. Wenn Sie LDAP-

[1] `http://www.courier-mta.org/cvs.html`

Anbindung benötigen, installieren Sie dieses mit `yast -i courier-imap-ldap`.

MySQL-Support haben die SuSE-Pakete leider erst ab der OpenSuSE-Version 10.2 einkompiliert. Wenn Sie frühere Versionen benutzen und MySQL-Unterstützung benötigen, bleibt Ihnen nichts anderes übrig, als Ihren Courier wie im Anhang C.1 beschrieben selber zu bauen.

Bei OpenSuSE 10.0 (und nur in dieser Version) sind die SSL-Startskripte leider dermaßen verhunzt, dass man den Courier nicht so starten *kann*, dass er IMAP und POP3 über SSL/TLS auf Port 993 bzw. 995 anbietet. Hier nutzen die SSL-Startskripte Aufrufparameter aus den Nicht-SSL-Startskripten: Wo es `SSL_PORTS` heißen müsste, heißt es nur `PORTS`. Wenn Courier dann versucht, `imap-ssl` auf dem bereits belegten Nicht-SSL Port 143 zu starten, ist das Chaos vorprogrammiert.[2] Versuchen Sie nicht, die Skripte mühsam zu korrigieren, sondern machen Sie gleich nach der Installation erstmal ein Online-Update, das diese Fehler automatisch korrigiert.

7.2 Was befindet sich wo?

Fast alle Distributionen bringen die Konfigurationsdateien (siehe Kapitel 7.5 ab Seite 99) seit einiger Zeit einheitlich in `/etc/courier` unter. Auch die Courier-Binaries finden sich wie gewohnt unter `/usr/bin/` oder `/usr/sbin/`. Außer dem IMAP-Daemon `/usr/sbin/imapd` und dem POP3-Modul `/usr/sbin/pop3d` liegen dort folgende Programme:

`/usr/sbin/imaplogin` und `/usr/sbin/pop3login`
: Zwei Hilfsmodule fürs Login, die von Courier selbst automatisch aufgerufen werden.

`/usr/sbin/couriertls`
: Der Manager für SSL/TLS-Verbindungen. Auch dieses Programm lässt sich nicht sinnvoll „per Hand“ benutzen.

`/usr/bin/deliverquota`
: Jeder MTA kann in Mails im Maildir-Format ablegen. Dazu bringen die MTAs in aller Regel ein kleines Programm als *Mail Delivery Agent* (MDA) mit. Doch nicht alle MDAs beachten Quotas. `deliverquota` tut das und kann von fremden MTAs benutzt werden – zusammen mit Postfix beispielsweise durch den passenden Eintrag in der `master.cf` (siehe Seite 178 f.).

`/usr/bin/maildiracl`
: Erlaubt es, die *Access Control Lists* der IMAP-Folder zu pflegen. Nor-

[2] Der Maintainer kann das Paket `courier-imap` unmöglich auch nur ein einziges Mal gestartet haben, von einem Test ganz zu schweigen...

malerweise stellen die Clients die gewünschten ACLs direkt über das IMAP-Protokoll ein – mit diesem Tool kann der Admin selbst Hand anlegen.

`/usr/bin/maildirkw`
: Erlaubt es dem Admin, selbstdefinierte IMAP-Flags (sogenannte *Keywords*, siehe Kapitel 8.2.1 ab Seite 119) für einzelne Mails zu editieren. Auch das erledigen die Clients normalerweise über das IMAP-`STORE`-Kommando (siehe Seite 327).

`/usr/bin/maildirmake`
: Dieses kleine Skript legt die Maildir-Verzeichnisse eines Nutzers an. Es erstellt mit ein paar `mkdir`-Befehlen die Verzeichnisse `Maildir`, `cur`, `new` und `tmp` und versieht sie mit den richtigen Rechten (siehe Kapitel 10.1.2 ab Seite 168).

`/usr/sbin/mkimapdcert` und `/usr/sbin/mkpop3dcert`
: Diese beiden Bash-Skripte generieren automatisch SSL/TLS-Schlüssel. Beim ersten Start von Courier werden sie bei SSL-Nutzung automatisch gestartet. Die Konfiguration dazu findet sich in den Dateien `/etc/courier/pop3d.cnf` und `imapd.cnf`.

`/usr/sbin/sharedindexinstall`
: Dieses Skript hilft dabei, die `index`-Datei für Shared Folders, also gemeinsam von mehreren Usern genutzte Mail-Order, auch ohne Restart sicher in Betrieb zu nehmen (siehe Kapitel 10.1.1 ab Seite 160).

`/usr/sbin/sharedindexsplit`
: Teilt eine große `index`-Datei für Shared Folders anhand verschiedener Kriterien in viele kleine Unterdateien auf.

`/usr/lib/courier-imap/couriertcpd`
: Eine Art Inet-Daemon des Courier-Projekts: Er überwacht die TCP/IP-Ports und aktiviert bei neuen Verbindungen die Untermodule, die für das jeweilige Protokoll zuständig sind.

Die Courier-Initskripte sind wie üblich unter `/etc/init.d/` einsortiert. Hier spendieren die Distributionen jedem einzelnen Courier-IMAP-Modul ein eigenes Startskript:

```
linux: # ls -la /etc/init.d/courier-*
-rwxr-xr-x  1 root root 2307 Nov 18  2004 /etc/init.d/courier-authdaemon
-rwxr-xr-x  1 root root 2288 Nov 18  2004 /etc/init.d/courier-imap
-rwxr-xr-x  1 root root 2677 Nov 18  2004 /etc/init.d/courier-imap-ssl
-rwxr-xr-x  1 root root 2234 Nov 18  2004 /etc/init.d/courier-pop3
-rwxr-xr-x  1 root root 2657 Nov 18  2004 /etc/init.d/courier-pop3-ssl
```

Bei SuSE lassen sich die Initskripte auch direkt als `rccourier-authdaemon`, `rccourier-imap` etc. ohne Pfadangabe aufrufen – ein schöner Komfort, auf den Debian- und Red-Hat-Nutzer nach wie vor verzichten müssen. Diese `rc`-Skripte sind nichts anderes als Symlinks auf die echten Start-Stopp-Skripte:

```
linux: # ls -la /usr/sbin/rccourier*
lrwxrwxrwx 1 root root 30 Mar 30 18:41 /usr/sbin/rccourier-authdaemon ->
 /etc/init.d/courier-authdaemon
lrwxrwxrwx 1 root root 24 Mar 30 18:41 /usr/sbin/rccourier-imap -> /etc/
init.d/courier-imap
lrwxrwxrwx 1 root root 28 Mar 30 18:41 /usr/sbin/rccourier-imap-ssl -> /
etc/init.d/courier-imap-ssl
lrwxrwxrwx 1 root root 24 Mar 30 18:41 /usr/sbin/rccourier-pop3 -> /etc/
init.d/courier-pop3
lrwxrwxrwx 1 root root 28 Mar 30 18:41 /usr/sbin/rccourier-pop3-ssl -> /
etc/init.d/courier-pop3-ssl
```

Leider gibt es kein gemeinsames Skript, das *alle* Dienste auf einen Schlag startet und stoppt – was gerade dann sehr hilfreich wäre, wenn man anfangs mit den Konfigurationsdateien etwas herumspielen möchte.

Diesen fehlenden Luxus bietet folgendes Skript, wenn man es etwa als `/usr/local/bin/rccourier` deponiert und durch `chmod u+x` ausführbar macht:

```
linux: # cat /usr/sbin/rccourier
/etc/init.d/courier-authdaemon $1
/etc/init.d/courier-pop3 $1
/etc/init.d/courier-pop3-ssl $1
/etc/init.d/courier-imap $1
/etc/init.d/courier-imap-ssl $1
linux: # chmod u+x /usr/sbin/rccourier
```

Mit `$1` reicht es den ersten Aufrufparameter an die Startskripte weiter. Der Befehl `rccourier start` oder `rccourier stop` startet bzw. stoppt somit alle Dienste auf einmal, während sich deren Status wie folgt abfragen lässt:

```
linux: # rccourier status
Checking for Courier Authentication Daemon                 running
Checking for Courier-POP3                                  running
Checking for Courier-POP3 (ssl)                            running
Checking for Courier-IMAP                                  running
Checking for Courier-IMAP (ssl)                            running
```

7.3 Der erste Start

Egal, auf welcher Distribution: Direkt nach der Installation sollte der Courier ohne weitere Anpassungen starten und auf Port 110 (POP3) und Port 143 (IMAP) zur Verfügung stehen:

```
linux: # lsof -i :110
COMMAND    PID USER   FD   TYPE DEVICE SIZE NODE NAME
couriertc 4539 root   5u   IPv6  10832       TCP *:pop3 (LISTEN)
linux: # lsof -i :143
COMMAND    PID USER   FD   TYPE DEVICE SIZE NODE NAME
couriertc 4606 root   5u   IPv6  10931       TCP *:imap (LISTEN)
linux: # telnet localhost 110
Trying 127.0.0.1...
Connected to localhost.
Escape character is '^]'.
+OK Hello there.
QUIT
+OK Better luck next time.
Connection closed by foreign host.
linux: # telnet localhost 143
Trying 127.0.0.1...
Connected to localhost.
Escape character is '^]'.
* OK [CAPABILITY IMAP4rev1 UIDPLUS CHILDREN NAMESPACE THREAD=ORDEREDSUBJ
ECT THREAD=REFERENCES SORT QUOTA IDLE ACL ACL2=UNION] Courier-IMAP ready
. Copyright 1998-2004 Double Precision, Inc.  See COPYING for distributi
on information.
a1 logout
* BYE Courier-IMAP server shutting down
a1 OK LOGOUT completed
Connection closed by foreign host.
```

Wenn Sie an dieser Stelle schon keinen Kontakt zum Server bekommen, prüfen Sie in Ruhe Ihre Installation und schauen, dass die Komponenten sauber starten. `/var/log/messages` oder `/var/log/mail` enthalten hierbei oft wertvolle Fehlermeldungen.

7.4 Courier und die MTAs

Anders als Cyrus bietet Courier-IMAP keine eigene Schnittstelle an, über die ihm ein Mail-Transport-Agent E-Mails (via LMTP, SMTP o. ä.) zur Speicherung übergeben könnte. Er erwartet vielmehr, dass der MTA diese an passender Stelle innerhalb des Maildir-Verzeichnisses ablegt – und dabei die Dateirechte beachtet. Beide Komponenten „treffen" sich damit quasi im gemeinsam genutzten Dateisystem, wie es Abbildung 7.1 skizziert. Dabei *müssen* MTA und IMAP-Server wahlweise entweder auf dem gleichen

Rechner laufen oder – beispielsweise über NFS – gemeinsam ein Dateisystem nutzen.

Problematische Schnittstellen zwischen dem SMTP-Mailserver und Courier fehlen also. Weder brauchen wir uns Gedanken über den Socket, noch über das benutzte Transportprotokoll machen. Befinden sich Courier und das Mailrelay auf verschiedenen Maschinen, müssen sie allerdings ein Dateisystem – etwa per NFS – gemeinsam nutzen. Alternativ kann auf dem Courier-Server ein weiterer lokaler MTA wie Postfix laufen, an den das Mailrelay die Mails per SMTP zum Abspeichern weitersendet.

Beide Dienste sind für sich genommen auch dann funktionstüchtig, wenn der jeweils andere Part nicht oder nicht fehlerfrei arbeitet. Auch wenn Courier heruntergefahren ist, kann Postfix weiterhin Mails annehmen und in die entsprechenden Maildir-Verzeichnisse einsortieren. Umgekehrt können Nutzer ihre auf dem IMAP-Server gespeicherten Mails abrufen, wenn das SMTP-Mailrelay derzeit nicht in Betrieb ist.

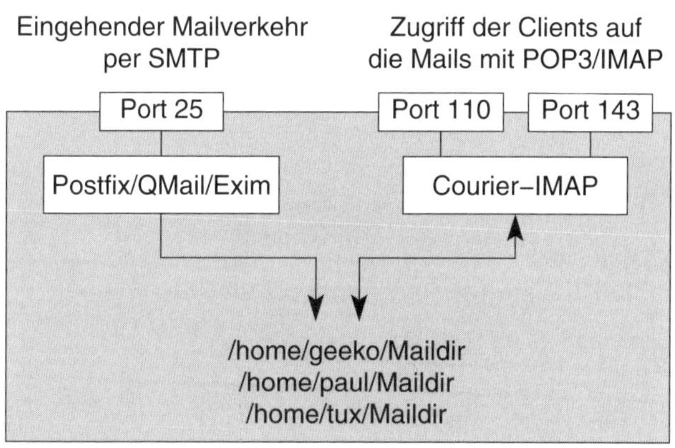

Abbildung 7.1: MTA und Courier greifen beide gemeinsam auf die gespeicherten E-Mails zu.

Postfix, Exim und Sendmail speichern E-Mails normalerweise im sogenannten MBox-Format ab: alle Mails eines Nutzers in einer einzelnen Datei. Diese liegt häufig unter `/var/mail` oder `/var/spool/mail`.

MBox eignet sich nicht gut für IMAP-Server, da es in dieser einen großen Datei IMAP-Ordnerstrukturen, Flags und andere Informationen wie z. B. Quotas nicht abbilden kann. Darüber hinaus hat MBox einige implementierungsbedingte Nachteile:

- Will man aus einer 25 MB großen Mailbox in der Mitte eine einzelne Mail herauslöschen, sind umfangreiche Dateikopieraktionen nötig.
- Stürzt eine Software beim Schreibzugriff auf das MBox-File ab, können unvollständige E-Mails verbleiben, die die interne Struktur der Mailboxdatei zerstören.

- Im Falle eines Schreibfehlers lässt sich schwer sicherstellen, dass eine E-Mail tatsächlich vollständig und erfolgreich zugestellt wurde. Daher sind Mailverluste möglich.
- Da mehrere Prozesse parallel schreibend auf die MBox zugreifen können, muss File-Locking eingerichtet werden, damit konkurrierende Schreibzugriffe die Datei nicht zerstören. Das Network Filesystem NFS ist aber für File-Locking-Probleme bekannt, die hier Mails zerstören können.

Courier setzt deshalb auf das eigens erfundene Maildir-Verfahren, das die Mails eines Nutzers in einzelnen Dateien in einem Verzeichnis (dem *Maildir*) speichert. So lässt sich einfach prüfen, ob eine Mail erfolgreich ausgeliefert wurde. Selbst einzelne defekte Maildateien zerstören nicht mehr die gesamte Mailbox. Temporäre Verzeichnisse machen File-Locking überflüssig, so dass der Nutzung von NFS nichts im Wege steht. Wie Maildir genau funktioniert, schauen wir uns in Kapitel 8 ab Seite 111 an.

Die üblichen MTAs unterstützen deshalb auch alle das Maildir-Format. Postfix, Exim und Sendmail sind mit wenigen Handgriffen „umgerüstet“, QMail nutzt Maildir sowieso als Standardverfahren. So lässt sich Courier mit wenig Aufwand in jedes System einbinden.

7.4.1 Courier und Postfix

Postfix erfährt aus dem Wert der Variablen `home_mailbox`, wo er die Mails ablegen soll. In Standardinstallationen ist diese leer:

```
linux: # postconf home_mailbox
home_mailbox =
```

In diesem Fall speichert der MTA alle Nachrichten als MBox-Datei im unter `mail_spool_directory` angegebenen Verzeichnis:

```
linux: # postconf mail_spool_directory
mail_spool_directory = /var/spool/mail
linux: # ls -la /var/spool/mail/
total 36
drwxrwxrwt   2 root   root       72 Dec  9 10:36 .
drwxr-xr-x  15 root   root      392 Mar  3 10:31 ..
-rw-------   1 root   root    34356 Dec  9 10:36 root
-rw-------   1 tux    users  237932 Dec 10 12:27 tux
-rw-------   1 geeko  users   92883 Dec  7 21:22 geeko
```

Tragen Sie einen Pfad in `home_mailbox` ein, dann bildet Postfix den Pfad zur Speicherung der E-Mails eines Nutzers aus dessen Home-Verzeichnis (`$HOME`) und dem Suffix aus `home_mailbox`. Stellt man in der `main.cf` folgenden Parameter ein …

```
home_mailbox = Maildir/
```

..., speichert Postfix alle E-Mails für `tux` unter `/home/tux/Maildir/` im Maildir-Format. Letzteres übrigens nur deshalb, weil die Pfadangabe mit einem / endet. Postfix erkennt daran, dass es sich um ein Verzeichnis handelt und interpretiert daraus: „Aha, Maildir". Vergisst man den abschließenden /, so speicherte Postfix alle Mails in der *Datei* `/home/tux/Maildir` im MBox-Format. Damit funktioniert die Zusammenarbeit mit Courier natürlich nicht.

Existiert das Maildir-Verzeichnis nicht, legt Postfix es einfach an.[3] Das übergeordnete Verzeichnis (im Beispiel also `/home/tux`) muss allerdings bereits existieren.

Da Postfix zum Speichern der E-Mails die Rechte des jeweiligen Nutzers annimmt, muss das darüberliegende Verzeichnis beschreibbar sein, damit der MTA die neue Maildir-Struktur anlegen kann – was bei `/home/tux` unproblematisch ist.

Wenn Sie `home_mailbox` richtig gesetzt und auch den Reload von Postfix nicht vergessen haben, können Sie den ersten Test wagen:

```
linux: # echo "Hallo" | mail tux@localhost
linux: # tail /var/log/mail
[...]
Apr 2 18:13:12 linux postfix/pickup[7915]: 7094F27FD9: uid=0 from=<root>
Apr 2 18:13:12 linux postfix/cleanup[7930]: 7094F27FD9: message-id=<442F
F7FA.mail5ZO117IBS@linux.site>
Apr 2 18:13:12 linux postfix/qmgr[7916]: 7094F27FD9: from=<root@peer.pos
t.fix>, size=394, nrcpt=1 (queue active)
Apr 2 18:13:12 linux postfix/local[7932]: 7094F27FD9: to=<tux@localhost.
post.fix>, orig_to=<tux@localhost>, relay=local, delay=30, status=sent (
delivered to maildir)
Apr 2 18:13:12 linux postfix/qmgr[7916]: 7094F27FD9: removed
linux: # ls -la /home/tux/Maildir
total 1
drwx------  5 tux users 120 Apr  2 18:13 .
drwxr-xr-x  9 tux users 616 Apr  2 18:13 ..
drwx------  2 tux users  48 Apr  2 18:13 cur
drwx------  2 tux users 104 Apr  2 18:13 new
drwx------  2 tux users  48 Apr  2 18:13 tmp
linux: # ls -la /home/tux/Maildir/new
total 4
drwx------  2 tux users 104 Apr  2 18:13 .
```

3 Was übrigens sehr nett von Postfix ist – Courier selbst stürzt in diesem Fall einfach ab, was nicht die feine Programmiererart ist. Das Problem ist bekannt, die Courier-Programmierer stellen sich aber auf den Standpunkt, dass sich Courier nicht um die Existenz des Maildir zu kümmern habe und darum in solchen Fällen auch unkontrolliert die Verbindung beenden dürfe. Abhilfe ist hier also nicht zu erwarten. Bei aller Liebe zu Courier – dieser Punkt ist inakzeptabel.

```
drwx------  5 tux users 120 Apr  2 18:13 ..
-rw-------  1 tux users 482 Apr  2 18:13 1143994392.V305I27fdeM695281.li
nux
linux: # cat /home/tux/Maildir/new/1143994392.V305I27fdeM695281.linux
Return-Path: <root@peer.example.com>
X-Original-To: tux@localhost
Delivered-To: tux@localhost.example.com
Received: by peer.example.com (Postfix, from userid 0)
        id 7094F27FD9; Sun,  2 Apr 2006 18:12:42 +0200 (CEST)
Date: Sun, 02 Apr 2006 18:12:42 +0200
To: tux@localhost.post.fix
Message-ID: <442FF7FA.mail5ZO117IBS@example.com>
User-Agent: nail 11.4 8/29/04
MIME-Version: 1.0
Content-Type: text/plain; charset=us-ascii
Content-Transfer-Encoding: 7bit
From: root@peer.example.com (root)

Hallo
```

Weil die neu angekommene Mail noch nie per POP3/IMAP abgerufen wurde, liegt sie im Unterverzeichnis `new`.

Wenn jeder POP3/IMAP-Nutzer in Ihrem Szenario ohnehin einen Shell-Account besitzt, arbeiten Postfix und Courier nach dieser kleinen Anpassung bereits zusammen. Möchten Sie virtuelle Nutzer benutzen, also Mailaccounts, die es auf Linux-Systemebene nicht gibt, definieren Sie für diese in der Postfix-Konfiguration Home-Verzeichnisse außerhalb von `/home`, z. B. unter `/var/spool/mail`.

7.4.2 Courier und QMail

Da QMail bereits auf das Maildir-Format ausgerichtet ist, bedarf es nur weniger Handgriffe, um mit Courier zusammenzuspielen: Sie müssen den richtigen Speicherpfad einrichten. Im Verzeichnis `/var/qmail/control` erzeugen Sie dazu die Datei `defaultdelivery` ggf. neu. Sie enthält den Pfad zum Speicherort der E-Mails. Wie bei Postfix bedeutet eine auf einen / endende Pfadangabe, dass es sich dabei um ein Verzeichnis und damit das Maildir-Format handeln soll.

Courier erwartet das Maildir per Default im Home-Verzeichnis eines jeden Nutzers, QMail speichert es aber unter `/var/spool/mail`. Tragen Sie also für QMail in `defaultdelivery` folgende Konfiguration ein:

```
./Maildir/
```

Anschließend muss QMail neu gestartet werden:

```
linux:/var/qmail/control # qmailctl restart
Restarting qmail:
* Stopping qmail-smtpd.
* Sending qmail-send SIGTERM and restarting.
* Restarting qmail-smtpd.
```

Die erste Testmail setzen Sie genauso ab wie mit Postfix (siehe Seite 97).

7.4.3 Courier und Exim

Wie bei Postfix geht auch bei Exim das „Umrüsten" vom MBox- auf das Maildir-Format mit wenigen Handgriffen vonstatten. Die nötigen Konfigurationsdateien finden Sie in `/etc/exim`.

Öffnen Sie `exim.conf`, suchen Sie den Abschnitt `local_delivery` und fügen Sie die hier fett dargestellten Zeilen hinzu, die dafür sorgen, dass jeder einzelne Nutzer ein Maildir in seinem Home-Verzeichnis bekommt:

```
local_delivery:
driver = appendfile
group = mail
mode = 0660
mode_fail_narrower = false
envelope_to_add = true
return_path_add = true

directory=${home}/Maildir
maildir_format = true
prefix = ""
```

Wollen Sie in komplexeren Setups mit virtuellen Nutzern alle Maildirs zentral ablegen, geben Sie statt `${home}` einen festen Pfad an. Vergessen Sie nach der Konfigurationsänderung eine erste Testmail (vgl. Seite 97) nicht!

7.5 Die Konfiguration optimieren

Nach den ersten Gehversuchen ist es an der Zeit, einen Blick in die Konfigurationsdateien unter `/etc/courier` zu werfen. Courier ist sehr modular aufgebaut und verwendet für jeden einzelnen Bestandteil eigene Dateien. Neben den Einstellungen für POP3 und POP3 über SSL/TLS (in pop3d bzw. `pop3d-ssl`), IMAP (`imapd`) und IMAP über SSL/TLS (`imapd-ssl`) finden sich dort oft auch die zentrale Konfigurationsdatei des Authorisierungsdaemons (`authdaemonrc`) und – abhängig vom Setup – die Konfigurationsdateien seiner Authorisierungsmodule (in diesem Beispiel `authldaprc`). Es kann jedoch auch sein, dass die Authorisierungskonfiguration unter `/etc/authlib` untergebracht ist.

```
linux: # ls -la /etc/courier
-rw-------   1 root root  2688 Jul 20 06:02 authdaemonrc
-rw-------   1 root root  2697 Nov 18  2004 authdaemonrc.dist
-rw-------   1 root root  7318 Jul 15 06:49 authldaprc
-rw-------   1 root root 12625 Mar 30 18:38 imapd
-rw-------   1 root root  6093 Mar 30 18:38 imapd-ssl
-rw-------   1 root root  6093 Nov 18  2004 imapd-ssl.dist
-rw-------   1 root root   343 Nov 18  2004 imapd.cnf
-rw-------   1 root root 12625 Nov 18  2004 imapd.dist
-rw-------   1 root root  3809 Mar 30 18:38 pop3d
-rw-------   1 root root  5704 Mar 30 18:38 pop3d-ssl
-rw-------   1 root root  5704 Nov 18  2004 pop3d-ssl.dist
-rw-------   1 root root   343 Nov 18  2004 pop3d.cnf
-rw-------   1 root root  3809 Nov 18  2004 pop3d.dist
-r--r--r--   1 root root   516 Nov 18  2004 quotawarnmsg.example
drwxr-xr-x   2 root root  4096 Jul 12 11:30 shared
```

Die Dateien `pop3d.cnf` und `imapd.cnf` werden nur ein einziges Mal vom Programm `mkpop3dcert` bzw. von `mkimapdcert` (siehe Seite 92) gebraucht. Wenn Courier mit SSL/TLS-Unterstützung konfiguriert ist (siehe Kapitel 7.6 ab Seite 107), aber keine fertigen SSL/TLS-Zertifikate vorfindet, erstellt er sie mittels `mkpop3dcert`, `mkimapdcert` und `openssl` selbst. Dabei nutzt er die in `pop3d.cnf` und `imapd.cnf` gespeicherten Informationen zum Hostnamen, Zertifikatsbesitzer und Serverstandort (siehe Seite 109).

Auch die `*.dist`-Dateien können Sie getrost ignorieren – sie dokumentieren lediglich den Zustand, in dem sich die jeweilige Datei bei Auslieferung durch den Distributor befand. Solange Sie keine Änderungen an den „echten" Konfigurationsdateien vornehmen, sind diese mit den `*.dist`-Dateien identisch.

Hinzu kommt ein ASCII-Text in `quotawarnmsg.example`, mit dem der Admin den Warntext bei Quota-Überschreitung festlegt, wenn er die Datei in `quotawarnmsg` umbenennt. Das Verzeichnis `shared` wird für die Konfigurationsdateien für Shared Folders benötigt (siehe Kapitel 10.1 ab Seite 157).

7.5.1 Echte und „falsche" Konfigurationsparameter

In den Courier-Konfigurationsdateien treten viele Parameter paarweise auf: beispielsweise `POP3AUTH` und `POP3AUTH_ORIG`. Setzt man nicht nur Courier-IMAP, sondern alle Komponenten des Courier-MTA-Projekts einschließlich des SMTP-Servers ein, kann man die einzelnen Programme über ein Webinterface konfigurieren. Es liest besagte `ORIG`-Variablen aus, um festzustellen, welche Optionen es dem Admin zur Auswahl anbieten kann. Wenn Sie wie in diesem Buch besprochen nur Courier-IMAP einsetzen, steht Ihnen dieses Webinterface nicht zur Verfügung, und die `ORIG`-Variablen sind überflüssig.

Mit dem eigentlichen Betrieb haben sie ohnehin nichts zu tun. Courier-IMAP selbst ignoriert sie und liest stattdessen die Parameter ohne `_ORIG`-Endung aus.

Wollen Sie wissen, welche Optionen möglich sind, geben Ihnen die `ORIG`-Variablen jedoch entscheidende Hinweise. Achten Sie aber stets darauf, die Werte in der „echten" Variable zu verändern, sonst zeigen Ihre Änderungen keine Wirkung.

Übrigens: Wann immer Variablenwerte aus mehreren Wörtern bestehen, also Leerzeichen enthalten, empfiehlt es sich, sie sicherheitshalber in Hochkommata oder Anführungszeichen einzuschließen.

7.5.2 Die POP3-Konfiguration in `/etc/courier/pop3d`

Die in der Datei `/etc/courier/pop3d` aufgeführten Parameter beeinflussen die Arbeitsweise des POP3-Servers. Wir stellen sie im Folgenden jeweils in der Defaultkonfiguration vor:

`PIDFILE=/var/run/pop3d.pid`
: Legt die Datei fest, in der die ID des POP3-Serverprozesses gespeichert wird. Für Änderungen gibt es hier keinen Grund.

`MAXDAEMONS=40`
: Legt die Anzahl der POP3-Daemonen fest, die gleichzeitig gestartet sein dürfen.

`MAXPERIP=4`
: Die Anzahl der erlaubten parallelen Verbindungen *pro IP*.[4] Verhindert Denial-of-Service-Angriffe durch einen einzelnen Host. Denken Sie aber dran, dass Nutzer ggf. mehr als ein Postfach auf Ihrem Server haben und dann unter Umständen auch mehr als eine Verbindung gleichzeitig aufbauen.

  Da Bürorouter mit Masquerading/NAT dafür sorgen, dass von einer einzelnen IP (des Routers) sehr schnell ein paar Dutzend Verbindungen kommen, ist dieser Parameter heute nur eingeschränkt nutzbar. Bevor Sie ihn gar nicht nutzen, setzen Sie ihn notfalls auf einen sehr hohen Wert, der jedoch deutlich unter `MAXDAEMONS` liegt. So verhindern Sie zumindest, dass eine einzelne IP-Adresse allen anderen Nutzern sämtliche Verbindungen wegschnappt, und schränken die Gefahr eines Denial-of-Service-Angriffs wenigstens ein.

`POP3AUTH=""`
: Die Passwortübertragungsmethoden, die der POP3-Server unterstützen soll. `POP3AUTH_ORIG` zeigt, welche möglich sind:

[4] Haben Sie anfangs auch *Max R.I.P.* gelesen? Ein Kalauer unter Courier-Admins ...

```
POP3AUTH_ORIG="LOGIN CRAM-MD5 CRAM-SHA1"
```

LOGIN (und das hier nicht genannte PLAIN) sind Klartextmethoden, während der Passwortabgleich bei CRAM-MD5 und CRAM-SHA1 gegen fremde Blicke abgesichert vonstatten geht. Kapitel 9.13 ab Seite 152 vertieft die Hintergründe.

POP3AUTH_TLS=""
: Die Methoden, die der POP3-Server bei einer SSL/TLS-Verbindung *zusätzlich* anbieten soll, in der Regel solche ohne eigenen kryptografischen Schutz. Möglich sind laut POP3AUTH_TLS_ORIG die Werte LOGIN und PLAIN. Weitere Einstellungen zu SSL/TLS werden ab Seite 107 besprochen.

POP3_PROXY=0
: Soll Courier für POP3 im Proxy-Modus laufen, muss POP3_PROXY=1 gesetzt werden (siehe Kapitel 10.3 ab Seite 180).

PROXY_HOSTNAME
: Im Proxy-Modus darf hier der eigene (!) Hostname eingetragen werden, damit der Proxy sicher erkennen kann, ob er Verbindungen weiterleiten muss (siehe Kapitel 10.3 ab Seite 180). Bei einem sauber aufgesetzten Server ist diese Angabe nicht notwendig, da Courier dann den echten Systemnamen benutzt.

PORT=110
: Der oder die Ports, auf denen der POP3-Daemon lauschen soll. Mehrere Ports können dabei durch Komma getrennt angegeben werden. Hat der Server mehrere IP-Nummern und sollen bestimmte Ports nur auf bestimmten IP-Nummern erreichbar sein, werden diese leider *nicht* nach dem üblichen Schema *ip:port* definiert, sondern als *ip.port*, also beispielsweise als 192.168.0.20.110.

ADDRESS=0
: Die IP-Adresse, auf der die Ports geöffnet werden sollen. Wird sie wie hier auf den Wert 0 gesetzt, lauscht der POP-Daemon auf allen verfügbaren IP-Nummern. Die Angabe mehrerer IP-Adressen ist nicht möglich.

TCPDOPTS="-nodnslookup -noidentlookup"
: Enthält Kommandozeilenparameter für den Aufruf des couriertcpd, der die TCP/IP-Verbindung managt und das pop3d-Modul nachlädt: -nodnslookup legt fest, dass kein Reverse Lookup auf die IP-Nummer eines Clients gemacht wird. Das bedeutet, dass der Hostname *nicht* im Logfile stehen kann, spart aber Zeit und Traffic.

-noidentlookup legt fest, dass der Server keine Abfrage über das (heute kaum noch relevante) Protokoll ident durchführt. Früher fragte man damit den Client, welcher dortige Nutzer die TCP-Verbindung aufgebaut hat. Aber wer beantwortet diese Frage heute noch?

`LOGGEROPTS="-name=pop3d"`
: Optionen, die an `courierlogger` weitergegeben werden, ein separates Tool, das der Courier aufruft, um Logeintraege zu schreiben. Hier wird der Name des Moduls gesetzt, damit aus dem Logfile schön sauber hervorgeht, worauf sich der Eintrag bezieht.

`DEFDOMAIN="@example.com"`
: Der Wert von `DEFDOMAIN` wird automatisch an jeden Usernamen angehängt, wenn der Username das darin angegebene erste Zeichen (üblicherweise also das `@`) *nicht* enthält. Anders ausgedrückt: Loggt sich ein User nur mit einem Usernamen und nicht mit einer vollständigen Mailadresse ein, hängt Courier `$DEFDOMAIN` an den Usernamen an, bevor er ihn authentifiziert.

`POP3DSTART=YES`
: Wird vom Startskript ausgewertet. Setzt man diesen Parameter auf `NO`, startet *kein* POP3-Server.

`MAILDIRPATH=Maildir`
: Das Verzeichnis mit der Maildir-Struktur *relativ* zum Home-Verzeichnis des Nutzers (im vorliegenden Fall findet der User `tux` seine Mails unterhalb von `/home/tux/Maildir`). Dieser Parameter bildet sozusagen das Gegenstück zum Postfix-Parameter `home_mailbox` (Seite 96) oder dem Eintrag in der Datei `defaultdelivery` von QMail (Seite 98). Courier verlangt hier keinen abschließenden Schrägstrich, da es sich dabei um ein (Maildir-)Verzeichnis handeln *muss*.

Authentifizierungsfragen werden nicht hier, sondern in der Konfigurationsdatei des `authdaemond` geklärt (Kapitel 9.2 ab Seite 126). In älteren Versionen vor 4.1.x enthielt die Konfigurationsdatei des `pop3d` allerdings noch zwei diesbezügliche Parameter:

`AUTHMODULES="authdaemon"`
: Die Authentifizierungsmethode, über die der POP3-Daemon die Logins prüfen soll. Eine Übersicht über die möglichen Werte finden Sie auf Seite 124. In der gezeigten Konfiguration gibt der Server alle Authentifizierungsdaten an den Authentifizierungsdaemon des Courier-Projekts (siehe Kapitel 9.2 ab Seite 126) weiter.

  Die neuen Courier-IMAP-Versionen gehen immer von `authdaemond` aus, so dass die Angabe von `AUTHMODULES` in der Datei `pop3d` entfällt.

`DEBUG_LOGIN=0`
: Legt fest, welche Informationen Courier protokolliert. Mit dem Wert 0

wird nur die IP-Adresse des Clients geloggt, bei einem Wert von 1 zusätzlich auch der Username. Bei `DEBUG_LOGIN=2` werden selbst Passwörter im Klartext mitprotokolliert (was zur Vorbereitung einer Migration lebensrettend sein kann, siehe Seite 6.4). Andere Werte sind hier nicht möglich.

Bei neuen Versionen von Courier-IMAP setzt man diesen Parameter in der Konfiguration des `authdaemond` (Kapitel 9.2 ab Seite 126).

7.5.3 Die Konfiguration des IMAP-Daemons in /etc/courier/imapd

Ein Großteil der Parameter für den `imapd` sind analog zu denen des `pop3d` benannt und haben vergleichbare Bedeutung, etwa `IMAPDSTART` entsprechend zu `POP3DSTART` (Seite 103), andere Parameter wie `PORT` oder `MAXPERIP` tragen von vornherein gleiche Namen. Darüber hinaus kennt der Courier-`imapd` folgende Optionen:

`HEADERFROM=X-IMAP-Sender`
: Wenn man mittels IMAP Mails versendet, fügt Courier-IMAP den hier aufgeführten Mailheader (per Default also eine `X-IMAP-Sender:`-Zeile) in die Nachricht ein und gibt darin den Login-Namen des Absenders an. Sie haben richtig gelesen: Man kann mittels IMAP auch Mails *versenden*. Mehr dazu in Kapitel 10.5 ab Seite 183.

`IMAP_CAPABILITY="IMAP4rev1 UIDPLUS CHILDREN NAMESPACE THREAD=ORDEREDSUBJECT THREAD=REFERENCES SORT QUOTA IDLE"`
: Legt fest, welche IMAP-Fähigkeiten (siehe Seite 35) der IMAP-Server dem Client beim Login zusätzlich anbieten soll. Der Parameter spiegelt wider, was der Courier-IMAP kann. Es gibt also in aller Regel keinen Grund, hier etwas zu ändern. Mit einer Ausnahme: Wenn Sie verschlüsselte Login-Methoden wie `CRAM-MD5` oder `CRAM-SHA1` anbieten wollen, müssen Sie dem IMAP-Server das an dieser Stelle durch Ergänzung der Werte `AUTH=CRAM-MD5` bzw. `AUTH=CRAM-SHA1` kundtun. Nur so kann er den Clients signalisieren, dass sie diese Methoden nutzen können.

`IMAP_CAPABILITY_TLS="$IMAP_CAPABILITY AUTH=PLAIN"`
: Die hier genannten Fähigkeiten bietet der `imapd` bei einer SSL/TLS-Verbindung an. In diesem Beispiel steht bei aktivierter SSL/TLS-Verschlüsselung außer den in `IMAP_CAPABILITY` definierten Capabilities auch die (ansonsten unsichere) Login-Methode `PLAIN` zur Verfügung.

Wie in Shellskripten Bourne-kompatibler Shells liest man in Courier-Konfigurationsdateien die Werte in der gleichen Datei bereits definierter Variablen durch Voranstellen des Dollarzeichens aus.

`IMAP_CHECK_ALL_FOLDERS=0`
: Clients können vom IMAP-Server aktiv über neue E-Mails informiert werden. Normalerweise ist mit neuen Mails nur in der `INBOX` zu rechnen, so dass sich Courier entsprechende Überwachungsarbeit in den anderen IMAP-Foldern spart. Wenn Mails über Filterprogramme in Unterordner einsortiert werden, sollte der Parameter `IMAP_CHECK_ALL_FOLDERS` aktiviert (d. h. auf 1 gesetzt) werden, auch wenn das zu einer etwas höheren Serverlast führt.

`IMAP_DISABLETHREADSORT=0`
: IMAP-Clients können den Server über die aus den gleichnamigen Extensions stammenden IMAP-Kommandos `THREAD` und `SORT` (siehe Seite 36) mit dem Sortieren der Mails eines Folders beauftragen. Das entlastet den Client, verlangt stark belasteten Servern aber unnötige Extraarbeit ab. Wird `IMAP_DISABLETHREADSORT` auf 1 gesetzt, blockiert Courier entsprechende Requests der Clients.

`IMAP_ENHANCEDIDLE=0`
: Wenn Courier das `IDLE`-Kommando unterstützen soll, müssen Sie diesen Wert auf 1 setzen. Courier kann Clients dann aktiv und in Echtzeit über neu eintreffende E-Mails informieren, sofern die Clients dies unterstützen (vgl. Kapitel 10.4 ab Seite 181).

`IMAP_IDLE_TIMEOUT=60`
: Legt in Sekunden fest, wie oft der Server im `IDLE`-Modus nach Änderungen in den Verzeichnissen schauen soll.

`IMAP_KEYWORDS=1`
: Aktiviert die Unterstützung für permanente selbstdefinierte IMAP-Flags (siehe Kapitel 8.2.1 ab Seite 119).

`IMAP_MOVE_EXPUNGE_TO_TRASH=0`
: Wird dieser Parameter auf 1 gesetzt, verschiebt Courier zu löschende Mails in den Trash-Ordner, anstatt sie tatsächlich zu löschen. Damit wird ein Undo möglich.

`IMAP_TRASHFOLDERNAME=Trash`
: Definiert den IMAP-Namen des Trash-Ordners, falls `IMAP_MOVE_EXPUNGE_TO_TRASH=1` gesetzt ist. Da Courier parallel zur `INBOX` keine Folder zulässt, entsteht im Beispiel der `INBOX`-Unterordner `INBOX.Trash`.

`IMAP_EMPTYTRASH=Trash:7`
: Sorgt dafür, dass Courier *alle* Mails im Folder `Trash` löscht, die dort

länger als sieben Tage liegen. Die Zeitangabe lässt sich pro Folder separat festlegen; Angaben zu mehreren Folder werden durch Komma getrennt:

```
IMAP_EMPTYTRASH=Trash:7,Sent:30
```

Courier prüft dies jedoch nur beim Login eines Nutzers. Loggt sich ein User längere Zeit nicht ein, können E-Mails entsprechend länger Platz auf der Festplatte belegen.

`IMAP_OBSOLETE_CLIENT=0`
: Einige Mailclients haben früher die IMAP-Flags `\NoInferiors` (es kann keine Folder mehr unterhalb dieses Folders geben) und `\HasNoChildren` (es kann sehr wohl Unterfolder geben, gibt aber derzeit keine) verwechselt. *Sollten* Sie Probleme mit Unterfoldern haben, können Sie testen, ob das Aktivieren dieses Parameters Abhilfe bringt. Ohne konkreten Anlass empfiehlt es sich *nicht*, den Wert auf 1 zu setzen.[5]

`IMAP_SHAREDINDEXFILE=/etc/courier/shared/index`
: Will man seinen Nutzern erlauben, IMAP-Verzeichnisse für andere Nutzer zur gemeinsamen Nutzung freizugeben (siehe Kapitel 10.1 ab Seite 157), benötigt Courier eine Liste der dafür vorgesehenen Dateipfade und ihrer Freigabenamen. Wo sich diese *Index-Datei* befindet, legt man mit `IMAP_SHAREDINDEXFILE` fest: Per Default nutzt Courier die Datei `/etc/courier/shared/index`.

`IMAP_ACL=1`
: Aktiviert die IMAP-Extension ACL. Darüber können Clients Zugriffsrechte für Dritte auf IMAP-Folder einstellen. Sie sollten `IMAP_ACL` setzen, wenn Sie Shared Folder benutzen (siehe Kapitel 10.1 ab Seite 157).

`UMASK=022`
: Überschreibt die für den Serverprozess geltende `umask` mit dem hier eingestellten Wert. Mit dieser `umask` werden später die Dateien angelegt; für dateisystembasierte Shared Folder (Kapitel 10.1.2 ab Seite 168) kann es sinnvoll sein, hier restriktivere Werte einzutragen, als dies normalerweise systemweit in `/etc/profile` eingestellt ist.[6]

`IMAP_ULIMITD=65536`
: Wenn Courier absichtlich oder versehentlich massiv mit Arbeitsanfragen bombardiert wird, besteht die Gefahr, dass der Prozess zuviel

[5] Den Autoren ist derzeit kein Client bekannt, der heute noch Probleme damit hat. Für entsprechende Berichte und Hinweise sind sie sehr dankbar.

[6] Die Werte der `umask` entsprechen nicht den Dateirechten, wie sie bei `chmod` benutzt werden! Entsprechend wäre die Angabe `UMASK=644` falsch und sogar gefährlich. Eine schöne Übersicht gibt es unter `http://www.linuxfibel.de/access.htm#maske`.

RAM verbraucht und das Ganze in einem Denial-of-Service-Angriff (DoS) gegen den Server endet. Um dies zu verhindern, beschränkt Courier die Größe eines Datensegments für seine Prozesse mittels `ulimit -d` bzw. die Größe des virtuellen Speichers mit `ulimit -v` jeweils auf den hier eingestellten Wert. Dies ist eine reine Vorsichtsmaßnahme. Der Default-Wert von 65536 KB (entspricht 64 MB) dürfte mehr als ausreichen.

`IMAP_USELOCKS=1`

Legt fest, ob IMAP File-Locking nutzen soll. Eigentlich ist dies durch die Maildir-Verzeichnisstruktur überflüssig: Das Maildir-Format wurde ja geradezu dafür erfunden, um ohne File-Locking-Mechanismen über NFS eingesetzt zu werden (Details dazu ab Seite 112).

Andererseits schadet der Einsatz abgesehen von einer kleinen I/O-Mehrbelastung des Servers nicht. File-Locking hilft, einige unkritische Probleme zu vermeiden, wenn mehrere Clients parallel auf denselben IMAP-Folder und eventuell auch auf die gleiche E-Mail zugreifen. Sie sollten `IMAP_USELOCKS` also auf `1` setzen, wenn Sie Shared Folders anbieten.

`SENDMAIL=/usr/sbin/sendmail`

Der Pfad zum Sendmail-Binary (das auch von Postfix oder Exim stammen kann), das der Courier-IMAP-Daemon benötigt, wenn er Mails versenden möchte.

7.6 Die Konfigurationsdateien für SSL

Den Nutzern verschlüsselte Übertragungswege anzubieten, ist nicht sonderlich kompliziert und eine erstrebenswerte Angelegenheit. Courier-IMAP startet in diesen Fällen zwei weitere Instanzen auf den Ports 993 (IMAP über SSL) und 995 (POP3 über SSL). Gleichzeitig unterstützt er auf den normalen Ports 110 (POP3) und 143 (IMAP) das Kommando `STARTTLS`. Der Client kann sich also aussuchen, ob er ein „Upgrade" einer bestehenden Klartextverbindung über `STARTTLS` wünscht oder den Aufbau einer von vornherein verschlüsselten Verbindung auf den eigenes dafür reservierten Ports.

Zur Steuerung der SSL/TLS-Verschlüsselung existieren die zwei Konfigurationsdateien `/etc/courier/pop3-ssl` und `/etc/courier/imap-ssl`. Beide enthalten *zusätzliche* Parameter, die normalen POP3- und IMAP-Einstellungen müssen hier nicht erneut gesetzt werden. Die von Ihrer Distribution oder im Quellcode-Paket mitgelieferte Default-Datei ist in aller Regel ohne Anpassung lauffähig.

`SSLPORT=995` bzw. `SSLPORT=993`

Der zusätzliche Port für POP3 bzw. IMAP über SSL. Er sollte in der

Datei `pop3-ssl` – wie in `/etc/services` festgelegt – auf den Default-Wert 995, in `imap-ssl` auf 993 zeigen.

`SSLADDRESS=0`
: Die Angabe von 0 aktiviert SSL/TLS auf allen vorhandenen IP-Nummern des Servers; alternativ kann hier *eine* IP-Adresse angegeben werden.

`SSLPIDFILE=/var/run/pop3d-ssl.pid`
: Der Pfad zum PID-File: Hier wird nach dem Start die Prozess-ID des Programms gespeichert. In der Datei `imap-ssl` setzt man ihn etwa auf `/var/run/imapd-ssl.pid`.

`SSLLOGGEROPTS="-name=pop3d-ssl"`
: Zusätzliche Optionen, die an `courierlogger` weitergegeben werden. In diesem Beispiel wird der Name `pop3d-ssl` gesetzt. Damit sich die Logzeilen eindeutig zuordnen lassen, setzt man in der Datei `imapd-ssl` logischerweise den Namen `imapd-ssl`.

`POP3DSSLSTART=YES` bzw. `IMAPDSSLSTART=YES`
: Legt fest, ob das Programm SSL/TLS-Verbindungen auf dem für POP3 bzw. IMAP über SSL reservierten, in `$SSLPORT` definierten Port anbieten soll.

`POP3DSTARTTLS=YES` bzw. `IMAPDSTARTTLS=YES`
: Legt fest, ob der Server SSL/TLS-Verbindungen mittels `STLS` bzw. `STARTTLS` auch auf dem normalen für POP bzw. IMAP reservierten Port anbieten soll.

`POP3_TLS_REQUIRED=0` bzw. `IMAPD_TLS_REQUIRED=0`
: Wenn Sie grundsätzlich keine unverschlüsselten Verbindungen zulassen möchten, setzen Sie `POP3_TLS_REQUIRED=1`. Dann können sich Clients auf Port 110 bzw. 143 erst authentifizieren, wenn sie mit `STLS` bzw. `STARTTLS` in den verschlüsselten Modus gewechselt haben.

`COURIERTLS=/usr/sbin/couriertls`
: Der Pfad zum (mitgelieferten) Programm `couriertls`. Es hilft den POP3- und IMAP-Modulen, die SSL/TLS-Verschlüsselung zu steuern.

`TLS_PROTOCOL=SSL3`
: Die zu nutzende SSL/TLS-Version auf den SSL-über-POP3- bzw. -IMAP-Ports. Zulässig sind `SSL2`, `SSL3` und `TLS1`. Da die Ports 993 und 995 eher von ältere Clients genutzt werden, scheint die Einstellung von `SSL3` etwas kompatibler und unproblematischer zu sein als `TLS1`.

TLS_STARTTLS_PROTOCOL=TLS1
: Die zu nutzende SSL/TLS-Version für das STLS- bzw. STARTTLS-Verfahren auf Port 110 und 143. Clients, die diese Methoden kennen und nutzen, verstehen in aller Regel TLS1.

TLS_CERTFILE=/usr/share/courier-pop3/pop3d.pem
: Der Pfad zum SSL/TLS-Zertifikat. Sie können für POP3 und IMAP das gleiche Zertifikat nutzen, also in beiden Dateien die gleiche Datei auslesen.

TLS_VERIFYPEER=NONE
: Grundsätzlich besteht die Möglichkeit, SSL/TLS-Verbindungen nur von authorisierten Clients zuzulassen, deren Zertifikat als zulässig auf dem Server hinterlegt ist. NONE schaltet derartige Überprüfungen vollständig ab, PEER prüft das Zertifikat, sofern der Client eines übersendet. REQUIREPEER fordert vom Client ein überprüfbares Zertifikat, anderenfalls wird die Verbindung nicht zugelassen.

TLS_CACHEFILE=/var/run/couriersslcache
: Der Pfad zu einer Cache-Datei, die SSL/TLS-Zugriffe beschleunigen soll. Diese Datei erfordert keine Pflege durch den Administrator.

TLS_CACHESIZE=524288
: Die Größe des anzulegenden SSL-Caches in Bytes.

Findet Courier beim Start von pop3d-ssl oder imapd-ssl kein fertiges SSL-Zertifikat vor, erzeugt er sich mittels mkpop3dcert bzw. mkimapcert unkompliziert selbst welche. Dafür werden die in den Dateien pop3d.cnf und imapd.cnf hinterlegten Angaben genutzt.

Diese sind zwar für den Verschlüsselungsvorgang selbst nicht relevant, aber da Nutzer das Zertifikat einsehen können (und sollten), empfehlen sich möglichst plausible und vertrauenserweckende Namens-, Ort- und Länderangaben, um den Support-Aufwand einzudämmen. Auch der Hostname im Zertifikat sollte mit dem von den Clients benutzten Hostnamen übereinstimmen, um Warnmeldungen der Client-Software möglichst zu vermeiden (vgl. Kapitel 13.1.3 ab Seite 217). Die Angaben, auf die Sie achten sollten, sind im folgenden Listing kursiv gedruckt:

```
linux: # cat /etc/courier/pop3d.cnf
RANDFILE = /usr/share/courier-imap/pop3d.rand

[ req ]
default_bits = 1024
encrypt_key = yes
distinguished_name = req_dn
x509_extensions = cert_type
prompt = no
```

```
[ req_dn ]
C=DE
ST=Berlin
L=Berlin
O=Firma Tuxenhausen
OU=Abteilung interne EDV
CN=mail.example.com
emailAddress=postmaster@example.com

[ cert_type ]
nsCertType = server
```

8 Maildir als E-Mail-Ablageformat

Courier verwaltet E-Mails ausschließlich im Maildir-Format. Dabei legt der Server für jeden Nutzer eine eigene Maildir-Hierarchie an, die aus einigen Verzeichnissen sowie reinen ASCII-Dateien besteht. Es gibt keine binären Dateien, alles ist einfach les- und editierbar.

Wenn es sich um einen Mailserver handelt, auf dem alle Nutzer Shell-Zugriff (also einen Account in `/etc/passwd` und ein Home-Verzeichnis) haben, kann jeder User seine Mail in ein `Maildir`-Verzeichnis unterhalb des eigenen Home-Verzeichnisses (etwa `/home/tux/Maildir`) geliefert bekommen. Die Nachrichten werden dann mit den Rechten des Users gespeichert.

Lokal laufende Mailprogramme wie `pine` oder KMail können die E-Mails in diesem Fall direkt aus dem Maildir auslesen, ohne den Umweg über IMAP zu gehen. Im Regelfall greifen die User aber von einem entfernten Host über TCP/IP darauf zu.

Auf einem Massen-Mailserver, der neben den Administratoren im Idealfall keine eigenen Nutzer kennt, wird man die Userdatenbank in MySQL,

LDAP o. ä. ablegen. In diesen Fällen haben die Mailnutzer keine Home-Verzeichnisse auf dem Server. Stattdessen legt man eine eigene Verzeichnisstruktur an (z. B. `/maildir` oder `/var/spool/maildir`), in der jeder Nutzer sein eigenes Maildir-Verzeichnis (z. B. `/maildir/tux`, `/maildir/geeko`) erhält.

In solchen Szenarien ist es durchaus vertretbar, diese Verzeichnisse der Einfachheit halber einer identischen User-ID zu übereignen. Das vereinfacht die Userverwaltung, da nicht auf eindeutige und unveränderbare User-IDs geachtet werden muss, und vermeidet potentiellen Ärger mit Dateizugriffsrechten.

Aufgrund der mangelnden Shell-Accounts entsteht dabei auch unter Sicherheitsaspekten kein nennenswertes Problem: Solange Nutzer nicht auf dem Server arbeiten, braucht man sie nicht voreinander schützen. Der Nutzer `root` darf ohnehin an alle Verzeichnisse heran, und auch Courier-IMAP muss zwangsläufig Zugriff auf alle Verzeichnisse haben. Es bleibt nur das Restrisiko, dass Angreifer über einen nach dem Login geknackten Courier-IMAP mangels unterschiedlicher User-IDs auch auf fremde Mailverzeichnisse zugreifen dürfen. In der Vergangenheit sind jedoch keine derartigen Angriffe bekanntgeworden.

Im Maildir-Verzeichnis eines Postfachs befinden sich mindestens drei Unterordner:

```
linux: # ls -la /home/tux/Maildir
drwx------  7 h users 4096 Jul 27 12:07 .
drwxr-xr-x  8 h users 4096 Jul 27 12:04 ..
drwx------  2 h users 4096 Jul 27 12:04 cur
drwx------  2 h users 4096 Jul 27 12:04 new
drwx------  2 h users 4096 Jul 27 12:04 tmp
```

Das Verzeichnis `cur` enthält alle bereits gespeicherten und mindestens einmal abgerufenen Nachrichten. `new` nimmt alle seit dem letzten Login hinzukommenden neuen Nachrichten auf, damit der Server sie entsprechend als `\Recent` markieren kann. Nach dem Login verschiebt Courier diese Mails ins `cur`-Verzeichnis.

Ins `tmp`-Verzeichnis werden Nachrichten während des Speichervorganges geschrieben. Erst, wenn deren Speicherung erfolgreich abgeschlossen wurde, verschiebt sie Courier nach `new` oder an andere Stellen. Das verhindert, dass der Server einem Client unvollständige Mails ausliefert, wenn dieser während des Speichervorgangs Mails abruft.

Auf File-Locking wird damit beim Maildir-Format komplett verzichtet, was den Einsatz über NFS deutlich vereinfacht.

Wenn IMAP-Nutzer ihre E-Mails in verschiedene Subfolder sortieren, die – anders als bei der Nutzung von POP3 – auf dem Server gespeichert werden, enthält das Maildir auch diese in Form weiterer Verzeichnisse.

Die Namen dieser Verzeichnisse werden aus einem Punkt (.) und dem eigentlichen Foldernamen gebildet. Existieren die Ordner INBOX, Freunde und Firma, so sieht das Maildir-Listing folgendermaßen aus:

```
linux: # ls -la /home/tux/Maildir
drwx------   7 h users 4096 Jul 27 12:07 .
drwxr-xr-x   8 h users 4096 Jul 27 12:04 ..
drwx------   5 h users 4096 Jul 27 12:07 .Firma
drwx------   5 h users 4096 Jul 27 12:06 .Freunde
drwx------   2 h users 4096 Jul 27 12:04 cur
drwx------   2 h users 4096 Jul 27 12:04 new
drwx------   2 h users 4096 Jul 27 12:04 tmp
```

Die IMAP-Unterorder sind ihrerseits eigenständige Verzeichnisse im Maildir-Format und enthalten daher wiederum die drei Ordner cur, new und tmp, so dass Mails in ihnen gespeichert werden können:

```
linux:~ # ls -la /home/tux/Maildir/.Freunde
drwx------   5 h users 4096 Jul 27 12:06 .
drwx------   7 h users 4096 Jul 27 12:07 ..
-rw-r--r--   1 h users   17 Jul 27 12:06 courierimapacl
drwx------   2 h users 4096 Jul 27 12:06 cur
-rw-------   1 h users    0 Jul 27 12:06 maildirfolder
drwx------   2 h users 4096 Jul 27 12:06 new
drwx------   2 h users 4096 Jul 27 12:06 tmp
```

Die stets leere Datei maildirfolder besagt dabei, dass es sich um einen Subfolder handelt. courierimapacl enthält die Zugriffsrechte für den Ordner, sofern der Besitzer welche gesetzt hat (etwa um das Verzeichnis für andere Nutzer freizugeben). Auf dieses Thema kommen wir in Kapitel 10.1.1 ab Seite 158 zu sprechen.

Enthält der Folder Freunde weitere Unterordner, legt Courier diese Subfolder übrigens nicht als Dateiordner rekursiv verschachtelt im Verzeichnis .Freunde (also als Maildir/.Freunde/.Urlaub) an, sondern (als Maildir/.Freunde.Urlaub) weiterhin direkt im Maildir-Verzeichnis.

Die Folder-Struktur wird dabei im Dateinamen durch den Punkt als Hierarchie-Trenner abgebildet:

```
linux:~ # ls -la /home/tux/Maildir
drwx------   9 h users 4096 Jul 27 12:09 .
drwxr-xr-x   8 h users 4096 Jul 27 12:04 ..
drwx------   5 h users 4096 Jul 27 12:07 .Firma
drwx------   5 h users 4096 Jul 27 12:06 .Freunde
drwx------   5 h users 4096 Jul 27 12:09 .Freunde.Orchester
drwx------   5 h users 4096 Jul 27 12:09 .Freunde.Urlaub
drwx------   2 h users 4096 Jul 27 12:04 cur
drwx------   2 h users 4096 Jul 27 12:04 new
drwx------   2 h users 4096 Jul 27 12:04 tmp
```

Damit kann ein IMAP-Folder sowohl Nachrichten als auch weitere Subfolder enthalten.

Hat ein IMAP-Client irgendwann einzelne IMAP-Folder abonniert (siehe Kapitel 2.2.4 ab Seite 43), gibt es eine Datei `courierimapsubscribed` mit der zeilenweise gespeicherten Abo-Liste des Accounts:

```
linux: # ls -la /home/tux/Maildir
drwx------  9 h users 4096 Jul 27 12:09 .
drwxr-xr-x  8 h users 4096 Jul 27 12:04 ..
drwx------  5 h users 4096 Jul 27 12:07 .Firma
drwx------  5 h users 4096 Jul 27 12:06 .Freunde
drwx------  5 h users 4096 Jul 27 12:09 .Freunde.Orchester
drwx------  5 h users 4096 Jul 27 12:09 .Freunde.Urlaub
drwx------  2 h users 4096 Jul 27 12:04 cur
drwx------  2 h users 4096 Jul 27 12:04 new
drwx------  2 h users 4096 Jul 27 12:04 tmp
-rw-r--r--  1 h users  842 Jul 27 12:45 courierimapsubscribed
linux: # cat /home/tux/Maildir/courierimapsubscribed
INBOX
INBOX.Firma
INBOX.Freunde.Orchester
```

8.1 Der IMAP-Namensraum

Innerhalb der verschiedenen IMAP-Projekte herrscht ein gewisser Streit um die Frage, ob es Verzeichnisse *parallel* zur oder nur *unterhalb* der INBOX geben darf. Anders formuliert: Gibt es die Verzeichnisse `INBOX`, `Freunde` und `Firma`? Oder darf es lediglich `INBOX`, `INBOX.Freunde` und `INBOX.Firma` geben? Entsprechend unterscheiden sich die Implementationen: Manche IMAP-Server lassen zur `INBOX` parallele Verzeichnisse zu, andere nicht.

Die Courier-Programmierer vertreten den Standpunkt, dass private Folder nur unterhalb der `INBOX` zulässig sind. Im Gegenzug werden von mehreren Nutzern gemeinsam genutzte Shared Folders nicht unterhalb der `INBOX`, sondern unterhalb von `#shared` bzw. `shared` abgebildet.

Das Courier-Team lehnt seit Jahren alle regelmäßig auftauchenden Anfragen nach Änderungen und mehr Toleranz konsequent ab. Sie werden Courier also nicht durch Konfigurationsänderungen dazu bewegen können, parallele Ordner zuzulassen. Der Programmcode unterstützt dies einfach nicht, in der Tat müssten die Courier-Entwickler die komplette Ordnerverwaltung umstricken, um dies zu ermöglichen. Dementsprechend lässt sich das Thema auch nicht mit einem einzelnen kleinen Patch aus der Welt schaffen.

In der Praxis können hier Probleme bei der Migration von einem IMAP-System zu einem anderen auftauchen. Hinweise zu diesem Thema gibt Kapitel 6 ab Seite 79.

Ansonsten gibt es bei der Namensgebung für IMAP-Folder kaum Restriktionen: Umlaute sind theoretisch ebenso erlaubt wie Leerzeichen. Prinzipiell spricht also nichts gegen deren Verwendung – andererseits sorgen Sonderzeichen immer wieder für Probleme: Denken Sie an die Umstellung von ISO-8859 nach UTF-8, die in der Praxis an höchst unterschiedlichen Stellen Probleme bereitet hat, weil die verschiedenen Programme teils den einen, teils den anderen Zeichensatz erwarteten und plötzlich selbst Dateinamen mit Sonderzeichen zum Abenteuer wurden.

8.2 Die Dateinamen der E-Mails

Courier verzichtet – anders als zum Beispiel Cyrus – darauf, neben dem Maildir noch eine Datenbank mit Informationen zu den gespeicherten E-Mails zu unterhalten. Das macht den Server robust und zuverlässig: Kein Index kann zerschossen, keine Datenbank inkonsistent oder fehlerhaft sein. Andere Programme können einfach auf die Maildir-Struktur zugreifen, ohne dass sich deren Autoren um aufwändige Programmierung Gedanken machen müssten.

Andererseits ist es häufig nicht sonderlich performant, bei jedem Zugriff erneut aus einer Vielzahl einzelner Dateien die verschiedenen Informationen zusammenzusuchen. Speziell bei IMAP können zu E-Mails Meta-Informationen gehören, die im eigentlichen Mailtext nicht mit abspeicherbar sind – z. B. die IMAP-Flags `\Seen` oder `\Flagged`.

Courier wendet deshalb ein paar Tricks an, die die Sache beschleunigen: Viele Informationen werden im *Dateinamen* einer jeden einzelnen E-Mail kodiert. Durch ein einziges Directory-Listing lassen sich so sehr schnell viele Informationen gewinnen, ohne jede einzelne Datei genauer untersuchen zu müssen (was sehr zeitaufwändig und damit „teuer“ wäre).

Am besten sieht man das anhand einer Testmail. Vorausgesetzt, Ihr IMAP-Server ist an einen MTA angebunden, können Sie diese mit einem entsprechend konfigurierten Mailclient wie KMail, Outlook oder Evolution absetzen. Am einfachsten und transparentesten geht das aber direkt auf dem Server selbst mit dem Kommando `mail`:

```
linux: # echo Hallo Welt | mail tux@localhost
```

Ob die Mail an den Mailuser `tux` ankam, sehen Sie im `new`-Ordner des `tux`schen Maildir:

```
linux: # ls -la /home/tux/Maildir/new
total 12
drwx------   2 h users 4096 Jul 27 12:40 .
drwx------  10 h users 4096 Jul 27 12:27 ..
-rw-------   1 h users  483 Jul 27 12:40 1122460858.V301Ic964.linux
```

Der Dateiname der Hallo-Welt-Mail besteht aus einer zufälligen, aber eindeutigen ID (in die Datum, Uhrzeit, Inode-Nummer etc. einfließen) und dem Hostnamen des speichernden Servers (hier: `linux`), um bei Netzwerklaufwerken zufällige Namenskonflikte zu vermeiden.

Loggen Sie sich nun parallel auf den IMAP-Server ein, um auf diese E-Mail zuzugreifen:

```
linux: # telnet localhost 143
Trying 127.0.0.1...
Connected to localhost.
Escape character is '^]'.
* OK [CAPABILITY IMAP4rev1 UIDPLUS CHILDREN NAMESPACE THREAD=ORDEREDSUB
JECT THREAD=REFERENCES SORT QUOTA IDLE ACL ACL2=UNION] Courier-IMAP rea
dy. Copyright 1998-2004 Double Precision, Inc.  See COPYING for distrib
ution information.
a1 login tux passwort
a1 OK LOGIN Ok.
```

Mit folgendem IMAP-Kommando greifen Sie auf den `tux`schen IMAP-Folder `INBOX` zu:

```
a2 SELECT INBOX
* FLAGS (\Draft \Answered \Flagged \Deleted \Seen \Recent)
* OK [PERMANENTFLAGS (\* \Draft \Answered \Flagged \Deleted \Seen)] Limit
ed
* 1 EXISTS
* 1 RECENT
* OK [UIDVALIDITY 1122461011] Ok
* OK [MYRIGHTS "acdilrsw"] ACL
a2 OK [READ-WRITE] Ok
```

Courier verrät mit `1 RECENT`, dass dieser Folder eine seit dem Login neu hinzugekommene Nachricht enthält.

Diese können Sie sich wie folgt ansehen:

```
a3 FETCH 1 RFC822
* 1 FETCH (RFC822 {498}
Return-Path: <root@linux.local>
X-Original-To: h@localhost
Delivered-To: h@localhost.linux.local
Received: by linux.local (Postfix, from userid 0)
        id 91F23C46D8; Wed, 27 Jul 2005 12:40:58 +0200 (CEST)
Date: Wed, 27 Jul 2005 12:40:58 +0200
To: h@localhost.linux.local
Message-ID: <42E764BA.mail3U911TA51@linux>
User-Agent: nail 11.4 8/29/04
MIME-Version: 1.0
Content-Type: text/plain; charset=us-ascii
```

```
Content-Transfer-Encoding: 7bit
From: root@linux.local (root)

Hallo Welt
)
* 1 FETCH (FLAGS (\Seen \Recent))
a3 OK FETCH completed.
```

Im Dateisystem ist der `new`-Ordner nun leer, denn beim ersten Zugriff wurde die E-Mail in den `cur`-Ordner verschoben:

```
linux: # ls -la /home/tux/Maildir/new
total 8
drwx------   2 h users 4096 Jul 27 12:43 .
drwx------  11 h users 4096 Jul 27 12:43 ..
linux: # ls -la /home/tux/Maildir/cur
total 12
drwx------   2 h users 4096 Jul 27 12:46 .
drwx------  11 h users 4096 Jul 27 12:43 ..
-rw-------   1 h users  483 Jul 27 12:40 1122460858.V301Ic964.linux:2,S
```

Kürzel	IMAP-Flag	Bedeutung
R	`\Answered`	Mail wurde beantwortet
F	`\Flagged`	Wichtig
S	`\Seen`	Mail wurde gelesen
P	im IMAP-Protokoll nicht implementiert	Mail wurde weitergeleitet[1]
D	`\Draft`	Mail ist als Entwurf gekennzeichnet
T	`\Deleted`	Mail ist zum Löschen markiert (Die Abkürzung steht für *trashed*)

Tabelle 8.1: Maildir-Kürzel für die IMAP-Systemflags

Auch der Dateiname hat sich verändert, er trägt jetzt am Ende die Flags `:2,S`. Das S steht für das IMAP-Flag `\Seen`, das Courier infolge des Lesezugriffs automatisch gesetzt hat. Sie können in einer IMAP-Sitzung noch weitere IMAP-Flags setzen:

```
a4 STORE 1 +FLAGS (\Flagged \Answered)
* 1 FETCH (FLAGS (\Flagged \Answered \Seen \Recent))
a4 OK STORE completed.
```

[1] Wenn Sie ein Postfach mit mehreren Clients parallel nutzen, kann diese Information darum auch nicht zwischen den Clients synchronisiert werden, es sei denn, sie greifen nicht mittels IMAP, sondern direkt über das Dateisystem auf das Maildir zu.

`\Answered` erscheint normalerweise, wenn eine Nachricht beantwortet wurde, mit `\Flagged` markieren die Mailclients wichtige Mails. Courier passt die Flags auf Dateiebene entsprechend an, aus `\Answered` wird ein `R` für *Reply*, das `\Flagged` wird als `F` abgebildet:

```
linux: # ls -la /home/tux/Maildir/cur
total 12
drwx------  2 h users 4096 Jul 27 12:54 .
drwx------ 11 h users 4096 Jul 27 12:43 ..
-rw-------  1 h users  483 Jul 27 12:40 1122460858.V301Ic964.linux:2,FRS
```

Die Flags *müssen* dabei in alphabetischer Reihenfolge gespeichert werden: `2,FRS` ist korrekt, `2,SFR` unzulässig. Tabelle 8.1 verrät, welches Maildir-Kürzel für welches IMAP-Flag steht.

Der Dateiname ist übrigens nicht exakt festgelegt, die entsprechenden Dokumente reden üblicherweise von *should*.[2] Oft entspricht er folgendem Muster:

```
zeit.mikrosekundenPpidVdevIinode.host,S=bytes:2,flags
```

Bis zur optionalen Angabe der Dateigröße (`S=bytes`) bzw. bis zum zwingenden Doppelpunkt und damit der Angabe der Flags einer Mail ist der exakte Dateiname egal – es muss lediglich sichergestellt werden, dass nicht der gleiche Dateiname mehrmals erzeugt wird. Aus diesem Grunde kombiniert man verschiedene Elemente, die auch im Cluster-Betrieb einen stets eindeutigen Namen ergeben, beispielsweise Zeit, Hostname, Prozess-ID, die Festplatte, die Inode-Nummer:

- Die Uhrzeit in Sekunden seit dem 1. 1. 1970 (im Falle der oben erwähnten Datei `1122460858.V301Ic964.linux:2,FRS` 1122460858 Sekunden).
- An der Stelle des Platzhalters *`mikrosekunden`* lässt sich die Uhrzeit optional durch die Angabe von Mikrosekunden verfeinern. Postfix tut dies nicht.
- Die Prozess-ID (*`pid`*) des speichernden Prozesses. Auch diese Information vermeidet Namenskonflikte. Postfix lässt diese Angabe – wie im Falle der Beispieldatei zu sehen – mitsamt dem führenden `F` weg.
- Anstelle des Platzhalters *`dev`* die Device-Nummer des Geräts, auf dem die Maildatei liegt (in der Beispieldatei `301`).
- Auf das `I` folgt die hexadezimale Nummer des Inodes, mit dem die Maildatei beginnt, hier `c964`. Es ist weiterhin problemlos möglich, diese Dateien beliebig zu kopieren und dadurch in anderen Inodes zu speichern,

[2] Vgl. `http://cr.yp.to/proto/maildir.html` und `http://www.qmail.org/man/man5/maildir.html`

denn diese Angabe ist nur einer von mehreren Tricks, die die Eindeutigkeit des Dateinamens sicherstellen.

- Der Hostname, der die Maildatei gespeichert hat (im Beispiel `linux`).
- Viele Programme lassen die Angabe der Dateigröße in der Form `S=`*`bytes`* (das S steht für *size*) weg. Courier ergänzt diese bei Gelegenheit und berechnet ggf. die Quotaauslastung neu.

  Deren aktuellen Stand protokolliert Courier zwar in der separaten Datei `maildirsize`, die im Dateinamen gespeicherte Länge der E-Mail in Bytes hilft dem Server allerdings, das verbrauchte Speichervolumen schnell und einfach zu berechnen. So führen auch große Verzeichnisse mit vielen Tausend E-Mails nicht zu Performanceproblemen. Details zu Quotas enthält das Kapitel 10.2.1 ab Seite 172.
- Mit einem Doppelpunkt abgetrennt legt der Dateiname fest, ob die nachfolgenden Flags in einem RFC definiert wurden (`:2,`*`flags`*) oder ob es sich um experimentelle Flags handelt (`:1,`*`flags`*).

Dass Postfix abgelegte Mails im Detail etwas anders benennt als Courier, führt in der Praxis nicht zu Problemen.

Bei Mails im `tmp`-Verzeichnis, die nicht fertig gespeichert wurden, stehen Device, Inode und Größe noch nicht fest, weshalb sich ihr Dateiname von dem fertiger Mails oft unterscheidet.

Legen Sie in `cur`, `new` oder einem IMAP-Unterorder eine neue Maildatei mit RFC-2822-konformem Inhalt an, so erscheint sie als E-Mail im Postfach des Nutzers. Wird eine solche Maildatei gelöscht, verschwindet sie problemlos aus dem Postfach. Auch den Inhalt der Datei könnten Sie mit einem ASCII-Texteditor beliebig manipulieren, sofern dieser dabei RFC-konform bleibt.

Lediglich Quotas werden (sofern sie überhaupt benutzt werden) bei Manipulationen in diesen Maildir-Verzeichnissen ungenau. Das stört allerdings nicht sehr – Courier prüft die Verzeichnisse von Zeit zu Zeit und berechnet die `maildirsize`-Dateien neu.

8.2.1 Keywords: Selbstdefinierte IMAP-Flags

Neben den in Tabelle 8.1 auf Seite 117 vorgestellten fünf offiziellen IMAP-Flags haben IMAP-Clients die Möglichkeit, beliebige weitere, selbstdefinierte Flags zu benutzen.[3] Diese nennt man auch *Keywords*; sie unterscheiden sich von den Systemflags lediglich durch den fehlenden vorangestellten Backslash im Namen: `\Seen`ist eines der offiziellen IMAP-Flags, `Huhu` ein

[3] Leider unterstützen noch nicht viele Clients diese Keywords, so dass sie bislang eher ein Schattendasein führen.

selbstdefiniertes Flag. Abgesehen von diesem kleinen Detail werden selbstdefinierte und Systemflags auf gleiche Weise angesprochen und gesetzt.

Keywords können demnach wie die normalen IMAP-Flags temporärer Natur sein (dann gehen sie bei jedem Ordner-Wechsel verloren) oder permanent auf dem Server gespeichert werden (dann bleiben sie auch nach dem Ausloggen erhalten).

Wichtig ist in diesem Zusammenhang, dass Sie in der `imapd` die Option `IMAP_KEYWORDS` auf 1 gesetzt haben (Kapitel 7.5.3 ab Seite 105). Nur dann speichert der Courier *permanente* Flags. Bei `IMAP_KEYWORDS=0` sind, anders als die Option vermuten lässt, sehr wohl Keywords möglich, doch sind diese dann grundsätzlich temporärer Natur und werden nicht im Dateisystem gespeichert.

Haben Sie also die Unterstützung für permanente Keywords aktiviert, können Sie ohne weitere Vorbereitung per IMAP beliebige Flags setzen:

```
linux: # telnet mail.example.com 143
Trying 127.0.0.1...
Connected to mail.example.com.
Escape character is '^]'.
* OK [CAPABILITY IMAP4rev1 UIDPLUS CHILDREN NAMESPACE THREAD=ORDEREDSUBJ
ECT THREAD=REFERENCES SORT QUOTA IDLE AUTH=CRAM-MD5 AUTH=CRAM-SHA1  ACL
ACL2=UNION XCOURIEROUTBOX=INBOX.Outbox-Test] Courier-IMAP ready. Copy ri
ght 1998-2005 Double Precision, Inc.  See COPYING for distribution infor
mation.
a1 LOGIN tux supergeheim
a1 OK LOGIN Ok.
a2 SELECT INBOX.Test
* FLAGS (\Draft \Answered \Flagged \Deleted \Seen \Recent)
* OK [PERMANENTFLAGS (\* \Draft \Answered \Flagged \Deleted \Seen)] Limi
ted
* 3 EXISTS
* 0 RECENT
* OK [UIDVALIDITY 1175900586] Ok
* OK [MYRIGHTS "acdilrsw"] ACL
a2 OK [READ-WRITE] Ok
a3 STORE 3 +FLAGS Huhu
* FLAGS (Huhu \Draft \Answered \Flagged \Deleted \Seen \Recent)
* OK [PERMANENTFLAGS (Huhu \* \Draft \Answered \Flagged \Deleted \Seen)]
 Limited
* 3 FETCH (FLAGS (\Seen Huhu))
a3 OK STORE completed.
a4 STORE 2:3 +FLAGS Testtest
* FLAGS (Huhu Testtest \Draft \Answered \Flagged \Deleted \Seen \Recent)
* OK [PERMANENTFLAGS (Huhu Testtest \* \Draft \Answered \Flagged \Delete
d \Seen)] Limited
* 3 FETCH (FLAGS (\Seen Testtest Huhu))
a4 OK STORE completed.
a5 FETCH 1:3 FLAGS
* 1 FETCH (FLAGS (\Seen))
```

```
* 2 FETCH (FLAGS (\Seen Testtest))
* 3 FETCH (FLAGS (\Seen Testtest Huhu))
a5 OK FETCH completed.
a6 LOGOUT
* BYE Courier-IMAP server shutting down
a6 OK LOGOUT completed
Connection closed by foreign host.
```

Spätestens jetzt sollten Sie im Maildir dieses Nutzers (bzw. im hier benutzten Folder `.Test`) das Verzeichnis `courierimapkeywords` finden, das Courier für die Speicherung der Flags anlegt:

```
linux:/home/tux/Maildir # cd .Test
linux:/home/tux/Maildir/.Test # ls -la
insgesamt 100
drwx------  6 10000 10000  4096 2007-08-31 00:02 .
drwxr-xr-x 43 10000 root   4096 2007-08-31 08:02 ..
-rw-r--r--  1 10000 10000    43 2007-04-07 01:02 courierimapacl
drwx------  2 10000 10000  4096 2007-09-02 13:23 courierimapkeywords
-rw-r--r--  1 10000 10000   228 2007-08-31 00:02 courierimapuiddb
drwx------  2 10000 10000 69632 2007-08-31 00:01 cur
-rw-------  1 10000 10000     0 2007-04-07 01:02 maildirfolder
drwx------  2 10000 10000  4096 2007-04-07 01:02 new
drwx------  2 10000 10000  4096 2007-09-02 13:45 tmp
```

Darin finden Sie die Datei `:list`, die nicht nur die Information enthält, welche Flags existieren, sondern auch, welche Mails diese Flags gesetzt haben. Um die Flags zu speichern, merkt sich Courier einfach den Dateinamen und listet dahinter die Nummer des jeweiligen Flags auf: Das zuoberst genannte Flag bekommt die Nummer 0 usw.

Im folgenden Beispiel ist für die eine Mail nur das Flag Nummer 1, also `Testtest`, gesetzt – das ist die Mail Nummer 2 aus dem obigen Listing. Die andere Mail trägt die Flags 0 und 1, also Huhu und `Testtest`; dabei handelt es sich offensichtlich um die Mail Nummer 3:

```
linux:/home/tux/Maildir/.Test # cd courierimakeywords
linux:/home/tux/Maildir/.Test/courierimapkeywords # ls -la
insgesamt 12
drwx------ 2 10000 10000 4096 2007-09-02 13:23 .
drwx------ 6 10000 10000 4096 2007-08-31 00:02 ..
-rw-r--r-- 1 10000 10000  171 2007-09-02 13:10 :list
linux:/home/tux/Maildir/.Test/courierimapkeywords # cat :list
Huhu
Testtest

1175945397.M261049P12647V0000000000000010I00B204AE_1.kjidder,S=1658:1
1175945397.M402948P12647V0000000000000010I00B204B0_2.kjidder,S=1670:1 0
```

Da die Flags anhand ihrer relativen Reihenfolge angesprochen werden, dürfen Sie deren Reihenfolge bei manuellen Eingriffen in diese Datei nicht verändern!

Unter Umständen befinden sich in diesem Verzeichnis ab und zu einige temporäre Arbeitsdateien, die mit einem Punkt beginnen. Diese verschwinden auch wieder – Courier legt sie nur kurzzeitig an, wenn gerade auf eine Mail zugegriffen wird.

Kapitel

9

Die Userdaten

Authentifizierungsfragen sind im Courier sehr modular geregelt, so dass sich viele verschiedene Lösungen anbieten: Sowohl Dateien und Datenbanken als auch Verzeichnisdienste werden unterstützt. Um sauber arbeiten zu können, benötigt Courier den Usernamen, das Passwort (im Klartext oder in Form eines Crypt-Hashs),[1] die User- und die Gruppen-ID für den Zugriff aufs Dateisystem sowie den Pfad zum Maildir-Verzeichnis. Darüber hinaus nimmt Courier auf Wunsch Optionen für den Useraccount entgegen, die ihm beispielsweise bedeuten, Quotas zu ändern, IMAP zu deaktivieren oder sogenannte *Shared Groups* einzurichten. Mehr dazu in Kapitel 9.12 ab Seite 148.

Wenn die Mails im `/home`-Verzeichnis des Nutzers gespeichert sind, finden sich – abgesehen von den Useroptionen – all diese Angaben in `/etc/passwd` bzw. `/etc/shadow` wieder. So verwundert es nicht, dass Courier für Systemuser ohne weitere Konfiguration funktioniert.

[1] Nutzt man `CRAM-MD5` oder `CRAM-SHA1`, so benötigt Courier ein Klartextpasswort. Nutzt man `LOGIN/PLAIN`, so kann Courier einen Crypt-Hash verwenden.

Andererseits sorgen Shell-Accounts auf größeren Mailsystemen für (wenngleich lösbare) Sicherheitsfragen beim Login und lassen sich irgendwann schlicht nicht mehr sinnvoll verwalten. Zudem kommen entschieden zuviele `root`-Rechte ins Spiel.

Solange sich die genannten Angaben in einer der unterstützten Datenbanken oder einem LDAP-Verzeichnis speichern lassen, spricht aus Sicht von Courier nichts gegen beliebig viele *virtuelle* Nutzer.

Alle Courier-Programme greifen auf eine Projekt-eigene Authentifizierungsbibliothek namens `authlib` zu, die folgende Module bereitstellt:

`authpwd`
: Liest die Accountdaten inklusive Passwörter aus `/etc/passwd`. Angesichts der heutigen Verbreitung von PAM gilt `authpwd` als obsolet. Das Modul wird nur noch erzeugt, wenn Courier explizit mit der Option `--with-authpwd` konfiguriert wird.

`authshadow`
: Wie `authpwd`, verifiziert Passwörter aber über die `/etc/shadow` und wird ebenfalls nur noch mit explizit gesetztem `--with-authshadow` kompiliert.

`authuserdb`
: Unterstützt eine in Klartextdateien zu pflegende Minidatenbank als Altermative zu `/etc/passwd` und `/etc/shadow` (siehe Seite 129).

`authcram`
: Nutzte früher die gleiche Minidatenbank wie `authuserdb`, unterstützte aber CRAM-Authentifizierung. Mittlerweile ist `authcram` obsolet, da die CRAM-Funktion vollständig in `authuserdb` übernommen wurde.

`authpam`
: Reicht die Authentifizierungsanfrage an PAM weiter (siehe Seite 127).

`authvchkpw`
: Reicht die Authentifizierungsanfrage an die `vchkpw`-Bibliothek von QMail weiter.

`authmysql`
: Nutzt MySQL. Allerdings wickelt man den Zugriff auf die Datenbank besser über den `authdaemond` ab.

`authpgsql`
: Unterstützt PostgreSQL. Auch für diesen Zweck nutzt man besser den `authdaemond`.

`authldap`
: Auch LDAP ist möglich, doch empfiehlt sich für diese Authentifizierungsmethode ebenfalls der Weg über den zwischengeschalteten `authdaemond`.

`authdaemon`
: Kein eigentliches Authentifizierungsmodul, sondern ein im Hintergrund laufender Authentifizierungsproxy namens `authdaemond`, der prinzipiell alle hier beschriebenen Module unterstützt.

`authcustom`
: Das (funktionierende) Gerüst eines Authentifizierungsmoduls, das mit eigenem Code zu Ende programmiert werden kann.

`authpipe`
: Ein Modul, das die Authentifizierungsanfrage per Pipe an ein Programm übergibt: So lassen sich leicht eigene Authentifizierungsprogramme einbinden.

Aktuelle Courier-Versionen unterstützen allerdings nicht mehr alle der hier genannten Module (siehe Kapitel 9.11 ab Seite 148).

9.1 `authtest` und `DEBUG_LOGIN` helfen beim Debuggen

Die Authentifizierung funktionstüchtig zu machen, ist keine ganz einfache Aufgabe. Dabei erweist sich das bei Courier-IMAP mitgelieferte Tool `authtest` als hilfreich, das als Client die im Folgenden vorgestellten Module bzw. den `authdaemond` abfragen. Es lässt sich auf dreierlei Art und Weise aufrufen:

- Gibt man nur einen Usernamen als Argument an, fragt `authtest` die Accountdaten dieses Users aus den jeweiligen Datenbanken ab und stellt sie schön übersichtlich dar. So können Sie leicht prüfen, ob alle Daten korrekt gefunden und ausgelesen werden. Dieses Tool kann natürlich nur `root` nutzen.

```
linux: # authtest tux
Authentication succeeded.

     Authenticated: tux  (uid 10000, gid 10000)
    Home Directory: /mail/example.com/tux/
           Maildir: Maildir/
             Quota: (none)
Encrypted Password: (none)
```

```
Cleartext Password: supergeheim
           Options: sharedgroup=example.com
```

- Gibt man zudem noch ein Passwort an, prüft `authtest` dieses und gibt die Userdaten nur aus, wenn es korrekt ist. Stimmt das Passwort nicht, meldet `authtest` dies:

```
linux: # authtest tux  geheim
Authentication FAILED: Operation not permitted
```

- Ist als dritter Parameter ein weiteres Kennwort angegeben, versucht `authtest`, über die Authlib-Bibliothek das Passwort ändern zu lassen:

```
linux: # authtest username altespasswort neuespasswort
[...]
```

  Voraussetzung dafür ist natürlich, dass das bisherige Passwort korrekt angegeben wurde.

Darüber hinaus lohnt sich – auch für den Alltagsbetrieb – ein Blick auf den Parameter `DEBUG_LOGIN` (siehe Seite 103). Courier-Versionen ab 4.1.x definieren diesen Wert in der gleich vorgestellten `authdaemonrc`, frühere Ausgaben erwarteten ihn in `/etc/courier/pop3d` und `/etc/courier/imapd`.

9.2 Der `authdaemond`

Welche Authentifizierungsmethode genutzt werden soll, entschied sich früher in den Konfigurationsdateien `pop3d` und `imapd`, und zwar in der Variablen `AUTHMODULES` (siehe Seite 103).

Bisher konnte dort jedes der genannten Module eingetragen werden. Schon lange empfahl es sich allerdings, allen Courier-Komponenten zuerst die Nutzung des `authdaemond` vorzuschreiben, damit dieser die eigentliche Authentifizierungsarbeit übernimmt. Die neuen Courier-Versionen sind so gebaut, dass immer der `authdaemond` als zentrale Authentifizierungsinstanz genutzt wird.

Er läuft als Proxy im Hintergrund und unterstützt alle Authentifizierungsmodule aus der `authlib`. Sein Vorteil gegenüber der direkten Nutzung dieser Module besteht im Caching der Authentifizierungsanfragen.

Diese Funktionalität ist bei der Authentifizierung über MySQL, PostgreSQL oder LDAP unerlässlich. Da die POP3- und IMAP-Module bei Verbindungsende beendet werden, müssten sie ohne den zwischengeschalteten `authdaemond` bei jedem Login eine neue Verbindung zum SQL- oder LDAP-Server aufbauen. Das kostet wertvolle Zeit und verschwendet Ressourcen, da 40 parallel laufende IMAP- oder POP3-Sitzungen 40 parallel laufende

Module zur Folge hätten – und damit auch 40 parallele Verbindungen zur Datenbank oder zum Verzeichnis.

Der permanent laufende `authdaemond` hingegen kann seine Verbindungen durchgehend offen halten und benötigt darüber hinaus nur einige wenige Verbindungen für parallele Anfragen, da er alle Authentifizierungsanfragen der anderen Module bündelt. Er ist also eine wichtige Entlastung ohne Nachteile – ein Vorteil, den man sich nicht entgehen lassen sollte.

Ältere Courier-Versionen verweisen in der `pop3d`- bzw. `imapd`-Konfigurationsdatei explizit auf `authdaemon`. Bei neueren Versionen fehlt diese Angabe, da grundsätzlich nur noch der `authdaemond` genutzt werden sollte; die `AUTHMODULES`-Variable wird dann automatisch gesetzt und taucht in keiner Konfigurationsdatei mehr auf.

In der Konfigurationsdatei des `authdaemond` unter `/etc/authlib/authdaemonrc` (teilweise auch `/etc/courier/authdaemonrc`) trägt man die zu benutzenden Module ein:

```
##NAME: authmodulelist:0
#
# Legt fest, welche Authentifizierungsmodule abgefragt werden.
#
# Um ein Modul zu deaktivieren, wird es aus der Liste entfernt.

authmodulelist="authuserdb authldap authpam"
```

Courier fragt diese der Reihe nach ab, bis ein Modul die Login-Anfrage verifizieren kann. Falls auch das letzte Modul keine positive Bestätigung liefert, wird die Login-Anfrage abgelehnt.

9.3 Authentifizierung über PAM

Wenn Sie die *Pluggable Authentication Modules*[2] Ihrer Distribution zur Authentifizierung nutzen wollen (und Ihre Distribution den Courier als fertiges Paket mitliefert), finden Sie in aller Regel eine bereits funktionierende PAM-Konfiguration vor.[3]

Die meisten PAM-Implementationen liegen heute unter `/etc/pam.d` und halten dort eigene Konfigurationsdateien für verschiedene Dienste vor. Courier-IMAP benötigt sowohl `/etc/pam.d/pop3` als auch `/etc/pam.d/imap`. Im Normalfall sollten beide identisch sein. OpenSuSE 10.2 hat diese Dateien beispielsweise wie folgt vorbereitet:

2 Vgl. `http://www.kernel.org/pub/linux/libs/pam/Linux-PAM-html`

3 Wie Sie PAM und Courier ohne Zuarbeit des Distributors zusammenbringen, sprengt den Rahmen dieses Buchs. Detaillierte Informationen zum Thema bietet das ebenfalls bei Open Source Press erscheinende PAM-Buch von Udo Seidel (ISBN 978-3-937514-53-6).

```
linux:/etc/pam.d/ # cat pop3
#%PAM-1.0
auth     include        common-auth
account  include        common-account
password include        common-password
session  include        common-session
```

Die darin eingebundenen `common*`-Dateien enthalten die PAM-Konfigurationen, die generell für die Authentifizierung (`auth`), für die Prüfung der Nutzungsberechtigung (`account`), zur Änderung des Passworts (`password`) und für Anpassungen an der Systemumgebung (`session`) über PAM nötig sind:

```
linux:/etc/pam.d/ # cat common-auth
auth    required        pam_env.so
auth    required        pam_unix2.so
linux:/etc/pam.d/ # cat common-account
account required        pam_unix2.so
linux:/etc/pam.d/ # cat common-password
password        requisite       pam_pwcheck.so  nullok cracklib
password        required        pam_unix2.so    nullok use_authtok
linux:/etc/pam.d/ # cat common-session
session required        pam_limits.so
session required        pam_unix2.so
session optional        pam_umask.so
```

Courier verifiziert per Default nur das Passwortlogin und holt sich über das PAM-System Details wie Home-Verzeichnis und User-ID. Eine Passwortänderung über das IMAP-Protokoll ist nicht möglich, so dass etwa die Einbindung von `common-password` für den alleinigen Betrieb von Courier-IMAP unnötig ist, aber auch nicht schadet.[4]

Wenn Sie Ihr System so umgestellt haben, dass lokale Shell-Accounts aus anderen Quellen als `passwd/shadow` verifiziert werden, sollte dies automatisch auch für Courier funktionieren bzw. sich leicht auf den Courier übertragen lassen.

Doch gibt es eine wichtige Stolperstelle: PAM kann für Courier nur dass Passwort prüfen, nicht aber die ebenfalls benötigten User- und Gruppen-IDs sowie das Home-Verzeichnis zurückgeben. Diese Informationen muss sich Courier daher in jedem Fall aus der (frei lesbaren) Datei `/etc/passwd` besorgen. Trotzdem ist es besser, die Courier-Authentifizierung über `authpam` statt über `authpasswd` oder `authshadow` laufen zu lassen, da sich die PAM-Variante besser absichern lässt und Courier nicht mit `root`-Rechten auf `/etc/shadow` zugreifen muss. Falls Sie `authpam` verwenden, ist die parallele Nutzung von `authpwd` und/oder `authshadow` natürlich sinnlos.

4 Es sind durchaus Webfrontends denkbar, die die Mail-Passwörter über **`authdaemond`** ändern können, entsprechende Requests werden unterstützt. Auch das bereits vorgestellte Tool **`authtest`** könnte entsprechende Requests an den **`authdaemond`** richten.

9.4 Das authuserdb-Modul

Das authuserdb-Modul erlaubt es, virtuelle Accounts außerhalb von passwd/shadow anzulegen, ohne gleich auf MySQL oder LDAP zurückgreifen zu müssen. Leider ist es beispielsweise in der SuSE-Distribution nicht enthalten, so dass dort ein selbstkompilierter Courier nötig wird.

authuserdb erwartet die Accountinformationen in der Textdatei /etc/authlib/userdb (bzw. in dem Verzeichnis, in dem die authlib installiert ist, ggf. also auch /usr/local/authlib/userdb). Alternativ kann man ein Verzeichnis /etc/authlib/userdb/ anlegen, das mehrere Textdateien mit den Logininformationen enthält. Diese fasst Courier zwar zu einer einzigen (temporären) Datei zusammen, die Einzeldateien lassen sich aber besser pflegen (mehr dazu in Kapitel 9.4.4 ab Seite 133).

Die dort gespeicherten Daten machen einen Eintrag in der /etc/passwd überflüssig, so dass man leicht virtuelle Useraccounts anlegen kann, die keinen (loginfähigen) Shell-Account voraussetzen.

Zudem konvertiert das Programm makeuserdb diese userdb-Dateien in eine GDBM- oder DB-Datenbank, die bei einer großen Accountanzahl einen schnelleren Zugriff ermöglicht, als wenn die Daten aus /etc/passwd ausgelesen würden. Das Datenbankformat ist an dieser Stelle nicht mehr frei wählbar, sondern wurde beim Kompilieren von Courier fest vorgegeben; die Distributionen nutzen heute üblicherweise das verbreitete GDBM-Format.

Für die Verwaltung der userdb-Datenbanken liefert das Courier-Projekt einige nützliche Programme mit.

9.4.1 passwd in eine userdb konvertieren

Das Programm pw2userdb schreibt die Daten aus einer vorhandenen /etc/passwd in eine userdb-Datenbank. Seine Benutzung setzt eine leere /etc/authlib/userdb mit restriktiven Dateirechten voraus:

```
linux:/etc/authlib # touch userdb
linux:/etc/authlib # chmod 600 userdb
linux:/etc/authlib # pw2userdb > userdb
```

In der Datei userdb finden sich dann die Accounts aus /etc/passwd wieder – allerdings in einem anderen Format:

```
geeko uid=1000|gid=100|home=/home/geeko|shell=/bin/bash|systempw=$2a$05$
m0WZvfaUKbuvK9BKTPyBKeAblNYKb8PHSPuQ60KEJA4ycK9j/EB4y|gecos=Geeko
1000=   geeko
tux     uid=1001|gid=100|home=/home/tux|shell=/bin/bash|systempw=$2a$10$
8ZWLc9MOH.vB913PJVR9tuluHdzXc9BBcQ2ZJcAqrDJrUsB9jDvZm
1001=   tux
```

Auf jede User-ID in der ersten Spalte folgt eine Liste der von Courier benötigten Parameter (User-ID, Gruppen-ID, Home-Verzeichnis, Login-Shell und Systempasswort als `crypt`- oder MD5-Hash) mit | als Trennzeichen. Darüber hinaus sind folgende optionale Angaben möglich:

`gecos`
: Der Realname des Nutzers.[5]

`pop3pw`, `imappw`, `esmtppw`
: Neben dem in `systempw` abgelegten, gehashten Systempasswort, das `pw2userdb` automatisch aus `/etc/shadow` übernimmt, können für POP3, IMAP und (E)SMTP eigene Kennwörter vergeben werden. Fehlen diese Angaben, greift Courier auf das Feld `systempw` zurück.

  Über die Definition eigener Kennwörter lassen sich auch einzelne Dienste auf Nutzerbasis an- und ausschalten: Gibt man einem Account ein ungültiges, beliebig erdachtes `imappw`, so wird sich der entsprechende User zwar mit POP3 über das `systempw` einloggen können, der `IMAP`-Login bleibt ihm aber verwehrt. Dafür Useroptionen wie `disableimap` und `disablepop3` zu nutzen, ist eleganter und sauberer (Kapitel 9.12 ab Seite 148).

`hmac-md5-pop3pw`, `hmac-sha1-pop3pw`, `hmac-sha256-pop3w`
: Optional gibt es zu den Feldern `pop3pw`, `imappw` und `esmtppw` jeweils entsprechende `hmac`-Varianten, um die Passwörter für Challenge-Response-Verfahren zu speichern (siehe Seite 133).

`mail`
: Enthält *nicht* etwa die E-Mailadresse des Nutzers, sondern den Pfad zu dessen *Maildir*.

`quota`
: Hier können die Quota-Einstellungen des Accounts angegeben werden – siehe Seite 172 in Kapitel 10.2.1. Allerdings wird dieses Feld nur ausgewertet, wenn man die komplette Courier-MTA-Suite nutzt. Für den alleinigen Einsatz des Courier-IMAP-Servers ist es daher bedeutungslos.

`options`
: Auch Useroptionen können in der `userdb` gespeichert werden, der entscheidende Vorteil gegenüber klassischen Shell-Accounts in der `/etc/passwd`. Mehr dazu in Kapitel 9.12 ab Seite 148.

[5] Der Begriff *Gecos* stammt von einem Unix-System aus den 70er Jahren und steht für *General Electric Comprehensive Operating Supervisor*. Je nach Unix-Version wurden in diesem `passwd`-Feld verschiedene Informationen zur Identifizierung des Accounts abgelegt. Da heutige Linux-Systemen diese nicht mehr benötigen, wird das Feld üblicherweise zur Speicherung des Realnamens „missbraucht".

Courier ist darauf vorbereitet, von User-IDs auf Accountnamen zu schließen. Darum enthält eine mittels `pw2userdb` konvertierte `passwd` in separaten Zeilen stets auch die Rückauflösung (im Beispiel `1000= geeko`):

```
geeko uid=1000|gid=100|home=/home/geeko|shell=/bin/bash|systempw=$2a$05$
m0WZvfaUKbuvK9BKTPyBKeAblNYKb8PHSPuQ60KEJA4ycK9j/EB4y|gecos=Geeko
1000=   geeko
```

Diese Information wird derzeit jedoch nirgendwo im Programmcode ausgewertet und darf darum auch fehlen.

Übrigens können Sie in der `userdb` auch Accounts anlegen, die ein `@` im Namen führen – mit `/etc/passwd` alleine ist das ja nicht möglich. Setzen Sie die Mailadresse einfach als Accountnamen ein, verweisen Sie in `mail` aber auf den Maildir-Pfad eines echten Accounts.

Der Nutzer kann sich dann auch mit seinem Alias bzw. seiner Mailadresse einloggen. Auf welchen Shell-Account sein Zugriff in Wirklichkeit „umgebogen" wird, bekommt er nicht mit:

```
tux@example.com    uid=1001|gid=100|home=/home/tux|shell=/bin/bash|syste
mpw=$2a$10$8ZWLc9MOH.vB913PJVR9tuluHdzXc9BBcQ2ZJcAqrDJrUsB9$DvZm|mail=/h
ome/tux/Maildir
1001=   tux@example.com
```

9.4.2 Accountdatenpflege mit userdb

Die Datei `userdb` kann man mit einem beliebigen ASCII-Texteditor pflegen. Gerade bei vielen Accounts oder in Shellskripten erspart jedoch das Perl-Skript `userdb` Sucharbeit, sorgt für korrekte syntaktische Angaben in der Datei und vermeidet damit Fehler.

```
userdb accountname set feld1=wert1 feld2=wert2 ...
```

setzt die nachfolgenden Parameter für *accountname* auf die angegebenen Werte.

```
userdb accountname unset feld1 feld2 ...
```

löscht die angegebenen Felder, während ...

```
userdb accountname del
```

den kompletten Account löscht – natürlich nur aus der `userdb` und nicht etwa auch aus `/etc/passwd` und `/etc/shadow`.

```
userdb -show accountname
```

zeigt den `userdb`-Eintrag zu *`accountname`*. Lässt man das *`accountname`*-Argument weg, gibt `userdb` die Daten aller Nutzerkonten aus. Außerdem kennt das Skript die Option `-f` *`/pfad/zum/file`*, mit der sich eine andere Datei als `/etc/authlib/userdb` einlesen und modifizieren lässt.

Sollen etwa das Maildir-Verzeichnis für den Account `tux@example.com` auf `/home/vmail/tux-example` sowie die User-ID und Gruppen-ID jeweils auf `5001` gesetzt werden, erledigt `userdb` dies wie folgt:

```
linux: # userdb "tux@example.com" set home=/home/vmail/tux-example \
uid=5001 gid=5001
```

Gibt man für ein Feld keinen Wert an, so fragt `userdb` danach. Auf diese Art und Weise lassen sich Passwörter eingeben, ohne dass diese als Aufrufparameter in der Prozessliste auftauchen. Passwörter müssen übrigens verschlüsselt und nicht im Klartext angegeben werden. Dabei hilft das Programm `userdbbpw`. Es fragt auf der Standardeingabe nach einem Klartextpasswort, gibt auf der Standardausgabe die gehashte Fassung aus und lässt sich leicht mit `userdb` kombinieren:

```
linux: # userdbpw | userdb "tux@example.com" set systempw
```

Ohne weitere Angaben nutzt `userdbpw` die klassische `encrypt()`-Funktion, generiert mit den Aufrufparametern `-md5`, `-hmac-md5`,[6] `-hmac-sha1` bzw. `-hmac-sha256`[7] aber auch Checksummen über andere Verfahren.

9.4.3 Binärfassung der Userdatenbank erstellen

Die Datei `userdb` selbst wertet Courier gar nicht aus, sondern nur eine in `userdb.dat` und `userdbshadow.dat` abgelegte indizierte binäre Fassung, die sich wesentlich schneller durchsuchen lässt: `userdbshadow.dat` enthält die Passwörter, `userdb.dat` die übrigen Daten. Beide Dateien erzeugt das Programm `makeuserdb` aus der `userdb`. Postfix-Administratoren kennen dieses Prinzip:

```
linux:/etc/authlib/ # ls -la userdb*
-rw------- 1 root root  3044 Jan 28 17:49 userdb
linux:/etc/authlib/ # makeuserdb
linux:/etc/authlib/ # ls -la userdb*
-rw------- 1 root root  3044 Jan 28 17:49 userdb
-rw-r--r-- 1 root root 14897 Jan 28 18:14 userdb.dat
-rw------- 1 root root 12885 Jan 28 18:14 userdbshadow.dat
```

6 `http://en.wikipedia.org/wiki/HMAC`
7 `http://en.wikipedia.org/wiki/SHA`

Änderungen an der userdb bleiben also solange ohne Auswirkung auf das laufende System, bis makeuserdb die Accountdaten konvertiert – was problemlos im laufenden Betrieb möglich ist.

Achten Sie bitte auf die Dateirechte! Da userdb und userdbshadow.dat Passwörter enthalten, dürfen diese Dateien nur für root lesbar sein.

9.4.4 Die userdb in mehrere Dateien aufteilen

Wenn Sie viele Accounts haben, lohnt es sich, die Userdaten für das authuserdb-Modul zum Beispiel nach Domains getrennt in kleinen Dateien zu verwalten. Alle genannten userdb-Kommandos nehmen statt der bloßen Angabe des Accounts auch eine Kombination mit der Pfadangabe zur Datei entgegen. Diese interpretieren sie relativ zum *Verzeichnis* /etc/authlib/userdb/.

Setzen Sie als Accountnamen example.com/tux ein, so beziehen sich die Kommandos auf den User tux in der Datei /etc/authlib/userdb/example.com:

```
linux: # mkdir /etc/authlib/userdb
linux: # chmod 700 /etc/authlib/userdb
linux: # userdb "example.com/tux@example.com" \
set home=/home/vmail/tux.example.com uid=1006 gid=100
linux: # cd /etc/authlib/userdb
linux:/etc/authlib/userdb # ls -la
-rw------- 1 root root   44 Jan 28 20:34 example.com
```

Die Accountangabe domains/example.com/tux verweist folgerichtig auf /etc/authlib/userdb/domains/example.com und innerhalb dieser Datei auf den tux-Eintrag. Auch alle anderen userdb-Aktionen funktionieren mit dieser Adressierung wie gewohnt:

```
linux: # userdbpw | userdb "example-com/geeko@example.com" set imappw
```

Der einfache Aufruf von makeuserdb führt übrigens alle Daten im Verzeichnis /etc/authlib/userdb/ in den Datenbankdateien userdb.dat und userdbshadow.dat zusammen.

CRAM-Authentifizierung mit userdb

Das inzwischen in authuserdb aufgegangene Modul authcram nutzte ebenfalls die userdb-Datenbank. Doch im Gegensatz zu authuserdb unterstützte authcram früher auch das Challenge-Response-Verfahren (CRAM). READMEs oder Howtos, die sich auf dieses Modul beziehen, sind jedoch veraltet: Das Modul authcram wurde aufgelöst und CRAM-Unterstützung in authuserdb integriert.

Das Passwort wird hier jedoch, anders als bei den ebenfalls CRAM-fähigen Modulen authmysql, authpgsql und authldap, nicht im Klartext auf dem Server gespeichert. authuserdb verlangt vielmehr einen dem CRAM-Verfahren entsprechenden Hash in der userdb: HMAC-MD5 für CRAM-MD5, HMAC-SHA1 für CRAM-SHA1 und HMAC-SHA256 für CRAM-SHA256.

Im Gegensatz zu seinen drei Kollegen kann authuserdb nur dann verschiedene CRAM-Verfahren parallel anbieten, wenn ihm der entsprechende Passworthash für alle Hash-Verfahren vorliegt. Mit der Entscheidung, wie die Passwörter in der userdb gehasht sind, „heiratet" der Administrator seine CRAM-Verfahren.

Beachten Sie zur Diskussion rund um CRAM-Verfahren und Klartextpasswörter die ausführlichen Erläuterungen in 9.13 ab Seite 152!

Wenn Sie die userdb nutzen und sichere Authentifizierungsmethoden anbieten wollen, müssen Sie darauf achten, dass die Userpasswörter mit dem richtigen Verfahren gehasht gespeichert werden. Dazu kennt die userdb neben dem Feld systempw (normaler crypt-Hash, ermöglicht nur PLAIN und LOGIN) auch die wenig dokumentierten Felder hmac-md5-pw (HMAC-MD5, ermöglicht CRAM-MD5) und hmac-sha1-pw (ermöglicht HMAC-SHA1).

Sie müssen beim Hashen der Passwörter mittels userdbpw unbedingt das richtige Hash-Verfahren wählen:

```
linux: # userdbpw -hmac-md5 | userdb "tux@example.com" set hmac-md5-pw
linux: # userdbpw -hmac-sha1 | userdb "tux@example.com" set hmac-sha1-pw
linux: # userdbpw -hmac-sha256 | userdb "tux@example.com" set \
hmac-sha256-pw
```

9.5 QMails vchkpw-Bibliothek zur Authentifizierung nutzen

Das authvchkpw-Modul benutzt die vpopmail/vchkpw-Bibliothek des Q-Mail-MTAs. Wenn Sie diese bereits lauffähig eingerichtet haben, leitet es die Authentifizierungsanfrage an diese Bibliothek weiter. Eine ausführliche Beschreibung findet sich in der einschlägigen QMail-Dokumentation.[8]

[8] http://www.inter7.com/?page=vpopmail

9.6 Eigene Authentifizierungsmethode implementieren

Der Quellcode von Courier enthält das an sich lauffähige Modul `authcustom`, das noch keinen eigenen Authentifizierungscode enthält. Entsprechende Programmierkenntnisse vorausgesetzt, kann es dahingehend erweitert und zusammen mit dem Courier-Code übersetzt werden, um dann unter dem vorbereiteten Namen `authcustom` für die Courier-Authentifizierung genutzt zu werden.

9.7 Externe Authentifizierungsprogramme anbinden

Über `authpipe` ist es möglich, ein beliebiges externes Programm zur Authentifizierung heranzuziehen. Dieses Programm wird vom `authdaemond` gestartet und kommuniziert mit diesem über die Standardein- bzw. -ausgabe.

Per Default spricht der `authdaemond` das gewünschte Programm als `/etc/authlib/authProg` an. Name und Pfad sind fest einkompiliert. Beide lassen sich nur über die `configure`-Option `--with-pipeprog` ändern.

`authdaemond` spricht das externe Programm über das gleiche Protokoll an wie die einzelnen Courier-Module. Dieses definiert vier verschiedene Requests an den Authentifizierungsdienst: `PRE`, `AUTH`, `PASSWD` und `ENUMERATE`. Mit dem Request

```
PRE . dienst username
```

..., gefolgt von einem Newline-Zeichen, verrät `authdaemond` dem externen Programm mit *`dienst`*, welcher Service seine Dienste in Anspruch nimmt: `pop3` oder `imap`. Existiert der abgefragte Username, muss es mit einer Liste der Account-Attribute aus Tabelle 9.1 antworten.

Tabelle 9.1: Account-Attribute, die der Authentifizierungsdienst zurückgeben muss

Attribut	**Beschreibung**
`USERNAME=`*`username`*	Wiederholt den Namen des angefragten Accounts
`UID=`*`uid`*	User-ID des Accounts
`GID=`*`gid`*	Gruppen-ID des Accounts
`HOME=`*`verzeichnis`*	Das Home-Verzeichnis des Users, in dem sich das Maildir befindet.

Fortsetzung:

Attribut	Beschreibung
`ADDRESS=`*`adresse`*	Die E-Mailadresse (wird von POP3 und IMAP nicht ausgewertet)
`NAME=`*`name`*	Der Realname des Users (wird nicht ausgewertet)
`MAILDIR=`*`maildir`*	Pfad zum Maildir, relativ zum Home-Verzeichnis
`QUOTA=`*`maxbytes`*`S,`*`maxfiles`*`C`	Die Quota-Angabe: An Stelle des Platzhalters *`maxbytes`* die Obergrenze in Bytes, an Stelle von *`maxfiles`* die maximal mögliche Anzahl von Dateien (und damit der E-Mails)
`PASSWD=`*`cryptpasswd`*	Das Passwort in verschlüsselter Form
`PASSWD2=`*`plainpasswd`*	Das Passwort im Klartext
`OPTIONS=`*`option1=wert1, option2=wert2,...`*	Mögliche Useroptionen des Accounts (siehe Kapitel 9.12 ab Seite 148)

Dabei sind die Angaben `USERNAME`, `UID`, `GID`, `HOME` und `ADDRESS` ebenso zwingend vorgeschrieben wie der Punkt, mit dem die Antwort abgeschlossen wird:

```
USERNAME=tux
UID=5001
GID=5001
HOME=/home/tux
ADDRESS=tux@example.com
.
```

Alle anderen Angaben sind optional. Existiert ein Account nicht, muss das Authentifizierungsprogramm `FAIL`, gefolgt vom Newline-Zeichen zurückgeben. Gibt es temporäre Fehler (beispielsweise in der Datenbank), muss es sich kommentarlos beenden und darf keine Antwort ausgeben.

Mit dem `AUTH`-Befehl, der als Argument die Authentifizierungsmethode verlangt, bittet der Authentifizierungsdaemon den Authentifizierungsdienst, einen Login-Versuch zu verifizieren. Die einzelnen Felder werden dabei durch Zeilenumbrüche getrennt, die Anfrage selbst muss aber nicht auf einen Zeilenumbruch enden. Für die Klartextmethode `LOGIN` sähe die Anfrage demnach so aus:

```
AUTH login
username
password
```

Bei Challenge-Response-Verfahren teilt der Authentifizierungsdaemon dem Authentifizierungsdienst den ausgegebenen Challenge-String und die vom Client zurückerhaltene Antwort (*response*) mit, damit jener die Korrektheit überprüfen kann. Im folgenden Beispiel für CRAM-MD5 sind Username und Passwort in *response* kodiert:

```
AUTH cram-md5
challenge
response
```

Statt des CRAM-MD5-Verfahrens wären auch CRAM-SHA1 oder CRAM-SHA256 möglich.

Möchte der User sein Webmail-Passwort für den Courier-Webmailer von *altes_passwort* in *neues_passwort* ändern, richtet der authdaemond folgenden Request an den Authentifizierungsdienst:

```
PASSWD dienst \t username \t altes_passwort \t neues_passwort
```

Dabei müssen die vier Argumente jeweils durch einen *Tabulator* voneinander getrennt werden, hier durch \t dargestellt. Zwischen dem Befehl PASSWD und der Angabe, welchem Dienst (imap oder pop3) die Anfrage gilt, steht hingegen nur ein Leerzeichen. Die gesamte Anfrage wiederum wird durch ein Newline-Zeichen abgeschlossen.

Diese Funktionalität ist für den POP3/IMAP-Einsatz nicht relevant, da über diese Protokolle keine Passwortänderung vorgenommen werden kann. Das Courier-Projekt bietet diese Möglichkeit nur beim Zusammenspiel sämtlicher Courier-Komponenten über das Webinterface an und stellt für die Tools von Drittanbietern eine Schnittstelle zur Verfügung.

Setzt der authdaemond das Kommando ENUMERATE (wiederum durch einen Zeilenumbruch abgeschlossen) ab, muss das Authentifizierungsprogramm daraufhin eine Liste aller Accounts zurückliefern. Alle Angaben zu einem Konto stehen in einer Zeile, die einzelnen Felder werden durch Tabulatoren (wieder durch \t dargestellt) voneinander getrennt. Das Ende der Accountliste markiert ein einzelner Punkt:

```
username \t uid \t gid \t home \t maildir \t option1=wert1,option2=wert2,
option3=wert3
...
.
```

Auf den allerletzten Datensatz folgt dabei wieder eine Zeile mit einem einzelnen Punkt. Diese Userlisten werden beispielsweise für das Anlegen von Shared Folders benötigt (siehe Kapitel 10.1, Seite 157).

9.8 Authentifizierung über MySQL

Die Daten, die Courier für die Abwicklung von POP3 und IMAP benötigt, lassen sich natürlich auch in einer SQL-Datenbank wie MySQL verwalten. Alles, was man dazu braucht, ist eine SQL-Tabelle, die für jeden Account Tabellenfelder für den Usernamen (die Account-ID), für die User- und die Gruppen-ID auf Linux-Ebene, für das Passwort und für den Pfad zum Maildir des Users vorsieht. Die Angabe in `maildir` ist dabei (wie sonst auch) relativ zum Home-Verzeichnis zu verstehen, das wir in einem eigenen Tabellenfeld speichern. Allerdings kann `maildir` wie in diesem Beispiel auch eine absolute Pfadangabe beinhalten; dann kommt es auf den Inhalt von `home` nicht mehr an.

Vergessen Sie nicht, einen Index auf die Account-ID zu legen, damit die Tabelle effizient durchsucht werden kann.

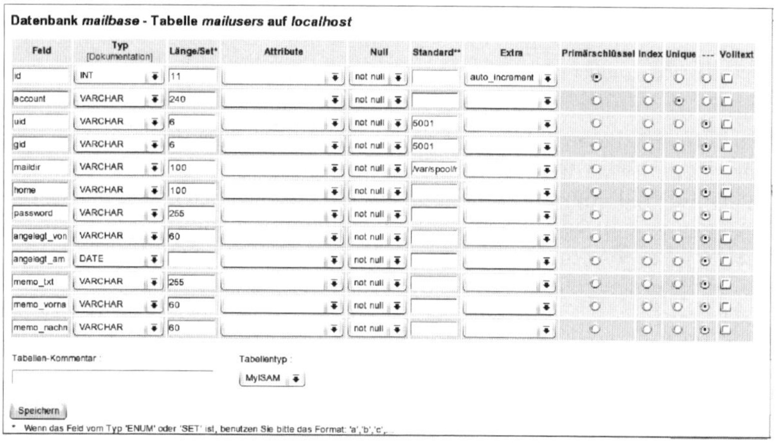

Abbildung 9.1: Die Beispieltabelle `mailusers` enthält neben den unbedingt nötigen Feldern weitere Details zur besseren Verwaltung.

Folgendes MySQL-Listing legt einen Datenbanknutzer `courier` an, der lokal auf die Datenbank `mailbase` zugreifen darf, und generiert die Authentifizierungsdatenbank (siehe auch Abbildung 9.1):

```
linux: # mysql
mysql> use mysql;
mysql> insert into user (Host, User, Password)
  values('localhost', 'courier', password('supergeheim'));
mysql> insert into db (Host, Db, User, Select_priv)
  values('localhost','mailbase','courier','Y');
mysql> create database mailbase;
mysql> use mailbase;
mysql> CREATE TABLE `mailusers` (
 `id` INT( 11 ) NOT NULL AUTO_INCREMENT,
 `account` VARCHAR( 240 ) NOT NULL ,
 `uid` VARCHAR( 6 ) DEFAULT '5001' NOT NULL ,
```

```
 `gid` VARCHAR( 6 ) DEFAULT '5001' NOT NULL ,
 `maildir` VARCHAR( 100 ) DEFAULT '/var/spool/maildirs' NOT NULL,
 `home` VARCHAR( 100 ) NOT NULL ,
 `password` VARCHAR( 255 ) NOT NULL ,
 `angelegt_von` VARCHAR( 60 ) NOT NULL ,
 `angelegt_am` DATE NOT NULL ,
 `memo_txt` VARCHAR( 255 ) NOT NULL ,
 `memo_vorname` VARCHAR( 60 ) NOT NULL ,
 `memo_nachname` VARCHAR( 60 ) NOT NULL ,
 PRIMARY KEY ( `id` ) ,
 UNIQUE ( `account` )
 ) TYPE = MYISAM ;
Query OK, 0 rows affected (0.01 sec)
mysql> quit
linux: # mysqladmin reload
```

Um diese Tabelle zu nutzen, geben Sie in der authdaemonrc an, dass der Authentifizierungsdaemon das Modul authmysql verwenden soll:

```
authmodulelist="authmysql"
```

Die Konfiguration für den MySQL-Zugriff befindet sich der Übersichtlichkeit halber nicht in der authdaemonrc, sondern ist in die authmysqlrc ausgelagert. Fehlt diese auf Ihrem System, liegt das meist entweder daran, dass sie sich in einem separat zu installierenden (und noch nicht eingespielten) Paket befindet oder dass Courier ohne MySQL-Unterstützung kompiliert wurde. So liefert OpenSuSE das Paket courier-authlib-mysql erst seit Version 10.2 mit. Besitzer älterer Versionen müssen Courier ggf. selbst kompilieren. Als Faustregel gilt: *Wenn* Ihr Courier MySQL unterstützt, existiert auch die authmysqlrc.

Die gewünschte Einstellungen wird dabei, jeweils durch Leerzeichen oder Tabulator getrennt, hinter dem Parameter aufgelistet. Folgende Einstellungen sind zwingend notwendig:

MYSQL_SERVER
: Legt den zu verwendenden MySQL-Server durch Angabe des Hostnamens oder der IP-Adresse fest:

```
MYSQL_SERVER      mysql.example.com
```

Mehrere Server können leider nicht angegeben werden.

MYSQL_USERNAME
: Enthält den Usernamen, mit dem sich Courier bei MySQL anmelden soll (im Beispiel courier).

MYSQL_PASSWORD
: Legt das zugehörige Passwort fest (im Beispiel supergeheim).

`MYSQL_DATABASE`
: Nimmt den Namen der MySQL-Datenbank auf, die die Accountdaten enthält (im Beispiel `mailbase`).

`MYSQL_USER_TABLE`
: Welche in dieser Datenbank enthaltene Tabelle enthält die Userdaten? (Im Beispiel `mailusers`)

`MYSQL_CRYPT_PWFIELD`
: Welches Feld enthält das *verschlüsselte* Passwort? (Im Beispiel liegt `password` nahe.)

`MYSQL_CLEAR_PWFIELD`
: Gibt das Feld an, das das Passwort im Klartext enthält. Sofern Sie *kein* Klartextpasswort speichern, sollten Sie diese Option auskommentieren. Allerdings sind Klartextpasswörter, wie in Kapitel 9.13 ab Seite 152 diskutiert, sinnvoll!

`MYSQL_UID_FIELD`
: Das Feld mit der User-ID des Accounts (im Beispiel `uid`).

`MYSQL_GID_FIELD`
: Das Feld, das die Gruppen-ID des Accounts enthält (im Beispiel `gid`).

`MYSQL_LOGIN_FIELD`
: Das Feld mit dem Loginnamen des Users (im Beispiel `id`) – das wichtigste Feld in der Tabelle. Anhand dieses Wertes findet das MySQL-Modul den Datensatz, um User-ID, Gruppen-ID und die anderen Parameter auszulesen.

`MYSQL_HOME_FIELD`
: Das Feld mit dem Pfad zum Home-Verzeichnis des Nutzers (im Beispiel `home`). Liegt das Maildir des Nutzers *nicht* unter dem Namen `Maildir` direkt im Home-Verzeichnis, muss man das Tabellenfeld, das den Pfad enthält, zusätzlich mit `MYSQL_MAILDIR_FIELD` (siehe unten) angeben.

`MYSQL_NAME_FIELD`
: Feld mit dem tatsächlichen Namen des Nutzers (entspricht dem `gecos`-Feld in der `passwd`). Dieser ist für die Nutzung von POP3 und IMAP irrelevant und spielt nur bei anderen Courier-Mailserver-Modulen oder dem Webfrontend eine Rolle.

Darüber hinaus gibt es einige optionale Parameter:

`MYSQL_PORT`
: Gibt den MySQL-Port an, sofern dieser vom Default-Wert 3306 abweicht.

MYSQL_SOCKET
: Der Pfad zum MySQL-Socket (etwa /var/mysql/mysql.sock), falls MySQL lokal betrieben wird.

MYSQL_OPT
: Hier lassen sich für Entwicklungszwecke zusätzliche Optionen für den MySQL-Connect angeben. Sie werden im Alltag nicht benötigt.

MYSQL_MAILDIR_FIELD
: Per Default sucht Courier die E-Mails eines Nutzers im Verzeichnis $HOME/Maildir. Soll das Maildir eines Nutzers in einem anderen Unterverzeichnis liegen, geben Sie im hier definierten Tabellenfeld (im Beispiel maildir) für jeden Nutzer einzeln ein anderes Verzeichnis (relativ zu $HOME) an.

MYSQL_DEFAULTDELIVERY
: Feld, das beim Einsatz des SMTP-Servers aus dem Courier-Projekt die Default-Transportmethode definiert. Nutzt man den Courier-IMAP mit einem anderen MTA zusammen, ist der hier angegebene Wert irrelevant.

MYSQL_QUOTA_FIELD
: Definiert ein Tabellenfeld mit den Quota-Angaben eines Nutzers (siehe Seite 172 in Kapitel 10.2.1). Diese wird nur von der gesamten Courier-Mailserver-Suite, nicht von Courier-IMAP allein genutzt, ist für unsere Zwecke also irrelevant.

MYSQL_AUXOPTIONS_FIELD
: Legt das Tabellenfeld fest, das weitere Optionen für diesen Account (siehe Seite 148 in Kapitel 9.12) enthält. In diesem Feld werden mehrere Optionen durch Komma getrennt; Leerzeichen zwischen Komma und Option sind nicht erlaubt.

  Übrigens können Sie die Optionen auch in mehreren Feldern einzeln speichern und durch den SQL-Befehl CONCAT zusammenführen. Kapitel 9.12.3 auf Seite 151 zeigt, wie das geht.

MYSQL_WHERE_CLAUSE
: Nimmt eine Bedingung auf, die als MySQL-WHERE-Kommando in die Abfrage integriert wird:

```
MYSQL_WHERE_CLAUSE server='mailhost.example.com'
```

  Auch mehrere Bedingungen sind möglich:

```
MYSQL_WHERE_CLAUSE server='mailhost.example.com' AND status='active'
```

`MYSQL_SELECT_CLAUSE`

Legt man beispielsweise den Usernamen, die User-ID, die Gruppen-ID und den Pfad zum Maildir *nicht* in eigenen Tabellenspalten ab, lässt sich hier eine SQL-Abfrage ablegen, die die Daten auf andere Art und Weise aus der MySQL-Tabelle zusammenbaut. Dabei kommt das SQL-Kommando `CONCAT` zum Einsatz, mit dem sich auch entsprechende Manipulationen an den gefundenen Datensätzen vornehmen lassen – beispielsweise um aus der User-ID den Maildir-Pfad zu berechnen:

```
MYSQL_SELECT_CLAUSE  SELECT                                    \
   CONCAT(popbox.local_part, '@', popbox.domain_name),         \
   CONCAT('{MD5}', popbox.password_hash),                      \
   popbox.clearpw,                                             \
   domain.uid,                                                 \
   domain.gid,                                                 \
   CONCAT(domain.path, '/', popbox.mbox_name),                 \
   '',                                                         \
   domain.quota,                                               \
   '',                                                         \
   CONCAT("disableimap=",disableimap,",disablepop3=",          \
         disablepop3,",disablewebmail=",disablewebmail,        \
         ",sharedgroup=",sharedgroup)                          \
   FROM popbox, domain                                         \
   WHERE popbox.local_part = '$(local_part)'                   \
   AND popbox.domain_name = '$(domain)'                        \
   AND popbox.domain_name = domain.domain_name
```

Das Ergebnis dieses MySQL-Kommandos muss die Felder kommagetrennt und vollständig in folgender Reihenfolge zurückgeben:

`username, verschluesseltes_passwort, klartextpasswort, uid, gid, home-verzeichnis, maildir, quota, vollständiger name, optionen`

`MYSQL_ENUMERATE_CLAUSE`

Das hier angegebene `SELECT`-Kommando wird eingesetzt, wenn die Felder für die `index`-Datei (siehe Seite 160 ff.) über das Kommando **`authenumerate`** (Kapitel 10.1.1 ab Seite 164) zusammengestellt werden, um den Einsatz von Shared Folders vorzubereiten. Auch hier gilt: Diese SQL-Anweisung muss nur dann vorbereitet werden, wenn mittels `CONCAT`-Anweisungen die notwendigen Daten erst noch „zusammengebaut" werden müssen. Liegen alle Daten sauber in einzelnen Tabellenfeldern vor, kann man sich diese Anweisung sparen.

```
MYSQL_ENUMERATE_CLAUSE  SELECT                                 \
   CONCAT(popbox.local_part, '@', popbox.domain_name),         \
   domain.uid,                                                 \
   domain.gid,                                                 \
   CONCAT(domain.path, '/', popbox.mbox_name),                 \
```

```
''',                                                        \
CONCAT('sharedgroup=', sharedgroup)                        \
FROM popbox, domain                                        \
WHERE popbox.local_part = '$(local_part)'                  \
AND popbox.domain_name = '$(domain)'                       \
AND popbox.domain_name = domain.domain_name
```

Die Daten müssen in folgender Reihenfolge vollständig zurückgegeben werden:

username, uid, gid, home-verzeichnis, maildir, optionen

MYSQL_CHPASS_CLAUSE
: Das MySQL-Kommando, das ausgeführt wird, wenn der Nutzer sein Passwort ändert. Diese Option ist für den Courier-Webmailer SqWebMail gedacht und für den alleinigen Einsatz von Courier-IMAP uninteressant, da Nutzer ihr Kennwort hier grundsätzlich nicht eigenständig ändern können.

DEFAULT_DOMAIN
: Versucht sich ein Nutzer, nur mit einem Usernamen anzumelden, der nicht aus einer vollwertigen Mailadresse besteht, wird die hier aufgelistete Domain an die Abfrage automatisch angehängt: Ist zum Beispiel DEFAULT_DOMAIN auf example.com gesetzt, wird aus der Login-ID user automatisch user@example.com.

Vorsicht: Der Parameter heißt tatsächlich nur DEFAULT_DOMAIN und nicht etwa MYSQL_DEFAULT_DOMAIN!

9.9 Authentifizierung über PostgreSQL

Wenn Sie die Konfigurationsdatei authpgsqlrc vorfinden, wurde Ihre Courier-Authlib mit PostgreSQL-Unterstützung übersetzt. Sie tragen dann in authdaemonrc den Verweis auf authpgsql als zu benutzendes Modul ein:

```
authmodulelist="authpgsql"
```

Gegenüber der Nutzung von MySQL ändern sich bei PostgreSQL lediglich Kleinigkeiten. Die meisten – leider nicht alle – PostgreSQL-Parameter unterscheiden sich von ihren MySQL-Kollegen lediglich durch das Präfix: Aus MYSQL_PORT wird PGSQL_PORT, und die Ausnahme DEFAULT_DOMAIN bleibt sowieso unverändert.

Doch Courier-Autor Varshavchik hält tapfer zu den Galliern: *Alle* PGSQL-Parameter? Nein, natürlich nicht! Ein einzelner kleiner (aber lebenswichtiger) Parameter hat den persönlichen Kampf gegen Logik und Usability aufgenommen und sorgt für Ärger, Verwirrung und Fehler: Heißt es bei MySQL MYSQL_SERVER, trägt sein das Pendant den Namen PGSQL_HOST...

Warum diese Umbenennung? Um Platz für eine weitere kleine Gemeinheit zu schaffen, damit uns Administratoren nicht langweilig wird: Anders als bei MySQL existiert *kein* Parameter PGSQL_SOCKET!

Möchten Sie PostgreSQL über einen Socket statt über den TCP-Port 5400 ansprechen, müssen Sie PGSQL_HOST auf leer setzen und in PGSQL_PORT die Dateiendung des PostgreSQL-Sockets eintragen. Heißt Ihr PostgreSQL-Socket /tmp/.s.PGSQL.5400, nehmen Sie folgende Einstellung vor:

```
PGSQL_HOST
PGSQL_PORT 5400
```

Nutzen Sie ganz normal den TCP-Port, sieht das Setup so aus:

```
PGSQL_HOST pgsql.example.com
PGSQL_PORT 5400
```

Legt man in der PostgreSQL-Installation auf dem Rechner pgsql.example.com die Tabelle mailusers dem Schema von Seite 138 entsprechend an, sieht die Konfigurationsdatei authpgsql folgerichtig so aus:

```
PGSQL_HOST              pgsql.example.com
PGSQL_PORT              5400
PGSQL_USERNAME          courier
PGSQL_PASSWORD          supergeheim
PGSQL_DATABASE          mailusers
PGSQL_USER_TABLE        mailusers
PGSQL_CRYPT_PWFIELD     password
PGSQL_UID_FIELD         uid
PGSQL_GID_FIELD         gid
PGSQL_LOGIN_FIELD       account
PGSQL_HOME_FIELD        home
PGSQL_NAME_FIELD        memo_nachname
```

9.10 Authentifizierung über LDAP

Auch ein LDAP-Verzeichnis kann Courier in Echtzeit abfragen. Wenn Ihre Courier-Authlib mit LDAP-Unterstützung übersetzt wurde, finden Sie die vorbereitete Konfigurationsdatei authldaprc, die die nachfolgend beschriebenen Einstellungen aufnimmt. In der Hauptdatei authdaemonrc lassen Sie die Authentifizierung über das Modul authldap vornehmen:

```
authmodulelist="authldap"
```

Folgende Einstellungen sind konfigurierbar:

LDAP_URI
Die URL zu einem oder mehreren LDAP-Servern:

```
LDAP_URI ldaps://ldap.example.com, ldaps://backup.example.com
```

LDAP_PROTOCOL_VERSION
Die Version des verwendeten LDAP-Protokolls:

```
LDAP_PROTOCOL_VERSION 3
```

LDAP_BASEDN
Der *Distinguished Name* (DN), unter dem die zu authentifizierenden Accounts zu finden sind:

```
LDAP_BASEDN o=example, c=com
```

LDAP_BINDDN
Der DN, mit dem sich Courier am LDAP-Server anmeldet:

```
LDAP_BINDDN cn=administrator, o=example, c=com
```

LDAP_BINDPW
Das Passwort, mit dem sich Courier am LDAP-Server anmeldet.

LDAP_TIMEOUT
Nach wieviel Sekunden soll Courier die Verbindung zum LDAP-Servers kappen, wenn dieser nicht antwortet? Beispiel:

```
LDAP_TIMEOUT 5
```

LDAP_AUTHBIND
Wenn diese Variable auf 1 gesetzt wird, werden Username und Passwort dadurch verifiziert, dass sich Courier mit diesen Daten am LDAP-Server anmeldet und prüft, ob das erfolgreich möglich ist („rebind"). CRAM-Verfahren sind dann nicht mehr möglich, da sich Courier ohne Kenntnis des Nutzer-Klartextpassworts beim LDAP nicht anmelden kann. Üblicherweise verzichtet man darum auf diese Methode. Courier nutzt dann die in `LDAP_BINDDN` und `LDAP_BINDPW` angegebenen Daten, um einfach im LDAP-Verzeichnis zu suchen.

LDAP_MAIL
Das LDAP-Attribut, in dem Courier nach dem Loginnamen sucht.

LDAP_DOMAIN
Ergänzt den Loginnamen vor der Suchabfrage automatisch um die hier angegebene Domain, (im folgenden Beispiel um `example.com`), falls vom Client nur ein Username angegeben wurde:

```
LDAP_DOMAIN example.com
```

`LDAP_FILTER`
: Ergänzt die Suchanfrage um den die hier genannte LDAP-Filterregel, die – wie bei LDAP üblich – in runde Klammern gefasst wird. Damit lassen sich beispielsweise nur Accounts einer bestimmten Klasse abfragen:

```
LDAP_FILTER (objectClass=AccountMail)
```

Auch logische Und-Verknüpfungen sind möglich. Der folgende Filter fordert, dass die Accounts nicht nur der Klasse `AccountMail` angehören müssen, sondern auch das LDAP-Attribut `status` auf `aktiv` gesetzt haben müssen:

```
LDAP_FILTER (&(objectClass=AccountMail)(status=aktiv))
```

`LDAP_ENUMERATE_FILTER`
: Falls gesetzt, nutzt `authenumerate` (siehe Seite 164) für die LDAP-Abfrage nicht `LDAP_FILTER`, sondern `LDAP_ENUMERATE_FILTER`:

```
LDAP_ENUMERATE_FILTER (&(objectClass=AccountMail)(!(disableshared=1
)))
```

Dieses Beispiel zeigt, wie man eine Filterbedingung negiert: Gefunden werden alle Accounts der Objekt-Klasse `AccountMail`, bei denen das Attribut `disableshared` *nicht* auf 1 gesetzt ist.

`LDAP_HOMEDIR`
: Der Attribut, das den Pfad zu den Home-Verzeichnissen der Nutzer enthält. Der muss nicht `/home/username` lauten – bei virtuellen Useraccounts könnte hier auch `/var/maildir/username` o. ä. gesetzt sein.

`LDAP_MAILROOT`
: Legt man im von `LDAP_HOMEDIR` festgelegten Attribut einen relativen Pfad ab, gehört hier das Oberverzeichnis hinein. Courier nimmt den Wert von `$LDAP_MAILROOT/$LDAP_HOMEDIR` als Home-Verzeichnis. Dabei ist `LDAP_MAILROOT` optional und wird in der Regel nicht gesetzt.

`LDAP_MAILDIR`
: Der Pfad zum Maildir-Verzeichnis innerhalb des Home-Verzeichnisses des Nutzers. Courier sucht die E-Mails eines Nutzers in `$LDAP_MAILROOT/$LDAP_HOMEDIR/$LDAP_MAILDIR`.

Dieses Attribut ist optional. Falls es nicht gesetzt ist, geht Courier automatisch von `Maildir/` im Home-Verzeichnis des Nutzers aus.

LDAP_DEFAULTDELIVERY
: Entspricht MYSQL_DEFAULTDELIVERY (siehe Seite 141). Die Option betrifft ausschließlich den SMTP-Server des Courier-Projekts; für Courier-IMAP spielt sie keine Rolle.

LDAP_FULLNAME
: Das Attribut, das Vor- und Nachnamen des Nutzers enthält. Spielt für Courier-IMAP keine Rolle.

LDAP_CRYPTPW
: Das Attribut, dass das verschlüsselte Passwort enthält.

LDAP_CLEARPW
: Das Attribut, dass das Passwort im Klartext enthält. Siehe dazu auch die Diskussion in Kapitel 9.13 ab Seite 152.

LDAP_GLOB_UID
: Setzt eine global identische User-ID für jeden Account:

```
LDAP_GLOB_UID 10000
```

LDAP_UID
: Ist LDAP_GLOB_UID leer oder nicht gesetzt, sucht Courier im hier angegebenen Attribut nach der individuellen User-ID des Accounts.

LDAP_GLOB_GID
: Setzt eine für alle Nutzer geltende Group-ID.

LDAP_GID
: Wenn LDAP_GLOB_GID leer oder nicht gesetzt ist, sucht Courier in diesem Attribut nach der Group-ID des Accounts.

LDAP_AUXOPTIONS
: Das Attribut, das die Useroptionen des Accounts (Kapitel 9.12 ab Seite 148 und Seite 151) enthält.

LDAP_DEREF
: Legt fest, ob und wie gefundene LDAP-Aliase aufgelöst werden sollen. Dabei handelt es sich um LDAP-Einträge, die quasi als Symlink auf einen anderen Eintrag verweisen. Normalerweise werden LDAP-Aliase nicht genutzt.

: Die möglichen Werte entsprechen den bei LDAP üblichen, in `man 5 ldap.conf` genannten Verfahren `never`, `searching`, `finding` und `always`.

LDAP_TLS
: Mit dem Wert 1 wird die Verbindung zum LDAP-Server SSL/TLS-verschlüsselt, bei 0 gehen die Abfragedaten (also ggf. auch das Userpasswort) unverschlüsselt über die Leitung.

9.11 Obsolete Authentifizierungsmodule

Aktuelle Courier-Versionen unterstützen die nachfolgend diskutierten Module nicht mehr automatisch, weil ihre Funktion durch andere Module abgedeckt wird.

9.11.1 Das `authpwd`-Modul

Dieses Modul liest Account-Informationen und das Passwort aus `/etc/passwd`. Da sich die Passwörter auf heute üblichen Unix-Systemen in `/etc/shadow` befinden, spielt es keine Rolle mehr. Muss die `/etc/passwd` dennoch aus irgendwelchen Gründen als Passwortquelle dienen, empfiehlt sich der Einsatz von `authpam`.

9.11.2 Das `authshadow`-Modul

Entspricht `authpwd` mit dem Unterschied, dass es das Passwort aus `/etc/shadow` liest. Weitergehende Konfigurationseinstellungen gibt es für dieses Modul nicht. Die Nutzung von `authpam` ist allerdings flexibler und sicherer, weil Zugriffsrechte restriktiver gehandhabt werden können – die meisten Distributionen setzen darum mittlerweile systematisch PAM ein.

Der Einsatz von `authshadow` steht in Konkurrenz zum gleichzeitigen Einsatz von `authpwd`, ein gleichzeitiger Einsatz von `authshadow` und `authpam` ist sinnlos.

9.11.3 Das `authcram`-Modul

Dieses Modul gibt es nicht mehr, seine Funktionalität hat `authuserdb` übernommen (Kapitel 9.4.4 ab Seite 133).

9.12 Die Useroptionen

Courier-IMAP sieht die Möglichkeit vor, neben den grundlegenden Userdaten weitere Optionen für den einzelnen Account auszuwerten. Dies setzt aber eine Authentifizierungsquelle voraus, die entsprechende zusätzliche Felder speichern kann. Useroptionen sind darum beispielsweise beim Einsatz von Shell-Accounts in `/etc/passwd` und `/etc/shadow` nicht möglich, sondern nur im Zusammenhang mit `authuserdb`, `authmysql`, `authpgsql` und `authldap`. Folgende Optionen können für einen Useraccount gesetzt werden:

`disableimap`
: Ist dieses Flag auf 1 gesetzt, kann sich der entsprechende Nutzer nicht per IMAP einloggen:

```
disableimap=1
```

Der Wert 0 erlaubt das Login. Ist das Flag gar nicht gesetzt, greift die in der Datei `authdaemonrc` gesetzte Default-Einstellung (siehe unten).

`disablepop3`
: Identisch mit `disableimap` – nur eben für POP3.

`disablewebmail`
: Dieses Feld ist für den Courier-Webmailer SqWebmail gedacht. Analog zu `disableimap` lässt sich damit der Zugriff über SqWebmail unterbinden. Mit anderen Webmailern funktioniert diese Zugangsbeschränkung natürlich nicht, da diese das Feld nicht auswerten. Für den Betrieb von Courier-IMAP ist es darum irrelevant.

`group`
: Weist dem Account eine oder mehrere Gruppenzugehörigkeiten zu. Diese können für die gruppenbasierte Zuweisung von Zugriffsrechten (ACLs) auf freigegebene Mailverzeichnisse genutzt werden (siehe Kapitel 10.1.1 ab Seite 158). Ein Account darf mehreren Gruppen angehören, darum ist `group` die einzige Option, die mehrfach genannt werden kann:

```
disableimap=1,group=gruppe1,group=gruppe2,mailhost=mail.example.com
```

Wichtig: `group` und `sharedgroup` sind zwei verschiedene Parameter und dürfen nicht verwechselt werden.

`sharedgroup`
: Wenn Sie Ihren Usern die Nutzung gemeinsamer IMAP-Ordner (Shared Folders, Kapitel 10.1 ab Seite 157) ermöglichen wollen, können Sie sie mit dieser Option einer gemeinsamen Shared Group zuordnen.

`disableshared`
: Ist dieses Flag auf 1 gesetzt, ignoriert `authenumerate -s` (siehe Seite 164) das entsprechende Konto beim Generieren der Liste der Shared Folders, unabhängig davon, ob es einer Shared Group zugeordnet ist oder nicht.

`mailhost`
: Benutzen Sie Courier-IMAP als POP3/IMAP-Proxy, speichert diese Option den POP3/IMAP-Server, auf dem das Postfach physikalisch liegt

und an den der Proxy die Verbindung weiterleiten soll. Mehr dazu in Kapitel 10.3 ab Seite 180.

Die Default-Werte für diese Optionen legt man für alle Authentifizierungsmodule in der Datei `authdaemonrc` über den Parameter `DEFAULTOPTIONS` fest, mehrere werden dabei wieder durch Komma ohne Leerzeichen (!) getrennt:

```
DEFAULTOPTIONS="disableimap=0,disablepop3=0,disablewebmail=0"
```

Per Default ist in diesem Fall der Zugriff über POP3, IMAP oder SqWebMail erlaubt, und die Nutzer werden keiner Shared Group zugeordnet. Diese Einstellungen sind fest im Courier-Quellcode verankert, so dass sie auch gelten, sollten Sie die `DEFAULTOPTIONS`-Variable nicht setzen. Da nicht nur der `DEFAULTOPTIONS`-Variablen, sondern auch den einzelnen Useroptionen mit dem Gleichheitszeichen ein Wert zugewiesen wird, dürfen Sie beim Setzen systemspezifischer Default-Werte die Anführungszeichen um die Liste der Useroptionszuweisungen nicht vergessen.

Individuelle Einstellungen in den Userdaten überschreiben diese Default-Werte. Wollen Sie differenzieren, wer IMAP nutzen darf und wer nicht, so haben Sie zwei Möglichkeiten: Sie setzen bei den Nutzern, die nicht zugreifen dürfen, jeweils die Option `disableimap=1`. In der `authdaemonrc` treffen Sie in `DEFAULTOPTIONS` gar keine Aussage bzw. dokumentieren den Code-seitigen Default mit `disableimap=0`. Oder Sie gehen den umgekehrten Weg und treffen in `authdaemonrc` die Einstellung `DEFAULTOPTIONS="disableimap=1"`, so dass der IMAP-Zugriff grundsätzlich erstmal allen Nutzern verboten ist, und setzen dann in den Userdatensätzen der privilegierten Usern die Option `disableimap=0`, die den Zugriff explizit erlaubt.

Abgesehen von `authldap` erwarten alle Authentifizierungsmodule diese Optionen in einem einzelnen Feld, in dem sie jeweils nur mit Komma und ohne Leerzeichen getrennt werden – genau wie bei der `DEFAULTOPTIONS`-Einstellung in der Datei `authdaemonrc`. In den Konfigurationsdateien der SQL-Module gibt `MYSQL_AUXOPTIONS_FIELD` (siehe Seite 141) beziehungsweise `PGSQL_AUXOPTIONS_FIELD` an, wo die Optionen gespeichert sind. Bei LDAP ist für jede Option ein eigenes LDAP-Attribut vorgesehen.

9.12.1 Useroptionen in der `userdb` speichern

Es ist nicht möglich, Useroptionen in `/etc/passwd` unterzubringen, da darin keine freien Felder dafür vorgesehen sind und es auch nicht möglich ist, vorhandene Felder dafür zu „missbrauchen“. Darum empfiehlt sich die Nutzung der `userdb`, wenn man auf SQL-Datenbanken oder LDAP weiterhin verzichten möchte.

Dort leitet das Feld `options` die Liste der gesetzten Optionen ein, mehrere Werte werden dabei ohne Leerzeichen einfach durch Komma getrennt:

```
tux@example.com     uid=1001|gid=100|home=/home/tux|shell=/bin/bash|
systempw=$2a$10$8ZWLc9MOH.vB913PJVR9tuluHdzXc9BBcQ2ZJcAqrDJrUsB9$Dv
Zm|mail=/home/tux/Maildir|options=disableimap=1,sharedgroup=test,ma
ilhost=mail5.example.com
```

9.12.2 Individuelle Useroptionen im LDAP-Verzeichnis

Anders als bei den anderen Methoden werden die einzelnen Optionen bei LDAP in jeweils einem eigenen Attribut gespeichert. Sollen sich User, deren Daten in einem LDAP-Verzeichnis liegen, nicht mit den Default-Optionen begnügen, muss die Konfiguration des `authldap`-Moduls auch diesen Optionen das jeweils relevante Attribut zuordnen.

Courier erwartet den LDAP-Attributnamen *links* vom Gleichheitszeichen, was aus den README-Texten des Courier-Teams aufgrund identischer Namenswahl für Attribut und Option leider nicht deutlich hervorgeht. Im folgenden Beispiel wird der individuelle `sharedgroup`-Wert daher im Attribut `shared`, die Option `disableimap` im Attribut `imap` und die `disablepop3`-Angabe in `pop3` gespeichert:

```
#
# LDAP_AUXOPTIONS    LDAP-Attribut=Courier-Option
#
LDAP_AUXOPTIONS     shared=sharedgroup,imap=disableimap,pop3=disablepop3
```

Wenn man sich über die Leserichtung im Klaren ist, spricht natürlich nichts dagegen, das Attribut nach der Courier-Option zu benennen. Dann lautet die entsprechende Einstellung in der `authldaprc`:

```
LDAP_AUXOPTIONS     sharedgroup=sharedgroup,disableimap=disableimap,
disablepop3=disablepop3
```

9.12.3 Useroptionen in dedizierten Feldern einer SQL-Tabelle ablegen

Auch bei `authmysql` und `authpgsql` besteht die Möglichkeit, für jede Option ein separates Feld in der Tabelle vorzusehen. Geben Sie in dem Fall in der Datei `authmysqlrc` oder `authpsqlrc` einen SQL-Befehl an, der die Optionen aus allen Feldern zu einem *leerzeichenfreien*, Komma-separierten String „zusammenbaut“:

```
MYSQL_AUXOPTIONS_FIELD  CONCAT("disableimap=",disableimap,",disablepop3=
",disablepop3,",disablewebmail=",disablewebmail,",sharedgroup=",sharedgr
oup)
```

Das PostgreSQL-Äquivalent, das die Daten aus den Spalten `disableimap`, `disablepop3`, `disablewebmail` und `sharedgroup` holt, sieht so aus:

```
PGSQL_AUXOPTIONS_FIELD  'disableimap=' || disableimap || ',disablepop3='
|| disablepop3 || ',disablewebmail=' || disablewebmail || ',sharedgroup='
|| sharedgroup
```

9.13 Die Speicherung der Passwörter: Klartext oder Hash?

Es mag auf den ersten Blick naheliegen, die Passwörter der Nutzer in den verschiedenen Datenbanken grundsätzlich nicht im Klartext, sondern nur mittels Crypt-, MD5- oder SHA-Algorithmus gehasht vorzuhalten. Ein Hash ist genaugenommen kein Verschlüsselungsmechanismus, da vom Hash kein Weg zurück zum Ausgangswert führt.[9] Das hat den Vorteil, dass weder Administrator noch unbefugte Dritte im Falle eines Falles problemlos in den Besitz des Klartextpassworts gelangen können. Bei Migrationen zu einer anderen IMAP-Software kann dies allerdings zur tödlichen Falle werden (Kapitel 6.4 ab Seite 84).

Die Übertragungsmethoden `LOGIN` und `PLAIN` übermitteln das Passwort de facto im Klartext und dürfen daher eigentlich nur mit einer Absicherung über SSL/TLS eingesetzt werden. Lediglich besser geschützte CRAM-Verfahren (*Challenge Response Authentication Method*) wie `CRAM-MD5`, `CRAM-SHA1`, `CRAM-SHA256` oder auch `APOP` (siehe Kapitel 2.1.2 ab Seite 29) machen das unbefugte Abhören des Kennworts auf dem Übertragungsweg nahezu unmöglich.

Dazu gibt der Server für jedes Login einen individuellen Sitzungsschlüssel aus. Mit diesem Schlüssel berechnen Client und Server jeweils für sich den Hash-Wert des Passworts, der nur für diese spezielle Sitzung gültig ist. Ein Angreifer kann diesen Wert später nicht mehr benutzen, um sich selbst einzuloggen. Dazu ist es jedoch notwendig, dass auch der Server das Klartextpasswort besitzt, damit er die gleichen Rechenoperationen ausführen kann wie der Client.

[9] Vergleichen Sie es mit der Quersumme einer Zahl: Die 526 hat die Quersumme 13, doch gelangen Sie von der 13 nie wieder eindeutig zur 526. Allerdings haben Quersummen beliebig viele Ausgangswerte; bei einem MD5-Hash gibt es mit einer ausreichend hohen Wahrscheinlichkeit von 2^{64} keinen zweiten Wert mit gleichem Hash-Ergebnis. Verschiedene Teams arbeiteten allerdings weltweit daran, das Gegenteil zu beweisen. Mittlerweile hat man MD5 schon auf deutlich weniger als 2^{64} herunterbrechen können, so dass der Algorithmus quasi als gebrochen gelten muss. SHA gilt noch als sicher.

Anders ausgedrückt: Wird das Passwort vermeintlich sicher als Hash gespeichert, kann sich der Client aus technischen Gründen nur noch mit den unsicheren Methoden `LOGIN` und `PLAIN` einloggen. Nur wenn der Server auf das Passwort im Klartext zurückgreifen kann, sind alle sicheren Methoden wie `CRAM-MD5`, `CRAM-SHA1`, `CRAM-SHA256` oder `APOP` möglich. Dies ist ein ganz grundsätzliches Problem, das nichts mit Courier zu tun hat.

Doch es gibt Ausnahmen, die eigentlich nicht sein dürften: Einige Programme bieten überraschenderweise `CRAM-MD5` an, obwohl sie selbst nur HMAC-MD5-Hashs der Kennwörter besitzen.[10]

Auch das Courier-Authentifizierungsmodul `authuserdb` (früher: `authcram`) kann `CRAM-MD5` anbieten, auffälligerweise jedoch nur dann, wenn die Passwörter in der `userdb` exakt als HMAC-MD5-Hash gespeichert sind. Das Modul kann damit parallel kein `CRAM-SHA`-basiertes Verfahren anbieten.

Die Erklärung dafür ist ebenso einfach wie ernüchternd. Im Challenge-Response-Verfahren wird als erster Arbeitsschritt das Passwort mit dem jeweils benutzten Hash-Verfahren gehasht. Bei `CRAM-MD5` wird aus `geheim` dann der HMAC-MD5-Hash `f16f9cd57afad6931bff9508ef68ea2db1b62 513b604cf995e4f882bed6d4f1a`. Diesen verrechnet der Client mit der *`challenge`* des Servers, um *`response`* zu bekommen. Beim Einsatz von `CRAM-SHA1` berechnet der Client den Passworthash analog mit `HMAC-SHA1`.

Speichert eine Software jedes Passwort bereits als HMAC-MD5-Hash, so sieht das nach außen sicher aus. Das aber ist ein böser Trugschluss: Gelangt ein Angreifer in den Besitz des Hashs, kann er auf dessen Basis alle weiteren Schritte des Challenge-Response-Verfahrens berechnen und sich korrekt einloggen. Der Angreifer braucht das eigentliche Klartextpasswort ebenso wie alle anderen Beteiligten gar nicht!

Die Verwendung des HMAC-MD5-Hashs ist damit genauso sicher oder unsicher wie die Speicherung des Passworts im Klartext. Anders ausgedrückt: Das wahre, von Client und Server benutzte Passwort *ist* der Hash.

Es bleibt also bei der Aussage: Challenge-Response-Verfahren sind nur möglich, wenn der Server das Passwort im Klartext kennt. Und: Ein veröffentlichter HMAC-MD5-Hash versetzt Dritte in die Lage, sich mittels `CRAM-MD5` problemlos einzuloggen.

Einen klitzekleinen Vorteil bietet die Speicherung der bloßen Hashs zugegebenermaßen: Gelangt ein Angreifer in den Besitz dieser Daten, kann er damit „nur" Challenge-Response-Verfahren nutzen, ein Login mit Klartextmethoden (beispielsweise das Anmelden in einem Webfrontend) ist jedoch nicht möglich. Dies mag tröstlich für die Nutzer sein, die ihr Passwort überall gleich wählen, egal ob für Mailserver, FTP-Accounts, Onlineshops oder

[10] HMAC steht für *Hash Message Authentication Code*; HMAC-MD5 wird etwas anders berechnet als das normale MD5. Beide Verfahren sind also nicht identisch, auch wenn oft weiterhin nur von „MD5-Hash" gesprochen wird (siehe `http://en.wikipedia.org/wiki/HMAC`).

Freizeitportale. Doch wer glaubt, dass ein solches Multifunktionspasswort dann nicht sowieso Dutzenden anderer Leute im Klartext vorliegt, dem ist nicht mehr zu helfen.

In jedem Fall überwiegen die Nachteile des gespeicherten MD5-Hashs, da Verfahren auf Basis anderer Hashes dann nicht mehr möglich sind: CRAM-SHA1 ist ausgeschlossen, wenn das Passwort nicht im Klartext oder als HMAC-SHA-Hash vorliegt. Deshalb fordern die Authentifizierungsmodule `authmysql`, `authpgsql` und `authldap` stets Klartextpasswörter in den Userdaten – nur so können sie alle sicheren CRAM-Methoden parallel anbieten.

`authcram` war nach Aussagen des Courier-Entwicklers Sam Varshavchik die allererste CRAM-Implementation des Projekts. Die Tatsache, dass dieses Modul in der `userdb` keine Klartextpasswörter speicherte, sieht er heute als klare Fehlentscheidung an. Diese Fehler hat das heutige `authuserdb` notgedrungen von `authcram` übernommen. Nun muss sich der Administrator rechtzeitig überlegen, wie er die Passwörter in der `userdb` hasht – ein Wechsel der CRAM-Authentifizierungsmethode ist später nicht mehr möglich.

Trotzdem hinterlassen Klartextpasswörter anfangs ein ungutes Gefühl. Wer die eben erläuterten Hintergründe der CRAM-Verfahren nicht kennt, wird schnell den (falschen) Vorwurf äußern, die Klartextspeicherung sei absolut verantwortungslos und gefährde die Sicherheit. Deshalb ist es sinnvoll, sich folgende Argumente durch den Kopf gehen zu lassen:

- Der Administrator kann sowieso sämtliche Mails der Nutzer lesen; dazu muss er nur einen Blick auf die Festplatte werfen und benötigt deren Passwörter gar nicht.
- Der Schutz des Passworts vor dem Administrator bedeutet im Gegenzug, dass dieses vor rund 6 Milliarden anderen Menschen auf dieser Welt schlecht bis nicht geschützt ist. Er führt dazu, dass der eine Administrator, der ohnehin auf alles Zugriff hat, das Passwort nicht im Klartext lesen kann, während es jeder Praktikant oder Eindringling bei einem großen ISPs und Backbonebetreiber problemlos mitschreiben kann, wenn die Logindaten übertragen werden. Auch Arbeitskollegen oder Nachbarn im Internet-Cafe kriegen das Passwort quasi frei Haus geliefert. Nicht zuletzt könnte auch der Administrator das Passwort mitsniffen (ein einfaches `tcpdump` genügt), sollte die Mailserversoftware es im Debug-Modus nicht ohnehin freizügig loggen.
- Nutzer sollten sowieso angehalten werden, für unterschiedliche Anbieter und Dienste unterschiedliche Passwörter zu nutzen. Das mag manchem schwer zu vermitteln sein, doch sollte er sich dann nicht darüber aufregen, der Administrator würde nun sein „geheimes", auch an 50 anderen Stellen genutztes Passwort kennen ...

Das Passwort offen durch die Gegend zu senden, gleichzeitig aber vor dem Administrator verbergen zu wollen, kann also nur mit einem Denkfehler begründet werden. Einzig akzeptables Argument ist die Tatsache, dass ein Angreifer im Falle eines erfolgreichen Zugriffs auf die Userdatenbank in den Besitz aller Passwörter gelangt. Doch wie eben gezeigt, wäre der Besitz der MD5-Hashs durch einen Angreifer eine ebenso fatale Angelegenheit.

Wie sieht hier eigentlich das Risiko aus? Ist die Bedrohung durch normale Mitsniffer nicht erheblich größer und wahrscheinlicher? Wird ein Angreifer, der Zugriff auf den kompletten Userdatenbestand erlangt, nicht höchstwahrscheinlich bereits Zugriff auf den Authentifizierungsdienst oder den gesamten Mailbestand haben, so dass er ohnehin gar keine Passwörter mehr benötigt?

So erstrebenswert es ist, ein System bestmöglichst abzusichern, so wichtig ist es auch konkret zu schauen, *wo* die Bedrohung herkommt. Diese entsteht beim ganz normalen Transport der Daten durch das Netz, durch einen Sniffing-Angriff vom Nachbar-PC aus oder durch die allgemein schlechte Passwortqualität.

Darum empfiehlt es sich, in den (vermeintlich) sauren Apfel zu beißen, die Passwörter im Klartext zu speichern und den Nutzern die dadurch erhöhte (!) Sicherheit zu erklären. Setzen Sie umgekehrt alles daran, den Userdatenbestand vor unbefugtem Zugriff zu schützen – doch das müssen Sie ohnehin tun, denn auch gehasht gespeicherte Passwörter dürfen nicht in fremde Hände gelangen.

Wenn Sie sich entscheiden, die Passwörter im Klartext zu speichern, so vergessen Sie nicht, in `/etc/courier/imap` den Parameter `IMAP_CAPABILITY` anzupassen, damit Courier die sicheren Authentifizierungsverfahren anbieten kann:

```
IMAP_CAPABILITY="IMAP4rev1 UIDPLUS CHILDREN NAMESPACE THREAD=ORDEREDSUB
JECT THREAD=REFERENCES SORT QUOTA IDLE AUTH=CRAM-MD5 AUTH=CRAM-SHA1"
```

9.14 Die Wahl des Usernamens bei der Verwaltung mehrerer Domains

Wenn Sie mit Postfix oder anderen MTAs bereits einige Erfahrung gesammelt haben, kennen Sie sicher den Unterschied zwischen „echten" und „virtuellen" Domains. Postfix zum Beispiel unterscheidet, ob eine Domain in `mynetworks` oder in den Lookup-Tables `virtual_maps` bzw. `virtual_alias_domains` genannt wird.

Hintergrund dieses Vorgehens ist der Fakt, dass klassische Shell-Accounts, deren Daten in `passwd` und `shadow` gespeichert sind, stets nur aus einem

Usernamen, nie aber auch aus einem Domainpart bestehen. Das bringt natürlich Probleme mit sich, wenn man Accounts wie `info@` unter verschiedenen Domains abbilden muss.

Der klassische Weg besteht darin, diese Domains über besagte Virtual Maps auf „echte" Accounts weiterzuleiten. Die Software *Confixx* und *Plesq* zum Beispiel legen dafür unzählige Accounts im Stile von `web15p3` an: 15. Domain, 3. Postfach.[11] Diese Logindaten müssen die Nutzer in ihrem Mailclient als Usernamen für den POP3/IMAP-Zugang eintragen.

Genaugenommen können Sie die Accounts ganz beliebig benennen – auch eine bloße Nummerierung wie `1234567` wäre möglich, doch schön und leicht merkbar ist das nicht. Insbesonders, wenn Sie einmal aufräumen und alte Domains und Postfächer wieder löschen müssen, haben Sie kaum noch einen Durchblick, sofern Sie nicht extra eine weitere Datenbank mit den Zuordnungen pflegen.

Es geht aber bequemer: Auch wenn ursprünglich das `@` kein zulässiges Zeichen im Usernamen eines POP3/IMAP-Logins war, haben sich schon vor vielen Jahren alle aktuellen Clients daran gewöhnt, als Loginnamen eine vollständige Mailadresse anzugeben. Der Besitzer von `info@example.com` kann also bequem `info@example.com` in seinen Mailclient eintragen – und muss sich dann nur noch das Passwort merken.

Solche Usernamen lassen sich zwar nicht mehr über `passwd` und `shadow` abbilden, denn dort ist das `@` weiterhin unzulässig. Aber in MySQL, PostgreSQL und LDAP können Sie – ebenso wie in `userdb` – entsprechende Accounts anlegen.

Die entsprechenden Authentifizierungsmodule suchen aus der Datenbank/dem Verzeichnis mit Hilfe des Login-Namens den Datensatz heraus, der diesen Namen im ID-Feld trägt, und greifen dann auf Passwort, User- und Gruppen-ID und den Pfad zu den Mailverzeichnissen zu. Courier ist in diesen Fällen ein Account im klassischen Sinne egal – er besitzt alle Informationen, um das Passwort zu prüfen und um auf die Dateien zuzugreifen. Wenn Sie viele verschiedene Domains verwalten müssen, sind MySQL, PostgreSQL und LDAP daher den klassischen Shell-Accounts als Speicher für Userinformationen weit überlegen.

[11] Das muss nicht für die Qualität der Software sprechen.

10 Die Arbeit des Courier-Admins

Sobald die Authentifizierung funktioniert, erweist sich die Aufgabe, einen POP3-/IMAP-Server aufzusetzen, als überschaubar. Spannend wird es nochmal, wenn es darum geht, mit ein paar Tricks, Features und anderen Besonderheiten das Herz der Anwender zu erobern – oder sich das Leben als Administrator zu erleichtern.

10.1 Shared Folders

Bei von mehreren Usern gemeinsam genutzten Mailverzeichnissen, den Shared Folders, unterscheidet Courier zwei Arten: die virtuellen und die dateisystembasierten Shared Folders.

Virtuelle Shared Folders erlauben es, dass sich Nutzer gegenseitig über das IMAP-Protokoll Zugriffsrechte auf einzelne IMAP-Ordner geben. Die Nutzer benötigen dazu keinen Shell-Zugriff auf den Mailserver, da IMAP die Freigaben direkt unterstützt. Alle namhaften Clients haben diese Funktion.

Um Performance zu sparen, braucht Courier eine Konfigurationsdatei `/etc/courier/shared/index`, in der alle Accounts mit möglicherweise freigegebenen IMAP-Ordnern stehen, so dass hier etwas Konfigurationsarbeit anfällt. Mit ein paar Shellskripten lässt sich diese aber automatisieren. Ist alles sauber eingerichtet, erledigt das Courier-Skript `authenumerate` (siehe Seite 164) die Arbeit automatisch. Dateisystembasierte Shared Folders nutzen Symlinks und diverse „dreckige" (aber gut) funktionierende Tricks, um einzelne IMAP-Folder oder ganze Maildir-Strukturen in mehreren Accounts einzublenden. Dazu sind manuelle Eingriffe auf Dateisystemebene nötig, denn man muss die entsprechenden Dateirechte setzen.

Diese Art gemeinsam genutzter Mailverzeichnisse eignet sich darum nur bedingt für den automatisierten Einsatz mit virtualisierten Accounts oder bei Internet-Service-Providern, da Nutzer dort üblicherweise keinen Shell-Zugriff besitzen. Sie eignet sich für Server mit technisch versierten Nutzern, die vor (einfachen) Shell-Kommandos nicht zurückschrecken, also beispielsweise auf kleinen Arbeitsservern innerhalb einer überschaubaren Firma. Als „schneller Hack" sorgen sie für die eine oder andere Ausnahmeregelung – dazu muss aber stets der Administrator mit `root`-Rechten ran.

10.1.1 Virtuelle Shared Folders einrichten

In allen guten Mailclients können Nutzer Dritten über Access Control Lists (ACL) Zugriffsrechte für ihre IMAP-Ordner geben. Die anderen Nutzer werden dabei über ihren IMAP-Loginnamen identifiziert, der nicht zwangsweise mit der Mailadresse übereinstimmen muss.

Die Datei `courierimapacl`

Hat der Nutzer `paul@example.com` den Ordner `Testshare` über seinen Mailclient für `tux@example.net` freigegeben, so findet sich in `pauls` Maildir die Datei `courierimapacl`:

```
linux:/mail/example.com/paul/Maildir # cd .Testshare
linux:/mail/example.com/paul/Maildir/.Testshare # ls -la
insgesamt 24
-rw-r--r-- 1 10000 10000   78 2006-11-18 23:40 courierimapacl
drwx------ 2 10000 10000 4096 2005-10-18 00:56 courierimapkeywords
-rw-r--r-- 1 10000 10000   15 2006-01-12 22:39 courierimapuiddb
drwx------ 2 10000 10000 4096 2006-01-12 22:39 cur
-rw------- 1 10000 10000    0 2005-10-18 00:56 maildirfolder
drwx------ 2 10000 10000 4096 2005-10-18 00:56 new
drwx------ 2 10000 10000 4096 2006-11-19 19:48 tmp
linux:/mail/example.com/paul/Maildir/.Testshare # cat courierimapacl
owner aceilrstwx
administrators aceilrstwx
user=tux@example.net aceilprstwx
```

Tabelle 10.1 zeigt die in der ersten Spalte dieser Datei möglichen *Identifier*. Die beiden Einträge für owner und administrators müssen als Default-Wert in jeder courierimapacl-Datei vorhanden sein.

Tabelle 10.1: Rechtevergabe durch Identifier in der Datei courierimapacl

Schlüsselwort	**Erklärung**
owner	Der Besitzer dieses Folders
anyone	Jeder User
anonymous	Jeder User (identisch mit anyone)
user=*loginid*	Der User *loginid*
group=*name*	Alle User der Gruppe *name*
administrators	Alle User der Gruppe administrators (identisch mit group=administrators)

Über die Useroption group (siehe Kapitel 9.12 ab Seite 149) ist es möglich, einzelne Accounts Gruppen zuzuordnen. Den Mitgliedern einer Gruppe können dann an dieser Stelle gemeinsame Rechte zugewiesen werden. Das Ganze darf man übrigens nicht mit der Useroption sharedgroup verwechseln, denn beide Gruppentypen werden strikt getrennt betrachtet.

In der dritten Zeile des obigen Beispiels erhält tux@example.net alle nur denkbaren Rechte – Tabelle 2.1 auf Seite 38 verrät deren Bedeutung.

Dabei ist es übrigens ist auch möglich, einem Identifier durch ein vorangestelltes Minuszeichen einzelne Rechte wegzunehmen („negative Rechte"), beispielsweise wenn man einem Nutzer durch sehr großzügige Gruppen- oder anyone-Rechte mehr erlaubt hat als vorgesehen. Dabei wertet Courier erst alle positiven Rechtezuweisungen aus und zieht anschließend die negativen Rechte wieder ab – die Reihenfolge dieser Angaben innerhalb der Datei ist damit egal.

Das folgende Beispiel gibt allen Usern Lese- und Schreibrechte für das betroffene Verzeichnis – nur tux@example.net werden die Schreibrechte gleich wieder entzogen:

```
linux:/mail/example.com/paul/Maildir/.Testshare # cat courierimapacl
owner aceilrstwx
administrators aceilrstwx
-user=tux@example.net w
anyone=lrw
```

Allerdings hat Courier nun das Problem, dass die Zugriffsrechte im freigegebenen IMAP-Folder gespeichert sind, nicht aber in den Daten des hier beschenkten tux@example.net. Um die für ihn erreichbaren Verzeichnisse zu finden, müsste Courier sämtliche Maildirs aller Nutzer durchsuchen.

Die index-Datei

Das tut Courier auch wohl oder übel. Um den Aufwand dafür etwas einzuschränken, wertet der Server eine Datei namens `index` aus. Nur für die dort gelisteten Accounts wird geprüft, ob sie für andere Nutzer Zugriffsrechte auf IMAP-Verzeichnisse freigeben. So lässt sich die Anzahl der zu durchsuchenden Verzeichnisse drastisch minimieren.

Courier erwartet diese Datei als `/etc/courier/shared/index`, bei selbstkompiliertem Quellcode eventuell auch unter `/usr/local/etc/courier/shared/index`. Diese Datei enthält fünf Felder, die zwingend ausgefüllt sein müssen, ein sechstes Feld mit Useroptionen muss nicht unbedingt vorhanden sein:

```
freigabename uid gid home-verzeichnis maildir optionen
```

Letztendlich handelt es sich bei dieser `index`-Datei um einen auszugsweisen Dump der Userdatenbank, gleich, ob diese nun in der `passwd`, in einer SQL-Datenbank oder einem LDAP-Verzeichnis gespeichert ist. Courier benötigt derzeit nur die Felder *`freigabename`*, *`home-verzeichnis`* und *`maildir`*. Die Spalten *`uid`* und *`gid`* müssen vorhanden sein, werden aber nicht ausgewertet. Sie bereiten eventuellen zukünftigen Erweiterungen den Weg.

Bei jedem Login eines Nutzers durchsucht Courier alle `courierimapacl`-Dateien der hier genannten Maildir-Verzeichnisse. Das *`freigabename`*-Feld nutzt Courier also nur als Label, unter dem der Folder für die andere Clients angezeigt wird. Es hat darum erstmal nichts mit der Frage zu tun, wie die Login-ID des Maildir-Besitzers lautet. Üblicherweise steht an dieser Stelle aber der Username des jeweiligen Accounts. Auf dem Server, der die Konten von `paul@example.com` und `tux@example.com` enthält, sieht die `index`-Datei etwa wie folgt aus:

```
linux:/etc/courier/shared # cat index
tux     1001 500 /home/tux Maildir/
paul    1002 500 /home/paul Maildir/
```

Sie könnte auch folgenden Inhalt haben, wobei sich `tux` *nicht* als `cheffe` einloggen kann:

```
linux:/etc/courier/shared # cat index
cheffe  1001 500 /home/tux Maildir/
paul    1002 500 /home/paul Maildir/
```

Existieren die in der Datei `index` gelisteten Verzeichnisse nicht, führt das nicht zu Problemen. Courier übergeht die entsprechenden Einträge dann geflissentlich und zeigt die Freigaben nicht an. So lässt sich eine `index`-Datei auf mehreren Servern gleichzeitig nutzen, auch wenn diese Server jeweils nur einen Teil der Maildir-Verzeichnisse besitzen.

Courier trennt die für einen User verfügbaren Folders strikt von dessen eigenen IMAP-Ordnern. Virtuelle Shared Folders werden darum nicht unterhalb der `INBOX` aufgelistet, sondern stehen parallel dazu im Baum `#shared.`*`freigabename`*.[1] So werden Verwechslung und Namenskonflikte vermieden:

```
#shared.cheffe.Testshare
#shared.cheffe.Urlaub
```

Doch Vorsicht: Enthält der Loginname des Users einen Punkt oder einen Schrägstrich, zerstört er – als Label für die Freigabe verwendet – die Hierarchie des IMAP-Namensraums. Ein Eintrag wie

```
linux:/etc/courier/shared # cat index
# Vorsicht: Das funktioniert *NICHT*
paul.meier  1003 500 /home/paul Maildir/
```

würde zu Freigaben dieses Stils führen:

```
#shared.paul.meier.Testshare
```

Das Verzeichnis `meier` wäre dann ein Unterordner von `paul`! Courier versucht deshalb zu retten, was zu retten ist, und ersetzt Punkte und Schrägstriche einfach durch ein (zulässiges) Leerzeichen:

```
#shared.paul meier.Testshare
```

Doch auch hier besteht die Gefahr, dass die Namen nicht mehr eindeutig sind. Zudem kommt es vor, dass Courier nach solch eigenmächtigen Ersetzungsaktionen nicht mehr in der Lage ist, die Freigabeliste ordentlich zu berechnen. Er zeigt dann willkürlich große Teile derselben nicht mehr sauber an.

Selbst wenn Courier auch hier Punkte und Schrägstriche im Anzeigenamen durch ein Leerzeichen ersetzt, bleibt dieser Automatismus problematisch. Selbst wenn die Accounts vielleicht `paul.meier` oder `anna.gerber` heißen, sollte man in der ersten Spalte besser auf diese beiden Zeichen verzichten. Es geht ja nur um den Freigabenamen, nicht um die Frage, ob die eigentlichen Accountnamen weiterhin Punkte enthalten dürfen.

[1] Dateisystembasierte Shared Folders werden nicht unter **`#shared`**, sondern unter **`shared`** eingeblendet.

Wenn Sie also Usernamen mit Punkt oder Schrägstrich verwenden, beispielsweise weil Sie die komplette Mailadresse als Loginname nutzen, sollten Sie sich an dieser Stelle einen Workaround einfallen lassen und von vornherein saubere Labels in der `index`-Datei führen. Für `paul.meier` lässt sich beispielsweise der Anzeigename `paul-meier` nutzen. Allerdings besteht bei solcherlei Suchen-und-Ersetzen-Hacks stets die Gefahr, dass Freigaben Labels erhalten, die nicht mehr eindeutig sind.

Alternativ kann man in der Konfigurationsdatei des `imapd` den Parameter `IMAP_SHAREDMUNGENAMES` auf `1` setzen. Dann ersetzt Courier den unzulässigen `.` durch ein `\:` und den unzulässigen `/` durch ein `\;`. Das ist zwar nicht schön, aber eine brauchbare Lösung, die sich auszuprobieren lohnt.

Umlaute hingegen sind in IMAP-Foldernamen (und damit in den Freigabenamen) erlaubt. Sie müssen in dieser Datei UTF-8-kodiert werden.

Freigaben übersichtlich gruppieren

Wenn Sie eine größere Anzahl von Freigaben zu verwalten haben, kann eine große `index`-Datei mit allen Freigaben schnell unübersichtlich werden – sowohl für den Administrator als auch für den einzelnen Nutzer, der alle Freigaben als ellenlange Liste angezeigt bekommt.

Sie können Freigaben darum gruppieren und in eine separate Index-Datei auslagern. Solche Gruppen bekommen je einen speziellen Freigabenamen, der als zusätzliche Hierarchieebene eingeblendet wird.

Die Haupt-Index-Datei `index` enthält die Definition der Gruppennamen und den Verweis auf die jeweils einzulesende Index-Datei:

```
gruppenname * indexdateiname
```

Das Sternchen in der zweiten Spalte ist dabei als Sonderzeichen fest vorgegeben; an ihm erkennt Courier die Bedeutung der Zeile.

Eine aufgesplittete `index`-Datei kann zugleich Freigaben und weitere Gruppendefinitionen enthalten:

```
linux:/etc/courier/shared # cat index
mitarbeiter       *    index-mitarbeiter
praktikanten      *    index-praktikanten
freiemitarbeiter  *    index-freiemitarbeiter
bueroorga   1000 1000 /home/bueroorga Maildir
```

Die Freigaben in den Unterdateien folgen der üblichen Freigabensyntax:

```
linux:/etc/courier/shared # cat index-mitarbeiter
tux         1000 1000 /home/bueroorga Maildir
paul        1000 1000 /home/paul Maildir
geeko       1000 1000 /home/geeko Maildir
```

Die Hierarchie der freigegebenen IMAP-Verzeichnisse sieht dann folgendermaßen aus:

```
#shared.bueroorga.folder
#shared.mitarbeiter.tux.folder
#shared.mitarbeiter.paul.folder
#shared.mitarbeiter.geeko.folder
```

Verwechseln Sie diese Gruppen-Definition bitte nicht mit den im Anschluss vorgestellten *Shared Groups*! Solche in sich geschlossenen Freigabegruppen sorgen dafür, dass sich User verschiedener Shared Groups untereinander nicht mehr sehen können. Bei den eben erwähnten Gruppen können die Nutzer aus der Gruppe `mitarbeiter` sehr wohl alle Freigaben der Nutzer aus der Gruppe `praktikanten` oder `freiemitarbeiter` sehen. Die Gruppenzuordnung beeinflusst lediglich die Darstellung im IMAP-Namensraum und erlaubt die Zuweisung von ACL-Rechten für Gruppen (Kapitel 10.1.1 ab Seite 158).

In sich geschlossene Freigabegruppen

Wenn ein User sich alle in der `index`-Datei aufgelisteten Freigabenamen mitsamt einer Liste der IMAP-Folder anzeigen lassen kann, ganz gleich, ob ihm andere Nutzer in den `maildiracl`-Dateien dieser Freigaben überhaupt Zugriffsrechte erteilt haben, ist das datenschutzrechtlich durchaus bedenklich. Denn dann hat er die Möglichkeit, von den Freigaben Rückschlüsse auf Accountnamen zu ziehen, so dass ggf. die vollständige Userliste (Kundenliste?) frei einsehbar ist. Zudem erschließt sich ihm unter Umständen, welche Personen zu welcher Gruppe gehören.

Das mag in einer Firma mit unternehmensweitem Adressbuch egal sein, in einer Organisation oder einem ISP verstößt man so oft nicht tolerierbar gegen den Datenschutz.

Die Courier-Programmierer weigern sich allerdings hartnäckig, hier für Abhilfe zu sorgen. Grund seien angeblich Performanceprobleme, die auftreten sollen, wenn Courier alle `courierimapacl`-Dateien parsen muss. Ein etwas schwaches Argument, wenn die Alternative bedeutet, diese Freigaben ggf. *gar nicht* nutzen zu können. Mit einer Lösung des Problems ist nicht zu rechnen – es sei denn, jemand anderes schreibt den Patch ...

Zum Glück gibt es eine nicht perfekte, aber halbwegs brauchbare Lösung für das Problem: Die Einführung getrennter *Shared Groups* mit eigenen Index-Dateien über eine entsprechende Zuordnung in den Useroptionen (Kapitel 9.12 ab Seite 149). Ein Nutzer kann dann nur noch Freigaben seiner eigenen Shared Group sehen (sein sogenanntes *Universum*). Innerhalb seiner Shared Group sieht er allerdings nach wie vor sämtliche Freigabenamen – und auch sämtliche darin befindliche IMAP-Folder!

Noch ein weiteres Argument spricht für Shared Groups: Bei einer großen `index`-Datei muss Courier entsprechend viele Verzeichnisse durchsuchen. Diese Lösung skaliert bei mehreren Tausend Accounts oder sehr stark belasteten Servern mit vielen Logins schlecht. Gibt es für verschiedene Shared Groups jeweils eigene Index-Dateien, muss Courier entsprechend weniger Verzeichnisse durchsuchen.

Verwaltet man beispielsweise die Mailkonten für die drei Domains `example.com`, `example.net` und `example.org`, die drei verschiedenen Firmen und Organisationen gehören, könnte man alle Nutzer einer Domain zu jeweils einer eigenen Shared Group zusammenfassen. Dazu wird bei jedem einzelnen User eine Useroptionen im Stil von `sharedgroup=example.com` gesetzt. Dabei kann ein Nutzer jeweils nur *einer* Shared Group angehören.

Beim Login eines Nutzers stellt Courier dann fest, zu welcher `sharedgroup` der User gehört. Anschließend sucht der Server nach den Freigaben nicht mehr in der globalen Datei `index`, sondern in der speziellen Index-Datei der Shared Group. Diese hat einen fest vorgeschriebenen Dateinamen, bestehend aus dem Präfix `index` und dem Wert von `sharedgroup`. Ist für einen User die Option `sharedgroup=example.com` gesetzt, heißt die Datei `indexexample.com`; bei `sharedgroup=entwicklerteam` muss die Datei `indexentwicklerteam` heißen.

Die Index-Datei der Shared Group enthält wie auf Seite 160 beschrieben die Maildir-Verzeichnisse und ihre Freigabenamen:

```
linux:/etc/courier/shared # cat indexexample.com
info          1000 1000 /mail/example.com/info Maildir/
buchhaltung   1000 1000 /mail/example.com/buchhaltung Maildir/
paul          1000 1000 /mail/example.com/paul.meier Maildir/
geeko         1000 1000 /mail/example.com/geeko Maildir/
```

Da jeder User nur die Freigaben seiner eigenen Shared Group angezeigt bekommt, kann ein Freigabename nun auch in mehreren Shared Groups parallel vergeben werden. Auch für `example.org`-Konten darf es nun Einträge mit dem Label `info`, `buchhaltung` und `paul` geben:

```
linux:/etc/courier/shared # cat indexexample.org
info          1000 1000 /mail/example.org/info Maildir/
buchhaltung   1000 1000 /mail/example.org/buchhaltung Maildir/
paul         1000 1000 /mail/example.org/paul Maildir/
```

Unterlässt man es, für einen Account die `sharedgroup`-Option zu definieren, wertet Courier-IMAP für diesen die globale `index`-Datei aus.

Die `index`-Datei automatisch erzeugen

Wenn Sie Freigaben nur für ausgewählte Accounts zulassen wollen, möchten Sie die entsprechenden `index`-Dateien ggf. einfach per Hand pflegen.

Haben Sie jedoch die Absicht, es vielen oder fast allen Nutzern zu erlauben, anderen Nutzern Zugriffsrechte einzuräumen, so hilft das Programm `authenumerate`, das die `index`-Datei automatisch erzeugt.

Unter Nutzung der Authlib-Bibliothek, die Zugriff auf die vollständige Nutzerdatenbank besitzt, gibt `authenumerate` einen Dump aller Userdaten aus, den Sie in die Indexdatei umlenken können:

```
linux: # authenumerate > /etc/courier/shared/index
```

Das Programm ist leider schlecht bis gar nicht dokumentiert. Es kennt zwei Aufrufparameter: Mit `-o` gibt es die für die jeweiligen Accounts geltenden Useroptionen als sechste Spalte aus, darunter auch die `sharedgroup`-Angabe.

`authenumerate -s` listet nur die Accounts auf, für die Shared Folders erlaubt sind: Ist für einen Account die Useroption `disableshared` auf 1 gesetzt, wird er nicht mit ausgegeben.

Denken Sie auch daran, dass `authenumerate` die in den Parametern `MYSQL_ENUMERATE_CLAUSE`, `PGSQL_ENUMERATE_CLAUSE` und `LDAP_ENUMERATE_FILTER` (siehe Seite 142, 143 und 146) angegebenen Kommandos nutzt, um die Nutzerdaten auszulesen. Dieses Kommando kann die zu berücksichtigenden Accounts einschränken oder die Daten (insbesondere die in der ersten Spalte) von vornherein manipulieren.

Index-Dateien für Shared Groups automatisch erzeugen

Nutzen Sie Shared Groups, benötigen Sie zahlreiche, gruppenspezifische Index-Dateien. Das Tool `sharedindexplit` übernimmt die Aufgabe, eine globale `index`-Datei entsprechend aufzuteilen.

Enthält die Index-Datei (dank `authenumerate -o`) in der sechsten Spalte die Useroptionen, so ist darin verzeichnet, welcher User zu welcher Shared Group gehört. `sharedindexsplit` bereitet dann automatisch für jede Shared Group die passende Index-Datei vor. Das folgende Shellskript könnten Sie beispielsweise als regelmäßigen Cron-Job ausführen lassen:

```
#!/bin/sh
sysconfdir="/etc/courier"
sbindir="/usr/sbin"

# Reste vorheriger Durchläufe entfernen
rm -rf $sysconfdir/shared.tmp
mkdir $sysconfdir/shared.tmp || exit 1

# Temporäre Index-Datei mitsamt Useroptionen erzeugen
$sbindir/authenumerate -s -o >$sysconfdir/shared.tmp/.tmplist || exit 1
```

```
# Anhand von sharedgroup aufsplitten
$sbindir/sharedindexsplit $sysconfdir/shared.tmp <$sysconfdir/ \
shared.tmp/.tmplist  || exit 1

# Temporäre Datei löschen
rm -f $sysconfdir/shared.tmp/.tmplist

# Die fertigen Dateien nach $sysconf verschieben lassen
$sbindir/sharedindexinstall
```

Alternativ splittet `sharedindexplit` die Freigaben anhand der ersten *n* Zeichen in verschiedene Index-Dateien auf, sobald ihm diese Zahl als *zweiter* Aufrufparameter übergeben wird. Die Useroption `sharedgroup` wird dann ignoriert. Ein passendes Shellskript sähe dann wie folgt aus:

```
#!/bin/sh
sysconfdir="/etc/courier"
sbindir="/usr/sbin"

# Reste vorheriger Durchläufe entfernen
rm -rf $sysconfdir/shared.tmp
mkdir $sysconfdir/shared.tmp || exit 1

# Temporäre Index-Datei mitsamt Useroptionen erzeugen
$sbindir/authenumerate -s >$sysconfdir/shared.tmp/.tmplist || exit 1

# Anhand des ersten Zeichens aufsplitten
$sbindir/sharedindexsplit $sysconfdir/shared.tmp 1 <$sysconfdir/ \
shared.tmp/.tmplist  || exit 1

# Temporäre Datei löschen
rm -f $sysconfdir/shared.tmp/.tmplist

# Die fertigen Dateien nach $sysconf verschieben lassen
$sbindir/sharedindexinstall
```

Das von Courier mitgelieferte kleine Shellskript `sharedindexinstall` tut dabei nicht viel mehr, als die temporären Dateien gesammelt nach `/etc/shared` zu verschieben. Achten Sie darauf, ob es in `sysconfdir` die korrekte, zu benutzende Pfadangabe enthält:[2]

```
linux: # which sharedindexinstall
/usr/sbin/sharedindexinstall
linux: # cat /usr/sbin/sharedindexinstall
#! /bin/sh
# $Id: sharedindexinstall.in,v 1.1 2004/01/11 02:47:33 mrsam Exp $
#
```

[2] Die zuvor gesetzte Variable `prefix` ist in der hier gezeigten Version 1.1 vom 11. Januar 2004 überflüssig, da sie im Skript gar nicht benutzt wird.

```
# Copyright 2004 Double Precision, Inc.
# See COPYING for distribution information.
#
# Sample script to safely update shared folder index files.

prefix="/usr"
sysconfdir="/etc/courier"
[...]
```

Shared Folders abonnieren

Meist müssen IMAP-User freigegebene Ordner explizit abonnieren, damit ihr Client diese auch anzeigt (siehe Kapitel 2.2.4 ab Seite 43).

Manche Mailclients wie KMail (Abbildung 10.1) erfragen vom Server über das IMAP-Protokoll den benutzten Namensraum für persönliche Ordner (`INBOX.*`) bzw. für virtuelle Shared Folders (`#shared.*`), um die Verzeichnisse besser anzeigen zu können. Wenn das der Fall ist, finden Sie dazu ggf. Einstellungen bei der Verwaltung der IMAP-Konten.

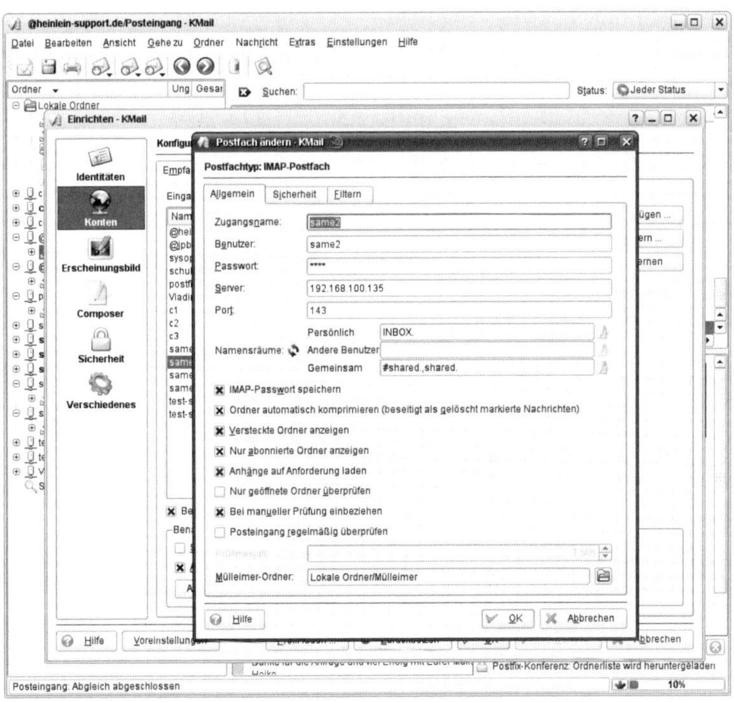

Abbildung 10.1: KMail fragt den IMAP-Namensraum automatisch ab, um die Ordner besser anzuzeigen.

10.1.2 Dateisystembasierte Shared Folders einrichten

Sind Ihre Nutzer technisch etwas versierter und haben Shell-Accounts auf dem Server, können Sie dateisystembasierte Shared Folders anbieten. Dabei regeln ausschließlich die Dateizugriffsrechte der Maildir-Verzeichnisse, wer worauf Zugriff hat.

Damit User `geeko` dem Nutzer `tux` nicht ins Maildir schauen darf, muss `tux` dafür sorgen, dass nur er als Besitzer des Maildirs Lese- und Schreibrechte hat:

```
tux@linux:~$ ls -lad Maildir/
drwx------ 6 tux   users 4096 10. Mär 22:30 Maildir/
```

Verändert er nun die Dateirechte seines Maildir-Verzeichnisses bzw. einzelner darin liegender IMAP-Folder, können andere Nutzer auf den Inhalt zugreifen. Courier lässt sich mit einigen Handgriffen so umbauen, dass er freigegebene Maildir-Verzeichnisse anderen Nutzern zum Abonnieren per IMAP anbietet.

Dabei gilt es, zwei Begriffe zu unterscheiden: Ein *Shareable Maildir* ist ein spezielles Maildir, das etwas offenere Zugriffsrechte hat, so dass auch andere Nutzer „hineinsehen" können. Es sollte sich dabei also nicht um das echte Maildir eines Nutzers handeln (auch wenn das technisch geht). Stattdessen kann ein Nutzer ein beliebiges zusätzliches Verzeichnis in seinem Home-Directory als *Shareable Maildir* anlegen.

Ordner *in* einem Shareable Maildir heißen *Shared Folder*. Diese können von anderen Nutzern abonniert werden.

Möchte `tux` einen Shared Folder für seine Kollegen bereitstellen, hält er diese aus Sicherheitsgründen von seinem Maildir fern und legt stattdessen mit `maildirmake` ein separates Shareable Maildir mit offenen Zugriffsrechten an. Der Parameter `-S` teilt dem Programm mit, dass es ein Sharable Maildir erstellen soll:

```
tux@linux:~$ maildirmake -S Maildir-Shared
tux@linux:~$ ls -lad Maildir*
drwx------ 7 tux   users 4096 11. Mär 17:31 Maildir
drwxr-xr-x 9 tux   users 4096 11. Mär 17:25 Maildir-Shared
tux@linux:~$
```

Der einzige Unterschied zwischen beiden Maildirs: die Dateirechte, sonst nichts. Damit hat `tux` auch schon seine Schuldigkeit getan, der Rest ist jetzt Sache seiner Kollegen.

Diese können sich in ihrem Maildir eine Datei `shared-maildirs` anlegen, in der sie unter beliebig wählbaren Namen die jeweiligen Pfade zu den verschiedenen, für sie verfügbaren Maildirs anderer Nutzer eintragen:

```
geeko@linux:~$ cd Maildir
geeko@linux:~/Maildir$ cat shared-maildir
tux      /home/tux/Maildir-Shared
paul     /home/paul/Maildir2
gruppe   /home/gruppe/Maildir-Gruppenzugriff
```

Mehr ist auf Datei-/Systemebene nicht zu tun. Den Rest erledigt Courier am besten selbst, wenn jemand die verschiedenen Ordner über das IMAP-Protokoll abonniert. So kann `geeko` nun beim nächsten Login verschiedene zusätzliche Ordner abonnieren, die ihm im Namensraum `shared` zur Verfügung stehen.[3] Um diese besser auseinanderhalten zu können, ergänzt Courier die in der `shared-maildirs`-Datei gewählten Kurznamen der verschiedenen Maildirs:

```
shared.tux.*
shared.paul.*
shared.gruppe.*
```

Im Hintergrund verwaltet Courier die ganze Angelegenheit unbemerkt über Symlinks. Dazu legt er im Maildir von `geeko` einen weiteren Ordner `shared-folders` an, der anders als `geeko`s normale IMAP-Folder *nicht* mit einem Punkt beginnt. In diesem Shared Folder finden sich dann die drei Kurznamen als Verzeichnisse wieder:

```
geeko@linux:~/Maildir$ ls -l
drwx------ 2 geeko users 4096 10. Mär 22:35 courierimapkeywords
-rw-r--r-- 1 geeko users  187 10. Mär 22:19 courierimapuiddb
drwx------ 2 geeko users 4096 10. Mär 22:24 cur
drwx------ 2 geeko users 4096 10. Mär 22:19 new
drwx------ 3 geeko users 4096 11. Mär 17:27 shared-folders
-rw-r--r-- 1 geeko users   27 11. Mär 17:26 shared-maildirs
drwx------ 2 geeko users 4096 11. Mär 19:17 tmp
geeko@linux:~/Maildir$ cd shared-folders
geeko@linux:~/Maildir/shared-folders$ cd shared-folders
geeko@linux:~/Maildir/shared-folders$ ls -l
drwx------ 6 geeko users 4096 11. Mär 17:27 paul
drwx------ 6 geeko users 4096 11. Mär 17:27 tux
drwx------ 6 geeko users 4096 11. Mär 17:27 gruppe
```

Hat `geeko` von `tux` einen Ordner namens `Party` abonniert, legt Courier das Maildir `tux/Party` an. Dieses enthält die üblichen Maildir-Verzeichnisse `cur`, `new` und `tmp`, darüber hinaus jedoch noch einen Symlink auf das eigentliche Maildir von `tux`:

```
geeko@linux:~/Maildir/shared-folders$ ls -l tux/Party
insgesamt 24
```

[3] Virtuelle Shared Folders hingegen stünden unter `#shared` zur Verfügung.

```
drwx------ 2 geeko users 4096 11. Mär 17:30 courierimapkeywords
-rw-r--r-- 1 geeko users  234 11. Mär 17:30 courierimapuiddb
drwx------ 2 geeko users 4096 11. Mär 17:30 cur
drwx------ 2 geeko users 4096 11. Mär 17:30 new
lrwxrwxrwx 1 geeko users   32 11. Mär 17:27 shared -> /home/tux/Maildir-
Shared/.Party
-rw------- 1 geeko users    1 11. Mär 17:30 shared-timestamp
drwx------ 2 geeko users 4096 11. Mär 17:30 tmp
```

Loggt sich geeko ein, vergleicht Courier jedes Mal den Inhalt von shared/cur mit cur – und legt für jede Datei im Originalverzeichnis von tux einen Symlink ins entsprechende cur-Verzeichnis von geeko:

```
geeko@linux:~/Maildir/shared-folders$ cd tux/Party
geeko@linux:~/Maildir/shared-folders/tux/Party$ ls -l shared/cur
-rw-r--r-- 1 tux   users  3737 11. Mär 17:30 1173630626.M516761P6734V000
0000000000302I000102C8_6.couriertest,S=3737:2,S
-rw-r--r-- 1 tux   users  3795 11. Mär 17:30 1173630626.M900691P6734V000
0000000000302I000102D0_7.couriertest,S=3795:2,S
-rw-r--r-- 1 tux   users  5052 11. Mär 17:30 1173630627.M359308P6734V000
0000000000302I000102D1_8.couriertest,S=5052:2,S
geeko@linux:~/Maildir/shared-folders/tux/Party$ ls -l cur
insgesamt 12
lrwxrwxrwx 1 geeko users 111 11. Mär 17:30 1173630626.M516761P6734V00000
00000000302I000102C8_6.couriertest,S=3737:2, -> /home/tux/Maildir-Shared
/.groupwrite/cur/1173630626.M516761P6734V0000000000000302I000102C8_6.cou
riertest,S=3737:2,S
lrwxrwxrwx 1 geeko users 111 11. Mär 17:30 1173630626.M900691P6734V00000
00000000302I000102D0_7.couriertest,S=3795:2, -> /home/tux/Maildir-Shared
/.groupwrite/cur/1173630626.M900691P6734V0000000000000302I000102D0_7.cou
riertest,S=3795:2,S
lrwxrwxrwx 1 geeko users 111 11. Mär 17:30 1173630627.M359308P6734V00000
00000000302I000102D1_8.couriertest,S=5052:2, -> /home/tux/Maildir-Shared
/.groupwrite/cur/1173630627.M359308P6734V0000000000000302I000102D1_8.cou
riertest,S=5052:2,S
```

Ab jetzt kann geeko diesen IMAP-Folder wie seine anderen Postfächer nutzen – vorausgesetzt, er hat die entsprechenden Dateirechte. Räumt tux ihm nur Leserechte ein, fehlen geeko die Dateirechte für Schreiboperationen, so dass er keine Mails löschen oder hinzufügen kann.

Auch die Zugriffsrechte bewegen sich in dem engen Rahmen, den die Zuordnung zur User- und Gruppen-ID auf Systemebene vorgibt. Der Besitzer des Maildirs kann demnach Lese- und Schreibrechte nur für seine Benutzergruppe bzw. für alle Nutzer des Servers freigeben – nicht aber gezielt für einzelne Accounts.

Zu guter Letzt dürfen Sie auch hier nicht vergessen, dass Clients die nun verfügbaren neuen Verzeichnisse ggf. erst noch abonnieren müssen.

10.2 Quotas

Startet man eine Umfrage, welche Fähigkeiten eines IMAP-Servers den Admins wichtig sind, findet sich unter den ersten Plätzen stets auch das Stichwort „Quotas“. Auf der einen Seite ist das verständlich: Die stete Angst, dem ständig steigenden Datenvolumen nicht mehr Herr werden zu können, trägt ebenso dazu bei wie die leidvollen Erfahrungen, dass zu viele Nutzer zu sorglos mit der Technik und der genutzten Infrastruktur umgehen und gerne vergessen, dass sich „ein paar GB“, die auf dem Heim-PC nicht weiter erwähnenswert sind, in Firmen-Netzwerken oder auf ISP-Servern bei einigen Hundert oder Tausend Nutzern zu immensen Datenmengen summieren, die kaum noch handhabbar sind bzw. für deren Speicherung in einer besser gesicherten Umgebung enorme Kosten entstehen.

Andererseits lohnt sich durchaus die Frage, ob und wann Quotas tatsächlich sinnvoll sind, und ob sie nicht häufig mehr schaden als nutzen. Denn in den meisten Fällen haben die Server mehr als genug Plattenplatz. Sicher – Quotas werden eingerichtet, um Einzelne zu bremsen, denn wenn *alle* soviel Platz verbrauchen *würden*, dann *würde* der Platz nicht mehr reichen. Mails werden also vorauseilend geblockt, obwohl der Server sie noch problemlos verarbeiten könnte.

Geringe Quota-Grenzen laden zudem zu Denial-of-Service-Angriffen ein: Freitagabend nach Dienstschluss wird der Account geflutet, und bis der Schaden am Montagmorgen bemerkt wird, werden alle anderen Mails (möglicherweise zahlender Kunden) abgeblockt.

Solange der Mailserver größere Mengen freien Plattenplatzes hat, gefährdet das Fehlen von Quotas das System nicht. Quotas hin oder her, überwachen auch MTAs wie Postfix den noch freien Plattenplatz und verweigern rechtzeitig vor dem Volllaufen einer Platte die Annahme weiterer E-Mails. Die Überwachung des Servers und des freien Platzes ist auch beim Einsatz von Quotas notwendig, denn diese sind in der Praxis häufig so großzügig bemessen, dass die Summe der Quotas *aller* Nutzer zusammen die Größe des Plattenplatzes übersteigt und damit nicht vor einer voll laufenden Serverplatte schützt.

Auch ohne Quotas brauchen Sie die Kontrolle nicht abgeben: Ein kleines Shellskript, das die Postfachgröße einzelner Nutzer ermittelt, ist schnell geschrieben: Ein `du -s *` im Hauptverzeichnis der Maildirs reicht bereits aus; ein `| sort` zeigt die Postfächer mit dem größten Plattenverbrauch an. Der Rest ist mündliche Verwarnung und die persönlich vorgetragene Bitte, das Verzeichnis aufzuräumen, oder das automatische Versenden von Warn-Nachrichten an den User. Dieses Vorgehen hat oft größeren Erfolg bei den Usern als das Sperren des Accounts, das meist böses Blut schafft.

Eine sehr interessante Idee ist auch die Sperre des SMTP-*Versands*, wenn ein Nutzer seine Quota-Einstellungen überschreitet. Mit den erwähnten

Überwachungsskripten lässt sich diese schnell initiieren. Während klassische Quota-Bounces einen unschuldigen Absender treffen und diesem Mehraufwand und Ärger einbrocken, trifft die SMTP-Sperre empfindlich den Accountbesitzer als eigentlich Schuldigen. Er kann bei Überschreiten seiner Quotas keine neuen E-Mails mehr versenden.

Nicht nur, dass diese Sanktion häufig eindrucksvolle Wirkung zeigt, Sie können auch davon ausgehen, dass der Verursacher Quota-Überschreitungen schneller bemerkt. Bei klassischen Quota-Bounces erfährt er von seinem Problem oft genug reichlich spät – wenn die ersten Absender anfangen, sich zu beschweren.

Am sinnvollsten ist die Kombination beider Quota-Sanktionen: Frühzeitig den Mailversand verweigern und beim Erreichen eines weiteren Limits keine neuen E-Mails mehr annehmen, damit tote Accounts nicht über Jahre hinweg voller und voller werden.

Im Free-E-Mail-Bereich können Quotas durchaus dem Missbrauch der Postfächer vorbeugen. Davon abgesehen empfiehlt sich das Abwägen des Für und Wider: Für Firmen mag es eventuell peinlich sein, wenn übervolle Postfächer der Mitarbeiter zu Quota-Bounces an externe Absender führen.

10.2.1 Quotas für Courier

Courier erlaubt Quotas auf zwei Ebenen: Auf Dateiebene nutzt der Server die Quotafähigkeit des Linux-Kernels und erfordert darum Useraccounts mit jeweils eigener User-ID. Das hat den Vorteil, dass die Quotas nichts mit dem Mailsystem zu tun haben, sondern einfach dadurch durchgesetzt werden, dass der Mailserver neue Mails nicht mehr abspeichern kann, was zum gewünschten Bounce führt.

Das Maildir++-Format erlaubt Quotas, die Courier selbst auswertet. Allerdings muss auch der abspeichernde *Mail Delivery Agent* (MDA) die in diesem Format abgelegten Quota-Dateien berücksichtigen – was `maildrop`, `procmail`, `local` und `deliverquota` auch tun. Einige wenige MDAs können dies derzeit nur mit einem Extra-Patch, beispielsweise der für MySQL- und LDAP-Nutzer prädestinierte MDA `virtual` von Postfix.[4]

Quotas auf Dateiebene

Sofern Sie nicht mit virtuellen, sondern mit echten Shell-Accounts arbeiten, können Sie auch ganz normale Dateisystemquotas benutzen. Da E-Mails unter der User-ID des Nutzers gespeichert werden, werden sie seinen Quotas zugerechnet, und bei Überschreitung der zulässigen Menge verbietet das System dem Mailserver das Speichern weiterer E-Mails.

[4] `http://vda.sourceforge.net`

Dieser erkennt solche Schreibfehler normalerweise als temporäre Fehler. Mails gehen also erstmal nicht verloren, sondern verbleiben in der Mailqueue des Mailservers, der weiterhin versucht, sie lokal auf die Festplatte zuzustellen. Erst nach Ablauf der maximalen Verweildauer in der Queue werden diese Mails als unzustellbar an den Absender zurückgesendet. Bei Postfix liegt der Default von `maximum_queue_lifetime` bei fünf Tagen.

Je nach Kernel-Version unterscheidet sich das Vorgehen beim Aufsetzen von Quotas auf Dateiebene etwas – sowohl, was die Namen der nötigen Befehle als auch der zu ändernden Dateien betrifft. Die folgenden Ausführungen sollten für 2.4.x und 2.6.x gleichermaßen gelten.

Zunächst muss man dem `mount`-Befehl mit den Optionen `usrquota` und `grpquota` mitteilen, dass für die entsprechende Partition Quotas auf User- bzw. ggf. auch auf Gruppen-Ebene aktiviert werden sollen. Dazu ergänzt man sinnvollerweise den passenden `/etc/fstab`-Eintrag:

```
/dev/sda5  /var/maildir  ext3  defaults,usrquota    1    1
```

Beachten Sie, dass Quotas vom Dateisystem unterstützt werden müssen – bei Ext2, Ext3 und ReiserFS ist das der Fall. Danach müssen Sie die Partition neu mounten:

```
linux: # mount -o remount /var/maildir
```

Als nächstes erzeugen Sie einmalig die Quota-Datenbank neu, um die bereits vorhandenen Dateien auf all den Partitionen zu erfassen und einzurechnen, die mit der `usrquota`- oder `grpquota`-Option gemountet wurden:

```
linux: # quotacheck -avug
```

Auf der obersten Ebene der Quota-Partition (hier: `/var/maildir`) sollten Sie nun die Dateien `aquota.user` und/oder `aquota.group` finden. Bei alten Kernel-Versionen heißen diese Dateien `quota.user` bzw. `quota.group`.

Die schönste Mount-Option nützt nichts, wenn Quotas als solche im Kernel deaktiviert sind. Die Kommandos `quotaon` und `quotaoff` schalten diese Funktionalität an bzw. aus:

```
linux: # quotaon
```

Mit dem Befehl `edquota`, gefolgt von einem Benutzernamen, lassen sich die Quotas für den betreffenden Benutzer setzen:

```
linux: # edquota geeko
Disk quotas for user geeko (uid 1000):

Filesystem     blocks     soft     hard     inodes     soft     hard
/dev/sda5          74        0        0         23        0        0
```

Die zweite Spalte zeigt die derzeit von User `geeko` verbrauchten Blöcke auf dieser Partition an. Dieser Wert lässt sich nicht verändern, denn er wird durch die abgelegten Dateien bestimmt. Die beiden folgenden Spalten geben die Soft- und Hardlimits des Nutzers in Blöcken an. Die Grenze des Softlimits darf der Nutzer kurzzeitig überschreiten, doch beim Erreichen des gesetzten Hardlimits ist unweigerlich Schluss.

Da nicht nur die Anzahl freier Datenblöcke knapp werden kann, sondern auch die Anzahl der noch nicht belegten Inodes endlich ist, können auch diese mit Quotas belegt werden. Spalte fünf zeigt den derzeitigen Verbrauch an, die Spalten sechs und sieben erlauben wieder Korrekturen, diesmal an den Soft- und Hardquotas für Inodes.

Um die Quotas eines Nutzers anzupassen, müssen Sie demnach nur die jeweiligen Spalten editieren. Die Angabe einer 0 bedeutet, dass keine Quotas gesetzt sind. Das folgende Beispiel setzt ein Softlimit von 5000 KB und ein Hardlimit von 7500 KB, da die Default-Blockgröße derzeit 1024 Bytes beträgt.

```
Disk quotas for user geeko (uid 1001):
Filesystem     blocks     soft     hard     inodes     soft     hard
/dev/hda5          74     5000     7500         23        0        0
```

Der Befehl `repquota` erlaubt das Auslesen aller Quotas:

```
linux: # repquota -a
*** Report for user quotas on device /dev/sda5
Block grace time: 7days; Inode grace time: 7days
                        Block limits                File limits
User            used    soft     hard  grace    used  soft  hard  grace
----------------------------------------------------------------------
root       -- 2443081      0        0          99647     0     0
lp         --      55      0        0             18     0     0
mail       --       1      0        0              1     0     0
news       --       1      0        0              6     0     0
uucp       --       1      0        0              2     0     0
games      --    6993      0        0            179     0     0
man        --    1302      0        0            999     0     0
at         --       1      0        0              3     0     0
wwwrun     --       1      0        0              1     0     0
postfix    --       2      0        0             39     0     0
ntp        --      17      0        0              5     0     0
mdnsd      --       1      0        0              6     0     0
messagebus --       1      0        0              1     0     0
```

```
haldaemon   --      1       0       0              1     0     0
nobody      --      1       0       0              1     0     0
geeko       --     74    5000    7500             23     0     0
```

Sofern Ihre Nutzer Shell-Zugriff auf den Mailserver haben, können sie sich mit dem Befehl `quota` über den aktuellen Stand informieren:

```
user@linux:~$ quota
Disk quotas for user peer (uid 1001):
     Filesystem  blocks   quota   limit   grace   files   quota   limit
grace
      /dev/hda5      74    5000    7500              23       0       0
```

Quotas dank Maildir++

Dateisystemquotas sind oftmals unnötig, denn das von Courier erweiterte Maildir-Format sieht eigenständige Quotas vor. Zu den drei Unterverzeichnissen `cur`, `new` und `tmp`, die ein von `maildirmake` erstelltes generisches `Maildir`-Verzeichnis bevölkern, kommen einige Courier-eigene Zusatzdateien hinzu, die man als Maildir++-Erweiterung bezeichnet, darunter auch solche zum Verwalten von Quotas.

Über den `maildirmake`-Aufrufparameter `-q` kann man Quotas in einem *bestehenden* Maildir-Verzeichnis aktivieren. Dabei lässt sich eine maximale Postfachgröße in Bytes angegeben und/oder eine maximal erlaubte E-Mail-Anzahl: `maildirmake -q 10000000S,1000C` */pfad/zu/*`Maildir` richtet eine Quota von knapp 10 MB, bzw. 10 000 000 Bytes ein (das `S` steht für *size*) und erlaubt darüber hinaus maximal 1000 Nachrichten (das `C` steht für *count*). Die Quotas greifen, wenn eine der beiden Grenzen überschritten wird.

Wie üblich regelt Courier seine Einstellungen in kleinen ASCII-Dateien:

```
linux:/home/tux # su tux -c "maildirmake Maildir"
linux:/home/tux # ls -la Maildir
total 20
drwx------  5 tux  users  4096 Jul 28 22:11 .
drwxr-xr-x  8 tux  users  4096 Jul 28 22:11 ..
drwx------  2 tux  users  4096 Jul 28 22:11 cur
drwx------  2 tux  users  4096 Jul 28 22:11 new
drwx------  2 tux  users  4096 Jul 28 22:11 tmp
linux:/home/tux # maildirmake -q 10000000S,1000C Maildir
linux:/home/tux # ls -la Maildir
total 24
drwx------  5 tux  users  4096 Jul 28 22:12 .
drwxr-xr-x  8 tux  users  4096 Jul 28 22:11 ..
drwx------  2 tux  users  4096 Jul 28 22:11 cur
-rw-r--r--  1 tux  users    36 Jul 28 22:12 maildirsize
drwx------  2 tux  users  4096 Jul 28 22:11 new
drwx------  2 tux  users  4096 Jul 28 22:12 tmp
```

Man kann die Datei `maildirsize` bei leeren Maildir-Verzeichnissen genausogut per Hand anlegen und später auch editieren, um die Größe der Quotas anzupassen:

```
linux:/home/tux # cat Maildir/maildirsize
10000000S.1000C
           0            0
```

Anders sieht die Datei `maildirsize` aus, wenn sich in diesem Maildir zum Zeitpunkt der Quotaaktivierung bereits einige Mails befanden. Dann fertigt `maildirmake` eine Bestandsaufnahme des bereits belegten Plattenplatzes an und protokolliert den genutzten Platz in der Datei `maildirsize`.

Werden neue Nachrichten ins Maildir-Verzeichnis geschrieben, führt die Datei `maildirsize` nun eine Art Quota-Protokoll: In der ersten Spalte wird die Veränderung des belegten Platzes notiert, in der zweiten Spalte die Anzahl der hinzugekommenen bzw. gelöschten Nachrichten. Dabei addiert Courier nicht etwa die vorhandenen Werte, stattdessen fügt jede Software in je einer Logzeile hinzu, welchen Platz und wieviele Mails sie in Anspruch genommen hat. Negative Werte bedeuten dabei, dass eine Nachricht gelöscht und dass das entsprechende Volumen wieder freigegeben wurde.

Hätte `tux` nun zwischenzeitlich einige Nachrichten bekommen, sähe seine `maildirsize`-Datei demnach wie folgt aus:

```
linux:/home/tux # cat Maildir/maildirsize
10000000S.1000C
           0            0
         523            1
       37909            1
        2039            1
       12976            1
       -2039           -1
```

Wenn eine Software die Quotas eines Nutzers überprüfen möchte, entnimmt sie aus der ersten Zeile die gültigen Einstellungen und addiert die Werte aller weiteren Zeilen. Dies ergibt den belegten Platz bzw. die Anzahl genutzter Files.

Diese Liste wird im Laufe der Zeit natürlich immer länger und spätestens nach ein paar tausend oder zehntausend empfangenen Nachrichten würde die Quota-Berechnung auf diese Art und Weise zuviel Rechenzeit verschwenden. Daher geht Courier von Zeit zu Zeit – üblicherweise alle 15 Minuten – durch alle Maildirs und berechnet die `maildirsize`-Datei anhand der gespeicherten E-Mails komplett neu. Sie zeigte für `tux` 51408 Bytes in drei Dateien:

```
linux:/home/tux # cat Maildir/maildirsize
10000000S.1000C
       51408            3
```

Diese Form der Quota-Überwachung setzt also voraus, dass jede Software, die auf das Maildir schreibend zugreift, die Datei `maildirsize` versteht, auswertet und neu hinzugekommene Mails dort protokolliert. Das bedeutet, dass die Software nicht nur mit Maildir klarkommt (das können alle), sondern auch mit den nachträglich hinzugefügten Erweiterungen von Maildir++.

Courier kann das natürlich – doch der IMAP-Server ist ja nicht der einzige, der darauf schreibend zugreift: Auch der MTA speichert die neu hinzugekommenen Mails ab, und wenn Shell-Accounts vorhanden sind, kann es sogar sein, dass das lokal laufende Mailprogramm direkt auf das Maildir zugreift und nicht den Weg über IMAP geht – `pine`, KMail und andere Clients können das. Wird die Datei `maildirsize` dabei nicht ausgewertet, können Quotas überschritten werden, ohne dass es erstmal auffällt.

Prinzipiell ist das nicht weiter schlimm, denn sobald Courier routinemäßig die `maildirsize`-Datei aufräumt, berechnet er die Quotas über alle Mails neu und erfasst alles korrekt.

Es bleibt jedoch ein Problem: Die wichtigste Komponente bei der Quota-Überwachung ist nicht der IMAP-Server. Über den können zwar auch Mails hochgeladen werden, die das Datenvolumen vergrößern, allgemein aber sorgt eine IMAP-Sitzung doch eher dafür, dass irgendetwas gelöscht und damit freigegeben wird.

Viel entscheidender ist also der MTA, also Postfix, QMail, Exim. Denn sollten die Quotas überschritten sein, obliegt es doch gerade ihm, für diese Accounts keine weiteren Mails anzunehmen bzw. abzuspeichern! Dazu müsste er eben `maildirsize` erkennen und auswerten, sonst greifen Quotas nie. Courier erfasst und berechnet zwar nach und nach alles – aber wer zieht die Notbremse?

10.2.2 Quotas und der MDA

Fast alle MTAs bringen separate kleine Programme mit, die die E-Mails im Filesystem abspeichern, die sogenannten *Mail Delivery Agents* (MDA): Postfix nutzt bevorzugt `local` oder `virtual`; die bekanntesten freien MDAs sind `procmail` (beliebt wegen seiner Filterfunktionen) und `maildrop` (der MDA des Courier-Projekts). Diese MDAs sind prinzipiell austauschbar.

Dabei unterstützen nicht alle MDAs Quotas, da diese Fähigkeit in der ursprünglichen Maildir-Definition nicht vorgesehen war, sondern stattdessen zur erweiterten Definition *Maildir++* gehört: Die freien MDAs `local`, `procmail` und `maildrop` können Quotas von Haus aus; `virtual` braucht dafür etwas Nachhilfe durch den sogenannten VDA-Patch (siehe unten).

Wenn Sie Maildir++-Quotas einsetzen, schauen Sie also nach, ob der MDA Ihres MTAs diese auch beherrscht, sonst kann es nicht klappen. Ggf. müssen Sie den MDA gegen ein anderes Programm austauschen: Wer die Datei im Speicherformat Maildir auf die Platte speichert, ist letztlich egal.

`virtual` um Maildirquotas erweitern

Konflikte gibt es dann, wenn Sie zugleich auch auf spezielle Fähigkeiten des ursprünglich genutzten MDAs angewiesen sind: Der Postfix-MDA `virtual` bietet beispielsweise die Möglichkeit, alle Userdaten inklusive der Maildir-Pfade bequem in MySQL-Datenbanken oder LDAP-Verzeichnissen abzuspeichern. `virtual` kann jedoch keine Quotas – und ein Austausch gegen `maildrop` ist teilweise nicht so einfach möglich.

Allerdings existiert für `virtual` mittlerweile ein eigener Patch, VDA-Patch genannt.[5] Dann allerdings müssen Sie Postfix bzw. das `virtual`-Modul selber kompilieren. Wenn Sie kein vollständig selbstgebautes Postfix einsetzen wollen, ergänzen Sie Ihr Produktivsystem um ein gepatchtes `virtual`-Programm, das sie anderswo kompiliert haben und das Sie *parallel* zur ungepachten Version aus dem Distributionspaket betreiben, um den Update-Mechanismus Ihrer Distribution nicht auszuhebeln. Nennen Sie die gepatchte Fassung z. B. `virtual-quota`, und kopieren Sie sie zu den Postfix-Modulen (üblicherweise nach `/usr/lib/postfix`). Anschließend ändern Sie den Modulaufruf in `/etc/postfix/master.cf`, in dem Sie in der Zeile

```
virtual   unix  -       n       n       -       -       virtual
```

den Namen des zu verwendenden MDAs austauschen:

```
virtual   unix  -       n       n       -       -       virtual-quotas
```

Der MDA `deliverquota`

Der MDA `deliverquota` aus dem Courier-Projekt unterstützt selbstredend Maildirquotas. Er erwartet die Mail auf der Standardeingabe und als Aufrufparameter den absoluten oder relativen Pfad zu dem Verzeichnis, in dem die Mail abgespeichert werden soll:

```
linux: # cat maildatei | deliverquota /home/tux/Maildir
```

Dient `deliverquota` dem MTA als Hilfsprogramm, ist es nicht sinnvoll, einen festen Pfad zum Maildir, in dem die Mail abgespeichert wird, anzugeben, sonst könnten Sie nur Mails an ein einzelnes Postfach zustellen. Schauen Sie stattdessen, welche Variable(n) Ihr MTA anbietet, bzw. nutzen Sie die Tilde als Platzhalter für das Home-Verzeichnis.

[5] `http://vda.sourceforge.net/`

Möchten Sie beim Zugriff auf das Maildir Quota-Einstellungen setzen lassen, können Sie diese Aufgabe ebenfalls `deliverqota` anvertrauen. Geben Sie dazu einfach die gewünschte Quota-Definition als letzten Parameter nach dem Maildir-Pfad an:

```
linux: # deliverquota -c -w 90 ~/Maildir 10000000S,1000C
```

Wie hier gezeigt, kennt das Programm folgende Aufrufoptionen:

- Mit `-c` (*create*) versehen, legt es fehlende Maildir-Verzeichnisse automatisch an und erzeugt dabei ggf. sogar darüberliegende Verzeichnisse. Ein `maildirmake`-Aufruf wird bei neuen Nutzern damit unnötig, die erste ankommende Mail sorgt für die Erzeugung des Maildirs.
- Dank `-w` *`prozent`* legt `deliverquota` Nutzern eine Quota-Warnung in ihr Postfach, sobald diese ihr Quota-Limit zu mehr als *`prozent`* ausgeschöpft haben. Diese Warnung können Sie als vollwertige RFC-822-Mail in `/etc/courier/quotawarnmsg` hinterlegen, also einschließlich Mailheader und Body. Courier aktualisiert dann nur noch die Message-ID und das Datum:

  ```
  linux: # cat /etc/courier/quotawarnmsg
  From: Postmaster <postmaster@tux.local>
  Reply-To: support@tux.local
  To: You;
  Subject: Warnung: Mail-Quotas ueberschritten!
  Mime-Version: 1.0
  Content-Type: text/plain; charset=iso-8859-1
  Content-Transfer-Encoding: 7bit

  Sehr geehrter Nutzer,

  Ihre Mailbox ist zu mehr als 90% voll. Bitte räumen Sie umgehend Ihr
  Postfach auf, anderenfalls kann der Empfang von Nachrichten für Sie
  gesperrt werden.
  ```

  Denken Sie daran, dass im Mailheader nur 7-Bit-Zeichen erlaubt sind – Umlaute in der `Subject`-Zeile sind damit unzulässig, solange sie nicht kodiert sind.

`deliverquota` interessiert sich überhaupt nicht für Ihre Userdatenbank; die Arbeit, den Pfad zum Maildir des Empfängers herauszusuchen, überlässt es anderen und beharrt auf passenden Aufrufparametern. Das hat den Vorteil, dass man `deliverquota` recht einfach auf verschiedenen Systemen als MDA einsetzen kann, denn fast jeder MTA sieht in der Konfiguration eine Stelle vor, die definiert, welches Programm die Mail abspeichern soll. Im Falle von Postfix steht diese Information im Parameter `mailbox_command` in der `main.cf` – üblicherweise ist der Parameter leer:

```
linux: # postconf mailbox_command
mailbox_command =
```

An dieser Stelle könnten wir nun `deliverquota` mitsamt der Aufrufparameter einsetzen:

```
linux: # postconf -e "mailbox_command = deliverquota -c -w 90 ~/Maildir"
```

Da Postfix vor der Speicherung der E-Mails jeweils die zum Postfach passende User-ID annimmt, können wir mittels der Tilde (~) auf das Home-Verzeichnis verweisen und damit den Maildir-Pfad angeben.

Ob `deliverquota` und Ihr MTA nun richtig zusammenarbeiten, prüfen Sie mit ein paar kurzen Testmails. Achten Sie dabei darauf, dass

- neue Mails in `maildirsize` verzeichnet werden und
- neue Mails ihre Maillänge über den Parameter S= bereits im Dateinamen kodiert halten.

10.3 Bau eines IMAP-Proxys mit Courier

Ob, wann und wie der Einsatz eines IMAP-Proxies sinnvoll ist, wurde bereits in Kapitel 3.2 ab Seite 52 besprochen. Courier-IMAP-Nutzer haben den Vorteil, dass sie ihren existierenden IMAP-Server leicht zum Proxy umkonfigurieren können, denn alle zentralen Fragen wie die Authentifizierung oder der Zugriff auf den Mailstorage sind bereits geklärt.

Um zu entscheiden, wohin Courier die IMAP-Verbindung des Clients weiterleiten soll, wertet er beim Login eines Nutzers das Attribut `mailhost` (siehe Kapitel 9.12 ab Seite 148) aus. Darin muss der Name des IMAP-Servers hinterlegt sein, auf dem das IMAP-Postfach tatsächlich physikalisch liegt.

Für das Proxy-Setup reichen in der Datei `/etc/courier/imapd` drei Parameter:

`IMAP_PROXY=1` bzw. `POP3_PROXY=1`
: Aktiviert die Proxy-Funktionalität, Courier sucht also nach dem Attribut `mailhost`. `IMAP_PROXY=0`, bzw. `POP3_PROXY=0` deaktiviert die Proxy-Fähigkeit, das `mailhost`-Attribut darf dann zwar vorhanden sein, wird aber ignoriert.

`PROXY_HOSTNAME=`*`hostname`*
: Wenn Courier-IMAP im Attribut `mailhost` seinen eigenen Hostnamen findet, darf er die Verbindung nicht (an sich selbst) weiterleiten,

sonst bildet sich eine Endlosschleife. In dem Fall agiert Courier ganz normal als IMAP-Server und greift auf sein lokales Dateisystem zu.

Seinen eigenen Hostname bestimmt Courier dabei über die Funktion `gethostname()` und erhält dabei den Hostnamen, den auch `uname -n` zurückgibt.

Falls Sie den Namen des IMAP-Servers lieber manuell festlegen wollen, setzen Sie ihn gezielt über `PROXY_HOSTNAME`. Dies ist dann nötig, wenn der Unix-Hostname von dem im LDAP gespeicherten Namen abweicht und Courier sich selbst sonst nicht „erkennt".

`IMAP_PROXY_FOREIGN=0`
: Wenn Courier die IMAP-Verbindungen an eine andere Courier-Instanz weiterleitet, besagt diese Einstellung, dass Courier die Fähigkeiten des anderen IMAP-Servers nicht mehr über das IMAP-Kommando `CAPABILITIY` herausfinden muss, denn seine eigene Verhaltensweise kennt er ja. Soll Courier die IMAP-Verbindungen an eine andere IMAP-Software weiterleiten, so setzen Sie diesen Parameter auf `1`.

10.4 Push statt Pull: Das IDLE-Kommando

Für den Mailserver ist es eine Belastung, wenn ein mit ihm verbundener Mailclient alle paar Minuten sämtliche IMAP-Folder nach neuen Nachrichten durchsucht. Aufgrund der Menge der zeitgleich mit dem Server verbundenen Clients herrscht ein ständiges Grundrauschen, und die Suche durch alle Mailfolder wird für die Festplatten schnell zu einer grundsätzlichen I/O-Belastung.

Das IMAP-Protokoll sieht darum das `IDLE`-Kommando vor: Dann informiert der Server den Client aktiv über Änderungen in den Mailverzeichnissen. Leider unterstützen es nicht alle Mailclients. Dabei hat es einige Vorteile:

- Der Client wird sofort über neue Nachrichten informiert, erfährt davon also nicht erst bei der nächsten Routinesuche nach einigen Minuten.
- Den Server belastet es weniger, selbst aktiv Dateiänderungen zu überwachen, anstatt den Mailclient regelmäßig suchen zu lassen.
- Es entsteht weniger Datenverkehr (darum unterstützen speziell IMAP-Clients für Handys das `IDLE`-Kommando).

Da es Sache des MTAs/MDAs ist, neue E-Mails in die Maildir-Verzeichnisse zu schreiben, erhält Courier erstmal keine Kenntnis von neuen E-Mails. Er kann darum einen *File Alteration Monitor* wie *FAM*[6] um Hilfe fragen. Das

[6] `http://oss.sgi.com/projects/fam/`

setzt voraus, dass Courier beim Kompilieren gegen FAM gelinkt wurde. Bei SuSE ist das beispielsweise der Fall, dort wird FAM auch automatisch mit installiert und gestartet.

Unter dem Namen *Gamin* hat sich ein zweites Projekt entwickelt, das von sich behauptet, besser zu sein als der klassische FAM.[7]

Red Hat hat FAM bereits durch Gamin ersetzt. Prinzipiell sollte Courier mit jedem der beiden Tools arbeiten, da sie – laut den Gamin-Programmierern – identische APIs benutzen. FAM oder Gamin laufen als Daemon im Hintergrund; andere Programme können bei ihnen Verzeichnisse und Dateien anmelden, deren Änderungen sie überwachen und signalisieren sollen.

Sofern Ihre Distribution den FAM/Gamin-Einsatz für Courier vorsieht, können Sie das `IDLE`-Kommando über die Einstellung `IMAP_ENHANCEDIDLE=1` in der Datei `imapd` aktivieren. Sie sollten lediglich die folgenden drei Punkte kontrollieren:

- Courier muss beim IMAP-Login bekanntgeben, dass er `IDLE` unterstützt. Diese *Capability* sollte entsprechend in `/etc/courier/imap` eingetragen sein:

```
IMAP_CAPABILITY="IMAP4rev1 UIDPLUS CHILDREN NAMESPACE THREAD=ORDEREDSU
BJECT THREAD=REFERENCES SORT QUOTA IDLE AUTH=CRAM-MD5 AUTH=CRAM-SHA1"
```

- Der `famd` bzw. `gam_server` sollte gestartet, also in der Prozessliste zu finden sein:

```
linux: # ps ax | grep fam
 2869 ?        Ss     45:21 /usr/sbin/famd -t 240 -T 0 -l -L
```

- Zudem sollten Sie auf mögliche Kommunikationsprobleme zwischen Courier und FAM/Gamin achten, die sich durch Einträge der folgenden Art in Ihrem Mail-Logfile bemerkbar machen:

```
May 28 17:43:10 kjidder couriertcpd: Error: Input/output error
May 28 17:43:11 kjidder couriertcpd: Check for proper operation and co
nfiguration
May 28 17:43:11 kjidder couriertcpd: of the File Access Monitor daemon
 (famd).
```

Wenn Sie keine Performance-Probleme auf Ihrem IMAP-Server haben, müssen Sie in der Regel keine weiteren Einstellungen vornehmen. Auf Hochlastservern hingegen lohnt es sich, FAM etwas ressourcenschonender einzustellen. Dafür sind folgende `famd`-Aufrufparameter interessant:

[7] `http://www.gnome.org/~veillard/gamin`

- Der FAM-Daemon beendet sich per Default nach fünf Sekunden, wenn kein Client mehr mit ihm verbunden ist. Für die Zusammenarbeit mit dem IMAP-Server ist das nicht brauchbar. Achten Sie darum darauf, dass sich Ihr FAM dank `-T 0` nach 0 Sekunden (das heißt nie) beendet.
- Wenn FAM ein NFS-Dateisystem überwachen muss, kann er über Dateiänderungen *nicht* vom lokalen Linux-Kernel informiert werden. Es verbindet sich darum mittels RPC mit dem FAM-Daemon des NFS-Servers, damit dieser lokal die Änderungen überwacht und weiterreicht.

  Sollte FAM dort nicht aktiviert sein, fragt der lokale FAM über NFS alle paar Sekunden, ob es Änderungen gibt. Dieses Intervall lässt sich mit `-t` *`sekunden`* einstellen. Der Default-Wert liegt bei 6 Sekunden, was für stark belastete NFS-Server ein erhebliches Grundrauschen bedeuten kann. Üblicherweise spielt dieser Parameter jedoch keine Rolle, denn sinnvollerweise läuft auf dem NFS-Server ein FAM-Daemon.

  Gibt man zudem die Option `-l` mit an, verzichtet FAM auf die Anfrage per NFS und funktioniert stillschweigend nicht mehr, wenn der FAM-Daemon auf dem NFS-Server nicht läuft.
- `-L` sorgt dafür, dass FAM nur lokale Client-Abfragen akzeptiert. Auf dem IMAP-Server ist das sinnvoll, auf dem NFS-Server darf `-L` hingegen nicht gesetzt werden.

Sie finden diese Einstellungen üblicherweise in `/etc/famd.conf` wieder: Der Konfigurationsparameter `idle_timeout` entspricht `-T`, `nfs_polling_interval` übernimmt die Funktion von `-t`, `no_polling` entspricht `-l` und `local_only` ist identisch mit `-L`.

Vorsicht bei SuSE: Obwohl auch diese Distribution eine `/etc/famd.conf` mitbringt, sind darin getätigte Einträge (zumindest bei OpenSuSE 10.2) wirkungslos. Stattdessen werden unverständlicherweise aus `/etc/sysconfig/fam` entsprechende Aufrufparameter generiert.

10.5 Mails über den IMAP-Server versenden

Wussten Sie, dass auch ein IMAP-Server E-Mails versenden kann? Bei Courier ist diese Funktion per Default lediglich abgeschaltet. Sie aktivieren Sie, indem Sie in der `/etc/courier/imapd` einfach einen speziellen Outbox-Ordner definieren:

```
OUTBOX=.Outbox
```

Dies entspricht `INBOX.Outbox`, also einem Unterordner zum Posteingang, denn Courier lässt keine Verzeichnisse parallel zur `INBOX` zu (siehe Seite 114). Eventuell sollten Sie einen anderen Namen als `Outbox` benutzen, denn auch bei Nutzern, die nicht über die besondere Bedeutung dieses Verzeichnisses Bescheid wissen, ist nicht auszuschließen, dass sie sich dennoch einen Outbox-Ordner einrichten, der sich dann überraschend unerwünscht verhält.

Nach der Definition der OUTBOX-Variable sendet Courier-IMAP alle E-Mails, die der Client in dieses Verzeichnis speichert, per SMTP weiter. Um zu kennzeichnen, über welchen Account die Mail verschickt wurde, kann Courier einen eigenen X-Header einfügen:

```
HEADERFROM=X-IMAP-Sender
```

Das ergibt folgenden Header-Eintrag in der verschickten E-Mail:

```
X-IMAP-Sender: tux@linux.local
```

Damit lässt sich verhindern, dass Mails mit beliebigen Absendern nicht nachvollziehbar verschickt werden können, da bei jeder versandten E-Mail der IMAP-Login-Name des Absenders eingefügt wird. Ob das allerdings wünschenswert ist, müssen Sie selbst beurteilen.

Courier ruft für Mails im Outbox-Ordner /usr/bin/sendmail auf und übergibt diesem die vollständige Mail. Dieses sendmail-Programm bringen alle bekannten MTAs mit – nicht nur Sendmail, sondern auch Postfix, QMail und Exim. Auf Webservern wird darüber oft der Versand von E-Mails aus PHP heraus geregelt.

Empfänger und Absender entnimmt das Tool dabei aus dem Mailheader, anschließend stellt der lokal (auf dem IMAP-Server) installierte MTA ganz normal den Versand sicher.

Per Default kann jeweils nur eine einzelne E-Mail versandt werden, um Querschläger aus missglückten Kopieraktionen zu vermeiden. Stellen Sie sich vor, Sie verschieben versehentlich 20 000 Nachrichten aus ihrem Trash-Ordner in die Outbox ... Diese Absicherung können Sie abschalten, wenn Sie folgende Zeile mit in die imapd aufnehmen:

```
OUTBOX_MULTIPLE_SEND=1
```

Die Methode, Mails über den IMAP-Server zu versenden, klingt ungewöhnlich; auch die Autoren haben sie außer zu Testzwecken noch nirgendwo produktiv angewandt. Aber uninteressant ist sie nicht: Bei immer mehr Providern, WLAN-Hotspots oder Universitäten ist der SMTP-Port zum Versenden von E-Mails gesperrt. Die IMAP-Outbox löst dieses Problem, denn IMAP-Verbindungen sind häufig möglich.

Um den Folder zu nutzen, sollte man seinen Mailclient so einstellen, dass E-Mails nicht sofort per SMTP versandt, sondern im Postausgangsfach zwischengespeichert werden. Gleichzeitig richtet man sich in seinem IMAP-Account einen richtig benannten Outbox-Folder ein.

Sofern man seinen Mailclient so konfigurieren kann, dass er diesen neuen Outbox-Folder als „Postausgang“ nutzt, funktioniert nun alles Weitere automatisch. Wo das nicht geht, muss man die zu versendenden Nachrichten leider per Drag & Drop in den Outbox-Ordner verschieben.

Teil III

Cyrus-IMAP

Kapitel

11

Aufbau und Grundkonfiguration

Totgesagte leben länger – das trifft jedenfalls auf den Cyrus-IMAP-Mailserver zu. Er wurde tatsächlich einige Jahre sehr stiefmütterlich behandelt, kaum weiterentwickelt, und viele hielten das Projekt für gestorben. Vor etwa vier Jahren kam jedoch wieder Schwung in das Open-Source-Projekt, das an der Carnegie-Mellon-Universität in Pittsburgh entwickelt wird.

Namensgeber für dieses Mailsystem ist der persische König Cyrus II. (oder auch Kyrus der Große), der im 6. Jahrhundert vor Christus das erste Postsystem ins Leben gerufen haben soll – damals noch per Pferde-Kurier.

Der *Cyrus*, wie der Mailserver meist verkürzt genannt wird, entstand aus dem *Andrew Mail and Bulletin Board System*, welches in den frühen 90ern an der Universität entwickelt und eingesetzt wurde. In den Folgejahren wuchs das Internet, und damit stiegen auch die Anforderungen an Mailsysteme. Das alte Bulletin Board genügte denen nicht mehr, und so wurde das Cyrus-IMAP-Projekt ins Leben gerufen.

Dass Cyrus ein über die Jahre gewachsenes System ist, merkt man an vielen Stellen, nicht zuletzt an den Konfigurationsdateien, wo sich Optionen durch eine Reihe von Werten an- und abschalten lassen und es an Konsistenz oft mangelt. Mehr dazu im Kapitel 12.2 ab Seite 209.

Generell besteht der Cyrus-Mailserver aus einem `master`- und weiteren Unterprozessen. Bei letzteren handelt es sich um Hilfsprogramme, die der Master-Prozess steuert und die ihm zuarbeiten. Sie werden im Abschnitt 15 ab Seite 273 beschrieben. Die wichtigsten sind `imapd` (der Dienst für den IMAP-Zugriff), der `pop3d` für den Zugriff über POP3 sowie `lmtpd` und `deliver`, die E-Mails von einem SMTP-Server entgegennehmen und auf die Postfächer verteilen.

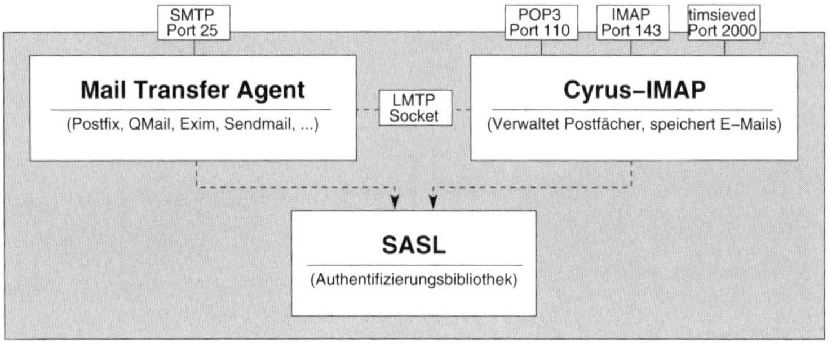

Abbildung 11.1: Der prinzipielle Aufbau eines Cyrus-Mailservers

Die Grafik zeigt schematisch den Weg einer E-Mail von der Einlieferung durch den MTA bis hin zur Zustellung in das Postfach des Users, wo sie dann per POP3- oder IMAP abgerufen werden kann.

Wer den Cyrus-IMAP-Daemon und den Sieve-Server über eine grafische Benutzeroberfläche steuern will, muss zu einem Webinterface wie Webmin[1] greifen, für das es ein entsprechendes Plugin[2] gibt. Grafische Oberflächen bieten auch die Projekte Web-cyradm[3] und SmartSieve.[4] Sinnvoll ist es in jedem Fall, sich mit den Kommandozeilentools und den Konfigurationsdateien bekannt zu machen: Ohne dieses Wissen kommt man auch mit Webmin & Co. nicht weit.

11.1 Die Installation des Cyrus

Der einfachste Weg, den IMAP-Server zu installieren, führt über die Cyrus-Pakete der eigenen Distribution. In diesem Fall sollte man sich darauf verlassen können, dass die Distributoren schnell Updates bereitstellen, sobald Sicherheitslücken auftreten. Deshalb weist ihre Nutzung gegenüber der im

[1] `http://www.webmin.com/`
[2] `http://www.tecchio.net/webmin/cyrus/`
[3] `http://www.web-cyradm.org/`
[4] `http://smartsieve.sourceforge.net/`

Anhang C.2 ab Seite 341 besprochenen Selbstkompilation erhebliche Vorteile auf.

Die im Folgenden als *optional* gekennzeichneten Pakete enthalten Programmteile, die Sie abhängig von Ihren Ansprüchen installieren können. Bei der Paketaufteilung unterscheiden sich die Distributionen jedoch. So ist es zum Beispiel nur unter Debian möglich, problemlos auf die Installation des POP3-Serverdienstes zu verzichten. Dieser Dienst wird bei SuSE und Red Hat automatisch mit aufgespielt und kann in der Paketauswahl nicht separat abgewählt werden.

11.1.1 OpenSuSE/SuSE Linux Enterprise Server (SLES)

Auf SuSE-Distributionen ist Cyrus-SASL aus dem Paket `cyrus-sasl` meist schon als Standard-Authentifizierungsdienst installiert. Sie müssen dann nur noch entscheiden, welche Mechanismen und Methoden er unterstützen soll, indem Sie aus der folgenden Auswahl die benötigten Pakete installieren:

- `cyrus-sasl-crammd5` erlaubt Challenge-Response-Authentifizierung unter Nutzung des HMAC-MD5-MAC-Algorithmus laut RFC 2195 (optional).
- `cyrus-sasl-digestmd5` erlaubt Digest-MD5-Authentifizierung laut RFC 2831, eine Methode, die verglichen mit CRAM-MD5 weniger anfällig für Chosen-Plaintext-Angriffe[5] ist, den Einsatz externer Authentifizierungsserver erlaubt und die erneute Authentifizierung eines Clients, der sich kürzlich erst angemeldet hat, optimiert (optional).
- `cyrus-sasl-plain` erlaubt Klartextauthentifizierung (optional, muss für einen RFC-kompatiblen Server aber installiert sein).
- Mit `cyrus-sasl-gssapi` unterstützt SASL das *Generic Security Services Application Programming Interface* (GSSAPI),[6] eine generische API für die Client-Server-Authentifizierung, die speziell im Zusammenhang mit Kerberos zum Einsatz kommt (optional).
- `cyrus-sasl-otp` erlaubt den Einsatz von Einmalpasswörtern (*One Time Passwords*) (optional).
- `cyrus-sasl-saslauthd` stellt den SASL-Authentifizierungsdienst für den Cyrus (siehe Kapitel 13.2.1 ab Seite 220) zur Verfügung (optional).
- `cyrus-sasl-sqlauxprop` enthält das SQL-Plugin für das SASL-Authentifizierungsmodul `auxprop` (optional, siehe Seite 221).

[5] `http://en.wikipedia.org/wiki/Chosen_plaintext_attack`
[6] `http://www.faqs.org/faqs/kerberos-faq/general/section-84.html`

Für den IMAP-Server selbst benötigt man folgende Pakete:

- `cyrus-imapd` stellt die POP3- und IMAP-Serverdienste bereit.
- `perl-Cyrus-IMAP` enthält Perl-Module, die von im Kapitel 15.2 ab Seite 275 beschriebenen Zusatzwerkzeugen benötigt werden.
- `perl-Authen-SASL-Cyrus` installiert Perl-Module, die man dann benötigt, wenn man SASL mit selbstgeschriebenen Perl-Skripten ansteuern will (optional).
- `perl-Cyrus-SIEVE-managesieve` stellt die im Kapitel 14.6 ab Seite 250 beschriebene Sieve-Implementierung `timsieved` bereit; (optional).

11.1.2 Fedora Core/Red Hat

Testen Sie vor der Installation, ob das Paket `imap` bereits eingespielt ist. Dabei handelt es sich um den UW-IMAP-Server. Dieser Dienst kann nicht parallel zum Cyrus-IMAP-Server betrieben werden und muss deinstalliert werden. Ansonsten werden folgende Pakete benötigt:

- `cyrus-imapd`,
- `cyrus-imap-utils`,
- `cyrus-sasl`,
- `perl-Cyrus` und
- `cyrus-sasl-plain` (optional)

Letztgenanntes Paket erlaubt Klartextauthentifizierung, die man nur im Zusammenhang mit einem SSL-Tunnel nutzen sollte.

Ein Source-RPM der Entwicklungsversion 2.3.8 zum Fertigbauen unter Red Hat, Fedora und CentOS gibt es unter `http://www.invoca.ch/pub/packages/cyrus-imapd/`. Dafür erhalten Sie vom Distributor jedoch keine Updates und Bugfixes.

11.1.3 Debian

Das Debian-DEB-Paketmanagement erlaubt alternativ die Installation der Cyrus-Versionsreihen 1.5, 2.0 und 2.2. Für Neuinstallationen empfiehlt sich die aktuellste Version – derzeit also 2.2. Beachten Sie auch, dass meist schon ein Mailserver, nämlich der UW-IMAP-Daemon, seinen Dienst im System verrichtet. Dieser muss vor der Cyrus-Installation deinstalliert werden.

Für den Betrieb eines Cyrus-IMAP-Servers unter Debian benötigen Sie folgende Pakete:

- cyrus-admin-2.2,
- cyrus-clients-2.2,
- cyrus-common-2.2,
- cyrus-imapd-2.2,
- cyrus-murder-2.2 (optional), wenn Sie einen Cyrus-Cluster (siehe Kapitel 17 ab Seite 295) aufsetzen wollen,
- cyrus-nntpd-2.2 (optional), wenn Sie Newsgruppendienste einbinden wollen, und
- cyrus-pop3d-2.2 (optional), wenn Sie POP3 anbieten wollen.

11.2 Die Cyrus-Hierarchie und das Rechtesystem

Bei der Verwaltung setzt der Cyrus-IMAP-Server auf das Prinzip der Hierarchie: Sowohl die Struktur der Mail-Verzeichnisse als auch die Zugriffsregelungen über Access-Control-Lists (ACLs) und die Speicherplatzbeschränkungen über Quotas werden hierarchisch organisiert. Alles, was in übergeordneten Verzeichnis- und Userebenen geändert wird, hat automatisch Auswirkungen auf darunterliegende Ebenen.

Auf Dateiebene ist jedes Postfach ein Verzeichnis und jede E-Mail eine Datei in diesem Verzeichnis. Diese Dateien werden einfach durchnummeriert. Wenn Sie sich dieses einfache Prinzip immer vor Augen halten, werden Sie sehr schnell mit der Verwaltung Ihrer E-Mail-Konten zurecht kommen.

Nehmen wir beispielsweise das Mailverzeichnis des Users `paul`. Wird seine Mailbox eingerichtet, bekommt er für den Posteingang automatisch das Standardverzeichnis `/var/spool/imap/user/paul/` als INBOX zugewiesen. User `paul` legt sich dann selbst noch die Unterverzeichnisse `gesendet`, `vorlagen`, `papierkorb` sowie ein Unterverzeichnis mit den beiden Ablagen `wichtig` und `unwichtig` an, um seine E-Mails besser zu organisieren. Das Ganze sieht auf Dateiebene wie folgt aus:

```
linux: #  ls -li /var/spool/imap/user/paul/
115656 -rw------- 1 cyrus mail 3408 Jun 13 13:29 cyrus.cache
115476 -rw------- 1 cyrus mail  184 Jun 10 13:27 cyrus.header
115650 -rw------- 1 cyrus mail  376 Jun 13 13:29 cyrus.index
131128 drwx------ 2 cyrus mail 4096 Jun 13 08:37 ablagen
115164 drwx------ 2 cyrus mail 4096 Jun 13 08:37 gesendet
115164 drwx------ 2 cyrus mail 4096 Jun 13 08:37 papierkorb
115164 drwx------ 2 cyrus mail 4096 Jun 13 08:37 vorlagen
linux: #  ls -li /var/spool/imap/user/paul/ablagen/
115164 drwx------ 2 cyrus mail 4096 Jun 13 08:37 wichtig
115164 drwx------ 2 cyrus mail 4096 Jun 13 08:37 unwichtig
```

Legt man beispielsweise eine Quota für das Verzeichnis `user/paul/ablagen` fest, wirkt sich das auch auf `user/paul/ablagen/wichtig` und `user/paul/ablagen/unwichtig` aus.

Die Konfigurationsdaten des IMAP-Servers verteilen sich auf zwei verschiedene Dateien: `/etc/cyrus.conf` enthält die grundlegenden Einstellungen zu den an der E-Mail-Zustellung beteiligten Services. So werden hier zum Beispiel der IMAP- und POP3-Dienst aktiviert sowie Pfade zu bestimmten Sockets angegeben.

`/etc/imapd.conf` beeinflusst die speziellen Funktionen des Cyrus-Servers. Hier stehen zum Beispiel globale Werte für Mail- und Sieve-Verzeichnisse oder es wird der Umgang mit virtuellen Domains, SSL-Zertifikaten und der Cyrus-Administrator definiert.

Das Zusammenspiel mit dem jeweiligen MTA regeln dessen Konfigurationsdatei, bei Postfix etwa die `/etc/postfix/main.cf`, und die Datei `/etc/cyrus.conf`. Mehr dazu im Folgenden und im Kapitel 14.8 ab Seite 265.

Das Arbeitsverzeichnis des Cyrus befindet sich unter `/var/spool/imap/`. Hier legt er standardmäßig die Mailboxen der User an. Cyrus speichert die E-Mails unterhalb der Nutzerverzeichnisse durchnummeriert, jede E-Mail in einer eigenen Datei. Das hat den Vorteil, dass zum Beispiel ein Fehler im Dateisystem nicht die komplette Mailbox zerstört, sondern im Ernstfall nur eine einzige Nachricht.

`/var/lib/imap/` enthält neben den Mailbox-Index-Datenbanken eine Reihe von Verwaltungsdateien, darunter Statusinformationen über den aktuellen Zustand einzelner Mailverzeichnisse. Dieser zweigeteilte Aufbau soll den Zugriff auf die Postfächer performanter machen, gerade wenn sie große Dateien oder einer Vielzahl kleiner E-Mails enthalten. Genau beschrieben werden beide Verzeichnisse im Kapitel 16 ab Seite 289.

11.3 Features und Funktionen

Wie Courier kennt auch Cyrus das Konzept der *Shared Folder*: Über ACLs lassen sich einzelne Postfach-Ordner oder auch ganze Mailboxen für mehrere Benutzer oder die gesamte Öffentlichkeit freigeben und damit bequem per Mailclient abonnieren. Über diese ACLs können Sie auch explizite Rechte für einzelne Verzeichnisse oder ganze Mailboxen vergeben.

Speicherplatzbeschränkungen über Quotas können generell für alle neu anzulegenden Mailboxen oder für jede Mailbox und sogar für jedes Unterverzeichnis individuell angegeben werden. Dabei gilt es, die Hierarchie der Verzeichnisse zu beachten. Jedes Unterverzeichnis hängt von der Quota des darüberliegenden Verzeichnisses ab. Sie können allerdings auch einem Unterverzeichnis mehr Speicherplatz als dem darüberliegenden Verzeichnis zuordnen.

Übrigens erlaubt es Cyrus, Usern ab einem bestimmten, in Prozent oder KB angegebenen Füllstand eine Quota-Warnung anzuzeigen. Mehr dazu im Kapitel 14.1.1 ab Seite 236.

Neu anzulegenden Mailboxen kann der Admin sowohl eine Standardpartition bzw. ein dediziertes Verzeichnis als auch einen ganz individuellen Speicherort zuweisen. In der Dokumentation heißt dieser immer *Mailpartition*, egal ob es sich tatsächlich um eine physikalische Partition oder um ein Verzeichnis handelt. Weitere Informationen dazu bietet Kapitel 14.5 ab Seite 249.

Mailboxnutzer authentifiziert Cyrus über die Cyrus-SASL-Bibliothek.[7] Das dazu nötige Paket `cyrus-sasl` bringen die meisten Distributionen mit und verwenden es auch für andere Dienste. Cyrus-SASL ist kompliziert, aber sehr vielseitig und implementiert zahlreiche Authentifizierungsmechanismen. Welche davon man verwendet, legt man in der Konfigurationsdatei `/etc/imapd.conf` mit der Option `sasl_pwcheck_method` fest. Zur Auswahl stehen die Module `saslauthd`, `auxprop` und `authdaemond`. Sie stellen ihrerseits verschiedene Authentifizierungsplugins und Krypto-Mechanismen wie Digest-MD5 zur Verfügung, mit deren Hilfe Cyrus verschiedene Datenquellen abfragen kann.

Standardmäßig werden die Passwörter zwar im Klartext übertragen, Cyrus erlaubt aber selbstverständlich auch die Verschlüsselung der Zugangsdaten. Folgende Mechanismen stehen dabei – je nach verwendetem Authentifizierungsmodul – zur Verfügung:

- Login, Plain (Klartext),
- Digest-MD5 (verschlüsselt),
- CRAM-MD5 (verschlüsselt),
- Kerberos (verschlüsselt).

Der Authentifizierungsthematik widmet sich Kapitel 13.2 ab Seite 220 ausführlich.

Über das Sieve-Filtersystem können User ihre eigene Mailbox sehr detailliert konfigurieren. Darüber haben sie unter anderem die Möglichkeit, E-Mails automatisch in bestimmte Verzeichnisse verschieben zu lassen, Abwesenheitsbenachrichtigungen und andere Mailfilter zu setzen. Ein Sieve-Mailfilter wirkt sich direkt auf alle eintreffenden E-Mails aus. Erhält Cyrus eine E-Mail, schaut er in die Sieve-Definitionen und sortiert die Mail entsprechend ein, antwortet darauf oder löscht sie. Mehr dazu im Kapitel 14.6 ab Seite 250. Zudem erkennt Cyrus selbständig doppelte E-Mails anhand ihrer Identitätsnummer und unterdrückt die doppelte Zustellung.

[7] SASL steht für *Simple Authentication & Security Layer*.

Cyrus ist von Haus aus in der Lage, Mailboxen für virtuelle Domains zu verwalten. Dazu legt er die Postfächer der User einfach inklusive des Domainnamens an. Jeder User existiert dabei unterhalb einer (seiner) Domain mit einem voll qualifizierten Domainnamen.

Zusätzlich können Domain-Administratoren bestimmt werden, die nur Zugriff auf Mailboxen unterhalb ihrer Domain haben. Ausführlich wird diese Funktion im Abschnitt 14.3.3 ab Seite 247 erklärt.

11.4 Schnellstart

Um einen Cyrus-IMAP-Server vernünftig betreiben zu können, sollte man neben dem Cyrus-IMAP-Daemon selbst folgende Software einspielen:

Cyrus SASL
: Ohne die SASL-Bibliothek kann sich kein Nutzer beim IMAP-Server authentifizieren und damit auch keine E-Mail abholen. Cyrus-SASL besteht aus Plugins, die Authentifizierungsmethoden und Crypto-Mechanismen bereitstellen.

  Diese kann man nach Bedarf auch nachträglich – etwa nach der Lektüre von Kapitel 13.2 ab Seite 220 – installieren. Damit überhaupt eine Authentifizierung möglich ist, wird per Default in der Regel `cyrus-sasl-saslauthd` installiert.

  SuSE installiert Cyrus-SASL generell, da es auch von anderen Diensten wie z. B. Postfix für die Authentifizierung benutzt wird.

`perl-Cyrus-SIEVE-managesieve` (optional)
: Mehrere Perl-Module, die man zu Einsatz und Steuerung von Sieve-Mailfiltern benötigt.

Perl
: Verschiedene Hilfsprogramme für den Cyrus wie `arbitronsort.pl` (siehe Seite 281 oder `convert-sieve.pl` (vgl. Seite 281) sind in Perl geschrieben. Will man sie nutzen, wird der entsprechende Interpreter benötigt.

OpenSSL (optional)
: Zur verschlüsselten Übertragung der Benutzerdaten und E-Mails per TLS/SSL empfiehlt sich dringend die Installation von OpenSSL.

MySQL/LDAP/BerkeleyDB (optional)
: Je nachdem, auf welche Weise man seine Nutzer verwalten will, benötigt man eine entsprechende Datenbank. Diese müssen nicht lokal installiert werden, sondern können auch auf Drittservern laufen.

Die Anbindung an solche Datenquellen erfolgt jeweils individuell. Wie man die Abfrageparameter angibt, erklärt Kapitel 13.3 ab Seite 223.

Alternativ ist auch die Verwaltung über Unix-Systemaccounts oder über die `sasldb2`-Minidatenbank aus dem Lieferumfang von Cyrus-SASL möglich.

Postfix oder ein anderer MTA
: Ohne einen separaten Mail Transfer Agent, der die in die IMAP-Mailboxen einzuordnenden E-Mails annimmt, kommt der Cyrus nicht aus. Wir besprechen (und empfehlen) Postfix; dem Zusammenspiel von Cyrus und Postfix widmen wir uns ab Seite 197. Dabei wird Postfix auf der gleichen Maschine wie Cyrus installiert. Es ist aber auch problemlos möglich, den MTA auf separater Hardware laufen zu lassen.

Den folgenden Beschreibungen liegt die aktuell stabile Cyrus-Version 2.2.12 zugrunde. Sie gelten aber erfahrungsgemäß für alle anderen 2.x-Versionen.[8]

In der Firewall, die den Server schützt, müssen – je nach Nutzungsprofil – folgende Ports freigeschaltet werden:

- 25 (SMTP), wenn der MTA auf der gleichen Maschine wie der Cyrus läuft. Bei einem externen MTA sollte der SMTP-Port des IMAP-Servers nur vom MTA-Rechner kommende Pakete annehmen.
- 110 (unverschlüsseltes POP3 oder verschlüsseltes POP3, wenn der TLS-Tunnel mit `STARTTLS` initiiert wird),
- 143 (unverschlüsseltes IMAP oder verschlüsseltes IMAP, wenn der TLS-Tunnel mit `STARTTLS` initiiert wird),
- 993 (IMAP über SSL/TLS),
- 995 (POP3 über SSL/TLS)

11.4.1 MTA, wo bist du?

Damit der Cyrus überhaupt E-Mails für seine Nutzer bereitstellen kann, muss nach der Installation zunächst die Zusammenarbeit mit dem MTA funktionieren. Schließlich wissen neu aufgespielte Postfix- und Cyrus-Server noch nichts voneinander. Postfix nimmt E-Mails über SMTP an und leitet sie für eine oder mehrere Domains an den Cyrus weiter, der diese dann in die Userpostfächer einsortiert.

[8] Unter `http://cyrusimap.web.cmu.edu/downloads.html#imap` finden Sie eine Übersicht über die jeweils aktuellen Versionen.

Der einfachste und zuverlässigste Weg führt über einen LMTP-Socket, den beide Programme zur Kommunikation über das *Local Message Transport Protocol* benutzen können (siehe Kapitel 1 ab Seite 20). Ein Socket ist eine nur zur Laufzeit der Programme existente Datei, über die in diesem Fall Postfix die angenommenen E-Mails an den Cyrus weiterreicht. Dabei wird vorausgesetzt, dass beide Dienste auf dem gleichen System laufen.

Wollen Sie den LMTP-Socket nutzen, müssen Sie zuerst die entsprechenden Konfigurationsdateien der beiden Mail-Dienste anpassen: Dem Cyrus muss zuerst erklärt werden, wo sich der Socket befindet, über den beide Programme kommunizieren sollen. Tragen Sie den vollständigen Pfad (im Folgenden `/var/spool/postfix/public/lmtp`) in die `/etc/cyrus.conf` ein:

```
lmtpunix  cmd='lmtpd' listen='/var/spool/postfix/public/lmtp' prefork=1
```

Mit dem Stichwort `lmtpunix` legen wir fest, dass es sich um einen unixtypischen LMTP-Socket handelt. Mit der Option `cmd` geben wir an, wie der Dienst aufgerufen wird, der den Socket „betreut". Dem `lmtpd` übergeben wir mit dem Stichwort `listen` den Pfad, unter dem er den Socket findet. Der Wert hinter `prefork` gibt die Anzahl der vorgehaltenen Cyrus-Prozesse an und kann auf der Standardeinstellung belassen werden.[9] Sollte der Mailserver stark frequentiert sein und nur träge reagieren, erhöhen Sie den Wert testweise. Dann sollten Sie ggf. auch den Arbeitsspeicher erweitern.

Über den im Beispiel angegebenen Socket "besucht" der Cyrus Postfix in dessen Arbeitsumgebung unter `/var/spool/postfix/`. Das ist die beste Schnittstelle, denn wenn Postfix in einer Chroot-Umgebung läuft, kommt dieser nicht aus seinem Arbeitsverzeichnis heraus und kann demzufolge nicht anders mit dem Cyrus kommunizieren.

Jetzt müssen wir Postfix dazu bringen, dass sich der MTA überhaupt für E-Mails an die gewünschte(n) Domain(s) zuständig fühlt, also als Relay dient. Dafür definieren wir in der Konfigurationsdatei `/etc/postfix/main.cf` die Lookup-Tabelle `relay_domains`, die diese Domains aufnimmt:

```
relay_domains = hash:/etc/postfix/relay_domains
```

Soll Postfix Mail für die Domain `example.net` annehmen, schreiben wir in diese Datei (hier: `/etc/postfix/relay_domains`) Folgendes:

```
example.net   lmtp:unix:public/lmtp
```

Mit diesem Eintrag legen wir fest, dass Postfix für die Domain `example.net` Mails annehmen soll. Gleichzeitig bereiten wir in der zweiten Spalte den

[9] Der `prefork`-Wert 1 ist Standard bei SuSE.

Transportweg vor: Damit Postfix weiß, wohin er die empfangenen Mails senden soll, definieren wir zuerst die Methode `lmtp:unix` (Unix-LMTP-Socket) und fügen mit `public/lmtp` Pfad und Namen des Sockets an, den Postfix öffnen soll. An dieser Stelle bitte aufpassen: Das Arbeitsverzeichnis des Postfix-Master-Prozesses ist per Default als `/var/spool/postfix/` festgelegt. Deshalb geben wir hier nur das Unterverzeichnis `public/lmtp` an, nicht den kompletten Pfad `/var/spool/postfix/public/`.

`/etc/postfix/relay_domains` enthält in unserem Fall also nicht nur die Domain, sondern auch die Angabe, wie Mails an diese Domain weitertransportiert werden sollen. Damit Postfix diese Information auch nutzt, ergänzen Sie den Eintrag `transport_maps` in der Datei `/etc/postfix/main.cf` entsprechend:

```
transport_maps = hash:/etc/postfix/transport,hash:/etc/postfix/relay_do
mains
```

Achten Sie bitte darauf, lediglich die Datei `relay_domains` als Transport-Map zu ergänzen. Die bereits bestehende Datei `transport` darf umgekehrt hingegen keinesfalls in die Lookup-Tabelle `relay_domains` eingefügt werden. Wäre das der Fall, führte jeder manuelle Routing-Eintrag in `transport` dazu, dass Postfix für diese Domain zugleich auch unkontrolliert Mails annimmt, also ein offenes Relay ist. Pflegen Sie darum weiterhin wie hier gezeigt *zwei* Dateien: `transport` mit allen Routingregeln anderer Domains und `relay_domains` mit den Domains, von denen Postfix Mails für den Cyrus annehmen soll, und ihren jeweiligen Routingregeln.

```
linux:~ # postmap /etc/postfix/relay_domains
```

sorgt dafür, dass Postfix mit der Datei arbeiten kann. Das Kommando wandelt die soeben editierte Textdatei in ein für Postfix lesbares Datenbankformat um.

Nach einem Neustart von Cyrus und einem vorsorglichen Reload von Postfix ist die Kommunikation über den LMTP-Socket möglich. Ein Blick in `/var/spool/postfix/public/` sollte die Socket-Datei zeigen:

```
linux: # ls -li /var/spool/postfix/public/
total 0
114777 srw-rw-rw- 1 postfix postfix 0 May  9 20:17 cleanup
114815 srw-rw-rw- 1 postfix postfix 0 May  9 20:17 flush
114763 srwxrwxrwx 1 root    root    0 May 22 11:40 lmtp
114774 prw--w--w- 1 postfix postfix 0 May 22 13:08 pickup
114794 prw--w--w- 1 postfix postfix 0 May 22 13:05 qmgr
114848 srw-rw-rw- 1 postfix postfix 0 May  9 20:17 showq
```

Fehlt sie, läuft entweder einer der Dienste nicht oder der Pfad zum Socket wurde in einer der Konfigurationsdateien falsch eingetragen.

Auch wenn soweit alles in Ordnung ist, machen manche Distributionen dennoch einen Strich durch die Rechnung: Seit Neuestem installiert und startet unter anderem SuSE per Default das Schutzprogramm AppArmor, das auch das Verhalten von Postfix überwacht. Es vergleicht das aktuelle Verhalten des Servers mit einem vordefinierten Profil. Aus Sicht des vorkonfigurierten AppArmor verhält sich Postfix abnormal, wenn es zum Beispiel die neu erstellte Datei `relay_domains` öffnen soll. Der Kernel blockiert Postfix daher beim Versuch, die neu angelegte Datei zu öffnen, mit einem `Permission denied`, was in diesem Fall im Syslog protokolliert wird.

Um das Problem zu lösen, müssen Sie in der AppArmor-Konfiguration Regeln ergänzen, so dass Postfix auch diese Datei lesen darf, eine Aufgabe, die den Rahmen dieses Buchs sprengen würde. Selbstverständlich können Sie AppArmor (temporär) auch deaktivieren oder komplett entfernen.

Die bisherige Konfiguration führt dazu dazu, dass Postfix alle E-Mails an die eingetragene Domain annimmt und an Cyrus weiterreicht. Erst Cyrus prüft, ob das Postfach des adressierten Nutzers überhaupt existiert. Fehlt es, schickt Cyrus eine Bounce-Mail an Postfix zurück, und Postfix versucht, diese dem Absender zuzustellen.

Um das Mailsystem dadurch nicht unnötig zu belasten, sollte der annehmende MTA die komplette Mailadresse prüfen und die E-Mail ggf. gar nicht erst verarbeiten. Das lässt sich über eine gemeinsame Nutzerverwaltung für Cyrus und Postfix, z. B. über LDAP oder MySQL, und entsprechende Konfigurationsänderungen am MTA erreichen. In Postfix listet man im Parameter `relay_recipient_maps` separat alle Mailadressen auf, für die der MTA E-Mails annehmen soll.

11.4.2 Authentifikation und Mailboxen

Spätestens jetzt ist es an der Zeit, sich zu überlegen, auf welchem Weg die Benutzer authentifiziert werden sollen. Um die Mail-Benutzer von den Systemaccounts zu trennen, bietet sich als einfachste Variante die Mini-Datenbank `sasldb2` an. Hier landen neu angelegte Benutzer und ihre Passwörter in einer Berkeley-Datenbank, die Cyrus-SASL abfragen kann. Um diese Methode zu nutzen, setzen wir in der Datei `/etc/imapd.conf` die Authentifizierungsmethode auf `auxprop`:

```
sasl_pwcheck_method: auxprop
```

Damit verwendet Cyrus-SASL das Modul `auxprop`, welches per Default die `sasldb2`-Datenbank abfragt.

Um diese Datenbank mit Nutzerinformationen zu füllen, benutzen wird das Tool `saslpasswd2`. Es erfragt die Passphrase für den Zugang zum IMAP-Server, welche auch Leerzeichen enthalten darf.

Als Erstes legen wir den Hauptbenutzer `cyrus` an, der als Cyrus-Administrator dient, weil dies in der Datei `/etc/imapd.conf` mit dem Wert `admins: cyrus` so vordefiniert wurde – nicht zu verwechseln mit dem gleichnamigen Unix-Systemaccount `cyrus`. Wenn Sie möchten, können Sie hier auch einen anderen Nutzer eintragen. Im Folgenden nutzen wir den Default-Admin `cyrus`.

```
linux: # saslpasswd2 cyrus
Password: passwort für cyrus
Again (for verification): passwort für cyrus
```

Damit Cyrus die Datenbank lesen kann, müssen wir die Datenbank dem *Unix-Systemnutzer* übereignen, mit dessen Rechten der Server läuft:

```
linux: #  chown cyrus:mail /etc/sasldb2
```

Sollten Sie das vergessen haben, weist Sie das zentrale Cyrus-Verwaltungstool `cyradm` (siehe Kapitel 15.4 ab Seite 283) beim Einloggen mit einer sehr kryptischen Fehlermeldung, die nicht direkt auf die Ursache hindeutet, darauf hin:

```
linux: #  cyradm -auth login localhost -user username
IMAP Password: passwort für username
             Login failed: user not found at /usr/lib/perl5/vendor_perl
/5.8.8/x86_64-linux-thread-multi/Cyrus/IMAP/Admin.pm line 118
cyradm: cannot authenticate to server with login as username
```

Im Anschluss daran legen wir eine Handvoll Nutzeraccounts für unsere ersten Tests an:

```
linux: # saslpasswd2 geeko
Password: geheim
Again (for verification): geheim
linux: # saslpasswd2 horst
Password: geheimer
Again (for verification): geheimer
linux: # saspasswd2 paul
Password: am geheimsten
Again (for verification): am geheimsten
```

Jetzt fehlen noch die Mailboxen der einzelnen Nutzer, die wir mit dem Programm `cyradm` anlegen und verwalten. Mit folgendem Aufruf loggen wir uns als Admin in dessen Kommandooberfläche ein und legen anschließend die Postfächer für die drei Testuser an:

```
linux: # cyradm -auth login localhost -user cyrus
IMAP Password: passwort für cyrus
```

```
localhost> cm user.geeko
localhost> cm user.horst
localhost> cm user.paul
localhost> exit
```

Die neuen Postfächer befinden sich auf Dateiebene unter `/var/spool/imap/user/` – was übrigens in der Datei `/etc/imapd.conf` durch den Eintrag `partition-default: /var/spool/imap` definiert wird. Sie können diesen Pfad an Ihre eigenen Bedürfnisse anpassen – und sogar mehrere *Mailpartitionen* angeben, was in Kapitel 14.5 ab Seite 249 erklärt wird.

11.4.3 Testen!

Ob Cyrus und Postfix richtig zusammenspielen, testet man am einfachsten auf der Kommandozeile per `telnet`. Stellt man auf diesem Wege eine E-Mail zu, sieht man eventuelle Fehler sofort. Lassen Sie am besten parallel ein `tail -f /var/log/mail` laufen, um Annahme und Zustellung der E-Mail zu verfolgen.

```
user@linux:$  telnet localhost 25
Trying 127.0.0.1...
Connected to localhost.
Escape character is '^]'.
220 linux.example.net ESMTP Postfix
HELO mail.example.com
250 mail.example.net
MAIL FROM: <test@example.com>
250 Ok
RCPT TO: <geeko@example.net>
250 Ok
DATA
354 End data with <CR><LF>.<CR><LF>
Subject: Eine kleine Testmail

test test test
.
250 Ok: queued as 46201188B612
quit
221 Bye
```

Auf Serverseite erscheint etwa Folgendes in der Datei `/var/log/mail`:

```
Apr 26 19:29:45 linux postfix/smtpd[12491]: connect from localhost[127.0
.0.1]
Apr 26 19:30:06 linux postfix/smtpd[12491]: 46201188B612: client=localho
st[127.0.0.1]
Apr 26 19:30:14 linux postfix/cleanup[12548]: 46201188B612: message-id=<
```

```
20060426172956.46201188B612@mail.example.de>
Apr 26 19:30:14 linux postfix/qmgr[12458]: 46201188B612: from=<test@exam
ple.com>, size=349, nrcpt=1 (queue active)
Apr 26 19:30:14 linux postfix/lmtp[12581]: 46201188B612: to=<geeko@examp
le.net>,relay=public/lmtp[public/lmtp], delay=18, status=sent (250 2.1.5
 Ok)
Apr 26 19:30:14 linux postfix/qmgr[12458]: 46201188B612: removed
```

Hier wird der Ablauf der Telnet-Verbindung, also der Mail-Einlieferung und -Zustellung, genau protokolliert: Der Rechner `localhost` liefert eine Nachricht ein, die vom Useraccount `test@example.com` erstellt wurde und an den Empfänger `geeko@example.net` adressiert ist. Diese Nachricht nimmt der lokale Postfix an und stellt ihn über den LMTP-Socket an den Mailserver zu, was durch `status=sent (250 2.1.5 Ok)` bestätigt wird. Sollten Sie den Empfänger falsch adressiert oder die Zielmailbox gar nicht angelegt haben, erschiene etwa folgende Logmeldung:

```
Sep  3 11:21:38 linux postfix/smtpd[10476]: connect from localhost[127.0
.0.1]
Sep  3 11:22:18 linux postfix/smtpd[10476]: 4D49B1C187: client=localhost
[127.0.0.1]
Sep  3 11:22:23 linux postfix/cleanup[10487]: 4D49B1C187: message-id=<20
070903092218.4D49B1C187@mail.heinlein-support.de>
Sep  3 11:22:23 linux postfix/qmgr[6383]: 4D49B1C187: from=<test@example
.com>, size=368, nrcpt=1 (queue active)
Sep  3 11:22:23 linux postfix/lmtp[10488]: 4D49B1C187: to=<achim@example
.com>, relay=mail.heinlein-support.de.de[public/lmtp], delay=17, delay
s=17/0.02/0.02/0.19, dsn=5.1.1, status=bounced (host mail.heinlein-suppo
rt.de.de[public/lmtp] said: 550-Mailbox unknown.  Either there is no mai
lbox associated with this 550-name or you do not have authorization to
 see it. 550 5.1.1 User unknown (in reply to RCPT TO command))
Sep  3 11:22:23 linux postfix/cleanup[10487]: 8C2001C1AC: message-id=<20
070903092223.8C2001C1AC@mail.heinlein-support.de.de>
Sep  3 11:22:23 linux postfix/qmgr[6383]: 8C2001C1AC: from=<>, size=2548
, nrcpt=1 (queue active)
Sep  3 11:22:23 linux postfix/bounce[10490]: 4D49B1C187: sender non-deli
very notification: 8C2001C1AC
Sep  3 11:22:23 linux postfix/qmgr[6383]: 4D49B1C187: removed
Sep  3 11:22:23 linux postfix/lmtp[10488]: 8C2001C1AC: to=<test@example.
com>, relay=mail.heinlein-support.de.de[public/lmtp], delay=0.03, delays
=0.01/0/0/0.02, dsn=5.1.1, status=bounced (host mail.heinlein-support.de
[public/lmtp] said: 550-Mailbox unknown.  Either there is no mail
box associated with this 550-name or you do not have authorization to se
e it. 550 5.1.1 User unknown (in reply to RCPT TO command))
Sep  3 11:22:23 linux postfix/qmgr[6383]: 8C2001C1AC: removed
Sep  3 11:22:24 linux postfix/smtpd[10476]: disconnect from localhost[12
7.0.0.1]
```

Der Zustellversuch endet mit dem Status `removed`, die Mail wurde also entfernt und nicht zugestellt. Stattdessen wurde eine Bounce-Meldung an den Absender zurückgesendet.

Haben Sie alles richtig gemacht, kann die Testmail im Postfach von `geeko@example.net` abgerufen werden. Ein Blick ins Mailboxverzeichnis bestätigt dies:

```
linux: #  ls -li /var/spool/imap/user/geeko/
total 44
115481 -rw------- 1 cyrus mail 1529 May 12 17:35 1.
115232 -rw------- 1 cyrus mail 5068 May 22 13:40 cyrus.cache
115144 -rw------- 1 cyrus mail  184 Nov 23 23:43 cyrus.header
115218 -rw------- 1 cyrus mail  376 May 22 13:40 cyrus.index
```

Die Datei `1.` enthält die erste E-Mail, die in diesem Postfach eingetroffen ist. Um sie mit einem Mailclient abzurufen, benötigt man im Falle des IMAP-Users `geeko` folgende Daten:

- den FQDN des IMAP-Servers (bei lokalem Zugriff reicht `localhost`),
- den Benutzernamen `geeko` und
- das Passwort *`geheim`*.

Auch wenn der Abruf im Mailclient funktioniert – noch ist der Mailserver eher rudimentär ausgestattet. Das gilt es zu ändern, denn was ist ein Mailserver ohne Zusatzfunktionen, Absicherung und Komfort?

Kapitel 12

Die Konfigurationsdateien im Detail

Zwei Dateien steuern den Cyrus-Server: `cyrus.conf` und `imapd.conf`. Erstere regelt das Verhalten der mit Cyrus ausgelieferten Hilfsprogramme, die dem Mailserver zuarbeiten beziehungsweise von ihm für weitere Aufgaben benutzt werden. Die zweite Konfigurationsdatei steuert das Verhalten des Cyrus-Master-Prozesses, der wiederum die Cyrus-Unterprozesse, wie zum Beispiel Sieve oder NOTIFY, beeinflusst. `imapd.conf` steuert also *nicht* nur den `imapd`, sondern `master` und die Subprozesse.

12.1 /etc/cyrus.conf

Diese Konfigurationsdatei gliedert sich in drei von geschweiften Klammern umschlossene Bereiche: `START{}`, `SERVICES{}` und `EVENTS{}`. Viele Distributionen, zum Beispiel OpenSuSE oder SLES, liefern eine Konfiguration wie die im Folgenden beschriebene mit, bei manchen (etwa Debian und

Gentoo) muss man sie erst manuell erzeugen. Ein # dient als Kommentarzeichen, mit dem man nicht benötigte Einträge deaktiviert.

12.1.1 Der START{}-Abschnitt

Der START{}-Bereich legt Dienste und Hilfsprogramme fest, die beim Start des Cyrus ausgeführt werden sollen, noch bevor die (Mail-)Services hochgefahren werden. So definiert der recover-Eintrag mit ctl_cyrusdb -r ein Kommando, das die Cyrus-Datenbanken beim Start aufräumt und im Fall eines Crashes wiederherstellt:

```
START {
  # Diesen Eintrag nicht löschen!
  recover       cmd='ctl_cyrusdb -r'

  # Nur notwendig, wenn der idled für IDLE
  # benutzt wird (Default: aktiviert)
  idled         cmd='idled'
}
```

Der idled informiert den Mailclient über Änderungen an der Usermailbox, zum Beispiel wenn eine neue Nachricht eintrifft. Er nutzt dazu das IMAP-Kommando IDLE. Dieser Dienst kann auch deaktiviert werden, allerdings muss dann der Mailclient von sich aus auf Verdacht das Postfach in regelmäßigen Abständen abfragen, egal ob neue Nachrichten vorliegen oder nicht. Mehr zu diesem Thema auch in Kapitel 10.4 ab Seite 181.

12.1.2 Der Abschnitt SERVICES{}

Dieser Abschnitt definiert Dienste, über die sich der Cyrus mit der „Außenwelt“ unterhält. Hier gibt man also zum Beispiel an, welche Dienste Mails annehmen, verschicken beziehungsweise filtern. Zu jedem Dienst wird über die listen-Option ein Port oder Socket definiert, über den der Datenaustausch abgewickelt werden soll.

```
SERVICES {
  imap          cmd='imapd' listen='imap' prefork=1
# imaps         cmd='imapd -s' listen='imaps' prefork=1
  pop3          cmd='pop3d' listen='pop3' prefork=1
# pop3s         cmd='pop3d -s' listen='pop3s' prefork=1
  sieve         cmd='timsieved' listen='sieve' prefork=1

# Eine der beiden LMTP-Arten benötigen Sie für den Mail-Empfang vom MTA
# lmtp          cmd='lmtpd' listen='lmtp' prefork=0
  lmtpunix      cmd='lmtpd' listen='/var/spool/postfix/lmtp' prefork=1
```

```
# Nur notwendig, wenn der Benachrichtigungsdienst notifyd benutzt wird
# (Der Inhalt der folgenden beiden auskommentierten Zeilen gehoert auf
# eine einzelne Zeile.)
# notify  cmd='notifyd' listen='/var/lib/imap/socket/notify' proto='udp'
# prefork=1
}
```

Der `imap`-Eintrag startet den IMAP-Dienst, über den der Mailclient die Postfächer verwalten kann. Dieser soll auf dem `imap`-Port (also 143) auf Anfragen der Clients warten und nur in einer einzigen Instanz vorgehalten werden (`prefork=1`). Gleiches gilt für `imaps`, nur dass der `imapd` durch den Schalter `-s` eine gesicherte SSL/TLS-Verbindung aufbaut. Dafür muss Cyrus mit TLS/SSL konfiguriert werden, wie es in Kapitel 13.1 ab Seite 216 erklärt wird. Die Einträge für den unverschlüsselten bzw. verschlüsselten POP3-Zugang sind analog aufgebaut, nur dass statt dem `imapd` das `pop3d`-Kommando zum Einsatz kommt. `sieve` startet den Mailfilterdienst `timsieved`, dem sich Abschnitt 14.6 ab Seite 250 ausführlich widmet.

`lmtp` definiert den Dienst, der E-Mails vom MTA entgegennimmt. Das kann auf dem `lmtp`-Port oder über den `lmtp`-Socket geschehen. Im letzten Fall wird der Dienst mit `lmtpunix` gestartet. Verwenden Sie LMTP über einen Port, müssen Sie diesen zuvor in der Datei `/etc/services` definieren, da es für LMTP keinen vorab festgelegten Port gibt. Für solche Fälle vorgesehen ist Port 24, der zusätzliche Eintrag in der `/etc/services` sähe so aus:

```
linux: # cat /etc/services
[...]
lmtp                 24/tcp    any private mail system
lmtp                 24/udp    any private mail system
[...]
```

Der `notify`-Eintrag, so aktiviert, ruft den Cyrus-Informationsdienst (siehe Kapitel 14.7 ab Seite 263) auf, welcher den Nutzer oder den Admin über das Eintreffen von Nachrichten in einem Postfach informiert. Bei diesem Dienst wird das Datenprotokoll auf udp gesetzt.

Wenn Sie Cyrus parallel zu einem anderen Mailserver auf der gleichen Maschine testen wollen, können Sie hinter dem Attribut `listen` statt den Standard-Ports `pop3`, `pop3s`, `imap` und `imaps` andere Portnummern oder Namen (wie sie in der Datei `/etc/services` definiert sind) eintragen.

12.1.3 Der Abschnitt EVENTS{}

Im letzten Abschnitt der Konfigurationsdatei sind Dienste oder Tools aufgeführt, die in regelmäßigen Abständen per Default ausgeführt werden. Es handelt sich hier meist um Services, die regelmäßige Wartungsarbeiten durchführen. Man kann diesen Bereich auch als „Crontab" des Cyrus verstehen. An dieser Stelle die hier eingetragenen Standard-Wartungsprogramme des Cyrus:

```
EVENTS {
  # Wird immer benötigt
  checkpoint    cmd='ctl_cyrusdb -c' period=30

  # Wird nur benötigt, wenn Sie die Unterdrückung von doppelten E-Mails
  # aktivieren wollen
  delprune      cmd='cyr_expire -E 3' at=0400

  # Wird nur benötigt, wenn der TLS-Cache regelmäßig gelöscht werden soll
  tlsprune      cmd='tls_prune' at=0400

  # Kommentieren Sie den folgenden Eintrag nur aus, wenn Cyrus
  # regelmäßig alte Nachrichten von JEDEM(!) User löschen soll. Im
  # Beispiel wird der Dienst ipurge alle 60 Minuten aufgerufen und löscht
  # alle Nachrichten, die älter als 30 Tage sind.
  # "'man 8 ipurge"' liefert weitere Details zum Umgang mit diesem
  # Dienst.

  # cleanup      cmd='ipurge -d 30 -f' period=60
}
```

Das hinter `checkpoint` angegebene Kommando `ctl_cyrusdb` kontrolliert regelmäßig (hier: alle 30 Minuten) die Cyrus-Index-Datenbanken und versucht (dank der Option `-c`) eventuelle Probleme zu beheben.

Der `delprune`-Eintrag sorgt – hier täglich um 4 Uhr – über das Kommando `cyr_expire` dafür, dass identische Mails nicht doppelt zugestellt werden (etwa wenn man eine Mailinglistenmail doppelt erhält, weil der Absender sie an die Listenadresse *und* (etwa CC) an die persönliche Adresse des Nutzers geschickt hat). Dank des Schalters `-E 3` werden im obigen Beispiel nur Einträge berücksichtigt, die älter als drei Tage sind.

Cyrus kann sich TLS-Sessions „merken", damit er beim erneuten Kontakt mit demselben Client nicht jedes Mal die TLS-Verschlüsselung neu aushandeln muss. Der hinter dem Stichwort `tlsprune` angegebene `tls_prune`-Befehl bereinigt den TLS-Session-Cache, sofern dieser benutzt wird zum mit `at` angegebenen Zeitpunkt (hier also täglich um 4 Uhr morgens).

Der `ipurge`-Befehl in der `cleanup`-Angabe löscht in vorgegebenen Abständen (hier alle 60 Minuten) automatisch alle E-Mails. Aufgrund der Option `-d 30` müssen die E-Mails in diesem Beispiel älter als 30 Tage sein. Alternativ können Sie an dieser Stelle auch nach der E-Mail-Größe in Bytes (`-b`), KB (`-k`) und MB (`-m`), jeweils gefolgt von einem Leerzeichen und dem Wert, filtern. Der Schalter `-f` bewirkt, dass die E-Mails nicht nur aus der INBOX, sondern auch aus allen Mailverzeichnissen unterhalb der INBOX gelöscht werden. Mit der Option `-i` kann der angegebene Filterwert umgekehrt werden: `-i -d 30` betrifft dann nur Mails, die jünger als 30 Tage sind.

Den `cleanup`-Eintrag sollten Sie allerdings nur aktivieren, wenn Sie und Ihre Nutzer diese Aufräumaktion wünschen, denn einmal gelöschte E-Mails sind verloren.

12.2 /etc/imapd.conf

Die Hauptkonfigurationsdatei des IMAP-Servers enthält Schlüssel-Werte-Paare, bei denen der Doppelpunkt als Trennzeichen gilt, wie zum Beispiel `configdirectory: /var/lib/imap`. Wollen Sie mehrere Werte angeben, werden diese mit einem Leerzeichen voneinander getrennt.

Um bestimmte Optionen zu aktivieren, nutzt man einen der folgenden Werte: `1`, `yes`, `on`, `t` oder `true`. Dahingegen deaktivieren `0`, `no`, `off`, `f` und `false` die jeweilige Option. Leider kann von Konsistenz in vorgefertigten `imapd.conf`-Dateien keine Rede sein – hier wird mal der eine, mal der andere Wert verwendet. Auch die Beispiele in diesem Buch stammen von Produktionsservern, auf denen sich niemand die Mühe der sauberen Vereinheitlichung gemacht hat, und spiegeln daher das gewachsene Chaos der Originaldateien, mit denen man leider umzugehen lernen muss.

`admins`
: Definiert die Admin-Accounts für die Verwaltung der Mailboxen. Als Default dient der Nutzer `cyrus` (siehe auch Kapitel 14.3.3 ab Seite 247):

```
admins: cyrus
```

`allowanonymouslogin`
: Auf einen positiven Wert wie `yes` gesetzt, erlaubt diese Option Gästen das Einloggen, was per Default verboten ist. Diese Option zu aktivieren ist zum Beispiel dann sinnvoll, wenn Sie in Ihrem Mailsystem für alle zugängliche Schwarze Bretter (Shared Folder) anbieten, die auch User lesen dürfen, die keinen Mailaccount auf Ihrem Server besitzen.

Diese richten sich dazu auf ihren Mailclients ein Konto mit dem Nutzer `anonymous` ein, welcher mit einem beliebigen Passwort auf den IMAP-Server zugreift. Zwar ist für dieses Konto denn keine INBOX verfügbar, jedoch kann man als Gast alle Shared Folder, die für den Cyrus-Benutzer `anyone` freigegeben sind, abonnieren.

`autocreatequota`
: Wird hier ein anderer Wert als `0` eingetragen, erzeugt Cyrus beim ersten Login neuer User automatisch deren Mailboxen und begrenzt den dafür zur Verfügung stehenden Speicherplatz durch den hier hinterlegten Quota-Wert (siehe Kapitel 14.1.1 ab Seite 236). Damit das funktioniert, müssen für den jeweiligen Useraccount Accountname und

Passwort definiert sein. Anderenfalls wird kein Postfach erzeugt. Ein negativer `autocreatequota`-Wert (etwa `-1`) hebt die Platzlimitierung auf. Diese Option wirkt sich nur auf neu zu erzeugende Postfächer, nicht jedoch auf bestehende aus.

`configdirectory`
: Legt den Speicherort des Cyrus-Verwaltungsverzeichnisses fest. Als Default dient z. B. bei SuSE `/var/lib/imap`.

`defaultdomain`
: Definiert die Domain für Mailaccounts ohne explizite Domainangabe, die sogenannten *unqualifizierten* Userpostfächer. Diese Option ist für den Umgang mit virtuellen Domains notwendig (vgl. Kapitel 14.3.1 ab Seite 243).

`hashimapspool`
: Wird dieser Schalter aktiviert, generiert Cyrus für alle Postfachverzeichnisse jeweils einen Hash-Wert. Das dient der Leistungssteigerung, hat aber nur Auswirkungen auf Postfächer mit weit verzweigter Unterverzeichnisstruktur.

`lmtp_overquota_perm_failure`
: Ist dieser Schalter aktiviert und eine Usermailbox voll, lehnt Cyrus die Annahme weiterer E-Mails über den LMTP-Socket mit einem permanenten Fehler ab. Dieser Eintrag ist nur bei gesetzter Quota sinnvoll.

`lmtp_downcase_rcpt`
: Aktiviert sorgt dieser Schalter dafür, dass Cyrus die Mailadresse des Empfängers automatisch in Kleinbuchstaben wandelt. Das ist zwar nicht im Sinne der RFCs, die für den Localpart einer Mail die Unterscheidung von Groß- und Kleinbuchstaben vorsehen, erspart in der Praxis aber des Öfteren Supportanfragen, wenn man generell nur Kleinbuchstaben erlaubt.

`maxmessagesize`
: Ist hier ein Wert (in Byte) definiert und wird er überschritten, weist Cyrus alle E-Mails, die größer als dieser Wert sind, über den LMTP-Socket ab. Sinnvollerweise sollte diese Aufgabe aber nicht der Cyrus, sondern der als MX für die jeweilige Domain fungierende MTA übernehmen, damit abzuweisende E-Mails gar nicht erst ins Mailsystem gelangen. Das spart Arbeitsaufwand und erhöht damit die Performance.

`partition-default`
: Definiert den Speicherort für Mailboxen, meist `/var/spool/imap` (siehe auch 14.5 ab Seite 249).

`poptimeout`
: Legt fest, ab welcher Zeit (in Minuten) eine inaktive POP3-Verbindung zum Mailclient getrennt wird. Als Minimum sind hier 10 Minuten erlaubt.

`quotawarn`
: Wert in Prozent, ab dem beim Login eine Quota-Warnung an den Client gesendet wird. Alternativ kann man `quotawarnbk` für eine Quota-Warnung ab einer bestimmten Mailboxgröße in KB verwenden (siehe Seite 237).

`reject8bit`
: Ist dieser Schalter aktiviert, lehnt Cyrus ankommende E-Mails, die Acht- statt der üblichen Sieben-Bit-Zeichensätze im Mailheader verwenden, ab. Ist diese Option deaktiviert, ersetzt Cyrus Acht-Bit-Zeichen im Mailheader durch ein `X`.

`sievedir`
: Legt das Arbeitsverzeichnis für den Mailfilterdienst Sieve (siehe Kapitel 14.6 ab Seite 250) fest, bei SuSE etwa:

```
sievedir: /var/lib/sieve
```

In diesem Verzeichnis finden Sie die Filterregeln für die alphabetisch sortierten User-Postfächer, die der Sieve-Daemon verwaltet. Manueller Zugriff hierauf ist im Allgemeinen unnötig.

`sasl_pwcheck_method`
: Legt die Methode fest, mit der Cyrus-SASL Nutzer authentifiziert. Mögliche Werte sind hier `auxprop`, `saslauthd` und `authdaemond`. Das Thema Authentifizierung wird ausführlich in Kapitel 13.2 ab Seite 220 behandelt.

`timeout`
: Nach wieviel Minuten soll der IMAP-Server eine inaktive Verbindung zum Mailclient schließen? Als Minimum können 30 (Minuten) angegeben werden, nach oben hin sind keine Grenzen gesetzt. Geringere Werte ignoriert Cyrus.

`unixhierarchysep`
: Ein wichtiger Schalter im Zusammenhang mit virtuellen Domains (siehe auch Seite 245). Normalerweise arbeitet Cyrus intern mit einem Punkt als Trennzeichen, um eine Postfachstruktur abzubilden. Werden allerdings Postfächer mit Vor- und Nachnamen des Benutzers angelegt, sollten *Unix-Separatoren*, also der /, verwendet werden. Dies geschieht durch Aktivierung von `unixhierarchysep`.

`username_tolower`
: Ist diese Option aktiv, werden alle Usernamen automatisch in Kleinbuchstaben umgewandelt. Das macht die Authentifizierung weniger fehleranfällig, setzt allerdings voraus, dass die Authentifizierungsquelle (wie etwa LDAP) *nicht* zwischen Groß- und Kleinschreibung unterscheidet.

`virtdomains`
: Ist der Schalter aktiviert, kann Cyrus mit virtuellen Domains umgehen. Mehr zu diesem Thema im Abschnitt 14.3 ab Seite 242.

Wollen Sie SSL/TLS für die Verschlüsselung der Verbindungen benutzen, müssen Sie zudem die Pfade zu den SSL-Zertifikaten und SSL-Schlüsseln angeben:

`tls_cert_file`
: Gibt den Pfad zum Zertifikat des Mailservers an:

```
tls_cert_file: /usr/ssl/certs/servercert.pem
```

`tls_key_file`
: Gibt den Pfad zum Schlüssel des Mailservers an:

```
tls_key_file: /usr/ssl/certs/serverkey.pem
```

`tls_ca_file`
: Gibt den Pfad zum Zertifikat der *Certification Authority* (also der Zertifizierungsstelle) an:

```
tls_ca_file: /usr/ssl/CA/CAcert.pem
```

`tls_ca_path`
: Gibt den Pfad zu dem Verzeichnis an, in dem sich neben dem CA-Zertifikat auch eine Datei mit dessen Hash-Wert befindet:

```
tls_ca_path: /usr/ssl/CA
```

Wenn man mit der Option `tls_ca_file` explizit das CA-Zertifikat angibt, kann man auf das Setzen von `tls_ca_path` verzichten.

Weitere Details zum Thema SSL-Zertifikate erfahren Sie im Kapitel 13.1 ab Seite 216.

Die folgenden beiden Optionen seien an dieser Stelle nur erwähnt, weil SuSE sie mit in die `/etc/imapd.conf` schreibt, obwohl sie – obwohl aktiviert – allein erst einmal keinen Effekt haben. Sie sollen *Dynamic Relay Authorization Control*[1] (kurz: DRAC) aktivieren, eine Technologie, die *POP/IMAP before SMTP* (auch als *SMTP after POP*) ermöglicht:

[1] `http://mail.cc.umanitoba.ca/drac/`

`dracinterval`
: Setzen Sie hier einen anderen Wert als 0, aktivieren Sie POP/IMAP before SMTP. Dieser Wert legt fest, wieviel Minuten der Client Zeit hat, um nach dem POP3- oder IMAP-Login seine E-Mails per SMTP zu verschicken.

`drachost`
: Hostname des Servers, der den DRAC-Dienst anbietet. Von speziellen Setups abgesehen ist das immer `localhost`.

Damit die beiden Optionen Wirkung zeigen, muss der Cyrus manuell gepatcht werden, denn DRAC gehört nicht zur offiziellen Ausstattung und wird auch kaum noch verwendet. SuSE-Distributionen bringen den Patch mit; er liegt samt Dokumentation unter `/usr/share/doc/packages/cyrus-imapd/contrib/drac_auth.patch`. Weitere Informationen dazu finden Sie unter `http://mail.cc.umanitoba.ca/drac/`.

Es gibt noch weitere Optionen, die nur in speziellen Szenarien benötigt werden, etwa zur Anbindung von Authentifizierungsquellen wie LDAP- und MySQL-Servern, was im Kapitel 13.2 ab Seite 220 beschrieben wird, sowie für Cluster-Setups, worauf Kapitel 17.1 ab Seite 296 genau eingeht.

13

Authentifizierung und Absicherung

Die ersten Hürden sind genommen, der Mailserver funktioniert – Zeit, um kurz durchzuatmen und sich dann mit dem Thema Absicherung zu befassen. Zwar genügt es prinzipiell, alle Daten im Klartext über das Netz zu verschicken, doch in der heutigen Zeit sollte es nicht nur zum guten Ton gehören, sondern als Pflicht jedes verantwortungsbewussten Postmasters gelten, ein solch wichtiges Kommunikationsmittel abzusichern und die Daten der Nutzer so gut es geht zu schützen. In diesem Kapitel geht es dabei hauptsächlich um zwei grundlegende Maßnahmen: die Verschlüsselung des Datenstroms und die Absicherung des Authentifizierungsvorgangs. Beides sollten Sie Ihren Usern in jedem Fall anbieten, wenn nicht gar verpflichtend vorschreiben.

Für den Administrator ist es zudem wichtig zu wissen, wie er die Kommunikation mehrerer Server im eigenen Netz schützen kann, wenn nicht alle benötigten Dienste, wie zum Beispiel Mailserver und Authentifizierungsquelle, auf derselben Maschine arbeiten. Auch hier werden Nutzer- und Authentifizierungsdaten ohne Zusatzmaßnahmen über ein mehr oder weniger unsicheres Netzwerk transportiert und sollten daher, wenn es sich vermeiden lässt, nicht im Klartext übertragen werden.

13.1 Verschlüsselung mit SSL/TLS

Die Authentifizierungsdaten von Clients und die Übertragung von E-Mails sollten immer streng vertraulich behandelt werden. Aus Sicht des Mailservers bedeutet das, den Datenstrom, über den die Clients diese Daten senden und über den E-Mails übertragen werden, zu verschlüsseln. Damit erlaubt sich auch wieder die Verwendung von Authentifizierungsmechanismen, die Passwörter im Klartext übertragen.

Fast alle Mailserver und -clients verfügen über die nötigen Voraussetzungen, um eine verschlüsselte Verbindung via SSL/TLS aufzubauen, der Cyrus-IMAP-Daemon natürlich auch. Das folgende Praxisbeispiel zeigt die Integration von OpenSSL in den Cyrus.

13.1.1 Arten der SSL-Übertragung

Der Cyrus-IMAP-Server unterstützt zwei Umsetzungen der *Transport Layer Security*: mit `STARTTLS` und als SSL-Wrapper. Sie unterscheiden sich lediglich im Zeitpunkt, ab dem verschlüsselt wird.

Im ersten Fall baut der Client eine Verbindung zum normalen IMAP-Port 143 auf und setzt das `STARTTLS`-Kommando ab. Anschließend verschlüsseln Client und Server den Datenstrom. Ähnliches gilt für POP3-Verbindungen über Port 110, nur heißt das Kommando hier STLS.

Beim SSL-Wrapper handelt es sich um einen zusätzlichen Modus, bei dem der Cyrus auf einem eigenen, für IMAP über SSL (Port 933) oder POP3-SSL (Port 995) lauscht. Verbindet sich der Client mit einem dieser Ports, wird zuallererst der Datenstrom verschlüsselt, erst dann beginnt die IMAP-Sitzung. Diese Funktion unterstützt Cyrus von sich aus, wenn er mit OpenSSL-Unterstützung übersetzt wurde. Egal, für welches Verfahren Sie sich entscheiden, beide benötigen eine Key-Infrastruktur.

13.1.2 Echtes oder unechtes Zertifikat?

Für die technische Funktion der Datenstromverschlüsselung spielt es keine Rolle, ob man das Zertifikat einer kommerziellen Zertifizierungsstelle (*Certificate Authority*, CA) oder ein selbst erstelltes SSL-Zertifikat verwendet. Solange man *keine* Klartext-Authentifizierung zulässt, bleibt diese Frage kosmetischer Natur. Sobald Clients dem Server jedoch die Passwörter ihrer Nutzer unverschlüsselt übermitteln, sollten diese prüfen können, ob sie die sensiblen Daten dem *richtigen* Server übermitteln. Das können sie aber nur dann unproblematisch, wenn das Server-Zertifikat von einer vertrauenswürdigen Zertifizierungsstelle beglaubigt wurde oder von einem Aussteller stammt, der glaubwürdiges Mitglied eines *Vertrauensnetzes* ist.

Die meisten Mailclients verfügen bereits über eine vorgefertigte Liste solcher *vertrauenswürdigen* Zertifizierungsstellen. Wird der Kontakt mit einem Mailserver hergestellt und sendet dieser seinen öffentlichen SSL-Key, sieht der Client in seine lokale Liste vertrauenswürdiger Zertifizierungsstellen. Benutzen Sie ein Zertifikat einer „echten“ Zertifizierungsstelle, findet der Client den passenden Eintrag, und alles ist in Ordung.

Benutzen Sie allerdings ein „unechtes“ oder selbsterstelltes Zertifikat, wird der Client in dieser Liste nicht fündig. Die Folge: Der Nutzer erhält eine Warnmeldung, dass er es eventuell mit einem nicht vertrauenswürdigen Mailserver zu tun habe. Ernsthaft auf Sicherheit bedachte Zeitgenossen werden sofort die Verbindung trennen und die Telefonnummer der Supporthotline heraussuchen. Bei selbsterstellten Zertifikaten sollten Sie Ihre Nutzer also vorab und von sich aus darüber informieren, welches Zertifikat Ihr Server benutzt, beziehungsweise dieses Zertifikat zum Beispiel als Download auf Ihren Webseiten zur Verfügung stellen.

In diesem Fall werden auch sicherheitsbewusste Nutzer das Zertifikat – nach Prüfung – normalerweise akzeptieren, und der Mailclient vertraut Ihrem Mailserver von nun an. Es gibt allerdings auch Clients, die diese Informationen nicht dauerhaft speichern und den Nutzer bei jedem Neustart wieder mit der Warnmeldung konfrontieren, so zum Beispiel ältere Outlook- und verschiedene TheBat-Versionen.

Leider sind auch freie, etwa von OpenCA[1] oder CaCert[2] beglaubigte Zertifikate nicht unproblematisch: Während Open-Source-Clients wie Mozilla Thunderbird diese von sich aus akzeptieren, bestehen Outlook und Co. auf kommerzielle Zertifikate, die nicht wenig kosten und Geld in die Kassen der CA-Betreiber spülen. Wenn Sie ein freies Zertifikat nutzen, empfiehlt es sich, Ihre Nutzer darüber zu informieren, dass sich immer mehr Nutzer zusammenschließen, um ein alternatives Vertrauensnetz aufzubauen, in dem sich jeder echte und vor allem kostenlose Zertifikate erstellen kann.

13.1.3 SSL-Zertifikat erstellen und einbinden

Auch wenn Sie für den Produktiveinsatz ein echtes Zertifikat gemeinsam mit dem öffentlichen Key der CA verwenden, reicht für den *Testbetrieb* ein mit OpenSSL selbst erstelltes.

[1] `http://www.openca.org/`
[2] `http://www.cacert.org/`

Die Zertifikate legen wir in einem Verzeichnis – beispielsweise /usr/ssl – ab, das wir vor dem openssl-Aufruf, falls noch nicht vorhanden, mit mkdir /usr/ssl/ anlegen müssen. Der folgende Aufruf erzeugt ein SSL-Zertifikat nach dem X509-Standard. Dieses Zertifikat soll 1460 Tage (vier Jahre) lang gültig sein und wird mitsamt des zugehörigen privaten Schlüssels dank der openssl-req-Option -nodes unverschlüsselt im Verzeichnis /usr/ssl/ abgelegt:[3]

```
linux:/usr/ssl # openssl req -new -x509 -nodes -out /usr/ssl/server.pem \
 -keyout /usr/ssl/server.pem -days 1460
Generating a 1024 bit RSA private key
...................++++++
..................................................................++++++
writing new private key to '/usr/ssl/server.pem'
-----
You are about to be asked to enter information that will be incorporated
into your certificate request.
What you are about to enter is what is called a Distinguished Name or a
DN.
There are quite a few fields but you can leave some blank
For some fields there will be a default value,
If you enter '.', the field will be left blank.
-----
Country Name (2 letter code) [AU]:DE
State or Province Name (full name) [Some-State]:Berlin
Locality Name (eg, city) []:Berlin
Organization Name (eg, company) [Internet Widgits Pty Ltd]:Meine Firma
Organizational Unit Name (eg, section) []:Abteilung Mailversand
Common Name (eg, YOUR name) []:mail.example.com
Email Address []:peer@example.com
```

Im Feld Common Name *müssen* Sie den Namen des Mailservers eingeben. Denselben Namen tragen die User als Mailservernamen in ihre Mailclients ein. Stimmen beide Angaben nicht überein, geben die Clients eine entsprechende Warnung aus und weisen darauf hin, dass die Verbindung warscheinlich nicht vertrauenswürdig ist.

Da in der Datei /usr/ssl/server.pem nicht nur das öffentliche Zertifikat, sondern auch der private Serverschlüssel steckt, darf nur der root-User Lesezugriff darauf haben. Ändern Sie die Berechtigungen mit chmod 400 /usr/ssl/server.pem entsprechend.

Die aktuelle Cyrus-IMAP-Version hat OpenSSL-Unterstützung als Default eingebaut – bei älteren Versionen muss sie ggf. einkompiliert werden. Erklärt wird das im Anhang C.2.4 ab Seite 345. Die SSL-Unterstützung schalten Sie mit folgenden Werten in der Datei /etc/imapd.conf frei:

3 Dem Thema Zertifikatserstellung und -einbindung mit OpenSSL im Detail widmet sich das ebenfalls bei Open Source Press erschienene Buch „Praktische Kryptographie unter Linux“ von Lars Packschies (ISBN 3-937514-06-2).

```
tls_cert_file: /usr/ssl/server.pem
tls_key_file: /usr/ssl/server.pem
```

`tls_cert_file` nimmt den Pfad zur Zertifikatsdatei auf, `tls_key_file` den zur privaten Schlüsseldatei. Wenn Sie ein Zertifikat einer echten CA verwenden, aktivieren Sie zudem folgende Optionen, damit der Mailserver das korrekte CA-Zertifikat auswerten kann:

```
tls_ca_file: /usr/ssl/CA/CAcert.pem
tls_ca_path: /usr/ssl/CA
```

Hier wird zum einen die Datei angegeben, die das CA-Zertifikat enthält, zum anderen der Pfad zu dem Verzeichnis, in dem das CA-Zertifikat zusätzlich als Hash-Wert vorliegt. Damit wird sichergestellt, dass die CA-Zertifikate nicht verändert wurden.

Wenn die Authentifizierung über einen gesicherten SSL-Tunnel erfolgt, können Sie gefahrlos Authentifizierungsmethoden mit Klartext-Passwortübermittlung verwenden. In diesem Fall sollten Sie aber generell nur verschlüsselte Verbindungen über SSL zulassen. Die entsprechenden Einstellungen nehmen Sie in der Datei `/etc/cyrus.conf` vor, indem Sie die entsprechenden Ports für IMAP/IMAPs und POP3/POP3s im Bereich `Services` öffnen oder – durch Voranstellen eines Kommentarzeichens – schließen:

```
# UNIX sockets start with a slash and are put into /var/lib/imap/socket
SERVICES {
  # add or remove based on preferences
imap            cmd="imapd" listen="imap" prefork=0
imaps           cmd="imapd -s" listen="imaps" prefork=0
pop3            cmd="pop3d" listen="pop3" prefork=0
pop3s           cmd="pop3d -s" listen="pop3s" prefork=0
[...]
}
```

Diese Einstellung erlaubt Logins sowohl über SSL als auch ohne Verschlüsselung.

Zusätzlich kann der Server auch so konfiguriert werden, dass Klartext-Passwörter nur dann zulässig sind, wenn der Client einen TLS/SSL-Tunnel aufgebaut hat. Mehr dazu im Abschnitt 13.2 ab Seite 220.

Damit Ihr Cyrus-IMAP-Server den Clients die Datenstromverschlüsselung via TLS/SSL anbietet, ist ein Neustart des IMAP-Daemons nötig. `lsof -i` zeigt Ihnen nun die geöffneten IMAPs- und POP3s-Ports:

```
[...]
master    10895   cyrus     5u   IPv6   35505        TCP *:imap (LISTEN)
master    10895   cyrus    11u   IPv4   35509        TCP *:imap (LISTEN)
```

```
master     10895  cyrus   14u  IPv6  35513       TCP *:imaps (LISTEN)
master     10895  cyrus   17u  IPv4  35515       TCP *:imaps (LISTEN)
master     10895  cyrus   20u  IPv6  35519       TCP *:pop3 (LISTEN)
master     10895  cyrus   23u  IPv4  35521       TCP *:pop3 (LISTEN)
master     10895  cyrus   26u  IPv6  35525       TCP *:pop3s (LISTEN)
master     10895  cyrus   29u  IPv4  35527       TCP *:pop3s (LISTEN)
master     10895  cyrus   32u  IPv6  35531       TCP *:sieve (LISTEN)
master     10895  cyrus   35u  IPv4  35533       TCP *:sieve (LISTEN)
[...]
```

Wenn Sie Konfigurationseinstellungen ändern oder neu hinzufügen, empfiehlt es sich zudem, `/var/log/messages` und `/var/log/mail` mitzulesen. So erkennen Sie auch Fehler, die beim Programmstart nicht angezeigt werden. Zur Sicherheit überprüfen Sie zum Beispiel mit einem Paketsniffer wie `tcpdump`, ob die Anmeldung tatsächlich verschlüsselt abläuft und in den TCP-Paketen keinerlei Nutzerinformationen mehr zu sehen sind.

13.2 Cyrus-SASL

Aus dem gleichen Hause wie der IMAP-Server stammt die Bibliothek, die die *Simple Authentication Security Layer* (SASL) implementiert. Außer dem Cyrus-IMAP-Daemon nutzen auch „Fremdprogramme" wie zum Beispiel Postfix diese `libsasl`, oft auch als *Cyrus-SASL* bezeichnet, um auf eines der davon angesteuerten Module und damit auf verschiedene Authentifizierungsquellen zurückzugreifen.

13.2.1 Die Cyrus-SASL-Module

Welches Modul zum Einsatz kommt, legt der `sasl_pwcheck_method`-Eintrag in der Datei `/etc/imapd.conf` fest.

Der Authentifizierungsdienst `saslauthd`

`saslauthd` ist genaugenommen kein Modul, sondern ein eigenständiger Authentifizierungsdienst, der von Cyrus wie ein Modul angesprochen wird. Er nimmt lediglich Klartextpasswörter entgegen und gleicht sie über Plugins mit verschiedenen Datenquellen ab:

`getpwent`
: erlaubt den Zugriff auf Passwörter in der `passwd`-Konfigurationsdatei auf Unix-Systemen.

`shadow`
: erlaubt den Zugriff auf die Nutzerdaten in den einander ergänzenden Unix-Konfigurationsdateien `passwd` und `shadow`.

`kerberos4`
: erlaubt den Zugriff auf Kerberos-4-Server.

`kerberos5`
: erlaubt den Zugriff auf Kerberos-5-Server.

`pam`
: nutzt Pluggable Authentication Modules.

`rimap`
: sendet Authentifizierungsanfragen an einen IMAP-Server. Die Nutzung dieses Plugins ist nur sinnvoll im Zusammenhang mit Fremdprogrammen wie Postfix, die ebenfalls die für den IMAP-Server eingerichtete Authentifizierungsquelle nutzen sollen.

`ldap`
: ruft die Nutzerdaten auf einem LDAP-Server ab.

Da `saslauthd` ein eigenständiger Dienst ist, wird er über eine eigene Konfigurationsdatei gesteuert. In der `/etc/imapd.conf` gibt man lediglich an, dass `saslauthd` verwendet werden soll. Welches der genannten Plugins zur Anwendung kommt, legt man in `/etc/sysconfig/saslauthd`[4] fest: Mit `SASLAUTHD_AUTHMECH=pam` etwa kommt das PAM-Plugin zum Einsatz. Gibt man in der `saslauthd`-Konfigurationsdatei *kein* Plugin an, wird automatisch `shadow` verwendet.

Eine Ausnahme bei den Plugins bildet PAM. Dabei handelt es sich nicht um eine Methode zur direkten Abfrage *einer* Datenquelle, sondern um ein System, das diese Aufgabe an einen echten Authentifizierungsdienst übergibt. Das macht das Setup komplexer, jedoch stehen dem Cyrus-Mailserver über diesen Umweg auch sämtliche PAM-Datenquellen zur Verfügung, bis hin zur Abfrage von Fingerabdruck- oder Iris-Scannern. Entsprechende Module finden Sie unter anderem unter `http://www.kernel.org/pub/linux/libs/pam/modules.html`.

Das `auxprop`-Modul

Auch das `auxprop`-Modul bedient sich einer Plugin-Sammlung zur Authentifizierung. Über folgende Plugins kann es auf Datenquellen zugreifen:

`sasldb`
: erlaubt den Zugriff auf die Mini-Datenbank `sasldb2`.[5]

[4] SuSE-spezifischer Pfad; bei Debian und anderen Distributionen mitunter direkt unter `/etc/saslauthd`

[5] Der Vorgänger `sasldb` kommt nur in sehr alten Cyrus-SASL-1.x-Versionen zum Einsatz und spielt im Zusammenhang mit aktuellen Cyrus-IMAP-Versionen keine Rolle mehr.

`ldapdb`
: fragt einen LDAP-Server ab.

`sql`
: bezieht die Authentifizierungsdaten von einem SQL-Server.

Anders als das `saslauthd`-Modul legt `auxprop` viel Wert auf Sicherheit und erlaubt die Authentifizierung z. B. über CRAM- oder DIGEST-MD5. Beide Verfahren übertragen statt des Nutzerpassworts einen Hash-Wert und gleichen diesen bei der Authentifizierung ab. Dabei ist DIGEST-MD5 neuer und gilt als etwas sicherer.

Wird kein Plugin in der Konfigurationsdatei `/etc/imapd.conf` angegeben, kommt automatisch `sasldb` zum Einsatz.

Nutzung des `authdaemond`

Cyrus-SASL kann über das `authdaemond`-Modul auch den gleichnamigen Authentifizierungsdienst von Courier-IMAP benutzen (Kapitel 9.2 ab Seite 126) und damit auf MySQL-, LDAP- und PostgreSQL-Daten zugreifen. Als Authentifizierungsquelle für einen Cyrus-IMAP-Server eignet es sich nur in Spezialfällen, etwa bei der Migration von Courier auf Cyrus oder wenn einem existierenden Courier-IMAP-Server aus irgendeinem Grund ein Cyrus-IMAP-Server zur Seite gestellt wird. Auch dieses Modul kann nur mit Klartextpasswörtern umgehen. Ein passender Eintrag in der `/etc/imapd.conf` sähe so aus:

```
sasl_pwcheck_method: authdaemond
sasl_authdaemon_path: /var/run/authdaemon.courier-imap/socket
sasl_mech_list: PLAIN LOGIN
```

Zunächst gibt man wieder das Modul an. Danach muss dem `authdaemond` gesagt werden, wo sich der Socket zum Courier-Authdaemon befindet. Es folgt die Angabe der Passwort-Verschlüsselungsmethode, hier nur Klartext, da dieses Modul keine Verschlüsselung beherrscht.

Das veraltete `pwcheck`-Modul

Bis zur Cyrus-Version 1.5 kam dieser Authentifizierungsdienst zum Einsatz, der lediglich die `passwd`- und `shadow`-Dateien auslesen kann. Er wurde durch `saslauthd` abgelöst und nur aus Gründen der Abwärtskompatibilität weiter unterstützt. Auch dieser Dienst arbeitet mit Klartext-Passwörtern.

In der freien Wildbahn gibt es für alle Authentifizierungsmodule offiziell *nicht* unterstützte Patches. Einer davon[6] modifiziert `pwcheck` so, dass auch dieser Dienst eine LDAP-Datenbank abfragen kann.

[6] `http://www.surf.org.uk/downloads/`

13.2.2 Der Authentifizierungsvorgang

Sobald ein IMAP-Client mit dem Cyrus-Server Kontakt aufnimmt, bietet ihm dieser alle unterstützten Authentifizierungsmechanismen an. Das sind je nach Modul

- die auf Unix-Systemen genutzte Übertragung von Klartextpasswörtern (`PLAIN`) bzw. die für MS-Outlook angepasste Methode `LOGIN`,
- `CRAM-MD5` bzw. `DIGEST-MD5`; beide Verfahren verschlüsseln das Nutzerpasswort und gleichen den errechneten Wert bei der Authentifizierung ab. Dabei ist DIGEST-MD5 die neuere und damit etwas sichere Methode.
- `KERBEROS_V4` und `GSSAPI` (Kerberos 5) sowie
- `EXTERNAL`, das die Anbindung weiterer (hier nicht besprochener) Mechanismen erlaubt.

Bei der Wahl des entsprechenden Moduls sollten Sie darauf achten, dass Sie Ihren Nutzern nur dann Klartext-Mechanismen zur Verfügung stellen, wenn die Klartextpasswörter über eine mit TLS/SSL verschlüsselte Verbindung übertragen werden.

Die dem Client angebotenen Mechanismen müssen allerdings auch verfügbar sein, also vom Authentifizierungsmodul unterstützt werden! Geben Sie daher in der Datei `/etc/imapd.conf` nur die tatsächlich verfügbaren Mechanismen an, zum Beispiel `sasl_mech_list: PLAIN LOGIN` für Passwortübertragung im Klartext. Wollen Sie mehrere Mechanismen anbieten, schreiben Sie diese einfach mit einem Leerzeichen voneinander getrennt hintereinander.

Der Client wählt seinen „Lieblingsmechanismus“ – oft den sichersten – aus und schickt die entsprechend aufbereitete Anfrage an den Mailserver. Wenn Sie Authentifizierungsmechanismen anbieten, die der Authentifizierungsdienst und die Datenquelle nicht hergeben, kann sich der User ggf. nicht authentifizieren.

Der Cyrus-IMAP-Daemon reicht die Anfrage des Clients via `libsasl` an den in der Datei `/etc/imapd.conf` per `sasl_pwcheck_method` konfigurierten Authentifizierungsdienst weiter. Der konsultiert die entsprechende Datenquelle und gibt das Ergebnis an den Daemon zurück.

13.3 Unterschiedliche Datenquellen ansprechen

Wer den Cyrus-IMAP-Daemon in größeren Umgebungen einsetzen möchte, besitzt meist schon eine zentrale Datenquelle mit Nutzerdaten für andere Dienste. Viele davon kann auch der Cyrus – entsprechend angepasst – ansprechen.

13.3.1 Standard-Unix-Authentifizierungsmethoden

Im Auslieferungszustand nutzt der Cyrus-Mailserver als Standard die Authentifizierungsmethode `saslauthd` mit dem Plugin `shadow` und damit die Unix-System-Accounts. Für jedes neue Postfach müssen Sie in diesem Fall einen neuen Systemnutzer mit den üblichen Werkzeugen anlegen, etwa:

```
linux: # useradd zoidberg
linux: # passwd zoidberg
Changing password for zoidberg.
New Password: zoidbergs_passwort
Reenter New Password: zoidbergs_passwort
Password changed.
```

Dieses Kommando erstellt einen Unix-Account für den User `zoidberg`, generiert also die passenden Einträge in `/etc/passwd` und `/etc/shadow`. Ab diesem Moment kann Cyrus den neuen Nutzer authentifizieren.

Das Anlegen eines neuen Unix-Systemaccounts für *jeden* neuen Cyrus-Nutzer ist jedoch meist nicht nur überflüssig, sondern stellt immer auch ein potenzielles Sicherheitsrisiko dar.

Generell empfiehlt es sich, nach Möglichkeit einen anderen Authentifizierungsmechanismus zu verwenden, denn spätestens bei einem Setup mit mehreren hundert Usern wird diese Methode unhandlich. Zudem lassen sich Datenbanken schneller als Textdateien durchsuchen, was mitunter die Performance des Mailservers steigert.

13.3.2 `sasldb2`

Eine einfache und schnelle Möglichkeit, Nutzer relativ sicher zu authentifizieren, bietet `sasldb2`. Hier kommt das Authentifizierungsmodul `auxprop` standardmäßig mit dem Plugin `sasldb2` zum Einsatz. Die entsprechende Konfiguration des Cyrus-IMAP-Daemons wurde bereits im Kapitel 11.4.2 ab Seite 200 beschrieben.

Allerdings stößt auch diese Mini-Nutzerdatenbank schnell an ihre Grenzen, zum Beispiel dann, wenn Sie neben Nutzernamen und Passwort auch noch Gruppen abbilden möchten. Hier muss `sasldb2` passen. Auch eine zentrale Nutzerverwaltung für mehrere Dienste ist damit nicht möglich. Das gelingt nur mit einem echten Datenbankmanagementsystem (wie MySQL) und LDAP.

13.3.3 Cyrus und MySQL

Die Anbindung an MySQL-Datenbanken war in den Anfangszeiten von Cyrus gar nicht vorgesehen, funktionierte aber dennoch, und zwar mit Hilfe von PAM. Heute lässt sich MySQL verglichen mit anderen externen Datenquellen wie LDAP vergleichsweise leichter aufsetzen und anbinden.

Das auxprop-Plugin

Mittlerweile gibt es das SASL-Plugin sql, welches MySQL über die „hauseigene" Authentifizierungsbibliothek libsasl anbindet. Um es zu nutzen, müssen Sie darauf achten, dass Cyrus-SASL mit MySQL-Unterstüzung übersetzt wurde. Aktuelle Distributionen haben das in ihren vorgefertigten Paketen bereits erledigt.

Kompilieren Sie Cyrus-SASL selbst, müssen Sie den configure-Parameter --with-mysql=/usr/local/mysql setzen (siehe Anhang C.2.3 ab Seite 342).

Um Cyrus über das auxprop-Plugin sql an eine MySQL-Datenbank anzubinden, muss man in der Datei /etc/imapd.conf auch die Zugangsdaten für die Datenbank und das SQL-Kommando, das die übermittelten Nutzerdaten mit der Datenbank abgleicht, definieren:

```
sasl_pwcheck_method: auxprop
sasl_auxprop_plugin: sql
sasl_sql_engine: mysql
sasl_sql_hostnames: localhost
sasl_sql_user: sqlusername
sasl_sql_passwd: sqlpassword
sasl_sql_database: cyrus
sasl_sql_verbose: no
sasl_sql_select: SELECT password FROM cyrus_email WHERE username = '%u'
AND active='1'
sasl_sql_usessl: 0
```

Bei sasl_sql_hostnames ist es möglich, mehrere SQL-Server festzulegen. Diese werden durch ein Komma voneinander getrennt und erlauben auch die Angabe eines Ports:

```
sasl_sql_hostnames: localhost, 192.168.0.33:3306
```

sasl_sql_verbose setzt man zum Debugging auf yes, um die Log-Meldungen im Syslog aussagekräftiger zu machen.

sasl_sql_usessl: 0 legt fest, dass die Verbindung zum Datenbankserver *nicht* über einen SSL-Tunnel erfolgen soll. Aktiviert wird diese Funktion etwa mit dem Wert 1.

Der in sasl_sql_select als Beispiel definierte SQL-Befehl sucht das Passwort für den beim Login angegebenen Usernamen (%u) aus der Datenbanktabelle cyrus_email heraus, allerdings nur wenn der Wert für active in der Tabelle auf 1 steht. Durch Definition einer solchen Tabellenspalte kann man auf einfache Weise einen Useraccount aktiv oder inaktiv schalten.

Eine MySQL-Tabelle, auf die die in `sasl_sql_select` angegebene SQL-Abfrage passt, erzeugt man etwa mit folgendem SQL-Kommando:

```
CREATE TABLE "cyrus_email"(
  "id" int(11) NOT NULL auto_increment,
  "username" varchar(50) NOT NULL default ,
  "password" varchar(50) NOT NULL default ,
  "real_name" varchar(150) NOT NULL default ,
  "active" tinyint(4) NOT NULL default "1",
  PRIMARY KEY  ("id"),
  UNIQUE KEY "id_2" ("id"),
  KEY "id" ("id")
);
```

Alternativ können Sie diese Datenbank auch über die etwas komfortablere Weboberfläche von phpMyAdmin anlegen. Nach einem Neustart gleicht Cyrus die bei der Nutzerauthentifizierung übermittelten Daten mit dem Inhalt der eben angelegten MySQL-Datenbanktabelle ab. Wird ein abgefragter Wert nicht gefunden, zum Beispiel weil ein Nutzeraccount noch gar nicht angelegt wurde, dann quittiert MySQL das mit einem Fehler, und Cyrus-SASL verbietet dem Nutzer das Login. Das lässt sich zum Beispiel mit dem Tool `imtest` überprüfen. Es erlaubt es, komplette IMAP-Logins und die Verhaltensweisen des IMAP-Servers zu testen:

```
linux: # imtest -m login -a zoidberg localhost
* OK linux Cyrus IMAP4 v2.2.12 server ready
C01 CAPABILITY
* CAPABILITY IMAP4 IMAP4rev1 ACL QUOTA LITERAL+ MAILBOX-REFERRALS NAMESP
ACE UIDPLUS ID NO_ATOMIC_RENAME UNSELECT CHILDREN MULTIAPPEND BINARY SOR
T THREAD=ORDEREDSUBJECT THREAD=REFERENCES ANNOTATEMORE IDLE AUTH=DIGEST-
MD5 AUTH=CRAM-MD5 SASL-IR X-NETSCAPE
C01 OK Completed
Please enter your password: zoidbergs_passwort
L01 LOGIN zoidberg {5}[7]
+ go ahead
<omitted>
L01 NO Login failed: user not found
Authentication failed. generic failure
Security strength factor: 0
Q01 LOGOUT
Connection closed.
```

[7] Der hier von `imtest` verwendete Aufruf des `LOGIN`-Kommandos führt das Passwort nicht direkt im Klartext als zweites Argument auf, sondern sagt dem Server stattdessen mit `{5}`, dass dieser auf einer separaten Zeile einen aus fünf Zeichen bestehenden String (`zoidbergs`, auf die Anfrage `Please enter your password:` eingegebenes Passwort) einlesen soll. Zu dieser Schreibweise siehe auch Seite 320.

Der Kommandoaufruf mit dem Schalter `-m login` erzwingt die Nutzung der SASL-Passwortübertragungsmethode `LOGIN`. Wird hier nichts angegeben, verwendet `imtest` automatisch den sichersten Mechanismus. Nach dem Nutzernamen gibt man als letztes Argument den Hostnamen an. Steht hier nichts, verwendet `imtest` automatisch `localhost`.

Der Schlüssel zum Problem ist die Zeile `L01 NO Login failed: user not found`. Sie besagt, dass der angegebene Nutzer `zoidberg` nicht existiert.

Ein erfolgreicher Loginvorgang sieht hingegen so aus:

```
linux: # imtest -a zoidberg localhost
WARNING: no hostname supplied, assuming localhost
* OK linux Cyrus IMAP4 v2.2.12 server ready
C01 CAPABILITY
* CAPABILITY IMAP4 IMAP4rev1 ACL QUOTA LITERAL+ MAILBOX-REFERRALS NAMESPA
CE UIDPLUS ID NO_ATOMIC_RENAME UNSELECT CHILDREN MULTIAPPEND BINARY SORT
THREAD=ORDEREDSUBJECT THREAD=REFERENCES ANNOTATEMORE IDLE STARTTLS AUTH=C
RAM-MD5 SASL-IR X-NETSCAPE
C01 OK Completed
A01 AUTHENTICATE CRAM-MD5
+ PDQwMjE1MDUzMjUuNDA0MzU4N0BndWNreT4=
Please enter your password: zoidbergs_passwort
cGF1bCBiMTM5Y2NjMmMxYTU4ZjYyMmI5Y2JkYjNkOTY4OTUwYg==
A01 OK Success (no protection)
Authenticated.
Security strength factor: 0
Q01 LOGOUT
Connection closed.
```

Da wir hier auf die Angabe eines Passwortverschlüsselungsmechanismus mit `-m` verzichtet haben, ist schön zu sehen, dass `imtest` hier den sicheren `CRAM-MD5`-Mechanismus auswählt: `A01 AUTHENTICATE CRAM-MD5`.[8]

Der Umweg über PAM

Das SASL-Plugin ist zwar wesentlich komfortabler, aber in einigen Setups will man dennoch auf die ältere Anbindung über PAM zurückgreifen. Dazu muss man folgende Einträge in der Datei `/etc/pam.d/imap` vornehmen:

```
auth sufficient pam_mysql.so user=mail passwd=secret host=localhost db=cy
rus table=cyrus_email usercolumn=username    passwdcolumn=password crypt=
1 logtable=log logmsgcolumn=msg logusercolumn=user loghostcolumn=host log
pidcolumn=pid  logtimecolumn=time

auth sufficient pam_unix_auth.so
```

8 Zum `AUTHENTICATE`-Kommando siehe Seite 311.

```
account required pam_mysql.so user=mail passwd=secret host=localhost db=c
yrus table=cyrus_email usercolumn=username passwdcolumn=password crypt=1
logtable=log logmsgcolumn=msg logusercolumn=user loghostcolumn=host logpi
dcolumn=pid logtimecolumn=time

account  sufficient  pam_unix_acct.so
```

Die Angaben in dieser Datei sind als Spalten mit Leerzeichen als Spaltentrenner angelegt. In der ersten Spalte steht der zu verwendende Modul-Typ, in der zweiten das Kontrollflag und in der dritten der Name des zu nutzenden PAM-Moduls, gefolgt von optionalen Argumenten. Für die Anbindung an MySQL benötigen wir die Modul-Typen `auth` und `account`. Ersteres ist für die Authentifizierung zuständig, `account` kümmert sich um eventuelle Einschränkungen.

Das Kontrollflag `sufficient` bedeutet, dass keine weiteren Module des angegebenen Typs mehr aufgerufen werden, wenn das spezifizierte Modul seinen Dienst erfolgreich verrichtet hat.

Das Modul `pam_mysql.so` verlangt die Zugriffsparameter auf die MySQL-Datenbank als Argumente. Im Beispiel greifen wir auf die Tabelle `cyrus_email` in der Datenbank `cyrus` zu und sagen, dass das Passwort dort in der Spalte `password`, der Username in `username` steht.

Schlägt die Authentifizierung über MySQL fehl, wird ein weiterer Versuch über das Modul `pam_unix_auth.so` unternommen, welches die Unix-Dateien `passwd` und `shadow` abfragt.

Sollen nicht nur der IMAP-Server, sondern auch andere Cyrus-Dienste ihre Informationen aus der MySQL-Datenbank holen, kopieren Sie die PAM-Konfigurationsdatei und benennen sie entsprechend um:

```
linux: # cp /etc/pam.d/imap /etc/pam.d/pop
linux: # cp /etc/pam.d/imap /etc/pam.d/sieve
linux: # cp /etc/pam.d/imap /etc/pam.d/smtp
```

Jetzt müssen Sie dem Cyrus nur noch „erklären", dass PAM als Authentifizierungsmodul verwendet werden soll. Dazu setzen Sie den `sasl_pwcheck_method`-Parameter in der `/etc/imapd.conf` auf `saslauthd` und legen in `/etc/sysconfig/saslauthd` mit `SASLAUTHD_AUTHMECH=pam` das Zugriffsplugin fest.

Ruft Cyrus jetzt den `saslauthd` auf, wendet sich dieser an PAM und PAM wiederum an das für PAM eingestellte Backend: In diesem Fall authentifiziert das PAM-Modul `pam_mysql.so` die Nutzer über die MySQL-Datenbank. Auf dem gleichen Weg können Sie PAM auch für andere Backends benutzen.

13.3.4 Cyrus und LDAP

Auch hier lassen sich die User über Benutzername und Passwort authentifizieren. Zudem ist die Abbildung von Gruppen möglich, nicht aber von ACL- und Quota-Einstellungen für Mailboxen. Für deren Verwaltung muss man zwingend `cyradm` einsetzen.

Die Kommunikation mit dem LDAP-Server läuft entweder lokal über einen LDAP-Socket oder remote per TCP über Port 389 beziehungsweise 636 (LDAP über SSL) ab. Bei Zugriff auf einen entfernten LDAP-Server muss also sichergestellt werden, dass die entsprechenden Ports in der Firewall freigeschaltet sind.

Neben OpenLDAP auf dem LDAP-Server und ggf. OpenSSL auf LDAP-Client (also auf dem Cyrus-Server) und LDAP-Server empfiehlt sich die Installation von *phpLDAPAdmin*[9] (Abbildung 13.1) auf dem LDAP-Server. Mit dieser Weboberfläche lassen sich LDAP-Bäume wesentlich einfacher verwalten und vor allem überschauen, als das auf der Konsole möglich ist.

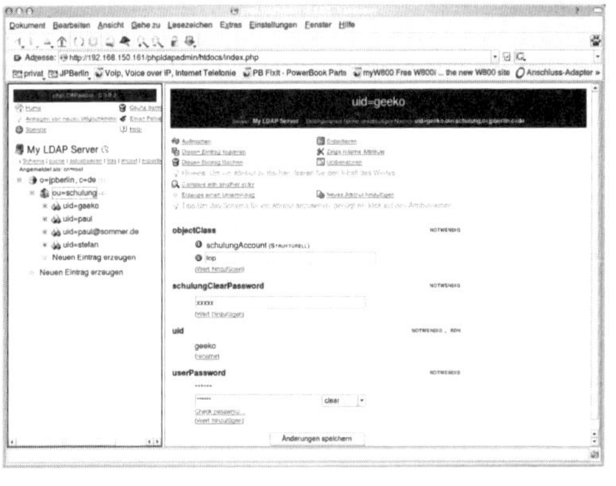

Abbildung 13.1: So oder ähnlich zeigt phpLDAPAdmin einen Verzeichnisbaum an.

Konfiguration des LDAP-Servers

Zuerst müssen Sie ein Schema auf dem LDAP-Server einrichten, welches die Benutzernamen und die dazugehörigen Passwörter abbilden kann. Eine recht gute Anleitung dazu bietet der LDAP-Miniworkshop von Stefan Kania.[10] Einmal eingerichtet, kann man das LDAP-Schema zum Beispiel mit der Weboberfläche phpLDAPAdmin verwalten.

In den meisten Fällen liefert der LDAP-Server bereits Authentifizierungsdaten an andere Dienste, so dass man nur die Parameter auf dem Client anpassen muss.

[9] `http://phpldapadmin.sourceforge.net/`
[10] `http://www.kania-online.de/workshop.htm`

LDAP via auxprop

Für die Abfrage eines LDAP-Servers bietet sich wieder das SASL-Modul auxprop an, das mit ldapdb über ein entsprechendes Plugin verfügt und Shared-Secret-Mechanismen zur verschlüsselten Passwortübertragung verwendet. Somit gehen von Anfang an keine Authentifizierungsdaten im Klartext über die Leitung.

In der Datei /etc/imapd.conf müssen in diesem Fall folgende Werte gesetzt werden:

```
sasl_pwcheck_method: auxprop
sasl_auxprop_plugin: ldapdb
sasl_ldapdb_uri: ldap://ldap.example.com
sasl_ldapdb_id: ldap-username
sasl_ldapdb_pw: ldap-passwort
sasl_ldapdb_mech: DIGEST-MD5
```

Als Passwortverschlüsselungsmethode kann an dieser Stelle DIGEST-MD5 verwendet werden, das ist erst einmal sicherer als Klartext. In diesem Fall müssen die Nutzer-Passwörter allerdings als MD5-Hash und nicht im Klartext im LDAP-Verzeichnis hinterlegt werden. Allerdings sollten Sie bestrebt sein, den Datenstroms zum LDAP-Server via SSL zu verschlüsseln, denn das Login des SASL am LDAP-Server bleibt davon unberührt und wird weiterhin im Klartext vorgenommen.

Jetzt müssen Sie nur noch festlegen, über welchen Suchpfad die Daten aus LDAP ausgelesen werden sollen. Das geschieht über einen Eintrag in der Datei /etc/slapd.conf auf dem LDAP-Server:

```
sasl-regexp uid=(.*),cn=.*,cn=auth ldap:///ou=schulung,o=example,c=com??
sub?(&(objectclass=inetOrgPerson) (mail=$1))
```

Verbindet sich Cyrus-SASL jetzt mit dem LDAP-Server, versucht SASL ein Login mit dem Benutzernamen und dem unter der Domain example.com im LDAP-Objekt inetOrgPerson hinterlegten Passwort des Nutzers. Funktioniert das, gilt der Nutzer als authentifiziert und darf sich einloggen.

LDAP via saslauthd

Auch der saslauthd kann auf LDAP zuzugreifen. Da er lediglich Klartextpasswörter versendet, sollten Sie den Datenstrom in diesem Fall unbedingt mit TSL/SSL absichern, und zwar sowohl die Verbindung zwischen Mailclient und Mailserver, als auch die zwischen Mailserver und LDAP-Server, wenn diese auf getrennten Maschinen laufen.

Um Cyrus an einen korrekt eingerichteten und mit passendem Schema ausgestatteten LDAP-Server anzudocken, beginnen Sie am besten mit der Konfiguration des saslauthd in der Datei /etc/sysconfig/saslauthd:

```
## Path:           System/Security/SASL
## Type:           list(getpwent,kerberos5,pam,rimap,shadow,ldap)
## Default:        pam
## ServiceRestart: saslauthd
#
# Authentication mechanism to use by saslauthd.
# See man 8 saslauthd for available mechanisms.
#
SASLAUTHD_AUTHMECH=ldap
```

Alternativ kann dieser Eintrag auch in der Datei `/etc/imapd.conf` an den `saslauthd` übergeben werden.

Zudem benötigt der `saslauthd` eine weitere Konfigurationsdatei, die die Parameter für die LDAP-Abfrage enthält. `/etc/saslauthd.conf` muss auf den meisten Systemen erst erzeugt werden:

```
ldap_servers: ldap://ldap.example.com/
# Pfad zum LDAP-Server

ldap_version: 3

ldap_search_base: ou=schulung, o=example, c=com
# Einstieg in den LDAP-Suchpfad

ldap_bind_dn: cn=root, o=example, c=com
# Pfad zum Login-User

ldap_bind_pw: xxxxx
# Passwort des Login-Users

ldap_filter: (uid=%u)
# Wert, nach dem gesucht wird:
# %u = wertet gesamte UID aus
# %U = wertet nur bis zum @-Zeichen aus

ldap_scope: sub
# sub sucht ab Einstieg rekursiv bis zum Ende. Alternativen:
# base (nicht rekursiv), one (nur ein Element tiefer)

#####################
# Wenn die Verbindung zwischen SASL und dem LDAP-Server verschlüsselt
# werden soll, hinterlegen Sie an dieser Stelle die TLS-Zertifikatdaten.
# Der LDAP-Server muss in diesem Fall ebenfalls mit TLS-Unterstützung
# konfiguriert werden.

# ldap_tls_check_peer: yes
# ldap_tls_cacert_file: /usr/ssl/cacert.pem
# ldap_tls_cacert_dir: /usr/ssl/
# ldap_tls_cert: /usr/ssl/servercert.pem
# ldap_tls_key: /usr/ssl/serverkey.pem
```

Mit dem Schalter ldap_tls_check_peer: yes würden die Client- und Serverzertifikate zuvor auf Echtheit überprüft. Die anderen Parameter geben die Pfade zu den SSL-Zertifikaten des Servers und der Zertifizierungsstelle an (wie bereits in Kapitel 13.1 ab Seite 216 besprochen).

Anschließend müssen sowohl saslauthd als auch Cyrus neu gestartet werden, um die veränderten Konfigurationsdateien einzulesen. Ab diesem Zeitpunkt fragt Cyrus den LDAP-Server nach den Authentifizierungsinformationen. Ob alles funktioniert hat, kann mit dem Tool testsaslauthd überprüft werden:

```
linux: # testsaslauthd -u zoidberg -p zoidbergs_passwort
0: OK "Success."
```

Mit -u wird der Username angegeben, nach -p folgt das Passwort.

Hat man die Gruppenzugehörigkeit für jeden Benutzer im LDAP-Baum in einem beliebigen weiteren Attribut hinterlegt, kann man diese in der Datei saslauthd.conf über separate Parameter abfragen. ldap_group_search_base gibt den LDAP-Pfad an, ab dem gesucht wird. Ist er nicht definiert, wird der Pfad aus ldap_search_base verwendet. ldap_group_attr legt fest, welches Attribut abgefragt werden soll. ldap_group_match_method definiert, welche LDAP-Methode zum Suchen des Ergebnisses verwendet wird. ldap_group_filter legt den zu verwendenden Suchfilter fest. Eine Gruppenabfrage könnte also auf folgende Art definiert werden:

```
ldap_group_search_base: cn=gruppen,dc=example,dc=com
ldap_group_attr: memberUid
ldap_group_match_method: filter
ldap_group_filter: (memberUid=%D)
```

Alle weiteren Funktionen und Schalter finden Sie in der Datei /usr/share/doc/packages/cyrus-sasl/LDAP_SASLAUTHD, die für eine Abfrage der Gruppen mit Cyrus aber keine weitere Rolle spielen.

13.3.5 Cyrus und Kerberos

Zur Authentifizierung über einen Kerberos-5-Server wird PAM oder saslauthd benötigt. Letzteres ist das einzige SASL-Modul, das ein Plugin zur Abfrage eines Kerberos-Servers mitbringt. Um es zu nutzen, setzt man den Parameter sasl_pwcheck_method in /etc/imapd.conf auf saslauthd und die Variable SASLAUTHD_AUTHMECH in /etc/sysconfig/saslauthd auf kerberos5:

```
## Path:          System/Security/SASL
## Type:          list(getpwent,kerberos5,pam,rimap,shadow,ldap)
```

```
## Default:        pam
## ServiceRestart: saslauthd
#
# Authentication mechanism to use by saslauthd.
# See man 8 saslauthd for available mechanisms.
#
SASLAUTHD_AUTHMECH=kerberos5
```

Jetzt fehlt nur noch die Kerberos-Identität für den Zugriff auf den Kerberos-Server. Dazu müssen Sie die Datei `/etc/krb5.keytab` mit dem Host-Key des IMAP-Servers füttern. Diese Arbeit erledigt das Kommandozeilentool `kadmin`. Vor dessen Aufruf müssen in der Datei `/etc/krb5.conf` die Parameter für den Zugriff auf den Kerberos-Server angepasst werden:

```
[libdefaults]
        default_realm = EXAMPLE.COM

[realms]
        EXAMPLE.ORG = {
                kdc = kerberos.example.com
                admin_server = kerberos.example.com
        }

[logging]
    kdc = FILE:/var/log/krb5/krb5kdc.log
    admin_server = FILE:/var/log/krb5/kadmind.log
    default = SYSLOG:NOTICE:DAEMON
```

Im Abschnitt `libdefaults` wird der Bereich (das *Realm*) angegeben, für den dieser Kerberos-Server, wenn nicht anders definiert, zuständig ist. Unter `realms` definiert man ein solches Realm mit Angabe des *Key Distribution Center* (`kdc`) und des Kerberos-Servers genauer. Mit `logging` legen Sie die Parameter für das Logging auf dem Key- und dem Kerberos-Server fest.

Im Anschluss ändern Sie die Dateirechte so, dass der User `cyrus` die Datei `/etc/krb5.keytab` lesen kann.

Dieses Szenario setzt ein funktionierendes Kerberos-System (Server und Client) voraus. Das bedeutet auch, dass Sie auf der Cyrus-Maschine die Kerberos-Utils und den Kerberos-Client installiert haben müssen.

Eine weitere, ausführlichere Beschreibung von Cyrus-SASL stammt von Patrick Ben Koetter und ist als PDF online verfügbar.[11]

[11] `http://www.heinlein-support.de/upload/mk3/cyrus-sasl.pdf`

14 Cyrus-Konfiguration für Fortgeschrittene

Die grundlegenden Funktionen des Cyrus haben Sie in den vorangegangenen Kapiteln kennengelernt und sind nun hoffentlich mit der doch zu Anfang etwas unübersichtlichen Struktur dieses Mailservers warm geworden. Zwar verfügen Sie jetzt schon über einen einsatzbereiten Mailserver, doch fehlt noch das sprichwörtliche Salz in der Suppe, Funktionen, deretwegen man zum Cyrus-IMAP-Daemon greift. Diese Besonderheiten, die insbesondere die Verwaltung vieler Mailboxen und Domains erleichtern oder gar erst möglich machen, besprechen wir im Folgenden.

14.1 Mailbox-Quotas

Ein Komfortmerkmal – zumindest für Administratoren – ist die Möglichkeit, den Speicherplatz der Nutzer zu beschränken. Wo es fast schon zur

Normalität gehört, Powerpoint-Dateien oder komplette Urlaubsfotoserien per E-Mail durch die Netze zu schicken, sollten Sie sich vorsorglich Gedanken über die Größe des zur Verfügung stehenden Speicherplatzes machen. Zwar kosten Festplatten heute nicht mehr viel, doch da auch die Menge der verschickten Daten ständig zunimmt, gleichen sich beide Trends schon fast wieder aus.

Dateisystem-Quotas, wie etwa Linux sie zur Verfügung stellt, helfen hier nur weiter, wenn man für jede Mailbox einen Systemuser-Account anlegt. Da es aber gerade zu den Stärken des Cyrus zählt, von Systemaccounts unabhängig zu sein, bringt er ein eigenes Quotasystem mit. Dieses arbeitet unabhängig vom Betriebssystem.

Auch wenn Sie ausreichend Platz, zum Beispiel auf einem SAN-Server haben, sind Quotas sinnvoll, denn beim Cyrus schwellen nicht nur die Mailboxen selbst an, sondern auch die Dateien mit den Verwaltungsinformationen. Läuft die Partition mit den Mailboxen voll, nehmen auch die Datenbankdateien Schaden, die der Verwaltung dienen, und können mitunter nicht korrekt wiederhergestellt werden. Der Cyrus-Mailserver ist leider ein sensibles Gebilde, wenn es um das Thema Troubleshooting geht.[1]

14.1.1 Automatische Quotas

Aktiviert und konfiguriert werden Quotas in der Datei `/etc/imapd.conf` mit dem Schalter `autocreatequota`. Das Prozedere ist fehlerträchtig, da die Cyrus-eigene Dokumentation die genaue Funktion nicht eindeutig beschreibt. Drei Fälle lassen sich unterscheiden:

`autocreatequota: 0`
: Die Nutzer dürfen selbst keine neuen Mailboxordner anlegen. Dies muss der Administrator übernehmen und dafür manuell eine Quota einrichten.

`autocreatequota: `*`zahl_größer_0`*
: Für neue Nutzer wird automatisch eine Mailboxstruktur erzeugt. Der Nutzer darf diese bis zum angegebenen Wert in KB füllen. Damit die komplette Mailbox automatisch beim ersten Login angelegt wird, müssen Benutzername und Passwort für den neuen User hinterlegt sein.

`autocreatequota: `*`zahl_kleiner_0`*
: Auch in diesem Fall legt Cyrus beim ersten Login eines neuen Nutzers eine Mailboxstruktur an, vorausgesetzt Benutzername und Passwort existieren in der Authentifizierungsdatenquelle. Der negative Wert

[1] Welche Argumente *gegen* den Einsatz von Quotas sprechen, beleuchtet Kapitel 10.2 ab Seite 171 ausführlich.

(etwa `-1`) sorgt dafür, dass keine Quota gesetzt wird und der Nutzer unlimitierten Speicherplatz erhält.

Außerdem erlaubt es der Parameter `quotawarn`, dem Mailclient des Nutzers eine Warnung zu übermitteln, wenn dieser dabei ist, seine Quota aufzubrauchen. Mit `quotawarn: 62` erhält er diese Warnung bei einer Quotaauslastung von 62 Prozent. Abbildung 14.1 zeigt dies am Beispiel Mozilla Thunderbird.

`quotawarnkb: 1024` hat die gleiche Funktion wie `quotawarn`, nur dass hier in genauen KB (hier: 1024 KB) angegeben wird, wieviel Speicherplatz *noch frei* sein muss, wenn der Mailclient seinen Nutzer das erste Mal vor Platzmangel warnt.

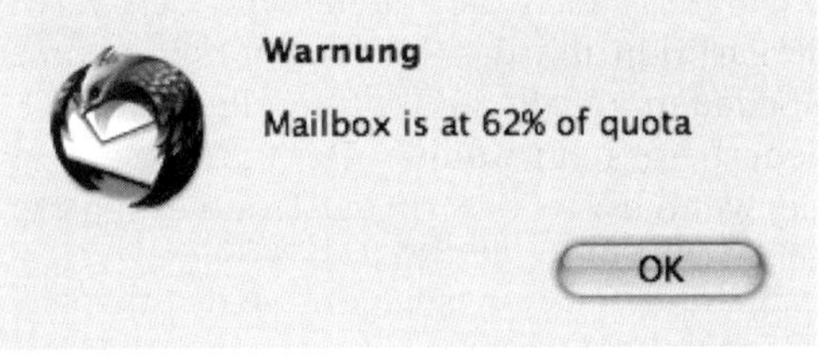

Abbildung 14.1: Sobald die restlichen 38% Speicherplatzes auch noch gefüllt sind, weist der IMAP-Server Mails an dieses Konto ab.

Der Cyrus verrät dem Client über das IMAP-Kommando `GETQUOTA`[2] den jeweiligen Auslastungswert in Prozent oder KB. Wie (und ob) der Client diese Information für den Nutzer aufbereitet, bleibt diesem überlassen (vgl. Abbildung 14.2).

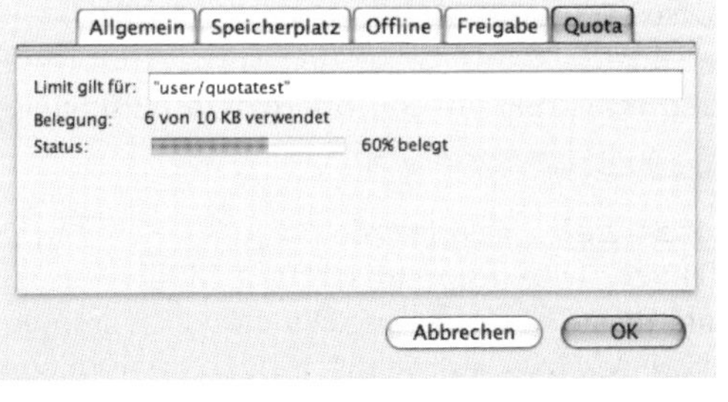

Abbildung 14.2: Aktivierte Quotas zeigt der Mailclient (hier Mozilla Thunderbird) bei den Postfachinformationen.

14.1.2 Manuelle Quotas

Über das Konfigurationstool `cyradm`, welches im Kapitel 15.4 ab Seite 283 beschrieben wird, lassen sich Quotas sowohl erstellen als auch ändern.

2 Dieses Kommando ist Bestandteil der in RFC 2088 beschriebenen und von Cyrus implementierten `QUOTA`-Erweiterung.

Beim Verkleinern müssen Sie jedoch immer darauf achten, dass Sie nicht weniger Quota-Platz zuweisen, als die Mailbox momentan belegt. Sonst gehen Daten des Nutzers verloren und der Mailbox-Index wird beschädigt.

Folgendes Beispiel zeigt, wie man für die Mailbox des Users `paul` und alle Unterverzeichnisse manuell eine Quota von 10 000 KB festlegt:

```
linux: #  cyradm -auth login localhost -user cyrus
IMAP Password: passwort für cyrus
localhost> listmailbox
user.paul (\HasNoChildren)
user.geeko (\HasNoChildren)
localhost> lq user.paul

localhost> sq user.paul 10000
quota:10000
localhost> lq user.paul
 STORAGE 0/10000 (0%)
localhost> exit
```

`lq` zeigt als Kurzform des Kommandos `listquota` vorhandene Quotas sowie die aktuelle Ausnutzung an: `paul` mit seiner derzeit leeren Mailbox kann im Beispiel noch seine gesamte Quota ausschöpfen. Die Speicherplatzbeschränkungen selbst setzt man mit `setquota`, kurz `sq`. Als erstes Argument erwartet dieses Kommando die sogenannte *Quotaroot*, also die Mailbox oder das Mailboxunterverzeichnis, deren Kinder von der Quota begrenzt werden. An zweiter Stelle folgt eine Zahl in KB bzw. der Wert `none`, der eine gesetzte Quota wieder entfernt. Prozentangaben sind nicht möglich.

Im folgenden Beispiel setzen wir eine Quota für alle Mailboxen und Unterverzeichnisse unterhalb des Cyrus-Rootverzeichnisses `user`, listen die Platzbeschränkung mit `lq` auf – und löschen sie anschließend gleich wieder:

```
localhost> sq user 100000
quota:100000
localhost> lq user
 STORAGE 0/100000 (0%)
localhost> sq user none
remove quota
```

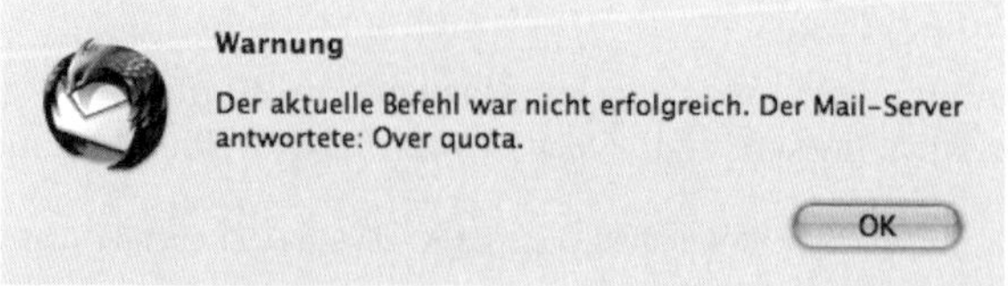

Abbildung 14.3: Mailclients wie Mozilla Thunderbird melden dem Nutzer das Erreichen einer Quotagrenze.

Warum? Wenn Sie eine Quota auf das komplette Cyrus-Wurzelverzeichnis vergeben, hängen alle darin untergebrachten Mailboxen voneinander ab. Ist die Quotagrenze erreicht, kann keines der untergeordneten Postfächer Mails aufnehmen, was wiederum im Mailclient des Users als Hinweis wie in Abbildung 14.3 erscheint. Zudem erhält der Absender eine Bounce-Mail, was man schön im Maillog des Mailservers beobachten kann:

```
Jun 10 12:04:37 linux postfix/smtpd[3540]: connect from plasma.jpberlin.
de[213.203.238.10]
Jun 10 12:04:37 linux postfix/smtpd[3540]: 1AAB21C3B3: client=plasma.jpb
erlin.de.de[213.203.238.10]
Jun 10 12:04:37 linux postfix/cleanup[3543]: 1AAB21C3B3: message-id=<466
BCCAE.9040904@heinlein-support.de>
Jun 10 12:04:37 linux postfix/qmgr[2486]: 1AAB21C3B3: from=<p.hartleben@
heinlein-support.de.de>, size=4541, nrcpt=1 (queue active)
Jun 10 12:04:37 linux postfix/smtpd[3540]: disconnect from plasma.jpberl
in.de[213.203.238.10]
Jun 10 12:04:37 linux postfix/lmtp[3544]: 1AAB21C3B3: to=<paul@example.c
om>, relay=public/lmtp[public/lmtp], delay=0, status=deferred (host publ
ic/lmtp[public/lmtp] said: 452 4.2.2 Over quota (in reply to RCPT TO com
mand))
```

Hier versucht der externe Mailserver `plasma.jpberlin.de`, eine E-Mail an den lokalen User `paul@example.com` zuzustellen, was mit einem Fehler `452 4.2.2 Over quota` abgelehnt wird.

`listquotaroot`, kurz `lqr`, zeigt die Quotaauslastung einer kompletten Mailbox- oder Verzeichnishierarchie an. Damit lassen sich zum Beispiel Quota-Abhängigkeiten zwischen einem Über- und einem Unterverzeichnis erkennen.

Nehmen wir eine Mailbox, für die insgesamt eine Quota eingerichtet wurde. Da für das Unterverzeichnis `Trash` keine explizite Quota gesetzt wurde, zeigt `lq` auch nichts an:

```
localhost> lq user.quotatest.Trash

localhost> lqr user.quotatest.Trash
user.quotatest STORAGE 6/10 (60%)
```

Es gelten dennoch die Quotaeinstellungen für die gesamte Mailbox, die das Kommando `lqr` anzeigt. Im Übrigen ist es durchaus möglich, einem Mailbox-Unterverzeichnis mehr (und tatsächlich nutzbaren) Speicherplatz zuzuordnen, als zuvor für die gesamte Mailbox festgelegt wurde.

Eine vollständige Übersicht über alle Quotas auf dem System liefert das Tool `quota`, welches sich im Verzeichnis `/usr/lib/cyrus/bin/` befindet. Es wird als Unix-User `cyrus` aufrufen:

```
cyrus@linux:$ /usr/lib/cyrus/bin/quota
   Quota  % Used    Used Root
```

```
10000      0      8 user/quotatest@example.com
                  0 user/quotatest/Trash@example.com
                  0 user
   10      0      0 user/cyrus
10000      0      0 user/paul
```

Es zeigt für jede Mailbox die gesetzten Quotas sowie deren Ausnutzung in Prozent und in KB an. Wie man `quota` zum Reparieren defekter Quotas einsetzt, beschreibt Kapitel 14.9.2 ab Seite 268.

14.2 Shared Folders und ACLs

Cyrus kann von jeher mit Verzeichnissen und sogar Mailboxen umgehen, die mehrere User gemeinsam nutzen. Den Zugang zu diesen *Shared Folders* legen Access-Control-Listen (kurz: ACLs) fest. Darin definiert man, welcher Nutzer welche Rechte an welcher Datei hat. Per Default darf jeder Nutzer ausschließlich auf sein eigenes Postfach zugreifen.

Als Beispiel soll die Sekretärin `anna` das Unterverzeichnis `Rechnungen` in der Mailbox von `chef` lesen dürfen. Beide User müssen dazu korrekt auf dem System eingerichtet sein, und der Nutzer `chef` muss das Unterverzeichnis `Rechnungen` angelegt haben.

Die entsprechenden Einstellungen nimmt man mit dem Tool `cyradm` vor. Der `cyradm`-Befehl `setaclmailbox` (kurz: `sam`) setzt die Rechte, während `listaclmailbox` bzw. `lam` sie anzeigt:

```
linux: # cyradm -auth login localhost -user cyrus
IMAP Password: passwort für cyrus
localhost> setaclmailbox user.chef.Rechnungen anna lr
localhost> listaclmailbox user.chef.Rechnungen
chef lrswipcda
anna lr
```

Jetzt kann `anna` das Verzeichnis `Rechnungen` vom User `chef` abonnieren und lesen. Das `l`-Flag macht die Existenz einer Mailbox für einen User sichtbar. Eventuelle Unterverzeichnisse sieht er allerdings nicht.

Um den Inhalt einer Mailbox lesen zu können, bedarf es des `r`-Rechts. Dieses beschränkt sich auf das angegebene Verzeichnis. Gibt es zum Beispiel ein Unterverzeichnis unterhalb von `Rechnungen`, dann kann `anna` darauf nicht zugreifen.

Nun ist es mitunter der Fall, dass nicht nur `anna`, sondern auch weitere Kollegen Zugriff auf ein solches gemeinsam genutztes Verzeichnis bekommen sollen. Um nun nicht für jeden neuen Nutzer das Unterverzeichnis, das das gemeinsame „Schwarze Brett“ der Firma enthält, freigeben zu müssen, kann man bei Cyrus auch mit Gruppen arbeiten. Ordnen Sie mehrere Nutzer einer Gruppe zu und geben Sie der Gruppe `r`-Rechte für ein bestimmtes Verzeichnis, dürfen zukünftig alle Gruppenmitglieder dieses Verzeichnis abonnieren und lesen.

Sie müssen dafür allerdings eine Authentifizierungsquelle verwenden, die Gruppen und Mitglieder abbilden kann. Am einfachsten geht das mit dem Unix-Rechte-System und seinen Dateien `passwd`, `shadow` und `groups`. Etwas anspruchsvoller einzurichten sind LDAP oder MySQL-Datenbanken. `sasldb2` kann leider keine Gruppen abbilden und eignet sich daher nicht für diesen Zweck.

Mit einer entsprechenden Authentifizierungsquelle ließe sich eine Mailbox folgendermaßen freischalten:

```
linux: # cyradm -auth login localhost -user cyrus
IMAP Password: passwort für cyrus
localhost> setaclmailbox user.infotafel group:sharedreader lr
localhost> exit
```

Anschließend können alle Mitglieder der Gruppe `sharedreader` die Mailbox `infotafel` sehen und lesen.

Da Shared Folder oder Shared Mailboxes prinzipiell nichts anderes als Mailboxen oder Unterverzeichnisse – nur eben mit erweitertem Nutzerkreis – sind, kommen Quotas hier genauso zur Anwendung wie für Einzelmailboxen auch.

Tabelle 2.1 führt auf Seite 38 alle vergebbaren Rechte auf. Anders als Courier kennt Cyrus nur die Rechte `lrswipcda`, nicht aber `e`-, `t`- und `x`.

Beachten Sie außerdem, dass einige Rechte – etwa `l` (das Auf*listen* des Mailboxnamens) und `r` (das Lesen – *read* – einer Mailbox) – voneinander abhängen. So kann zum Beispiel ein User, der einen fremden Shared Folder abonnieren möchte, aber nur das Leserecht erhalten hat, diesen nicht finden. Er benötigt dazu auch das List-Recht. Bei `r` ohne `l` zeigt Cyrus den betreffenden Shared Folder einfach nicht an.

Im Übrigen darf auch der Cyrus-Admin-User nicht ohne Weiteres eine Mailbox löschen. Nur, wenn er das `d`-Recht hat, klappt auch der Löschvorgang:

```
localhost> lam user.horst
horst lrswipcda
localhost> dm user.horst
deletemailbox: Permission denied
localhost> sam user.horst cyrus all
localhost> lam user.horst
horst lrswipcda
cyrus lrswipcda
localhost> dm user.horst
```

Um Tipparbeit zu sparen, gibt es für die gebräuchlichsten Rechtekombinationen Aliase, die Tabelle 14.1 aufführt. Diese lassen sich in einem Kommando allerdings nicht weiter mit Einzelrechte kombinieren – hier hat man die Wahl Alias oder Rechtekombination.

Tabelle 14.1: Kürzel für gebräuchliche Rechtekombinationen

Alias	Bedeutung
`none`	Entzieht einem User alle Rechte an einer Mailbox.
`read`	Setzt die Rechte `lrs`.
`post`	Setzt die Rechte `lrsp`.
`append`	Setzt die Rechte `lrsip`.
`write`	Setzt die Rechte `lrswipcd`.
`all`	Setzt alle Rechte (`lrswipcda`).

14.3 Virtuelle Domains

Unter Beachtung der Standardeinstellungen in `/etc/imap.conf` legt Cyrus für jeden User im Verzeichnis `/var/spool/imap/user/` ein eigenes Unterverzeichnis an. Das funktioniert problemlos, solange jeder Username nur einmal vorkommt. Aber spätestens, wenn neben dem User `paul` mit der E-Mail-Adresse `paul@example.net` ein Nutzer `paul` mit der Adresse `paul@example.com` existiert, gibt es Probleme mit dem einfachen Namensraum. Viele Administratoren entwickeln dann kreative Verzeichnisgebilde wie das folgende:

```
example_net_paul/
example_net_geeko/
example_com_paul/
```

Das Ganze wird mitunter so weit getrieben, dass Domains komplett auf einfach durchnummerierte Verzeichnisse umgeschrieben werden, die kaum noch etwas mit dem Domainnamen zu tun haben. Das geht zwar oft eine ganze Zeit gut (und mag undokumentiert den Arbeitsplatz sichern helfen), doch bereits die Handhabung von Unterverzeichnissen wird schwierig.

Aber warum umständlich, wenn es auch einfach geht? Cyrus bringt ein eigenes Konzept zur Verwaltung eines erweiterten Namensraumes mit virtuellen Domains mit, welches all diese Sorgen vergessen lässt.

14.3.1 Das Konzept dahinter

Für den Cyrus-IMAP-Server gehört jeder User zu einer Domain, auch wenn wir bislang nur mit einfachen Useraccounts ohne Domainanteil gearbeitet haben: Solche User, etwa `paul`, `geeko` und `horst`, ordnet er der Domain zu, für die der MTA Mails annimmt und an Cyrus weiterreicht, im Beispiel auf Seite 198 also der Postfix-Relay-Domain `example.net`.

In diesem Fall spricht man im Cyrus-Slang von *unqualifizierten* Usern, die sich in einer Defaultdomain befinden. Allerdings taucht diese Domain innerhalb von Cyrus erst einmal nicht explizit auf, alle an sie gerichteten Mails werden in den entsprechenden Nutzeraccount im Verzeichnis `/var/spool/imap/users/` einsortiert. Das Ganze stellt sich auf Verzeichnisebene wie in Abbildung 14.4 dar.

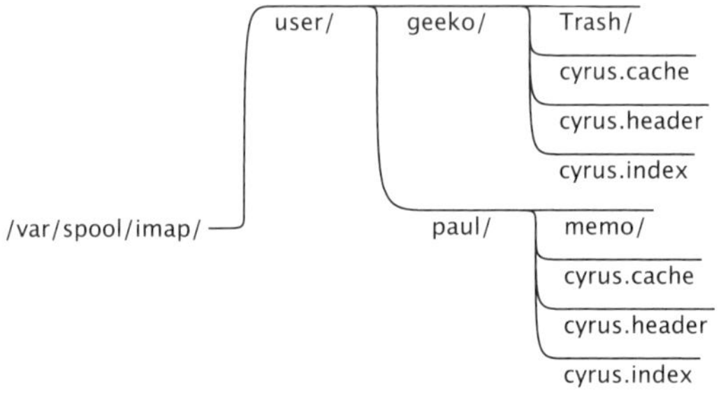

Abbildung 14.4: Die Struktur des Mailboxverzeichnisses ohne virtuelle Domains

Der Cyrus entfaltet seine Leistung aber erst richtig, wenn er mehr als nur eine Domain verwaltet. In diesem Fall arbeitet er mit *qualifizierten* Usern und einem erweiterten Namensraum, also mit mehreren virtuellen Domains. Der Aufbau der Mailverzeichnisse sieht dann wie in Abbildung 14.5 aus.

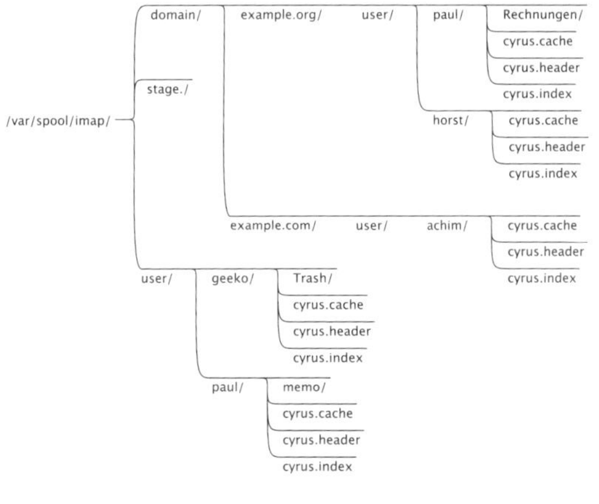

Abbildung 14.5: Wesentlich verzweigter: ein Mailverzeichnis bei der Verwendung virtueller Domains

Für jeden User existiert nun unterhalb seiner Domain ein eigenes Mailverzeichnis. Damit lassen sich beliebig viele Useraccounts namens `paul` anlegen. Bei der Authentifizierung dient die komplette Mailadresse als Benutzername.

Um das skizzierte Beispiel in die Praxis umzusetzen, braucht der Cyrus zunächst die Information, dass er es ab sofort mit mehreren virtuellen Domains zu tun bekommt. Das geschieht über den Parameter `virtdomains` in der Datei `/etc/imapd.conf`:

```
virtdomains: yes
```

Jetzt verarbeitet Cyrus virtuelle Domaineinträge und erzeugt *neue* Nutzerpostfächern mit der Domainstruktur. Soll der Server neben den qualifizierten auch unqualifizierte Userpostfächer verwalten, müssen Sie eine *Defaultdomain* angeben:

```
defaultdomain: example.net
```

Jetzt ordnet der Server die unqualifizierten Postfächer unterhalb des `user/`-Verzeichnisses der Domain `example.net` zu. Die naheliegende Lösung, diese auf ihre neuen, qualifizierten Namen auf Dateiebene symbolisch zu verlinken, torpediert Cyrus leider selbst: Da er die komplette Verzeichnisstruktur noch einmal parallel in Verwaltungsdatenbanken speichert, hängt er sich spätestens bei einem Recover auf. Hardlinks scheiden als Lösung aus, da sie für Verzeichnisse nicht erlaubt sind.

Wenn Sie also von einer Einzel- auf eine Mehrfach-Domain-Konfiguration wechseln, so sollten Sie die bereits vorhandenen Userpostfächer immer der Defaultdomain zuordnen. Nur so können die existierenden User ihre unqualifizierten Usernamen weiterhin für die Anmeldung am Mailserver benutzen und der Mailserver die Post korrekt einliefern.

Damit Cyrus die geänderte Konfiguration benutzt, müssen Sie den Server mit `rccyrus restart` neu starten.

Unter der Voraussetzung, dass wir unsere Nutzer über `sasldb2` authentifizieren, legen wir die neuen Nutzer aus der Domain `example.com` nun folgendermaßen an:

```
linux: #  saslpasswd2 paul@example.com
Password: passwort für paul@example.com
Again (for verification): passwort für paul@example.com
linux: #  chown cyrus:mail /etc/sasldb2
```

Die Postfächer für den Cyrus entstehen auf folgende Weise:

```
linux: #  cyradm -auth login localhost -user cyrus
IMAP Password: passwort_fuer_cyrus
```

```
localhost> cm user.paul@example.com
localhost> exit
```

Nach diesem Befehl sollte das neue Verzeichnis so aussehen:

```
linux: #  ls -la /var/spool/imap/domain/example.com/user/paul/
insgesamt 20
drwx------ 2 cyrus mail 4096 2006-07-14 13:06 .
drwx------ 3 cyrus mail 4096 2006-07-14 13:06 ..
-rw------- 1 cyrus mail    4 2006-07-14 13:06 cyrus.cache
-rw------- 1 cyrus mail  146 2006-07-14 13:06 cyrus.header
-rw------- 1 cyrus mail   76 2006-07-14 13:06 cyrus.index
```

Die oberste Verzeichnisebene enthält nun neben dem Verzeichnis `user` mit den Postfächern der unqualifizierten User ein Verzeichnis `domain`, das alle virtuellen Domains aufnimmt:

```
linux: #  ls -l /var/spool/imap/
insgesamt 8
drwx------ 4 cyrus mail 4096 2006-07-14 13:06 domain
drwx------ 5 cyrus mail 4096 2006-07-13 15:23 user
```

Eine kleine Hürde ist noch zu nehmen. Angenommen, der User `paul` möchte eine E-Mailadresse mit seinem Vor- und Nachnamen benutzen, zum Beispiel `paul.meier@example.com`. In diesem Fall gibt es ein Problem: Erzeugt man eine solche Mailbox mit `cyradm`, interpretiert dieses Tool den Punkt zwischen Vor- und Nachnamen als *Netnews-Separator* und legt ein weiteres Unterverzeichnis an: `/var/spool/imap/domain/example.com/user/paul/meier/`. Im `cyradm` sieht das so aus:

```
localhost> cm user.paul@example.com
localhost> cm user.paul.meier@example.com
localhost> lm
user.paul@example.com (/HasChildren)
user.paul.meier@example.com (HasNoChildren)
```

Im Mailclient erscheint `meier` dann als ein Unterverzeichnis der `INBOX`.

Dass der Cyrus per Default Punkte als Ebenentrenner verwendet, lässt sich in der Datei `/etc/imapd.conf` mit dem Eintrag `unixhierarchysep: 1` ändern. Der positive Wert (hier: `1`) sorgt dafür, dass Cyrus den Punkt ignoriert und in Unixmanier den Schrägstrich / als Separator verwendet. Legen wir nun die User `paul@example.com` und `paul.meier@example.com` im `cyradm` an, sieht das Ergebnis so aus:

```
localhost> cm user/paul@example.com
localhost> cm user/paul.meier@example.com
localhost> lm
user/paul@example.com (HasNoChildren)
user/paul.meier@example.com (HasNoChildren)
```

`user.paul@example.com` und `user.paul.meier@example.com` sind vollständig unabhängige Mailboxen. Auch auf Dateiebene wirkt sich die Umstellung aus:

```
linux: # ls -l /var/spool/imap/domain/example.com/user/
total 4
drwx------ 4 cyrus mail 4096 May 22 20:02 paul
drwx------ 3 cyrus mail 4096 May 22 20:02 paul^meier
```

Der Punkt im Mailboxnamen wird hier durch das Dach abgebildet. Beim Anlegen von Mailboxen müssen Sie nun allerdings immer darauf achten, dass Sie tatsächlich den Schrägstrich als Trenner für die hierarchischen Ebenen verwenden und nicht mehr den Punkt. Wenn Sie aus Gewohnheit für das Anlegen einer neuen Mailbox weiterhin die alte Syntax verwenden, heißt beispielsweise das mit `cm user.paul.meier.Trash@example.com` angelegte Unterverzeichnis `user.paul.meier.Trash@example.com` und taucht auf der Festplatte in einer Ebene auf:

```
linux: # ls -li /var/spool/imap/domain/example.com/
[...]
drwx------ 2 cyrus mail 4096 Nov 26 12:29 user^paul^meier^Trash
[...]
```

Um Fehler zu vermeiden, sollten Sie qualifizierte Postfächer immer erst anlegen, wenn Sie den Parameter `virtdomains` tatsächlich aktiviert haben. Anderenfalls entstehen Top-Level-Postfächer mit einem Domainanteil, die sich nicht bearbeiten und nur dann löschen lassen, wenn Sie `virtdomains` zeitweilig deaktivieren.

Achten Sie auch darauf, dass Postfächer immer mit dem Präfix `user` angelegt werden, da sie sich sonst nicht korrekt adressieren lassen. Tritt dieser Fehler auf, hilft nur Folgendes: die Unterstützung virtueller Domains abschalten, die fehlerhafte Mailbox löschen, die Unterstützung virtueller Domains wieder aktivieren und die Mailbox neu anlegen.

14.3.2 Auswirkungen auf die Nutzung von ACLs

Wird Cyrus ausschließlich mit unqualifizierten Useraccounts benutzt, kann man im `cyradm` mit dem Admin-Account `cyrus` für alle Mailboxen Rechte verteilen. Jeder einzelne Nutzer hat außerdem die Möglichkeit, anderen Nutzern Rechte an seinen Verzeichnissen einzuräumen.

Etwas anders sieht das bei der Verwendung virtueller Domains aus. Hier kann zwar der unqualifizierte Admin-User `cyrus` weiterhin Rechte global verteilen, jedoch haben alle anderen Nutzer nur noch Vergaberechte innerhalb ihrer eigenen Domain (unqualifizierte User innerhalb der Defaultdomain).

Möchte der User paul@example.net dem User geeko@example.com mit dem cyradm-Kommando sam oder im Mailclient das Recht geben, seinen Mailboxfolder memo zu lesen, funktioniert das nicht, da sich paul in einer anderen Domain befindet als geeko. Domainübergreifende Rechtevergabe lässt Cyrus nicht zu. In diesem Fall quittiert cyradm den Aufruf mit folgender Fehlermeldung:

```
localhost> sam user/paul/memo@example.net user/geeko@example.com lr
setaclmailbox: user/geeko@example.com: lr: Invalid identifier
```

Innerhalb derselben Domain funktioniert das Ansinnen dagegen problemlos:

```
localhost> lam user/paul/memo@example.net
paul@example.net lrswipcda
localhost> sam user/paul/memo@example.net geeko@example.net lr
localhost> lam user/paul/memo@example.net
paul@example.net lrswipcda
geeko@example.net lr
```

14.3.3 Domain-Admins

Selbstverständlich lassen sich für jede virtuelle Domain separate Admin-Accounts benennen. Diese Domain-Admins haben die gleichen Rechte wie der globale Admin, allerdings auf ihre Domain beschränkt. Dazu erweitert man den admins-Eintrag in der imapd.conf um die entsprechenden qualifizierten Usernamen:

```
admins: cyrus paul@example.net geeko@example.com
```

In diesem Fall erhält cyrus globale Admin-Rechte, paul@example.net und geeko@example.com hingegen können Admin-Aufgaben innerhalb ihrer jeweiligen Domain ausüben: paul für example.net, geeko für example .org.

Wird hier ein Nutzername ohne Domainanteil eingetragen, erhält dieser generell Cyrus-Admin-Rechte. Nutzernamen mit Domainanteil bekommen diese Privilegien ausschließlich für ihre Domain. Trägt man einen Name mit Domainanteil ein, dessen Domain Cyrus gar nicht verwaltet, so erhält der entsprechende User überhaupt keine Rechte und sieht lediglich eine leere cyradm-Konsole. Wird der globale Cyrus-Admin gelöscht, kann nicht mehr administrativ gearbeitet werden – der Mailserver an sich läuft aber problemlos weiter.

Achten Sie immer darauf, wem Sie welche Admin-Rechte geben, denn mit dem globalen Admin-Account kann man das gesamte Cyrus-System verwalten und natürlich auch beschädigen.

Sollten Sie vor der Einführung virtueller Domains bereits Sieve-Skripe auf den Server geladen haben, so müssen diese nachträglich angepasst werden. Mehr dazu im Kapitel 14.6.6 ab Seite 263.

14.4 Mails in Unterverzeichnisse einordnen

Einer der Vorteile von IMAP besteht darin, dass Nutzer ihre Mails auf dem Server in verschiedene Unterverzeichnisse einordnen können, sie also nicht herunterladen und lokal sortieren müssen. Die meisten Clients erstellen diese Unterordner unterhalb des Eingangspostfachs, der `INBOX`.

Will man E-Mails gleich beim Eintreffen in ein solches Unterverzeichnis einsortieren, setzt dies im Normalfall entsprechende Funktionalität im Mailclient voraus. Dazu muss für alle Verzeichnisse, in die ein Filterskript Mails verschieben soll, das p-Recht (siehe Tabelle 2.1 auf Seite 38) gesetzt sein. Bei neu angelegten Verzeichnissen ist das für den Besitzer automatisch der Fall. Abonnieren Sie Verzeichnisse anderer User, müssen Sie auch dafür das p-Recht haben.

Wer nur einen einzigen Client verwendet, ist fein raus. Wechselt der Nutzer jedoch oft den Rechner oder hat er gar unterwegs nur Zugriff via Webclient aus dem Internetcafé, müsste er die entsprechenden Filterkriterien in jedem verwendeten Mailclient einrichten und synchron halten. Glücklicherweise unterstützt der Cyrus-Mailserver ihn dabei.

Das setzt allerdings voraus, dass der *Absender* einer Nachricht die E-Mail so adressiert, dass sie der Mailserver in ein entsprechendes Unterverzeichnis einsortieren kann. Die Adressierung wiederum hängt von der Konfiguration der Verzeichnisseparatoren über den Parameter `unixhierarchysep` (siehe Seite 245) ab.

Nutzt man Netnews-Separatoren, trennt der Cyrus die Verzeichnisebenen durch einen Punkt. Dann kann der Absender das Unterverzeichnis in der Mailadresse des Empfängers direkt ansprechen, indem er es durch einen Punkt vom Empfängernamen trennt: Möchten Sie zum Beispiel der Adresse `paul@example.com` eine Mail schicken, die direkt ins `INBOX`-Unterverzeichnis `rechnungen` des entsprechenden Users einsortiert werden soll, nutzen Sie die Adresse `paul.rechnungen@example.com`.

Sind auf dem Cyrus hingegen Unix-Separatoren aktiviert, trennt Cyrus die Verzeichnishierarchie durch einen Schrägstrich. Das ist nötig, um zum Beispiel Mailadressen, die aus Vor- und Nachnamen bestehen, korrekt zu verwalten. Wollen Sie in diesem Fall eine Mail an die Mailadresse `paul.meier@example.com` schicken, die im Unterverzeichnis `rechnungen` landen soll, verwenden Sie die Adresse `paul.meier/rechnungen@example.com`. Ginge die Mail an `paul.meier.rechnungen@example.com` (mit Punkt statt Schrägstrich), erhielten Sie folgende die Fehlermeldung:

```
<paul.meier.rechnungen@example.com>: host public/lmtp[public/lmtp]
    said: 550-Mailbox unknown.  Either there is no mailbox associated
    with this 550-name or you do not have authorization to see it.
    550 5.1.1 User unknown (in reply to RCPT TO command)
```

Cyrus sucht in diesem Fall eine Mailbox namens `paul.meier.rechnungen@example.com`, die nicht vorhanden ist.

Nun ist das Ganze wenig praktikabel, da der Absender in der Regel weder weiß, dass Cyrus zum Einsatz kommt, noch die korrekte Bezeichnung des Unterverzeichnisses kennt, noch herausfinden will, welchen Separatortyp der Server verwendet. Sinnvoll wird dieses Feature erst im Zusammenhang mit Sieve-Skripten (siehe Seite 250).

14.5 Mailpartitionen

Mit dem Parameter `partition-default` gibt man in `/etc/imapd.conf` den Ort an, wo Cyrus standardmäßig die Mailboxen erzeugt und erwartet – so weit so gut. Doch deutet dieser Eintrag daraufhin, dass hier durchaus andere Orte zum Abspeichern der Nutzerpostfächer verzeichnet werden können. Diese Speicherorte bezeichnet Cyrus als *Partitionen*, unabhängig davon, ob es sich dabei um eine physikalische Partition oder um ein Verzeichnis handelt.

Der Einsatz von Mailpartitionen ist zum Beispiel dann sinnvoll, wenn Ihr System eine gewisse Größe angenommen hat und der Speicherplatz auf der Defaultpartition knapp wird oder das entsprechende Festplattensystem nicht mehr mit der Abarbeitung der Anfragen hinterherkommt: I/O-Engpässe sind noch vor der CPU-Überlastung eine der häufigsten Ursachen für ein langsames System. In diesem Fall sollten Sie überlegen, ob Sie neue Mailboxen nicht auf anderen Festplatten oder Partitionen unterbringen wollen. Diese definieren Sie etwa wie folgt:

```
partition-default: /var/spool/imap
partition-mail1: /var/spool/mail1
partition-mail2: /var/spool/mail2
partition-mail3: /var/spool/mail3
defaultpartition: mail3
```

Jede *Mailpartition* erhält einen eigenen Namen. Als Suffix an die Zeichenkette `partition-` angehängt, ergibt sich daraus der Name des Parameters, der diese Mailpartition definiert. So legt der `partition-mail1`-Eintrag im Beispiel fest, dass das Verzeichnis `/var/spool/mail1` die Mailpartition `mail1` bildet. Um die Übersicht zu behalten, empfiehlt es sich, das physikalische Mailverzeichnis bzw. den Mountpoint wie die Partition zu benennen – eine Pflicht zur Konsistenz gibt es hier aber nicht. Wird beim Erstellen neuer Postfächer keine Partition gesondert angegeben, dann erzeugt Cyrus die Postfächer auf der mit `defaultpartition: mail3` definierten Mailpartition.

Um darin eine neue Mailbox anzulegen, geben Sie deren Namen als zusätzlichen Parameter für das `cyradm`-Kommando `createmailbox` an:

```
localhost> createmailbox user.achim mail1
```

Das Beispielkommando erzeugt eine Mailbox für den User `achim` in der Mailpartition `mail1`. Reagiert `cyradm` daraufhin mit der Fehlermeldung `createmailbox: System I/O error`, schauen Sie ins Systemlog: Wahrscheinlich haben Sie vergessen, die neue Mailpartition für Cyrus schreibbar zu machen, indem Sie dem Cyrus-Systemuser und seiner Gruppe etwa mit `chown cyrus:mail /var/spool/mail1` die Eigentumsrechte daran übertragen.

Wird beim Erzeugen der Mailbox keine Mailpartition angegeben, landet sie automatisch am unter `partition-default:` angegebenen Ort.

Genügt irgendwann auch diese Aufteilung des Mailstorage nicht mehr, sollten Sie einen Cluster aufbauen, um Ihren Mailserver zu entlasten. Wie das funktioniert, beschreibt Kapitel 17 ab Seite 295.

14.6 Der Sieve-Mailfilter

Auch wenn sich über Geschwindigkeit und Handhabung streiten lässt – die serverseitige Mailfilterung über Skripte in der extra dafür entwickelten Sprache Sieve ist *der* Grund, warum sich viele Administratoren für den Einsatz von Cyrus als Mailserver entscheiden. Mittlerweile implementieren auch weitere Mailserver die Sieve-Schnittstelle, und Mailclients wie KMail oder Squirrelmail ermöglichen das Erstellen und Verwalten von Sieve-Filterskripten.

Die Skriptsprache Sieve selbst wartet mit weniger Funktionen auf als z. B. `procmail`, wirkt aber (gerade deshalb) auf viele Nutzer intuitiver. Gegenüber `procmail` haben Sieve-Skripte den Vorteil, dass die Nutzer keinen Shellaccount benötigen, um diese auf dem Server abzulegen. Sie müssen sich lediglich als Cyrus-Nutzer anmelden.

14.6.1 Der Mailfilter-Daemon `timsieved`

Der Mailfilter-Daemon `timsieved`, der seit 1994 parallel zum Cyrus-IMAP-Daemon an der Carnegie-Mellon-Universität entwickelt wird, liest Filterskripte, die externe Nutzer für ihre Mailboxen erstellen, ein und steuert damit den Cyrus-Master-Prozess. Er lauscht standardmäßig auf Port 2000.

Namensgeber dieses Dienstes ist Tim Showalter, der an der CMU für dessen Einbindung in Cyrus verantwortlich ist. Neben dieser mitunter auch *Managesieve* genannten Sieve-Implementierung für den Cyrus gibt es auch Sieve-Implementationen für andere Server.

Der `timsieved` erlaubt das Verschieben von E-Mails in bestimmte Mailbox-Verzeichnisse, das Weiterleiten und Ablehnen von E-Mails sowie das Verschicken von Abwesenheitsbenachrichtigungen. Mit Hilfe des Benachrichtigungsdienstes `notifyd` lassen sich zudem beim Eintreffen bestimmter E-Mails Nachrichten verschicken.

Treffen E-Mails auf dem Cyrus ein, wendet der `timsieved` die vorhandenen Regeln darauf an. So lassen sich E-Mails, etwa abhängig vom Absender oder von Spam-Tags löschen, in Unterverzeichnisse verschieben, weiterleiten oder – etwa während des Urlaubs – automatisch beantworten.

14.6.2 Konfiguration und Test

Um den Mailfilterdienst nutzen zu können, muss das entsprechende Paket installiert sein. Es trägt in der Regel das Stichwort `sieve` im Namen, bei SuSE heißt es etwa `perl-Cyrus-SIEVE-managesieve`.

Des Weiteren legen Sie das Arbeitsverzeichnis für den `timsieved` in der `/etc/imapd.conf` fest:

```
sievedir: /var/lib/sieve
```

Dort werden die hochgeladenen Sieve-Skripte abhängig vom ersten Buchstaben des Nutzernamens in eines der Unterverzeichnisse `A` bis `Z` abgespeichert.

In der `cyrus.conf` wird der Sieve-Daemon im Abschnitt `SERVICES` als Prozess in die Cyrus-Abarbeitungskette eingebunden:

```
sieve   cmd="timsieved" listen="sieve" prefork=0
```

An erster Stelle steht der Name, unter dem der Dienst Cyrus-intern angesprochen wird. Abschließend verrät `cmd`, dass das Programm `timsieved` diesen Dienst zur Verfügung stellt. `listen` definiert den Port, auf dem der Dienst auf Kommandos lauschen soll. Mit dem Schalter `prefork` wird festgelegt, wie oft der Dienst vorsorglich gestartet wird, um im Leerlauf zu warten. Der Default-Wert ist hierbei ausreichend.

Nach einem Neustart des Cyrus erlaubt es das Hilfstool `sivtest`, die Sieve-Funktion zu überprüfen. Dieses kleine Programm simuliert einen User-Login auf dem Sieve-Server. Anhand der Ausgabe erkennen Sie, ob der Server korrekt konfiguriert ist und die Authentifizierung funktioniert:

```
linux: # sivtest -a paul localhost
"IMPLEMENTATION" "Cyrus timsieved v2.2.12"
"SASL" "DIGEST-MD5 PLAIN CRAM-MD5 LOGIN"
"SIEVE" "fileinto reject envelope vacation imapflags notify subaddress re
lational comparator-i;ascii-numeric regex"
OK
AUTHENTICATE "DIGEST-MD5"
{236}
bm9uY2U9ImV3Q2lQOHkzU3dwYU9lbFJOMmNxbjRZOHJmS2o5ODcrSnJHS3dhdEtvQUU9IixyZ
WFsbT0iZ3Vja3kiLHFvcD0iYXV0aCxhdXRoLWludCxhdXRoLWNvbmYiLGNpcGhlcj0icmM0LT
QwLHJjNC01NixyYzQsZGVzLDNkZXMiLG1heGJ1Zj00MDk2LGNoYXJzZXQ9dXRmLTgsYWxnb3J
pdGhtPW1kNS1zZXNz
Please enter your password: am geheimsten
{344+}
dXNlcm5hbWU9InBhdWwiLHJlYWxtPSJndWNreSIsbm9uY2U9ImV3Q2lQOHkzU3dwYU9lbFJOM
mNxbjRZOHJmS2o5ODcrSnJHS3dhdEtvQUU9Iixjbm9uY2U9InI3ZHlrMlJ4Mzg2UFZjRm5KQU
1YRzUwVjhQYjlOa1ZkdmhEOCsvekdqLzA9IixuYz0wMDAwMDAwMSxxb3A9YXV0aC1jb25mLGN
pcGhlcj1yYzQsbWF4YnVmPTEwMjQsZGlnZXN0LXVyaT0ic2lldmUvbG9jYWxob3N0IixyZXNw
b25zZT1kZTViY2E3MTFmYzRmYTQ1YjBmZGQ4ZGQ2ZTNhNGJkNA==
OK (SASL "cnNwYXV0aD01ZmY5YjhkYzVlZTA4MmZjMTBiZWUxNmE3ODUxNzRkZQ==")
Authenticated.
Security strength factor: 128
logout
OK "Logout Complete"
Connection closed.
```

Dieser Test zeigt den erfolgreichen Login des Nutzers `paul`. Mit `-a` übergibt man den Usernamen für die Authentifizierung. Lässt man diese Option weg, übernimmt `sivtest` automatisch den Namen des angemeldeten Systembenutzers. Fehlt der Hostname, kommt `localhost` zum Einsatz.

Der Server gibt zunächst den Namen des Sieve-Dienstes mit seiner Versionsnummer, die über den zuständigen Authentifizierungsdienst möglichen Mechanismen zur Passwortübertragung und die in Sieve verfügbaren Funktionen (siehe Kapitel 14.6.4 ab Seite 256) aus.

Die Authentifizierung des Nutzers erfolgt hier durch ein Challenge-Response-Verfahren (`DIGEST-MD5`) auf Basis des Passworts. Stimmt der serverseitig errechnete Passwort-Digest mit dem für das eingegebene Passwort errechneten Wert (`dXNlcm5hbWU9...`) überein, bestätigt der Server die Aktion mit einem `Authenticated`. Andernfalls wird der Logintest mit einem `NO "Authentication Error"` quittiert.

14.6.3 Das Verwaltungstool `sieveshell`

Mit der `sieveshell` können Nutzer von der Kommandozeile aus Filterskripte auf den Server hochladen, löschen, aktivieren oder deaktivieren. Die Skripte selbst schreiben sie mit einem Texteditor ihrer Wahl (siehe Kapitel 14.6.4 ab Seite 256) und legen sie in dem Verzeichnis ab, in dem sie anschließend `sieveshell` im interaktiven Modus aufrufen.

Das Kommando erwartet den Namen des anzusprechenden Servers als Argument. Stimmt der Name des Mailusers nicht mit dem Namen des aktuell eingeloggten Unixnutzers überein, gibt man ihn mit der Option `-a` *`name`* bzw. `--authname=`*`name`* an:

```
user@linux:$ sieveshell -a paul -u paul localhost
connecting to localhost
Please enter your password:
>
```

Normalerweise wird der mit `-a` übergebene Authentifizierungsname (Wer bin ich?) sofort mit für die Authentisierung (Was darf ich?) übernommen. Allerdings funktioniert das nur bei Systemen, die Kerberos für die Anmeldung verwenden. In der Dokumentation von `sieveshell` findet sich daher der lapidare Hinweis, dass man bei allen anderen Anmeldediensten den Namen noch einmal mit `-u` übergeben sollte. Anderenfalls wird man an dieser Stelle dreimal hintereinander um die Passworteingabe gebeten – ist anschließend aber auch eingeloggt.

Bei Authentifizierungen über Kerberos kann man über die Option `-r` *`realm`* bzw. `--realm=`*`realm`* das Realm angeben, bei dem man sich anmeldet.

Die Kommandos, die man am Prompt in der `sieveshell` eingeben würde, kann man auch in einem Skript niederlegen. Ruft man das Programm mit der Option `-e` *`skript`* bzw. `--exec=`*`skript`* auf, arbeitet es diese Befehle nichtinteraktiv ab. Dieses Vorgehen eignet sich gut zum automatisierten Einlesen von Sieve-Skripten.

In `sieveshell`-Skripten und am `sieveshell`-Prompt sind folgende Kommandos erlaubt:

`help`
: Die Hilfefunktion für das Programm.

`list`
: Zeigt, welche Sieve-Skripte momentan geladen sind.

`put` *`dateiname`*
: Legt das angegebene Sieve-Skript auf dem Server ab. Das Suffix eines Dateinamens zeigt `sieveshell` nicht mit an. Aus `urlaub.script` wird also `urlaub`. Alternativ können Sie mit einem zweiten Argument

einen Namen angeben, den `sieveshell` nutzen soll. Achten Sie darauf, dass Sie Ihre Skripte immer mit gebräuchlichen Zeichen benennen, also auf Sonderzeichen, Umlaute und Leerzeichen verzichten. Diese können zu Problemen beim Einlesen führen.

`get` *`name`*
: Zeigt das angegebene Skript auf der Konsole an. Wird als zweites Argument noch ein Dateiname angegeben, speichert `sieveshell` es unter diesem Namen im Dateisystem ab.

`delete` *`name`*
: Löscht das benannte Skript auf dem Server.

`activate` *`name`*
: Aktiviert das genannte Skript auf dem Server:

```
linux: # sieveshell -a paul -u paul localhost
connecting to localhost
Please enter your password: am geheimsten
> put urlaub.script
> put atwork.script
> activate urlaub
> list
urlaub  <- active script
atwork
```

Im Beispiel wurden zwei Sieve-Skripte namens `urlaub.script` und `atwork.script` auf den Sieve-Server geladen, aber nur `atwork` aktiviert. Der anschließende `list`-Befehl zeigt die geladenen Skripte: `urlaub` ist aktiv, `atwork` inaktiv.

`deactivate`
: Deaktiviert das gerade aktive Skript.

`quit`
: Beendet das Programm.

Auf dem Server vorhandene Skripte können nicht mit einem gleichnamigen Skript überschrieben werden. Will man ein Skript ändern, muss man es zuerst auf dem Server löschen, ehe man die neue Version hochladen und aktivieren kann. Zudem dürfen zwar pro User maximal fünf Skripte geladen werden, davon aber stets nur ein einziges Skript aktiv sein. Auch deshalb empfiehlt es sich, alle Regeln in ein einziges Skript zu schreiben.

Die meisten Ihrer User dürfte ein Kommandozeilentool wie `sieveshell` allerdings überfordern, zumal sie jeweils explizit die Serveradresse und ihren Mailbenutzernamen angeben müssen. Daher empfiehlt es sich, Webinterfaces wie smartsieve[3] (Abbildung 14.6) oder websieve[4] anzubieten, die sich auch ohne Linux-Kommandozeile bedienen lassen.

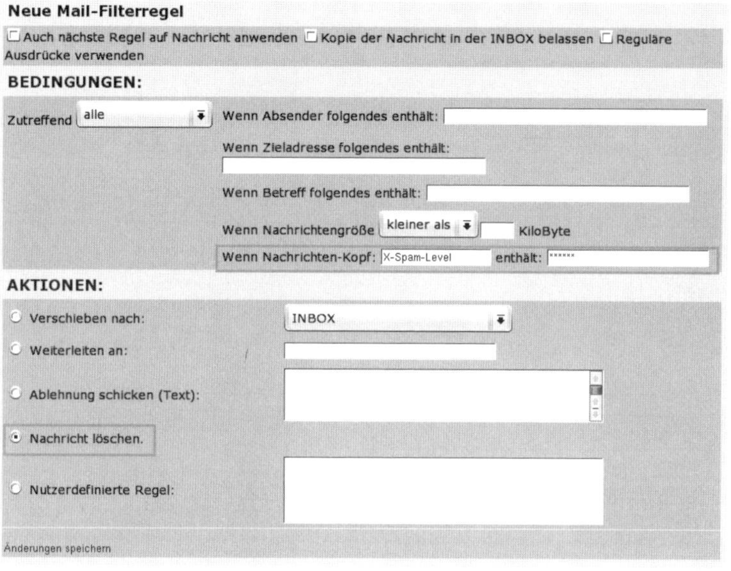

Abbildung 14.6: Mit der Weboberfläche von Smartsieve lassen sich Filterregeln komfortabel einrichten.

Derzeit hat es den Anschein, dass sich in Zukunft das Projekt smartsieve durchsetzen wird, da es etwas komfortabler ist und vor allem aktiv weiterentwickelt wird. Davon gab es zu Druckunterlagenschluss den ersten Release Candidat der stabilen Version, wogegen die letzte Beta-Version von websieve im Juli 2004 veröffentlicht wurde.

Auch der beliebte Webmail-Client Squirrelmail[5] kann mehr als nur mit IMAP-Servern umgehen: Mit Hilfe des Plugins avelsieve[6] lassen sich auch Filterregeln komfortabel per Browser editieren. Außerdem kann man damit den Informationsdienst notifyd (siehe Seite 263) steuern, der über den Eingang bestimmter E-Mails informiert.

Auch das Cyrus-Plugin von Webmin (siehe Seite 190) erlaubt es, Sieve-Skripte auf dem Server zu verwalten. Allerdings sollte dessen Nutzung dem Admin vorbehalten sein, denn es gehört viel Feinarbeit dazu, diese Webschnittstelle für die Benutzung durch „normale" User abzusichern.

Außerdem erlauben einige E-Mail-Programme, etwa KMail (siehe Abbildung 14.7 und 14.8), die Steuerung eines Sieve-Servers. Sofern möglich, legen Sie Ihren Usern die Nutzung eines solchen Mailclients nahe. Das ist

3 http://smartsieve.sourceforge.net/
4 http://sourceforge.net/projects/websieve/
5 Siehe Kapitel 5.1 ab Seite 70
6 http://email.uoa.gr/projects/squirrelmail/avelsieve.php

viel komfortabler als ein Webinterface. Vergessen Sie dann jedoch nicht, den Sieve-Port 2000 (TCP) in Ihrer Firewall freizuschalten.

Abbildung 14.7: In den Konten-Einstellungen des KMail-Clients lässt sich die Verwaltung von Sieve-Skripten aktivieren.

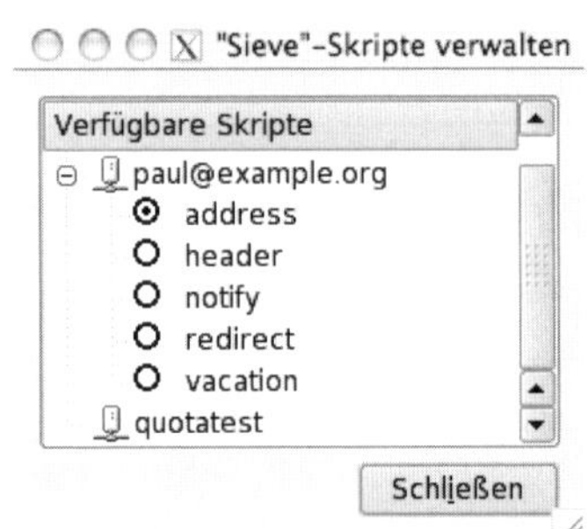

Abbildung 14.8: KMail zeigt vorhandene Sieve-Skripte übersichtlich an. Ein Rechtsklick auf das Mailkonto erzeugt ein neues Skript.

14.6.4 Die Skriptsprache Sieve

Die Sieve-Skriptsprache funktioniert ähnlich wie C oder PHP. Ein Sieve-Skript wird beim Einlesen mit `sieveshell` überprüft und in den Arbeitsspeicher geschrieben.

Es enthält Filterregeln und in geschweiften Klammern die Anweisung, was beim Zutreffen der jeweiligen Regel geschehen soll. Diese Anweisungen müssen jeweils mit einem Semikolon abgeschlossen werden:

```
require "fileinto";
```

```
if address :is "from" "test@example.com" {
        fileinto "INBOX.Testmails";
        stop;
}
```

Im Beispiel landen Mails von `test@example.com` (entscheidend ist der `From:`-Header) dank der Funktion `fileinto` automatisch im Unterordner `INBOX.Testmails` des Adressaten. Enden Anweisungen wie hier mit einem `stop;`, so werden im Falle der betroffenen Mail keine weiteren Regeln innerhalb der geschweiften Klammern mehr abgearbeitet. So lassen sich eventuell nachfolgende Aktionen im gleichen Block kurzzeitig deaktivieren. Man benutzt die `stop`-Anweisung aber auch vorbeugend, um eine Aktion sicher zu beenden. Schlägt im Beispiel die `fileinto`-Anweisung fehl, wird die E-Mail in jedem Fall in die `INBOX` geleitet.

Um bestimmte Aktionen auszuführen, müssen mitunter Zusatzmodule mit dem Aufruf `require` geladen werden. Das betrifft die Funktionen `fileinto`, `reject`, `vacation` und `envelope`. Mehrere Zusatzmodule werden durch Komma getrennt in eckigen Klammern geladen:

```
require ["fileinto", "vacation"];
```

Die meisten Regeln in Sieve-Skripten sind Wenn-Dann-Abfragen, die mit einem `if` eingeleitet werden. Im Anschluss folgen sogenannte *Testbefehle*.

Der Testbefehl `address` kommt immer dann zum Einsatz, wenn Sie explizit Adressfelder im Mailheader (also `From:`, `To:`, `Cc:` und `Bcc:`) abprüfen wollen:

```
if address :is ["to", "cc"] "paul@example.com"
```

durchsucht die Adressfelder `To:` und `Cc:` nach der angegebenen Adresse. Auch hier fasst man mehrere Angaben in eckigen Klammern zusammen. Gibt man zwischen dem Operator `:is` und der Adresse nichts an, werden alle Adressangaben im Header überprüft.

Möchten Sie den Mail-Envelope auswerten, laden Sie das Modul `envelope` nach, das die gleichnamige Funktion zur Verfügung stellt. Folgende Filterregel löscht zum Beispiel alle E-Mails, die im SMTP-Dialog an die Adresse `analle@example.com` gerichtet werden:

```
require "envelope";
if envelope :all :is "to" "analle@example.com" {
        discard;
}
```

Generell alle Headerinhalte (oft: `Date:` oder `Subject:`) lassen sich mit `header` auswerten. Mit diesem Befehl können Sie genauer filtern als mit address. Auch wenn Sie nur einen bestimmten Teil einer Adresse (etwa aus dem To-Header) als Filterkriterium nutzen, verwenden Sie diese Funktion:

```
require "fileinto";
if header :contains "To" "paul@example" {
        fileinto "INBOX/memo";
}
```

Diese Regel verschiebt alle E-Mails, bei denen paul@example Bestandteil der Empfängeradresse ist, ins Verzeichnis memo – also sowohl die an paul@example.com als auch die an paul@example.net gerichteten. Das kann die address-Funktion nicht ermöglichen.

Als Vergleichsoperatoren kommen sowohl bei header als auch bei address :is, :contains und :matches zum Einsatz. Eine Regel gilt als erfüllt, wenn

- der Header genau mit dem angegebenen Muster übereinstimmt (:is).
- der Header das angegebene Muster enthält (:contains).
- der hinter :matches angegebene Platzhalter auf den Header passt. So filtert folgende Regel die E-Mails, in deren To:- oder Cc:-Header eine Mailadresse mit dem Useranteil finanzen, einem beliebigen Domainanteil und der Topleveldomain .com auftaucht:

  ```
  if header :matches [ "To", "Cc" ] "finanzen@*.com" {
          discard;
  }
  ```

  Wollen Sie zum Vergleich POSIX-2-reguläre Ausdrücke nutzen, verwenden Sie anstelle von :matches :regex:

  ```
  require "regex";
  if header :regex "Subject" "^\*\*\*EROTIC" {
          discard;
  }
  ```

  verhindert zum Beispiel, dass E-Mails, deren Betreffzeile mit ***EROTIC beginnt, zugestellt werden.

Möchten Sie überprüfen, ob ein bestimmter Header existiert, tun Sie dies mit exists. Das Fehlen eines Headers fragen Sie mit if not exists ab.

Die Größe einer E-Mail inklusive Attachements machen Sie mit size zum Kriterium. So trifft die Regel if size :over 10M auf alle Mails zu, die größer als 10 MB sind. Für KB und GB geben Sie statt dem M ein K bzw. G an, wenn nach Bytes gefiltert werden soll, nur den Zahlenwert. Mit :under

1M suchen Sie nach E-Mails kleiner als 1 MB. Ob die Mailgröße einem bestimmten Wert *genau* entspricht, lässt sich nicht abfragen.

Trifft eine solche Regel zu, können Sie mit der entsprechenden E-Mail Folgendes anstellen:

`discard`
: löscht die Mail.

`fileinto` *`verzeichnis`*
: schiebt die Nachricht ins angegebene Verzeichnis. Existiert es noch nicht, wird die E-Mail in der `INBOX` abgelegt.

`keep`
: legt die E-Mail in der `INBOX` ab, vorausgesetzt die Adresse enthält keine Informationen zum passenden Unterverzeichnis (siehe Kapitel 14.4 ab Seite 248).

`redirect` *`mailadresse`*
: gibt die E-Mail an den MTA zurück, der diese dann an die hier angegebene Adresse umgeleitet. Im Envelope der Mail erscheint dabei nur das Umleitungsziel als Empfänger. Mit dieser Funktion lässt sich das einfachste Sieve-Skript überhaupt formulieren:

```
redirect "paul@example.com";
```

leitet sämtliche für das Postfach gedachte Mail an `paul@example.com` weiter.

`reject` *`text`*
: sendet die E-Mail mit einer Mitteilung an den Absender zurück. So schickt

```
require "reject";
reject "Spam unerwuenscht";
```

alle Nachrichten, die an dieses Postfach gehen, mit folgendem Kommentar im Mailbody an den Absender zurück:

```
Your message was automatically rejected by Sieve, a mail
filtering language.

The following reason was given:
Spam unerwuenscht
```

`vacation` *`text`*
: Der Absender bekommt eine Abwesenheitsbenachrichtigung. Der Parameter `:days zahl` verhindert, dass ein Absender auf *jede* seiner E-Mails an diese Adresse eine Vacation-Meldung erhält. Fehlt die `:days`-Angabe, erhält der Absender eine solche maximal alle sieben Tage:

```
require "vacation"; vacation "Bin bis 20.6. auf Dienstreise.";
```

Außerdem kann das Ganze um die Option `:addresses` und nachfolgende Empfängeradressen ergänzt werden:

```
require "vacation"; vacation :days 2 :addresses ["geeko@example.co
m", "horst@example.com"] "Bin bis 20.6. auf Dienstreise.";
```

In diesem Fall schickt Sieve nur dann eine Abwesenheitsbenachrichtigung an den Absender, wenn als Empfänger eine der in eckigen Klammern genannten Adressen angegeben ist. Dank `:days 2` erhält er eine solche jedoch nicht als Antwort auf sämtliche Mails an `geeko@example.com` und `horst@example.com`, sondern nur alle zwei Tage. Die angegebene Empfängeradresse muss dabei nicht unbedingt im `To:`-Header stehen, sondern kann auch in `Cc:` oder `Bcc:` stehen oder das Ergebnis einer Weiterleitung sein. Vacation-Meldungen für Dritte lassen sich damit nicht erstellen, die Regel bezieht sich nur auf das eigene Mailkonto.

Weitere Möglichkeiten bieten konditionale Abfragen:

`if anyof (`*`bedingung1, bedingung2 ...`*`){`*`anweisungen`*`;}`

Die in geschweiften Klammern stehenden Anweisungen werden ausgeführt, wenn zuvor *eine* der genannten Bedingungen zutrifft.

```
require "fileinto";
if anyof (header :is "From" "listadmin@example.com",
          header :is "To" "user@liste.example.com",) {
    fileinto "INBOX/mailingliste";
}
```

Damit Sieve die E-Mail ins Verzeichnis `mailingliste` einsortiert, muss im Mailheader entweder die `From:`-Adresse `listadmin@example.com` oder die `To:`-Adresse `user@liste.example.com` stehen.

`if allof (`*`bedingung1, bedingung2 ...`*`){`*`anweisungen`*`;}`

Wie `if anyof`, nur dass hier *alle* der genannten Bedingungen zutreffen müssen:

```
if allof (address :is "listadmin@example.com", size :over 10M ){
    [...]
}
```

Im Beispiel muss die E-Mailadresse `listadmin@example.com` in einem der Header-Adressfelder vorkommen und die Nachricht größer als 10 MB sein.

`elseif allof (`*`bedingungen`*`){`*`anweisungen`*`;}`

Alternative Regeln, die zum Zuge kommen, wenn der `if`-Zweig nicht zutrifft. Statt `allof` kann hier auch `anyof` verwendet werden.

`else {anweisungen;}`
: Anweisungen, die ausgeführt werden, wenn keine der in den `if`- und `elseif`-Zweigen definierten Regeln greift.

Als weiteres Beispiel diene folgendes Skript, das die Module `fileinto` und `vacation` benötigt, die die Funktionen `fileinto` und `vacation` enthalten:

```
require ["fileinto", "vacation"];
if address :is "paul.meier@example.com" {
  fileinto "INBOX.Wichtig";
}
elseif address :is "paul@example.com" {
  keep;
}
else {
  vacation :addresses ["admin-team@example.com", "support@example.com"]
"Bin gerade in der Sonne ...";
}
```

E-Mails, die in einem Header-Adressfeld `paul.meier@example.com` enthalten, werden ins Mailverzeichnis `Wichtig` einsortiert, das ein Unterverzeichnis der `INBOX` ist. Hat die Adresse den Wert `paul@example.com`, landet diese E-Mail direkt in der `INBOX`.

In allen anderen Fällen wertet die `vacation`-Funktion den Empfänger aus. Entspricht dieser `admin-team@example.com` oder `support@example.com`, erhält der Absender eine Vacation-Meldung. Das ist zum Beispiel sinnvoll, wenn man mit seiner Mailadresse auf Mailverteilern oder als Weiterleitungsziel eingetragen ist.

Denken Sie beim Erstellen Ihrer Filterskripte daran, dass immer die zuerst zutreffende Regel ausgeführt wird und ggf. nachfolgende Regeln nicht mehr aktiv werden!

Weitere Skripte, die sich an die eigenen Bedürfnisse anpassen lassen, finden Sie nicht nur im Sieve-RFC 3028 selbst, sondern beispielsweise auch unter `http://wiki.fastmail.fm/index.php/SieveExamples`, `http://de.wikipedia.org/wiki/Sieve` und `http://www.bath.ac.uk/bucs/email/sieve.shtml`.

14.6.5 Sieve-Skripte für neue Accounts automatisch einrichten

Leider so gut wie überhaupt nicht dokumentiert ist die – etwa zur Spam-Bekämpfung – sehr nützliche Funktion, ein Sieve-Skript automatisch für alle neu angelegten Mailboxen einrichten zu lassen. Man aktiviert sie in der Datei `/etc/imapd.conf` mit dem Schalter `autocreate_sieve_script`, gefolgt von der Pfadangabe zum Skript:

```
autocreate_sieve_script: /var/lib/sieve/global/skript-name
```

Achten Sie darauf, dass die Verzeichnisrechte in diesem Verzeichnis so gesetzt sind, dass der User `cyrus` darauf zugreifen kann.

Zusätzlich muss der Schalter `autocreatequota` (siehe Seite 209) auf einen anderen Wert als 0 gesetzt werden, damit Cyrus beim ersten Login eines neuen Users automatisch eine Mailbox erzeugt. Voraussetzung dafür wiederum ist, dass die Authentifizierungsdaten des neuen Users bereits eingepflegt wurden.

Nach einem Neustart übersetzt der Cyrus das angegebene Skript für jede automatisch angelegte neue Mailbox in Bytecode. Der Vorgang lässt sich im Syslog gut verfolgen:

```
Aug 27 07:52:14 linux imap[32729]: login: [10.0.41.2] auto1@example.com
 plaintext User logged in
Aug 27 07:52:14 linux imap[32729]: autocreateinbox: User auto1@example.
com, INBOX was successfully created in partition default
Aug 27 07:52:14 linux imap[32729]: autocreate_sieve: autocreate_sieve_c
ompiledscript option is not defined. Compiling it
Aug 27 07:52:14 linux imap[32729]: entered bc_action_emit with filelen:
 16
Aug 27 07:52:14 linux imap[32729]: entered bc_action_emit with filelen:
 200
Aug 27 07:52:14 linux imap[32729]: autocreate_sieve: User auto1@example
.com, default sieve script creation succeeded
```

Sobald sich der User `auto1@example.com` das erste Mal auf dem Mailserver einloggt, legt dieser für ihn automatisch eine Mailboxstruktur mit einer `INBOX` an. Im Anschluss wird das hinterlegte globale Sieve-Skript (im Beispiel trägt es den Namen `umleitung`) in für Sieve interpretierbaren Bytecode kompiliert und im Sieve-Verzeichnis der Mailbox sowohl als Bytecode (`umleitung.bc`) als auch im Klartext abgelegt:

```
linux: # ls -l /var/lib/sieve/domain/e/example.com/a/auto1/
total 8
lrwxrwxrwx 1 cyrus mail  12 Aug 27 07:52 defaultbc -> umleitung.bc
-rw------- 1 cyrus mail 220 Aug 27 07:52 umleitung.bc
-rw------- 1 cyrus mail 162 Aug 27 07:52 umleitung.script
```

Die Sieve-Verzeichnisse der einzelnen Mailboxen liegen, alphabetisch nach dem Anfangsbuchstaben der jeweiligen Domain und des jeweiligen Mailboxnamens sortiert, unterhalb von `/var/lib/sieve/`.

Der User bekommt dieses Skript nie zu sehen und kann es auch nicht editieren. Es wird trotzdem automatisch ausgeführt, wenn für ihn neue E-Mails eintreffen.

Ändern Sie das globale Skript nachträglich, so wirkt sich das leider nicht auf die bestehenden, sondern nur auf anschließend neu erzeugte Mailboxen aus. Wollen Sie es für alle Mailboxen auf den neuesten Stand bringen, müssen Sie es manuell im Sieve-Verzeichnis jedes einzelnen Nutzers ersetzen.

14.6.6 Anpassen von Sieve-Skripten

Bei der Migration älterer Cyrus-Server oder der Einführung virtueller Domains müssen bereits auf dem Server vorhandene Sieve-Skripte angepasst werden. Das erledigen Sie durch den Aufruf des Tools `translatesieve`, das sich unter `/usr/share/doc/packages/cyrus-imapd/tools/` in der Toolsammlung befindet:[7]

```
linux:/usr/share/doc/packages/cyrus-imapd/tools #  ./translatesieve
you are using /var/lib/sieve as your sieve directory.
translating sievedir /var/lib/sieve... a b c d e f g h i j k l m n o p q
r s t u v w x y z done
```

14.7 Der Notify-Daemon

„Den hab' ich noch nie in Benutzung gesehen", „Funktioniert das überhaupt?", „Ich glaube, der ist veraltet und gar nicht mehr dabei ..." Diese und ähnliche Kommentare findet man, wenn man sich um Aufklärung über den geheimnisvollen Cyrus-Benachrichtigungsdienst bemüht. In Wahrheit stammt der `SERVICES`-Eintrag in der Datei `cyrus.conf` (siehe Seite 207) nicht aus früheren Zeiten und wurde vergessen zu löschen – der Notify-Daemon funktioniert tatsächlich.

Er arbeitet bei Bedarf im Hintergrund und erhält seine Kommandos vom Cyrus-Master-Prozess, und zwar dann, wenn der Master-Prozess den Informationsdienst generell beim Eintreffen neuer Nachrichten informiert oder wenn ein Sieve-Skript das Eintreffen einer bestimmten E-Mail meldet. Die zweite Option steht auch normalen Usern offen.

14.7.1 Trommeln oder Rauchzeichen?

Um den Notify-Dienst zu aktivieren, schalten Sie einfach die entsprechende Zeile in der Datei `/etc/cyrus.conf` frei:

7 Bei einigen Distributionen wie Debian oder Fedora muss dazu das separate Paket `cyrus-tools` installiert werden.

```
# this is only necessary if using notifications
notify cmd="notifyd" listen="/var/lib/imap/socket/notify" proto="udp" pr
efork=1
```

Danach können Sie entscheiden, ob und über welchen Mechanismus Sie sich informieren lassen wollen. Über das Ob entscheiden die beiden Variablen `sievenotifier` und `mailnotifier` in der Datei `/etc/imapd.conf`, die die gewünschte Zustellmethode als Wert zugewiesen bekommen.

Der Parameter `mailnotifier` sorgt – so gesetzt – dafür, dass der Notify-Daemon über alle ankommenden E-Mails informiert. `sievenotifier` wiederum schreibt die Art der Benachrichtigung für Mails vor, auf die eine entsprechende Sieve-Regel anspricht.

Mit diesen beiden Werten geben Sie eine globale Voreinstellung für das komplette Cyrus-System vor. Für Sieve-Skripte lässt sich die Default-Einstellung wie im Beispiel unten durch Angabe eines `:method`-Werts ändern. Ist keiner der beiden Optionen gesetzt, ist der Informationsdienst deaktiviert. Folgende Zustellvarianten gibt es:

`null`
: Deaktiviert die Benachrichtigung. In der globalen Konfigurationsdatei kann man alternativ den gesamten Eintrag weglassen. In Sieve-Skripten ist dieser Wert nützlich, um einzelne Benachrichtigungswünsche vorübergehend zu deaktivieren, ohne das gesamte Skript umschreiben zu müssen.

`log`
: Schreibt die Nachricht ins Syslog. Diese Einstellung ist in erster Linie als Wert für `mailnotifier` in der Datei `/etc/imapd.conf` sinnvoll und hilft bei der Fehleranalyse. Das Logfile enthält dann Einträge wie diese:

```
May 12 18:15:33 linux notifyd[13779]: do_notify using method 'log'
May 12 18:15:33 linux notifyd[13779]: MAIL, , paul@example.com, IN
BOX, "From: Peer Hartleben <mail@peer2peer.it> Subject: Dienstag T
o: paul@example.com "
```

Vergessen Sie nicht, `mailnotifier` wieder auf `null` zu setzen (oder auszukommentieren), sobald Sie den Fehler gefunden haben, denn Logfiles laufen gern schnell voll.

`mailto`
: Diese Zustellmethode kann man ausschließlich in Sieve-Skripten verwenden. Sie sorgt dafür, dass der Notify-Daemon per E-Mail über ein Ereignis informiert:

```
require "notify";
if header :contains "from" "chef@example.com" {
```

```
        notify :method "mailto" :options ["paul@example.com"]
               :message "Neue E-Mail vom Chef eingetroffen";
}
```

Kommt eine E-Mail vom Absender `chef@example.com` an, verschickt diese Sieve-Filterregel eine Nachricht an `paul@example.com`, die im Body den Text `Neue E-Mail vom Chef eingetroffen` enthält. Als Betreff dient immer `[SIEVE] New mail notification`.

Hinter `:options` können Sie auch die Adresse eines SMS-Gateways eintragen,[8] dann schickt Ihnen der Notify-Daemon eine SMS.

`zephyr`, `sms`, `xmpp`
: Für diese Methoden finden sich weder in der Cyrus-Dokumentation, noch in Foren, noch in Internet-Drafts genaue Beschreibungen. Es ist lediglich davon die Rede, dass eine entsprechende „Umgebung“ zur Zustellung von Zephyr-, SMS- oder XMPP-(Jabber)-Benachrichtigungen existieren muss.

Bei Zephyr handelt es sich um ein in die Jahre gekommenes Instant-Messaging-System, welches von 1983 bis 1993 am MIT entwickelt wurde, heute aber kaum noch verwendet wird. Wenn Sie sich dafür interessieren, finden Sie unter `http://www.volker-wegert.de/node/455` eine brauchbare Anleitung zur Installation auf aktuellen Linux-Systemen.

14.8 Cyrus und weitere MTAs

Kapitel 11.4.1 ab Seite 197 beschäftigte sich damit, wie man Cyrus an den Mail-Transfer-Agent Postfix andockt. Doch es kann jeder beliebige MTA mit diesem IMAP-Server zusammenarbeiten. Der größte Unterschied im Vergleich mit dem Courier-IMAP-Server besteht darin, dass Cyrus E-Mails in eigenen Datenbanken speichert und verwaltet. Es reicht daher nicht, dass die einliefernden MTAs die Nachrichten irgendwo auf der Festplatte ablegen, damit sie sich der Cyrus dort abholt.

Die MTAs so umzurüsten, dass sie E-Mails in einem für Cyrus verständlichen Format speichern, wäre allerdings zu viel Aufwand. Die bestmögliche Lösung führt daher über eine direkte Kommunikation zwischen dem MTA und Cyrus. Laufen beide Dienste auf ein- und derselben Maschine, empfiehlt es sich, für die Verbindung ein Unix-Socket zu nutzen. Laufen MTA und IMAP-Server auf getrennten Rechnern, kommt am besten ein TCP-Socket zum Einsatz. Dieser kann natürlich auch lokal zur Anwendung kommen, verursacht dort aber unnötigen Overhead, da die Mails in TCP/IP-

[8] Welche das ist, teilt Ihnen Ihr SMS-Gateway-Betreiber mit.

Pakete verpackt werden müssen. Die gewählte Schnittstelle definiert man in der Datei /etc/cyrus.conf im Abschnitt SERVICES:

```
# at least one LMTP is required for delivery
# lmtp      cmd="lmtpd" listen="lmtp" prefork=0
lmtpunix  cmd="lmtpd" listen="/var/spool/postfix/public/lmtp" prefork=1
```

Der LMTP-Socket für den Fall, dass der MTA auf einer anderen Maschine läuft, ist hier auskommentiert. Der listen-Eintrag in der aktiven Definition des Unix-Sockets legt aus Sicht des Cyrus das Ende des Sockets fest, über das er die E-Mails erhält. Jetzt müssen die einzelnen MTAs dazu gebracht werden, diesen Socket für die Zustellung der E-Mails zu verwenden.

Kann der MTA generell nicht mit LMTP umgehen, ist es möglich, die E-Mails alternativ über den Cyrus-Dienst deliver zuzustellen. Das setzt voraus, dass der MTA den Aufruf externer Kommandos für das Zustellen von E-Mails erlaubt. Normalerweise nutzt nur der Cyrus-Master-Prozess den deliver-Dienst für das Einsortieren der Mails in die Mailboxen, er lässt sich jedoch auch von außen ansteuern.

In Exim kann das z. B. mit dem Aufruf /usr/lib/cyrus/bin/deliver -m $local_part geschehen. Der Schalter -m leitet die Angabe des Mailboxnamens ein, der bei Exim 4 aus der Variable local_part ausgelesen wird.[9] Allerdings sollten Sie diesen Weg nur im Notfall wählen, denn die Zustellung direkt über deliver funktioniert nicht immer einwandfrei.

Für alle anderen Fehler gilt: Logfiles lesen und besonders darauf achten, welcher Dienst einen Fehler protokolliert, um an der richtigen Stelle anzusetzen. Die Erfahrung zeigt, dass die meisten Fehler durch fehlerhafte Pfade, gerade bei der Kopplung von MTA und Cyrus über den LMTP-Socket, oder fehlende Berechtigungen entstehen – auch wenn die Fehlermeldungen hier nicht immer eindeutig sind.

14.9 Daten sichern und wiederherstellen

Obwohl Cyrus-Mailserver im Großen und Ganzen stabil laufen, ist man nicht davor gefeit, dass etwas schiefgeht, dass zum Beispiel ein Fehler im Dateisystem auftritt oder Daten nach einem Rechnerausfall nicht mehr korrekt geschrieben werden. In diesem Fall bedarf der Cyrus besonderer Aufmerksamkeit, denn seine Daten lassen sich nicht so einfach aus dem Backup zurückspielen, da er nicht einfach nur E-Mails auf der Festplatte ablegt, sondern parallel dazu noch Index-Datenbanken und Statusinformationen verwaltet. Mailstore und Verwaltungsdaten müssen immer überein-

9 Eine gute deutschsprachige Anleitung, wie sich Exim 4 an Cyrus anbinden lässt, stammt von Kai Hildebrandt, der sie auf seiner Webseite unter http://www.kai-hildebrandt.de/linux/maildienste.html zur Verfügung stellt.

stimmen, was nur der Cyrus selbst sicherstellen kann. Werden Reparaturen nötig, kann man das Programm `reconstruct` zur Hilfe nehmen.

14.9.1 Mailboxen reparieren mit `reconstruct`

`reconstruct` sucht nach intakten Header-Dateien im Verzeichnis `/var/spool/imap/` und versucht, mit deren Hilfe die Statusinformationen und Datenbanken im Verzeichnis `/var/lib/imap/` wiederherzustellen. Dieses Werkzeug funktioniert nur mit vollständig erhaltenen Postfächern korrekt, deren Index- und Header-Dateien vorhanden sind. Das Programm befindet sich im Verzeichnis `/usr/lib/cyrus/bin/`, und man startet es als User `cyrus`.

Ist der Datenbankindex defekt oder wurden versehentlich Verzeichnisse oder Mailboxinhalte auf der Kommandozeile gelöscht, gleicht `reconstruct` (ohne Optionen aufgerufen) den Index aller Postfächer mit dem tatsächlich vorhandenen Datenbestand im Mailbox-Verzeichnis ab:

```
cyrus@linux:/usr/lib/cyrus/bin/$ ./reconstruct
user/paul@example.com
user/paul/Drafts@example.com
user/paul/Sent@example.com
user/paul/Test@example.com
user/paul/Trash@example.com
user/paul/mailclient@example.com
user/paul/memo@example.com
user/paul.hartleben@example.com
user/paul.hartleben/schrott@example.com
user/quotatest@example.com
user/quotatest/Sent@example.com
user/quotatest/Trash@example.com
user/geeko@example.com
user/cyrus
user/paul
user/pwtest
user.achim.Rechnungen
```

Die Ausgabe des Kommandos lässt lediglich erkennen, dass alle Mailboxen gescannt werden. Dass eine Reparatur erfolgreich war, merkt man nur daran, dass die Mailbox wieder verfügbar ist.

Kann man den Fehler genauer eingrenzen, spart es Zeit, die Reparatur auf die betroffene Mailbox zu beschränken. Beachten Sie, dass auch hier die Mailboxnamen immer mit den verwendeten Separatoren angegeben werden müssen. Ist in V-Domain-Umgebungen der `unixhierarchysep:yes` gesetzt, lautet der Aufruf so:

```
cyrus@linux:/usr/lib/cyrus/bin/$ ./reconstruct -r user/paul
```

Der Schalter `-r` bewirkt, dass `reconstruct` alle Mailboxen auf diesem System rekursiv samt aller Unterverzeichnisse scannt und ggf. korrigiert, was entsprechend Zeit in Anspruch nimmt.

Sind die Index-Datenbanken in `/var/lib/cyrus/` zum größten Teil zerstört, erlaubt es der Schalter `-f`, die Mailboxen wiederherzustellen. Setzen Sie diesen Schalter jedoch nur im Notfall ein, denn `reconstruct` sucht dann im Verzeichnis `/var/spool/imap/` nach `cyrus.header`-Dateien und erstellt für jeden Fund eine neue Mailbox. Dabei gehen jedoch alle weiteren Informationen wie zum Beispiel die gesetzten Quotas verloren und müssen neu eingegeben werden.

Beim Einspielen von Backups auf einem Cyrus-System geht man damit wie folgt vor:

- Cyrus anhalten
- Backup zurückspielen
- `reconstruct` über das zurückgespielte Backup laufen lassen
- Cyrus neu starten

14.9.2 Quotas wiederherstellen

Defekte oder nach dem Zurückspielen des Backups nicht mehr vorhandene Quotas können mit dem Tool `quota` repariert werden. Dieses muss als User `cyrus` aufgerufen werden:

```
cyrus@linux:/usr/lib/cyrus/bin/$ ./quota -f mailboxname
```

Durch den Schalter `-f` repariert das Tool eine defekte oder inkonsistente Mailbox.

Mitunter geschieht es, dass nach einer Rücksicherung aus dem Backup die Quota-Informationen einer Mailbox fehlen. Können diese auch mit dem Verwaltungswerkzeug `cyradm` nicht mehr gesetzt werden, hilft nur das Löschen der Quotaroot-Datei. Diese liegt unter `/var/lib/imap/quota/` im Unterverzeichnis der jeweiligen Mailbox. Ist in `/etc/imapd.conf` ein anderes `configdirectory` angegeben, schauen Sie bitte dort nach. Am Ende sollten Sie nicht vergessen, mit `quota -f` *`mailboxname`* die Konsistenz zwischen Index-Datenbanken und Mailverzeichnis wiederherzustellen. Ist das erledigt, setzen Sie mit `cyradm` die Quota für die entsprechende Mailbox neu.

14.10 Performancetuning

Indizierung und Mini-Datenbanken zum Dank gilt der Cyrus als schneller IMAP-Server. Allerdings basiert diese Einschätzung meist auf der „gefühlten“ Geschwindigkeit, denn vergleichende Setups mit anderen Mailservern sind rar.[10]

Sollten Sie Zeit und Muße haben, schadet es allerdings nichts, einen Blick unter die „Motorhaube“ zu werfen und zu schauen, ob sich nicht doch ein paar PS herausholen lassen, denn Auslieferungszustand und Optimum liegen meist weit auseinander. Bevor Sie „losschrauben“, achten Sie aber bitte auf Folgendes:

- Arbeiten Sie immer mit doppeltem Boden – Stichwort Backup!
- Richten Sie Ihr Testszenario möglichst an Situationen aus dem Alltag aus. Vorgefertigte Testprogramme wie `mstone`[11] helfen dabei, vergleichbare Ergebnisse zu erhalten.
- Verändern Sie nie mehr als einen Wert gleichzeitig und testen Sie nach jeder Änderung Ihr System erneut, bis Sie zufrieden sind.
- Und noch einmal: Denken Sie ans Backup!

Die (positive) Wirkung des Tunings hängt immer direkt von den Leistungsreserven Ihrer Maschine ab. Das sind im Detail Disk-I/O, CPU-Leistung und das Wichtigste: RAM! Gerade der Cyrus kann mit viel RAM seine Vorteile am besten ausspielen. Am meisten hält einen Mailserver nämlich das Durchsuchen von Mailverzeichnissen auf. Daher speichert der Cyrus alle für die Suche wichtigen Daten in kleinen Index-Datenbanken. Je mehr dieser Datenbanken im RAM gehalten werden, umso schneller die Reaktion.

14.10.1 Die Performance beeinflussende Parameter in `/etc/imapd.conf`

Folgende Optionen in der Datei `/etc/imapd.conf` haben Einfluss auf die Leistung des Cyrus:

`berkeley_cachesize`

Mit diesem Wert legen Sie fest, wieviel RAM jede Cyrus-Index-Datenbank maximal belegen darf. Hier sind Werte von 20 KB bis 4 GB

10 Die Carnegie-Mellon-Universität veröffentlicht unter `http://graphs.andrew.cmu.edu/` zwar viele Live-Statistiken über den Cyrus, daraus lassen sich aber keine handfesten Argumente gewinnen, da Vergleiche mit anderen Mailservern fehlen.

11 `http://mstone.sourceforge.net/`

möglich, der Wert selbst muss immer in KB angegeben werden. Per Default werden 512 KB genutzt. Den Wert sollten Sie nur vorsichtig erhöhen, da er unmittelbar vom folgenden Schalter abhängt.

`berkeley_txns_max`
: An dieser Stelle können Sie festlegen, wieviele gleichzeitige Transaktionen Sie pro Datenbank erlauben wollen. Mit Änderungen an dieser Stelle sollte man vorsichtig sein und das System ausgiebig beobachten, da zu hohe Werte einen stark frequentierten Rechner schnell an seine Grenzen bringen können. Der Standardwert liegt hier bei 100.

`maxmessagesize`
: Damit legen Sie fest, wie groß E-Mails sein dürfen, die über den LMTP-Socket an Cyrus zugestellt werden. Der Standardwert `0` lässt E-Mails jeglicher Größe durch. Mit Einschränkungen an dieser Stelle kann man zwar nicht direkt die Leistung steigern, aber ein überlastetes System wieder flott kriegen. Achtung: Die Angabe erfolgt hier in Bytes! (Warum können sich Programmierer nie auf einheitliche Maßeinheiten wenigstens im gleichen Produkt einigen?)

`poptimeout`
: Per Default werden untätige POP3-Verbindungen zehn Minuten lang offen gehalten. Um die Reserven des Server zu schonen, können Sie hier eine kürzere Zeit in Minuten angeben.

`partition-name`
: Um Ihr RAID-System zu entlasten oder wenn der Speicherplatz zur Neige geht, können Sie neu anzulegende Mailboxen auf weitere Mailbox-Partitionen verteilen. Genau erklärt wird das in Kapitel 14.5 ab Seite 249.

Ein klein wenig mehr Leistung kitzelt man ggf. durch Änderungen an den Formaten der Index-Datenbanken heraus:

`berkeley`
: Eine Datenbank in diesem Format reagiert relativ schnell auf Zugriffe und unterstützt binäre Inhalte. Allerdings gilt es allgemein als etwas instabil, was vor allem auf Locking-Fehler bei vielen Zugriffen zurückzuführen ist.

`berkeley-nosync`
: Identisch mit `berkeley`, nur dass die Daten nicht sofort geschrieben, sondern vorher im Cache abgelegt werden. Dadurch erhöht sich die Geschwindigkeit der Schreibzugriffe. Allerdings leidet darunter die Datensicherheit, denn wird der Cache aus irgendeinem Grund gelöscht (zum Beispiel durch einen Stromausfall), sind die darin enthaltenen Daten verloren.

`skiplist`
: Dieses Format ist eine Eigenentwicklung der Cyrus-Programmierer. Es bietet gute Schreib- und Lesezugriffe, unterstützt binäre Inhalte und gilt als relativ stabil. Treten bei Berkeley-Datenbanken Locking-Probleme auf, ist `skiplist` die beste Alternative.

`flat`
: Datenbanken in diesem Format lassen sich relativ leicht handhaben, da sie ausschließlich textbasierte Inhalte enthalten. Sie sind ebenfalls recht stabil, nur die Geschwindigkeit der Schreibzugriffe ist vergleichsweise sehr schlecht.

Ändern Sie das Format eines der Datenbankbackends, genügt es *nicht*, dies in die Datei `/etc/imapd.conf` einzutragen. Sie müssen die Datenbank außerdem mit dem auf Seite 279 beschriebenen Tool `cvt_cyrusdb` in das gewünschte Format umwandeln. Beachten Sie auch, dass nicht jedes Format für jede der verschiedenen Datenbanken des Cyrus taugt:

`seenstate_db`
: An dieser Stelle können Sie festlegen, in welchem Format die Index-Datenbank für den Gelesen-Status angelegt werden soll. Die Cyrus-Entwickler empfehlen `skiplist`, es sind aber auch `berkeley` und `flat` möglich.

`annotation_db`
: Legt das Format der Annotationsdatenbank fest. Sie enthält Server-Metadaten, zum Beispiel Hinweise zum System oder die E-Mailadresse des Serveradmins. Möglich sind `berkeley` und `skiplist`.

`duplicate_db`
: In dieser Datenbank legt Cyrus Informationen ab, die er benötigt, um doppelte E-Mails zu unterdrücken. Diese Funktion ist standardmäßig aktiv; Sie können sie jedoch in der Datei `/etc/cyrus.conf` im Abschnitt `EVENTS{}` deaktivieren (vgl. Seite 208).

  Mögliche Werte sind `berkeley`, `berkeley-nosync` und `skiplist`. Mit `berkeley-nosync` behält Cyrus Änderungen vorerst im Cache und schreibt sie erst bei wenig Serverlast in die Datenbank. Dieser Wert wird hier empfohlen.

`ptscache_db`
: Legt das Format einer Datenbank fest, die der Optimierung des Arbeitsspeichermanagements dient. Erlaubt sind die Werte `berkeley` und `skiplist`.

`quota_db`
: Die Quotadatenbank enthält die aktuell gültigen Mailbox-Quotas. Als Format erlaubt sind `flat`, `berkeley`, `skiplist` und `quotalegacy`.

Letzteres wurde speziell für die Verwaltung von Quotas mit Cyrus entwickelt und sei an dieser Stelle empfohlen.

`subscription_db`
: Die Subskriptionsdatenbank enthält Informationen über die aktuell benutzten Mailboxen. Als Datenbankformat können `flat`, `berkeley` und `skiplist` angegeben werden.

`tlscache_db`
: Der TLS-Cache merkt sich TLS-Verbindungsinformationen. Erlaubt sind für diese Datenbank die Formate `berkeley`, `berkeley-nosync` und `skiplist`. Hier wird `berkeley-nosync` empfohlen, da die Cachinginformationen nicht sofort geschrieben werden müssen und sich so die I/O-Last der Platten verringert.

Zusätzlich können Sie durch den Einsatz schneller Festplatten und die Wahl des richtigen Dateisystems (siehe Kapitel 4 ab Seite 55) Leistungsgewinne erzielen. Dabei empfiehlt sich ein Dateisystem, welches mit vielen kleinen Dateien performant umgeht. ReiserFS schneidet hier bei den meisten Benchmarks am besten ab. Allerdings haben die Autoren die Erfahrung gemacht, dass ReiserFS nicht immer stabil läuft und gerade bei Problemen viel Zeit und Nerven kostet. Reiser4 macht in Sachen Geschwindigkeit einen noch besseren Eindruck, befindet sich allerdings im Beta-Stadium und sollte mit der entsprechenden Vorsicht genossen werden. Beachten Sie bei der Entscheidung auch, welche Reparaturwerkzeuge für das Dateisystem Ihrer Wahl zur Verfügung stehen und wie gut Sie damit umgehen können.

15 Der interne Aufbau und die Module

Normalerweise muss man nicht unbedingt wissen, aus welchen Modulen ein Cyrus-IMAP-Server besteht und welcher internen Hilfsprogramme er sich bedient. Diese Hintergrundinformationen werden aber wichtig, wenn es an die Fehlersuche geht. Cyrus folgt in klassischer Unix-Tradition dem Konzept „Ein Dienst – eine Funktion“, ist also – wie Abbildung 15.1 zeigt – modular aufgebaut und wird, genau wie Postfix, von einem Master-Prozess gesteuert. Die einzelnen Bestandteile des Cyrus finden Sie im Verzeichnis `/usr/lib/cyrus/bin/`.

Fast alle der darin enthaltenen Programme werden ausschließlich vom Cyrus-Master aufgerufen und nicht von Hand gestartet. Sollte – etwa bei Reparaturen an einem defekten Mailserver – der manuelle Start doch einmal nötig sein, beachten Sie bitte, dass jedes dieser Werkzeuge als User `cyrus` aufgerufen werden muss.

Je nach Distribution können Namen leicht abweichen; manche distributionseigenen Cyrus-Pakete liefern einige Tools gar nicht oder zusätzliche, selbstgestrickte Werkzeuge mit.

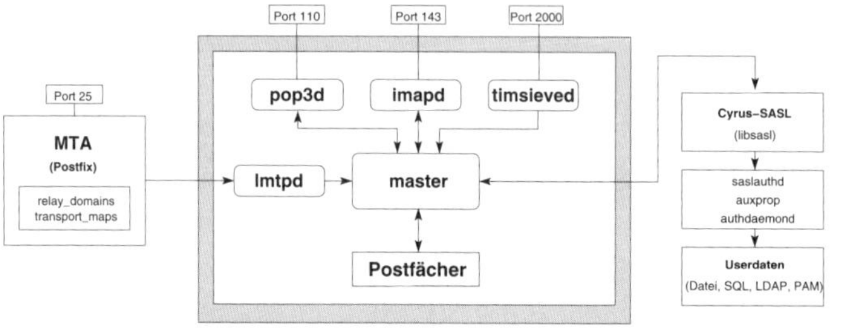

Abbildung 15.1: Die wichtigsten Cyrus-Prozesse und ihre Funktion

15.1 Die Cyrus-Daemonen

Bei den folgenden Programmen handelt es sich um Daemonen, die im Hintergrund bestimmte Dienste bereitstellen. Sie alle werden vom `master`-Prozess gestartet. Dieser stellt das Herzstück des Cyrus dar. Er und alle abhängigen Dienste laufen unter dem Unix-Account `cyrus`, was zusätzliche Sicherheit für das System bedeutet. Sollte der IMAP-Server gehackt werden, erlangt der Angreifer lediglich die Rechte des `cyrus`.

`idled`
: Mit diesem Dienst kann der Mailclient darüber informiert werden, dass neue Nachrichten vorliegen. Normalerweise rufen Mailclients nur auf Verdacht ein Postfach ab, ohne zu wissen, ob neue E-Mails vorliegen. Der Idle-Daemon wertet dazu die Signale des LMTP-Daemons aus und leitet die entsprechenden Informationen an den Mailclient weiter.

`imapd`
: Dieser Daemon stellt die IMAP-Funktionalität zur Verfügung und öffnet die IMAP-Ports.

`lmtpd`
: Dieser Dienst stellt den LMTP-Socket zur Verfügung und verwaltet ihn der Konfiguration in `/etc/cyrus.conf` entsprechend. Er bildet die Schnittstelle zwischen Cyrus und dem einliefernden MTA.

`lmtpproxyd`
: Der LMTP-Proxy-Dienst kommt in einem Cluster-Setup zum Einsatz und reicht die vom MTA eingelieferten E-Mails an die Backend-Server weiter.

`mupdate`
: Der Cyrus-Murder-Serverdienst. Wird in einem Cyrus-Cluster benötigt und gleicht dort die Informationen von Cyrus-Backend-Servern ab (siehe Kapitel 17 ab Seite 295).

`nntpd`
: Ruft Nachrichten über das Net-News-Transfer-Protokoll ab.

`notifyd`
: Der Cyrus-Nachrichtendienst (siehe Seite 263) arbeitet die Notification-Anfragen des Master-Prozesses ab, sobald eine E-Mail per LMTP zugestellt wird. Je nach Konfiguration erzeugt er beim Eintreffen einer neuen E-Mail einen Log-Eintrag oder schickt eine Nachricht, zum Beispiel per E-Mail.

`pop3d`
: Dieser Dienst stellt die POP3-Funktionalität des Cyrus zur Verfügung.

`pop3proxyd`
: Der POP3-Proxyserver kommt ebenfalls nur in einem Cluster-Setup zum Einsatz und reicht die POP3-Anfragen der Mailclients vom Front-end- an die Backend-Server weiter.

`smmapd`
: Mit Hilfe des *Sendmail Socket Map Daemon* prüft der Cyrus, ob eine Mailbox vorhanden ist und ob sie sich im Quota-Limit befindet. Fehlt sie oder ist die Quotagrenze erreicht, meldet der `smmapd` dies dem Master-Prozess.

`timsieved`
: Der Sieve-Mailfilterdienst (siehe Kapitel 14.6.1 ab Seite 250).

15.2 Analyse-, Wartungs- und Reparaturwerkzeuge

Die folgenden Hilfsprogramme verwendet der Cyrus zum Teil intern; viele Distributionen binden sie über die `/etc/cyrus.conf` bereits von Haus aus ein. Sie eignen sich auch für den manuellen Aufruf zu Analyse- oder Reparaturzwecken.

15.2.1 Statistik und Analyse

`arbitron`
: Gibt Statistikinformationen zu allen Postfächern oder einer als Argument angegebenen Mailbox aus:

```
cyrus@linux:~/bin$ ./arbitron
Loading Mailboxes...Done
Loading Users..........................
example/net!user/quotatest 0 0
user.achim 0 0
example/com!user/paul/Trash 0 0
example/com!user/paul.meier 0 0
example/com!user/paul/memo 0 0
example/com!user/paul 0 0
example/com!user/paul.meier/schrott 0 0
```

Dieses Tool erzeugt pro Mailbox eine Zeile mit folgenden Angaben: Mailboxname, Anzahl der Accounts, die diese Mailbox innerhalb der letzten 30 Tage gelesen haben, gefolgt von der Anzahl der Abonnenten dieses Mailboxverzeichnisses.

Mit dem Schalter -d lässt sich der Statistikzeitraum auf eine bestimmte Anzahl von Tagen einschränken, zum Beispiel mit -d 20 auf die letzten 20 Tage. Der Schalter -p ermöglicht die Statistikauswertung über mehrere Monate hinweg, zum Beispiel -p 10 für die letzten zehn Monate.

chk_cyrus

Prüft die Konsistenz der Cyrus-Datenbanken, indem diese mit den Mailverzeichnissen abgeglichen werden:

```
cyrus@linux:~/bin$ ./chk_cyrus
Examining partition: ALL PARTITIONS
checking: example.com!user.paul (/var/spool/imap/domain/example.com
/user/paul)
 -> 5 records
checking: example.com!user.paul.Trash (/var/spool/imap/domain/examp
le.com/user/paul/Trash)
 -> 0 records
checking: example.com!user.paul.memo (/var/spool/imap/domain/exampl
e.com/user/paul/memo)
 -> 3 records
checking: example.com!user.paul^meier (/var/spool/imap/domain/examp
le.com/user/paul^meier)
 -> 2 records
checking: example.com!user.paul^meier.schrott (/var/spool/imap/doma
in/example.com/user/paul^meier/schrott)
 -> 2 records
checking: example.com!user.quotatest (/var/spool/imap/domain/exampl
e.com/user/quotatest)
 -> 1 records
checking: sommer.top!user.geeko (/var/spool/imap/domain/sommer.top/
user/geeko)
 -> 0 records
checking: user.paul (/var/spool/imap/user/paul)
 -> 0 records
```

```
checking: user^horst (/var/spool/mail1/user^horst)
 -> 0 records
```

Aufgelistet werden hier alle vorhandenen Mailboxverzeichnisse, deren Pfad im Dateisystem und die Anzahl der gefundenen E-Mails. Stimmen diese nicht mit den Informationen in den Cyrus-Datenbanken überein, gibt das Tool eine Inkonsistenzwarnung aus. Die inkonsistente Mailbox sollte man dann mit `reconstruct` reparieren.

`mbexamine`

Untersucht die Mailbox-Index-, Header- und Cache-Dateien und gibt die Informationen an einen anderen Prozess weiter oder auch auf dem Bildschirm oder in eine Datei aus. Nützlich, um sich eine detaillierte Übersicht der Mailboxen anzeigen zu lassen.

Wird das Kommando ohne Schalter aufgerufen, gibt es Informationen zu sämtlichen Mailboxen aus. Man kann aber auch eine bestimmte Mailbox angeben:

```
cyrus@linux:~/bin$ ./mbexamine user/paul/memo@example.com
Examining user/paul/memo@example.com...
 Mailbox Header Info:
  Path to mailbox: /var/spool/imap/domain/example.com/user/paul/me
mo
  Mailbox ACL: paul@example.com  lrswipcda       quotatest@example.
org    lrs
  Unique ID: 1a9e415d4564f279
  User Flags: $NotJunk $Junk JunkRecorded

 Index Header Info:
  Generation Number: 58
  Format: NORMAL
  Minor Version: 6
  Header Size: 76 bytes  Record Size: 60 bytes
  Number of Messages: 1  Mailbox Size: 1499 bytes
  Last Append Date: (1186641337) Thu Aug  9 08:35:37 2007
  UIDValidity: 1164243577  Last UID: 12
  Deleted: 0  Answered: 0  Flagged: 0
  POP3 New UIDL: 1
  Last POP3 Login: (0) Thu Jan  1 01:00:00 1970

 Message Info:
000001> UID:00000012   INT_DATE:1184694344 SENTDATE:1184666400 SIZE
:1499
      > HDRSIZE:1497   LASTUPD :1186641337 SYSFLAGS:00000000   LINE
S:1      CACHEVER:2
      > USERFLAGS: 00000000 00000000 00000000 00000001
 Envel>{278}("Tue, 17 Jul 2007 19:46:30 +0200" "Testtt" (("Peer Har
tleben" NIL "mail" "peer2peer.it")) (("Peer Hartleben" NIL "mail" "
peer2peer.it")) (("Peer Hartleben" NIL "mail" "peer2peer.it")) ((NI
L NIL "paul" "example.com")) NIL NIL NIL "<200707171946.30885.mail@
```

```
peer2peer.it>")
BdyStr>{81}("TEXT" "PLAIN" ("CHARSET" "us-ascii") NIL NIL "7BIT" 2
1 NIL ("INLINE" NIL) NIL)
  Body>{58}("TEXT" "PLAIN" ("CHARSET" "us-ascii") NIL NIL "7BIT" 2
1)
CacHdr>{188}User-Agent: KMail/1.9.6
Content-Type: text/plain;
  charset="us-ascii"
Content-Transfer-Encoding: 7bit
Content-Disposition: inline
Message-Id: <200707171946.30885.mail@peer2peer.it>

  From>{33}peerhartleben <mail@peer2peer.it>
    To>{25}<paul@example.com>
    Cc>{0}
   Bcc>{0}
Subjct>{8}"testtt"
```

Hier werden die Headerinformationen des Unterverzeichnisses `memo` der Mailbox des Users `paul@example.com` ausgegeben, welche unter anderem Pfade und Berechtigungen sowie Anzahl, Größe und Header der enthaltenen Nachrichten zeigen. Im Beispiel liegt eine Nachricht mit dem Betreff `testtt` im untersuchten Unterverzeichnis.

`mbpath`

Gibt für die angegebene Mailbox den Pfad im Dateisystem, unter dem sich ihr Inhalt befindet, aus – hier am Beispiel der Mailbox von `paul@example.com`:

```
cyrus@linux:~/bin$ ./mbpath user/paul@example.com
/var/spool/imap/domain/example.com/user/paul
```

15.2.2 Wartung und Reparatur

Die hier beschriebenen Tools sind nützliche Hilfsmittel bei Wartungsarbeiten am Cyrus. Je nach Anwendung können Sie sie auch automatisiert, zum Beispiel als Cronjob, ausführen lassen.

`ctl_cyrusdb`

Wartet und repariert alle Cyrus-Datenbanken. Wird das Programm mit dem Schalter `-r` aufgerufen, räumt es die Datenbank auf und versucht, Defekte zu reparieren. Dieses Tool wird auch automatisch bei jedem Start des Cyrus und periodisch alle 30 Minuten ausgeführt. Es ist in der Datei `/etc/cyrus.conf` im Bereich `START` und `EVENTS` eingetragen.

`ctl_deliver`

Führt Kontroll- und Wartungsarbeiten an der Deliver-Datenbank `deliver.db` aus. Es wird zumeist cyrusintern ausgeführt, kann aber auch manuell zum Auslesen der Deliver-Datenbank genutzt werden. Das geschieht mit dem Aufruf `ctl_deliver -d`, der die zuletzt zugestellten E-Mails auflistet.

`ctl_mboxlist`
: Dient zu internen Kontroll- und Wartungsarbeiten an der Datenbank `mailboxes.db`. Dieses Tool kann – ebenfalls mit dem Schalter `-d` – deren Inhalt ausgeben. Die Datenbank enthält eine Liste aller Mailboxen mit den jeweils vergebenen Rechten:

```
cyrus@linux:~/bin$ ./ctl_mboxlist -d
example.com!user.paul          default paul@example.com lrswipcda
example.com!user.paul.Drafts   default paul@example.com lrswipcda
example.com!user.paul.Sent     default paul@example.com lrswipcda
example.com!user.paul.Test     default paul@example.com lrswipcda
example.com!user.paul.Trash    default paul@example.com lrswipcda
```

`cvt_cyrusdb`
: Wandelt Cyrus-Datenbanken in ein anderes Datenbankformat um. Der Aufruf ohne Schalter zeigt, welche Datenbank-Formate aktuell konvertiert werden können. Die Konvertierung erfolgt in der Form

```
cvt_cyrusdb name_der_alten_datenbank altes_datenbankformat name_der
_neuen_datenbank neues_datenbankformat
```

Das folgende Beispiel wandelt die `annotations.db` aus dem Format `skiplist` ins Format `flat` um (siehe Seite 270):

```
cyrus@linux:~/bin$ ./cvt_cyrusdb /var/lib/imap/annotations.db \
skiplist /tmp/TEST-db flat
Converting from /var/lib/imap/annotations.db (skiplist) to /tmp/TE
ST-db (flat)
Warning: apparently empty database converted.
```

Achten Sie dabei darauf, dass Sie immer absolute Pfade zu den Datenbanken angeben, da das Tool ansonsten mit einer entsprechenden Fehlermeldung abbricht.

`cyrdump`
: Gibt den Inhalt einer Mailbox auf der Standardausgabe aus: alle Mails nacheinander. Als Argument muss die Mailbox oder das Unterverzeichnis angegeben werden:

```
cyrus@linux:~/bin$ ./cyrdump user/paul@example.com > paul_dump
```

erzeugt einen Dump der Mailbox von `paul@example.com` und speichert ihn in einer Datei namens `paul_dump`.

`quota`
: Verwaltet und repariert die Mailbox-Quota (siehe Kapitel 14.9.2 auf Seite 268).

`reconstruct`
: Initialisiert und repariert das Cyrus-Datenbankverzeichnis (siehe Kapitel 14.9.1 ab Seite 267).

`squatter`
: Dieses Programm legt für jede Mailbox einen sogenannten Squat-Volltext-Index an. In diesen nimmt es alle vorhandenen E-Mails auf, so dass sie der Mailclient bei einer Suche schneller findet. Beachten Sie, dass der Index nur vorhandene E-Mails berücksichtigen kann. Kommen neue hinzu, muss `squatter` erneut ausgeführt werden. Es ist daher sinnvoll, dieses Programm als regelmäßiges Ereignis in der Datei `/etc/cyrus.conf` zu aktivieren, zum Beispiel durch Hinzufügen folgender Zeile in der Rubrik `EVENTS`:

```
squatter  cmd="/usr/bin/nice -n 19  /usr/lib/cyrus/bin/squatter" pe
riod=120
```

Jetzt wird `squatter` mit einem `nice`-Wert von 19 regelmäßig alle zwei Stunden ausgeführt. Wenn Sie `squatter` aktivieren, beobachten Sie anschließend Ihre Systemlast. Gerade bei großen Mailboxbeständen kann das Erzeugen des Indexes einige Zeit in Anspruch nehmen und das System bremsen. Starten Sie diesen Dienst daher möglichst immer mit einem hohen `nice`-Wert, um Ihren Server nicht unnötig zu belasten.

15.2.3 Intern genutzte Tools

Weiterhin gibt es Dienstprogramme, die größtenteils nur von Cyrus selbst sinnvoll genutzt werden können und für die Arbeit des Admins unbrauchbar sind.

`compile_sieve`
: Übersetzt Sieve-Skripte in Bytecode für die Ausführung im Sieve-Daemon. Ist fast identisch mit `sievec` und kommt bei der automatisierten Erzeugung von Sieve-Skripten zur Anwendung. Mehr dazu im Kapitel 14.6.5 ab Seite 261.

`cyr_expire`
: Markiert Nachrichten als veraltet und gibt sie damit zum Löschen frei. Ist bereits als regelmäßiger Aufruf in der Datei `/etc/cyrus.conf` in der Rubrik `EVENTS` eingetragen (vgl. Seite 208).

`deliver`
: Sortiert die eingelieferten Nachrichten in die jeweiligen Postfächer ein. Wird normalerweise nur vom Master-Prozess benutzt, kann jedoch auch von anderen MTAs zur Einlieferung von E-Mails benutzt werden (siehe Seite 265).

`fetchnews`
: Empfängt News-Artikel von als Peering-Partnern fungierenden Newsservern und gibt diese an den Cyrus-Master-Prozess weiter.

`fud`
: Liefert dem Master-Prozess Informationen über den Status von Mailboxen und die darin enthaltenen E-Mails.

`ipurge`
: Löscht Mails aus Postfächern, in Abhängigkeit von Alter und Ablaufdatum (siehe Seite 208).

`sievec`
: Übersetzt wie `compile_sieve` Sieveskripte in Binärcode zur Ausführung durch den Sieve-Daemon und wird standardmäßig beim Hochladen von Sieve-Skripten ausgeführt.

`tls_prune`
: Löscht abgelaufene TLS-Sessions aus der `tls_sessions.db`-Datenbank (siehe Seite 208).

15.3 Weitere Werkzeuge für den Hausgebrauch

Abhängig vom Umfang der verwendeten Distribution existieren mitunter zusätzliche Cyrus-Tools im Dokumentationsverzeichnis unter `/usr/share/doc/packages/cyrus-imap/tools/`. Hier handelt es sich um eine Sammlung von leider meist undokumentierten Skripten, die für zusätzliche Arbeiten genutzt werden können.

`arbitronsort.pl`
: Sortiert die Ausgabe des Statistiktools `arbitron` (vgl. Seite 275) nach der Anzahl der Nutzer, die ein Postfach ausgewählt und abonniert haben.

`config2header`
: Wird zum Kompilieren und Patchen des Cyrus-Quellcodes benötigt und beim Übersetzungsvorgang automatisch aufgerufen.

`config2man`
: Wird ebenso zum Kompilieren des Quellcodes benötigt und beim Übersetzungsvorgang automatisch aufgerufen.

`convert-sieve.pl`
: Wird zum Upgrade der Cyrus-Versionen bis einschließlich 2.1.12 benötigt. Es passt Sieve-Skripte an den Namensraum an, den Cyrus bei der Verwendung virtueller Domains nutzt.

`dohash`
: Wird ebenso beim Upgrade einer Cyrus-Version älter oder gleich 1.6.1 benötigt. Dieses Tool erzeugt Hash-Werte zur schnelleren Mailbox-Indizierung.

`masssievec`
: Dieses Upgrade-Tool für Cyrus-Version älter oder gleich 2.2.0 passt vorhandene Sieve-Skripte an das geänderte Bytecode-Format an.

`mkimap`
: Erzeugt die von Cyrus benötigte Verzeichnisstruktur, bestehend aus Mailboxen und Index-/Verwaltungsbereich, und wird meist nur bei der komplett manuellen Installation von Cyrus aus dem Quellcode benötigt. Das Tool liest beim Start die in der Datei `/etc/imap.conf` in den Parametern `configdirectory` und `partition-default` angegebenen Arbeitspfade ein und erzeugt an diesen Stellen im Dateisystem die Mailboxstruktur:

```
linux:/usr/share/doc/packages/cyrus-imapd/tools #  ./mkimap
reading configure file...
i will configure directory /var/lib/imap.
i saw partition /var/spool/imap.
i saw partition /var/spool/mail1.
done
configuring /var/lib/imap...
creating /var/spool/imap...
creating /var/spool/mail1...
done
```

`mknewsgroups`
: Erzeugt eine Usenet-Newsgruppen-Verzeichnisstruktur zum Abbilden von Newsgroups im Cyrus. Der Kommandoaufruf mit dem Schalter `-h` gibt eine Liste aller möglichen Parameter aus.

`mupdate-loadgen.pl`
: Dieses Perl-Skript erzeugt auf dem Mupdate-Server in einem Cyrus-Murder-Cluster (siehe dazu Kapitel 17 ab Seite 295) Last, indem es diesem viele Anfragen schickt:

```
linux:doc/packages/cyrus-imapd/tools #  ./mupdate-loadgen.pl
0 RESERVE "test.mupdate-load.3830.0" "borked.andrew.cmu.edu"
1 FIND "test.mupdate-load.3830.112"
2 FIND "test.mupdate-load.3830.101"
3 FIND "test.mupdate-load.3830.82"
4 FIND "test.mupdate-load.3830.20"
5 RESERVE "test.mupdate-load.3830.1" "borked.andrew.cmu.edu"
6 FIND "test.mupdate-load.3830.25"
7 FIND "test.mupdate-load.3830.40"
8 FIND "test.mupdate-load.3830.101"
9 FIND "test.mupdate-load.3830.87"
```

```
10 FIND "test.mupdate-load.3830.141"
11 RESERVE "test.mupdate-load.3830.2" "borked.andrew.cmu.edu"
12 FIND "test.mupdate-load.3830.9"
13 FIND "test.mupdate-load.3830.25"
[...]
```

Ein wichtiges Werkzeug zum Testen von Murder-Clustern.

`rehash`
: Aktiviert man in `/etc/imapd.conf` die Funktion `fulldirhash: 1`, werden alle Mailbox-Verzeichnisse zusätzlich mit einem Hash-Wert des kompletten Usernamens zur schnelleren Indizierung versehen. Mit `rehash` lässt sich dieser Hash erneut erzeugen.

`translatesieve`
: Konfiguriert man den Cyrus für den Umgang mit virtuellen Domains um, ändern sich die Einstellungen für den Namespace. Wollen Sie bereits auf dem Server befindliche Sieve-Skripte weiterverwenden, rufen Sie `translatesieve` auf, um diese Skripte an den veränderten Namensraum anzupassen.

`undohash`
: Entfernt für Mailboxen gesetzte Hash-Werte.

`upgradesieve`
: Bei neuen Cyrus-Versionen müssen mitunter auch die Sieve-Verzeichnisse an eine neue Struktur angepasst werden. Diese Aufgabe übernimmt dieses Perl-Skript:

```
linux:/usr/share/doc/packages/cyrus-imapd/tools # ./upgradesieve
you are using /var/lib/sieve as your sieve directory.
upgrading sievedir /var/lib/sieve...a b c d e f g h i j k l m n o p
 q r s t u v w x y z
done
```

Wird ein solches Upgrade nötig, finden Sie genauere Informationen im Changelog der neuen Version.

15.4 Das Administrationswerkzeug cyradm

Die zentrale Anlaufstelle für den Administrator ist das Werkzeug `cyradm`. Es verwendet intern einen Teil der oben genannten internen Werkzeuge und wird mit folgenden Befehlen gesteuert:

`help`
: Listet alle verfügbaren Kommandos auf.

`listmailbox` (kurz `lm`)
: Gibt die Namen aller Mailboxen mit dem Hinweis auf Unterverzeichnisse (*Children*) aus:

```
localhost> lm
user/paul (\HasNoChildren)
user/paul.meier/schrott@example.com (\HasNoChildren)
user/paul.meier@example.com (\HasChildren)
user/paul/Drafts@example.com (\HasNoChildren)
user/paul/Sent@example.com (\HasNoChildren)
user/paul/Test@example.com (\HasNoChildren)
user/paul/Trash@example.com (\HasNoChildren)
user/paul/mailclient@example.com (\HasNoChildren)
user/paul/memo@example.com (\HasNoChildren)
user/paul@example.com (\HasChildren)
user/pwtest (\HasNoChildren)
user/quotatest/Sent@example.com (\HasNoChildren)
user/quotatest/Trash@example.com (\HasNoChildren)
user/quotatest@example.com (\HasChildren)
```

`createmailbox` (kurz `cm`)
: Legt eine Top-Level-Mailbox oder ein Mailbox-Unterverzeichnis an:

```
localhost> cm user.beispieluser
localhost> cm user.beispieluser.Trash
localhost> lm
user.beispieluser (\HasNoChildren)
user.beispieluser.Trash (\HasNoChildren)
```

`deletemailbox` (kurz `dm`)
: Löscht eine Mailbox rekursiv (vgl. Seite 241).

`renamemailbox` (kurz `renm`)
: Benennt eine Mailbox um:

```
localhost> lm
user.beispieluser (\HasNoChildren)
localhost> renm user.beispieluser user.testuser
localhost> lm
user.testuser (\HasNoChildren)
```

`setaclmailbox` (kurz `sam`)
: Setzt ACLs für eine Mailbox (vgl. Seite 240).

`deleteaclmailbox` (kurz `dam`)
: Entfernt alle Einträge aus der Mailbox-ACL. Dabei muss der Mailboxname und der Benutzer, dessen ACL entfernt werden sollen, angegeben werden:

```
localhost> lam user.testuser
anyone lrs
localhost> dam user.testuser anyone
localhost> lam user.testuser
localhost>
```

Im Beispiel wurde die ACL `lrs` des Benutzers `anyone` entfernt.

`listaclmailbox` (kurz `lam`)
: Zeigt alle aktiven ACLs einer Mailbox an:

```
localhost> lam user.testuser
anyone lrs
```

Die Ausgabe zeigt, dass der Nutzer `anyone` die Rechte `lrs` an der Mailbox `user.testuser` hat (siehe Tabelle 2.1 auf Seite 38).

`setquota` (kurz `sq`)
: Setzt eine Quota für eine Mailbox oder ein Unterelement (vgl. Seite 238).

`listquota` (kurz `lq`)
: Zeigt die aktive Quota für eine Mailbox oder ein Unterelement an (vgl. Seite 238).

`listquotaroot` (kurz `lqr`)
: Zeigt die Ausnutzung der Quota durch eine Mailboxhierarchie an (vgl. Seite 239).

`setinfo`
: Erstellt Hinweismeldungen, die der Mailclient dem Nutzer beim Login anzeigt, setzt Metadaten, die sich mit speziellen Kommandos auslesen lassen, und aktiviert verschiedene Funktionen. Der Aufruf erfolgt nach der Syntax `setinfo` *`typ wert`*. Das Kommando kennt folgende Funktionen:

`motd` erzeugt einen Hinweistext, den der Mailclient beim Einloggen anzeigen kann:

```
localhost> setinfo motd "Viel Freude mit Cyrus"
```

`comment` erlaubt dem Admin, eine Kurzbeschreibung des Servers zu hinterlegen. `admin` setzt die E-Mailadresse des Serveradministrators. Die genannten Informationen lassen sich mit dem IMAP-Kommando `GETMETADATA` auslesen, das bislang jedoch erst als Internet-Draft[1] spezifiziert ist. Mailclients, die es dennoch unterstützen, können so Angaben zum Server anzeigen. Den Autoren ist allerdings kein gebräuchliches Programm bekannt, das dies für `comment` und `admin`

[1] `http://tools.ietf.org/html/draft-daboo-imap-annotatemore`

tut. Allerdings ist damit zu rechnen, dass sich dies insbesondere für Clients ändern wird, die das derzeit in der Diskussion befindliche *Lemonade*-Profil[2] unterstützen. Das wird insbesondere bei mobilen Clients wie Handys der Fall sein.

`shutdown` erlaubt es, einen Text anzugeben, den der Mailclient des Nutzers beim Login anzeigt. Anschließend trennt der Server die Verbindung sofort. Das ist zum Beispiel bei Wartungsarbeiten sehr nützlich.

`expire`, gefolgt von einer Zahl, gibt die Anzahl der Tage an, nach denen E-Mails als abgelaufen gelten. Solche Mails können dann mit dem Programm `cyr_expire` gelöscht werden. Rufen Sie diese Funktion aber nur auf, wenn Sie das wirklich wollen, denn einmal gelöschte E-Mails sind für immer verschwunden.

`squat` bewirkt, dass alle Postfächer einen Squat-Index bekommen (siehe Seite 280).

`version`
Gibt die Versionen des Cyrus-Servers und der beteiligten Programme aus:

```
localhost> version
name       : Cyrus IMAPD
version    : v2.2.12 2005/02/14 16:43:51
vendor     : Project Cyrus
support-url: http://asg.web.cmu.edu/cyrus
os         : Linux
os-version : 2.6.16.21-0.15-xen
environment: Built w/Cyrus SASL 2.1.21
             Running w/Cyrus SASL 2.1.21
             Built w/Sleepycat Software: Berkeley DB 4.3.29: (Novem
ber 10, 2006)
             Running w/Sleepycat Software: Berkeley DB 4.3.29: (Jun
e 16, 2006)
             Built w/OpenSSL 0.9.8a 11 Oct 2005
             Running w/OpenSSL 0.9.8a 11 Oct 2005
             CMU Sieve 2.2
             DRAC
             TCP Wrappers
             mmap = shared
             lock = fcntl
             nonblock = fcntl
             auth = unix
             idle = idled
```

`xfermailbox` (kurz `xfer`)
Verschiebt in einem Murder-Cluster eine Mailbox von einem auf einen

[2] `http://tools.ietf.org/html/draft-ietf-lemonade-profile-bis-05`

anderen Backend-Server. Der Aufruf erfolgt nach dem Muster `xfer` *`mailboxname ziel-mailserver`*. So verschiebt

```
localhost> xfer user.testuser mail.example.net
```

die Mailbox `user.testuser` von der lokalen Maschine auf den Mailserver `mail.example.net`.

`quit`
: Beendet `cyradm`.

Schauen Sie sich auf Ihrem System auch die Manpage zu `cyradm` an, denn das zentrale Verwaltungstool wird mit fast jeder neuen Cyrus-Version um neue Funktionen ergänzt.

16 Cyrus auf Dateiebene

Um zu sehen, in welcher Art und Weise Cyrus die eingetroffenen E-Mails verwaltet, lohnt ein Ausflug ins Dateisystem. Das Wissen darum benötigen Sie beispielsweise zum Erzeugen von Backups (siehe Kapitel 14.9 ab Seite 266). Generell gilt hier aber: Möglichst nichts anfassen! Cyrus verwaltet diesen Bereich völlig selbständig, weshalb manuelle Eingriffe schnell zu inkonsistenten Postfächern und damit zu Problemen im Betrieb führen.

E-Mails speichert und verwaltet der Cyrus-Mailserver hier in zwei verschiedenen Arbeitsverzeichnissen.

16.1 Das Mailverzeichnis

Unterhalb des Verzeichnisses `/var/spool/imap/` werden die Nutzerpostfächer erzeugt und die E-Mails abgelegt. Es enthält die beiden Hauptverzeichnisse `user/` und `domain/`. Ersteres nimmt alle *unqualifizierten* Postfächer von Useraccounts ohne Domain-Anteil auf. Im zweiten Verzeichnis werden alle *qualifizierten* Postfächer – also von Useraccounts mit Domainanteil (bei der Verwendung virtueller Domains) – abgelegt. Nach dem Eintreffen der ersten E-Mail erzeugt Cyrus zusätzlich ein Verzeichnis namens `stage./`, in dem er neu eingehende Mails zwischenspeichert, bevor er sie ins jeweilige Userverzeichnis einsortiert.

Mit `cyradm` oder automatisch angelegte Postfächer enthalten stets die Dateien `cyrus.header`, `cyrus.cache` und `cyrus.index`, die der Verwaltung des jeweiligen Verzeichnisses dienen und in einem Cyrus-eigenen Binärformat vorliegen:

```
linux: # ls -al /var/spool/imap/user/paul/
total 32
drwx------ 2 cyrus mail 4096 Nov 21 17:35 ./
drwx------ 3 cyrus mail 4096 Nov 21 16:29 ../
-rw------- 1 cyrus mail 1989 Nov 21 17:10 1.
-rw------- 1 cyrus mail 1988 Nov 21 17:35 2.
-rw------- 1 cyrus mail 1988 Nov 21 17:35 3.
-rw------- 1 cyrus mail 2864 Nov 21 17:35 cyrus.cache
-rw------- 1 cyrus mail  169 Nov 21 16:29 cyrus.header
-rw------- 1 cyrus mail  256 Nov 21 17:35 cyrus.index
drw------- 2 cyrus mail 4096 Nov 21 16:35 memo/
```

`cyrus.cache` enthält Caching-Informationen, die die Anzeige der E-Mails in diesem Verzeichnis zu beschleunigen, während `cyrus.index` Index- und Statusinformationen über die einzelnen E-Mails speichert.

Abbildung 16.1: Postfachansicht im Thunderbird mit aktiviertem `altnamespace`

In `cyrus.header` hinterlegt Cyrus die ACLs des Verzeichnisses, die sogar lesbar sind:

```
linux:/var/spool/imap/user/paul/ #  strings cyrus.header
Cyrus mailbox header
"The best thing about this system was that it had lots of goals."
        --Jim Morris on Andrew
```

```
user.paul        7ab084d44544a02f
paul     lrswipcda        cyrus   lrswipcda
```

Hier haben die User `paul` und `cyrus` sämtliche Rechte an diesem Verzeichnis, also an der Mailbox `user.paul`. Die Zeichenkette hinter dem Mailboxnamen dient der eindeutigen Identifikation dieser Mailbox.

Abgesehen von diesen Verwaltungsdateien enthält das oben gezeigte Postfach für den User `paul` ein Unterverzeichnis `memo`. Wird in die Datei `imapd.conf` die Option `altnamespace` eingetragen und etwa mit dem Wert `1` aktiviert, erscheint `memo` im Mailprogramm des Users auf *gleicher* Ebene wie die `INBOX`, also im Verzeichnis `paul` selbst (Abbildung 16.1). Anderenfalls sind alle Unterverzeichnisse unterhalb der `INBOX` angeordnet. Im Client erscheint `memo` dann also als `INBOX`-Unterverzeichnis (Abbildung 16.2). `altnamespace` hat allerdings nur einen kosmetischen Nutzen für den Nutzer und keinerlei Auswirkungen auf die Struktur oder die Verarbeitung der Mails auf dem Server.

Abbildung 16.2: Postfachansicht ohne `altnamespace`

Die drei nummerierten Dateien zeigen, dass in `paul`s Postfach bereits drei Nachrichten eingetroffen sind. Cyrus legt alle E-Mails als durchnummerierte Dateien ab, deren Namen der Server mit einem Punkt am Ende versieht.

16.2 Das Verwaltungsverzeichnis

Unter dem Pfad `/var/lib/imap/` legt Cyrus sämtliche Statusinformationen, Datenbanken und Indexdateien für die Verwaltung der Postfächer an. Dies ist damit ein äußerst sensibler Bereich und sollte ausschließlich von Cyrus verändert werden.

Der Inhalt dieses Verzeichnisses steht unmittelbar mit dem Inhalt des Postfach-Verzeichnisses im Zusammenhang. Wird an den Postfächern etwas geändert, muss diese Veränderung mit dem Verwaltungsverzeichnis abgeglichen werden, was dem Mailserver vorbehalten ist und manuell nur mit `cyradm` oder `reconstruct` vorgenommen werden darf. Manuelle Änderungen auf Dateiebene führen fast immer zu inkonsistenten Verwaltungsinformationen, was im schlimmsten Fall E-Mail-Verluste nach sich zieht.

`/var/lib/imap/` enthält folgende Einzeldateien und Verzeichnisse:

`annotations.db`
: Diese Datenbank enthält Cyrus-interne Hinweise, die Postfächer und den gesamten Server betreffend, so zum Beispiel die mit dem `cyradm`-Kommando `setinfo`[1] angegebene Mailadresse des Postmasters oder einen frei wählbaren Text, mit dem Zusatzinformationen zum Server hinterlegt werden können.

`backup/`
: Dieses Verzeichnis enthält automatisch erzeugte Backups der Datenbank `mailboxes.db`.

`db/`
: Enthält zur Laufzeit des Systems die jeweils aktuellen Index-Datenbanken. Diese werden bei jedem Serverstart neu erzeugt.

`db.backup1/`
: Enthält eine Kopie der aktuell verwendeten `annotations.db` und `mailboxes.db`-Datenbanken.

`deliver.db`
: Diese Datei wird benötigt, wenn doppelte E-Mails herausgefiltert und nicht zugestellt werden sollen. Sie enthält eine Absender-Empfänger-Liste aller zugestellten E-Mails mit deren Mail-ID. Anhand dieser Informationen lassen sich doppelte E-Mails unterdrücken. Diese Funktion kann in der Datei `/etc/cyrus.conf` de- und aktiviert werden (siehe Seite 208).

`log/`
: Der IMAP-Server legt hier zu den Einträgen im Syslog ergänzende Logging-Informationen ab. Dabei entspricht die Bezeichnung der Logfiles denen der Prozess-ID des IMAP-Serverprozesses.

`mailboxes.db`
: Diese Datei bildet Cyrus' Hauptdatenbank, in der Informationen wie Mailboxnamen, Benutzer, Rechte etc. aller Mailboxen und deren Unterverzeichnisse enthalten sind.

`msg/`
: Hinterlegt der Admin in diesem Verzeichnis eine Datei namens `motd`,

[1] Siehe Seite 285

wird dem Nutzer beim Login der darin enthaltene Text angezeigt (Abbildung 16.3). Das können zum Beispiel Warnmeldungen oder Hinweise zur Nutzung des Mailsystems sein. Beachten Sie, dass nur der Text der ersten Zeile angezeigt wird und Sie keine Umlaute verwenden können.

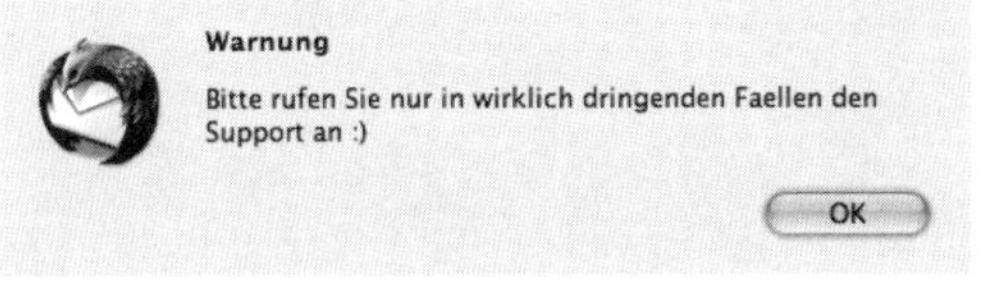

Abbildung 16.3: So zeigt Mozilla Thunderbird den Inhalt der Datei `msg/motd` an.

`proc/`
: Verzeichnis der Login-Prozesse der Mailclients. Hier werden die aktiven IMAP-Verbindungen einzeln als fortlaufende Prozess-ID abgelegt. In diesen Dateien stehen etwa die IP-Adresse des Mailclients, der Benutzername und der Name der Mailbox, auf die der Client zugreift:

```
[10.0.41.2]     paul@example.com example.com!user.paul
```

`quota/`
: Enthält die Speicherplatzbeschränkungen, separat für jedes Postfach-Verzeichnis. So befindet sich zum Beispiel im Unterverzeichnis `p/` die Datei `user.paul`, die den Wert der aktuell gesetzten Mailbox-Quota enthält.

`socket/`
: Hier befinden sich die Sockets, über die der Cyrus-Master-Prozess mit den Unterprozessen kommuniziert.

`shutdown`
: Ist diese Datei vorhanden, bricht Cyrus alle Login-Versuche von Clients ab und lässt sie die erste Zeile dieser Textdatei als Alarm-Meldung im Mailclient anzeigen. Dies ist zum Beispiel nützlich, wenn Sie während Wartungsarbeiten das Einloggen unterbinden, aber die Nutzer trotzdem über die Auszeit des Servers informieren wollen.

Unterstützt wird diese Funktion zum Beispiel von den Mailclients Thunderbird, Apple-Mail und sogar MS-Outlook. Andere Programme wie zum Beispiel KMail zeigen den Hinweistext nicht an, obwohl dem User der Zugang dennoch – nur eben ohne Begründung – verweigert wird.

`tls_session.db`
: In dieser Datenbank werden die Sitzungsdaten der SSL/TLS-Verbindungen gespeichert. Hat Cyrus einmal eine TLS-Verbindung zu einem Client aufgebaut, „merkt" er sich das an dieser Stelle und kann sie beim nächsten Login desselben Clients schneller aufbauen.

`user/`

In diesem Verzeichnis befinden sich Informationen über als gelesen (`\Seen`) markierte Nachrichten sowie eine Liste der abonnierten Mailboxen. Diese beiden Dateien sortiert Cyrus, den Mailboxnamen entsprechend, in alphabetisch geordneten Unterverzeichnissen ein: `userid.seen` enthält die Gelesen-, `userid.sub` die Subskriptionsinformationen.

Kapitel

17

Cyrus im Cluster

Wenn die Userpostfächer wachsen und wachsen und möglichst bevor der Mailserver seine Kapazitätsgrenzen erreicht, ist es an der Zeit, sich Gedanken über die Erweiterung des Systems zu machen. Welche Möglichkeiten es generell gibt, beschreibt Kapitel 3 ab Seite 45.

Offiziell fehlte lange Zeit eine stabile Lösung, um den Cyrus im Cluster zu betreiben. In den vergangenen drei Jahren wurde jedoch verstärkt daran gearbeitet, denn ein guter Mailserver muss sich auch sinnvoll ausbauen lassen.

Die offizielle Antwort auf das Problem nennt sich *Cyrus-Aggregator* oder auch *Cyrus-Murder* – wobei niemand getötet werden soll. Vielmehr steht das Wort *Murder* hier in der Bedeutung *Schwarm*, dem englischen Ausdruck *a murder of crows*, „ein Schwarm Krähen", entnommen.

17.1 Der Cyrus-Aggregator

Diese Erweiterung erlaubt es, den Cyrus mit sogenannten Front- und Backend-Mailservern zu betreiben, um somit Lastspitzen abzufangen. Der Cyrus-Aggregator ist eine Art Loadbalancer, welcher die Anfragen an weitere Cyrus-Backend-Server weitergibt. Die nötigen Hilfsprogramme gehören seit Version 2.1 zum Inhalt der Cyrus-Distribution. Mitunter muss bei einigen Distributionen wie zum Beispiel Debian zusätzlich das Paket `cyrus2x-murder` auf allen Cluster-Maschinen installiert werden.

Nach Aussage der Cyrus-Programmierer befindet sich diese Erweiterung noch im Anfangsstadium ihrer Entwicklung; sie übertragen das Risiko ihrer Verwendung auf die Nutzer. Die Autoren kennen jedoch verschiedene Setups, in denen Murder-Cluster stabil und problemlos laufen – nicht zuletzt an der Carnegie-Mellon-Universität selbst.

Abbildung 17.1: So sieht ein Cyrus-Cluster-Setup mit zwei Backend-Servern aus.

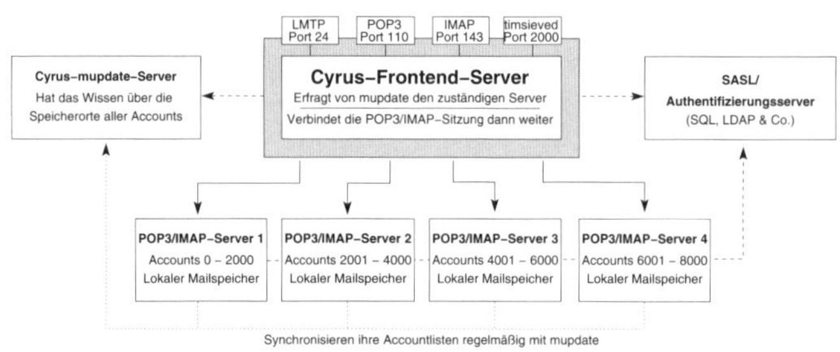

17.1.1 Das Aggregator-Konzept

Ein Cyrus-Cluster teilt die Verwaltungsaufgaben auf drei verschiedene Servertypen auf, was in der ersten Ausbaustufe der Leistungssteigerung dient, indem sich die Last eines großen Mailservers auf mehrere kleine verteilt. Von alledem bekommt der Nutzer nichts mit, denn er hat aus seiner Sicht nach wie vor genau einen Mailserver als Ansprechpartner.

Benötigt werden mindestens ein Frontend- und ein Backend-Rechner sowie ein *Mupdate*-Server (kurz für *Murder Update*) als Schaltstelle für den Austausch der Mailboxinformationen (Abbildung 17.1).

Der Frontend-Server stellt die Schnittstelle zu den Clients und zum MTA zur Verfügung. Er ist der erste Anlaufpunkt in der Kette und für das Abfangen der User-Anfragen und den Lastausgleich zuständig. Zudem dient er dem MTA als direkter Ansprechpartner. Auf dem Frontend-Server erfolgt die Authentifizierung der Nutzer, was ebenfalls zu einer Verringerung der Rechenlast der Backend-Server führt. Fällt der Frontend-Server aus, steht das gesamte System still, da dann die Mailclients den Mailserver nicht erreichen. Um dem vorzubeugen, sollten Sie nach Möglichkeit mehrere Frontend-Server parallel betreiben und den Zugriff darauf durch einen Loadbalancer regeln, der die Nutzer-Anfragen auf mehrere Rechner verteilt. Cyrus selbst nimmt an dieser Stelle kein Loadbalancing vor.

Bei den Backend-Servern handelt es sich im Wesentlichen um eigenständige POP3/IMAP-Server, wie wir sie aus den bislang beschriebenen Setups kennen. Jeder von ihnen verwaltet einen bestimmten Bestand an Mailboxen und erstellt davon eine Liste, die er an den Mupdate-Server weitergibt. Ein Backend-Server kennt in der Regel nur einen einzigen externen „Nutzer", nämlich den Frontend-Server, der die Mails abholt oder zustellt und sich dafür authentifizieren muss. Fällt einer der Backend-Server aus, sind nur die Postfächer auf diesem Rechner nicht verfügbar, die anderen verrichten problemlos weiter ihren Dienst.

Ohne den Mupdate-Server geht hingegen gar nichts. Er ist sozusagen das Gedächtnis der Clusters, denn er verwaltet die Listen, in denen steht, auf welchem Backend-Server welche Mailboxen liegen. Diese Information benötigen die Frontend-Servern, die sonst nicht wüssten, welchen Backend-Server sie wann ansprechen müssen. Der Mupdate-Server synchronisiert die Listen regelmäßig mit den Backend-Servern. Fällt dieser Rechner aus, tappen die Frontend-Server im Dunklen und keiner der Nutzer kann auf sein Postfach zugreifen. Deshalb sollte immer eine Mupdate-Reservemaschine einsatzbereit sein.

Will ein User sein Postfach abrufen, meldet sich der Mailclient beim Frontend-Server. Der prüft zuerst die Zugangsdaten. Sind diese in Ordnung, versucht er herauszufinden, auf welchem Backend-Server sich das Postfach dieses Nutzers befindet. Dazu befragt er den Mupdate-Server. Existiert das angefragte Postfach, meldet sich der Frontend-Server beim entsprechenden Backend-Server an und ruft die Mailbox für den Nutzer ab.

17.1.2 Das Cluster-Setup

Vor dem Aufsetzen des Clusters machen Sie sich Gedanken über die Verteilung der Mailpartitionen und die nötigen Speicherplatz-Reserven (siehe auch Kapitel 14.5 ab Seite 249). Jeder Backup-Server kann über seinen eigenen Festplattenplatz verfügen oder an ein zentrales Storage-System angeschlossen sein, welches redundant abgesichert sein sollte. Das folgende Setup geht davon aus, dass die Backend-Server jeweils eigenen Festplattenplatz nutzen.

Damit sich Front-, Backend- und Mupdate-Server gegenseitig authentifizieren können, legt man zusätzliche Cyrus-Nutzeraccounts auf dem Mupdate- und den Backend-Servern an. Das ließe sich zwar über die gleiche Datenquelle wie für die normalen Nutzer regeln, doch müsst dazu auch der Mupdate-Server zum Beispiel an einen LDAP-Server angebunden werden, was das Setup nur komplizierter und bei Ausfällen schwerer handhabbar macht. Daher empfiehlt es sich, die *Cyrus-Update-User* auf den Backend-Rechnern und dem Mupdate-Server in der `sasldb2`-Datenbank abzulegen und diese als zusätzliche Authentifizierungsquelle zu verwenden (vgl. Kapitel 11.4.2 ab Seite 200).

Der Frontend-Server

Damit der Frontend-Server anfragende Mailclients authentifizieren kann, geben Sie die Datenquelle, die Sie bisher auf dem einfachen Server eingesetzt haben, wie gewohnt in der Datei `/etc/imapd.conf` an. Wie der Mupdate-Server heißt und wie man sich daran anmeldet, teilen Sie ihm mit folgenden `imapd.conf`-Einträgen mit:

```
servername: cyrus-frontend.example.com
```

legt den *Fully Qualified Domain Name* (FQDN) des Frontend-Servers fest, wie er bei der Kommunikation zwischen den einzelnen Cluster-Servern verwendet werden soll. Den FQDN des Mupdate-Servers gibt man hingegen mit

```
mupdate_server: mupdate.example.com
```

an. Den Port, auf dem der Mupdate-Server lauscht, legt der Parameter `mupdate_port` fest:

```
mupdate_port: 3905
```

Da Cyrus-SASL den Nutzer nicht nur authentifiziert, sondern auch abprüft, ob er authorisiert ist, mit dem Mupdate-Server zu sprechen, muss man den Nutzernamen zweimal eingeben:

```
mupdate_username: cyrus-backend
mupdate_authname: cyrus-backend
```

Hier kann die gleiche User-Kennung wie für den Backend-Server verwendet werden, um einen zusätzlichen Nutzereintrag für den Frontend-Server zu sparen. Das zugehörige Passwort muss man leider grundsätzlich im Klartext angeben:

```
mupdate_password: geheim
```

Jetzt bekommt der Frontend-Server vom Mupdate-Server die Information, auf welchem Backend-Server sich die Mailbox des anfragenden Clients befindet. Mit dieser Information ausgestattet, muss er sich beim zuständigen Backend-Server anmelden. Das Wie regeln folgende `imapd.conf`-Einträge:

```
proxy_authname: cyrus-frontend
```

verrät den Namen, mit dem sich der Frontend-Server bei den Backend-Servern anmeldet. Das zugehörige Passwort lässt sich für jeden Backend-Server separat festlegen:

```
cyrus-backend_password: geheim
cyrus-backend2_password: geheim
```

Dabei *muss* der Teil des Parameternamens, der dem Suffix `_password` vorangestellt wird, dem Hostanteil des FQDN des jeweiligen Backend-Servers (hier: `cyrus-backend` und `cyrus-backend2`) entsprechen. Die verschiedenen Backend-Server müssen also unterschiedliche Hostnamen tragen.

Zum Schluss sagt man dem Frontend-Server noch, dass er generell alle IMAP-Befehle an den jeweils zuständigen Backend-Server weiterleiten soll, denn lokal kann er damit ja nichts mehr anfangen. Setzen Sie dazu folgenden Wert in der Datei `/etc/imapd.conf`:

```
proxyd_disable_mailbox_referrals: 1
```

Damit hat der Frontend-Server Zugriff auf alle beteiligten Cluster-Komponenten und kann die Anfragen der Clients beantworten.

Sollten Sie Mailfilterung mit Sieve verwenden, so läuft Sieve jetzt nur auf den Backend-Servern, und der Frontend-Server muss die Sieve-Steuerbefehle des Nutzers an den Backend-Server weitergeben. Als Single-Maschine wäre er selbst dafür zuständig und würde Sieve-Anfragen per Redirect an den lokalen Sieve-Server weiterreichen. Diese Funktion muss in der Datei `/etc/imapd.conf` abgeschaltet werden:

```
sieve_allowreferrals: 0
# Deaktiviert die Weiterleitung an den lokalen Sieve-Dienst.

sieveuserhomedir: no
# Deaktiviert die Verwendung von Sieve-Userverzeichnissen
# auf der lokalen Maschine.

sievedir: /var/lib/sieve
# Das Verzeichnis, in dem sich die Sieve-Skripte auf dem
# jeweiligen Backend-Server befinden.
```

Die Zusatzdienste, die die Kommunikation mit dem Mupdate-Server übernehmen, konfiguriert man in der Datei `/etc/cyrus.conf`, indem man den Abschnitt `SERVICES` wie folgt ergänzt:

```
mupdate cmd="mupdate" listen="mupdate" prefork=1
```

aktiviert den Mupdate-Dienst, der auf Port 3905 lauscht, und hält diesen Dienst immer in einer laufenden Instanz vor.

```
fud cmd="fud" proto="udp" listen ="4201" prefork=0 maxchild=10
```

sammelt und wertet die vom Mupdate-Server erhaltenen Informationen über die User-Mailboxen aus. Als Protokoll wird hier das schnelle UDP verwendet. Der Dienst arbeitet auf Port 4201 und darf maximal 10 Unterprozesse starten. Letzteres ist ein guter Standardwert. Sollten die Clients zu lange warten müssen, können Sie ihn Schritt für Schritt erhöhen. Beobachten Sie dabei jedoch immer die Auslastung Ihres Systems mit `top`!

Abschließend sorgt ein Neustart des Cyrus dafür, dass dieser die neue Konfiguration einliest und anwendet.

Der Backend-Server

Der Backend-Server ist ein eigenständiger Cyrus-Mailserver ohne Authentifizierungsquelle für die Nutzer. Die Konfiguration weicht dahingehend vom Standard ab, dass der Rechner den Mupdate-Server regelmäßig über seinen Postfach-Bestand informieren und das Login des Frontend-Servers erlauben muss.

Um letzteren über die `sasldb2`-Datenbank zu authentifizieren, wird in der Datei `/etc/imapd.conf` folgender Eintrag gesetzt:

```
sasl_pwcheck_method: auxprop
```

Jetzt benutzt der Backend-Server für die Authentifizierung das Modul `auxprop`, das bei Distributionen wie SuSE per Default die `sasldb2`-Datenbank ausliest. Auf anderen Systemen muss man das mitunter angeben:

```
sasl_auxprop_plugin: sasldb
```

Anstelle des Plugins `sasldb` können Sie auch `ldapdb` oder `sql` verwenden (mehr dazu in Kapitel 13.2.1 ab Seite 220).

Diese Datenbank initialisieren Sie, indem Sie den Cyrus-User anlegen, mit dem sich der Frontend-Server am Backend-Server authentifiziert. Im folgenden Beispiel heißt er `cyrus-frontend`:

```
linux: # saslpasswd2 cyrus-frontend
Password: geheim
Again (for verification): geheim
```

Kontrollieren Sie im Anschluss, dass die eben erzeugte Datenbank dem System-User `cyrus` und der Gruppe `mail` gehört. Wenn nicht, ändern Sie das mit dem Kommandozeilenbefehl `chown cyrus:mail /etc/sasldb2`.

Diese Prozedur wird einmalig auf jedem Backend- *und* auf dem Mupdate-Server ausgeführt. Der Frontend-Server benötigt diese Datenquelle nicht, da sich kein anderer Server aus dem Cluster authentifizieren muss. Lediglich er selbst muss sich am Mupdate- und Backend-Server anmelden können.

Damit der Backend-Server weiß, welchem Mupdate-Server er Auskunft über seinen Postfach-Bestand geben soll und wie er sich mit ihm unterhält, ergänzen Sie wiederum die Datei `/etc/imapd.conf`:

```
mupdate-server: cyrus-mupdate.example.com
# Der FQDN, unter dem der Mupdate-Server erreichbar ist

mupdate_port: 3905
# Der Port, auf dem die Kommunikation mit dem Mupdate-Server abläuft

mupdate_username: cyrus-backend
mupdate_authname: cyrus-backend
mupdate_password: geheim
# Die Zugangsdaten fuer die Authentifizierung am Mupdate-Server.
# Das Passwort wird hier im Klartext eingetragen!
```

Nun muss noch geregelt werden, welche Frontend-Server auf den Backend-Server zugreifen dürfen:

```
proxyservers: cyrus-frontend
# Hostname des Frontend"=Servers. Hier können mehrere hintereinander mit
# Leerzeichen getrennt angegeben werden.
```

Welche Cyrus-Nutzer Admin-Rechte am Backend-Server haben, legt der Parameter `admins` fest:

```
admins: cyrus cyrus-frontend
```

Neben dem Cyrus-Admin `cyrus` erhält auch `cyrus-frontend` diese, damit der Frontend-Server die Mailboxen verarbeiten darf.

Möchten Sie User-Postfächer von einem auf einen anderen Backend-Server verschieben, müssen Sie dem Frontendserver explizit mit `allowusermoves` erlauben, diesen Prozess in Gang zu setzen:

```
allowusermoves: yes
```

Nur wenn dieser Wert auf dem Backend-Server gesetzt ist, funktioniert das `cyradm`-Kommando `xfermailbox` (siehe dazu Seite 286) fehlerfrei.

Möchten User IMAP-Verzeichnisse von Nutzern abonnieren, die auf einem anderen Backend-Server liegen, muss das ebenfalls explizit erlaubt werden:

```
allowsubscribes: yes
```

Die Cluster-Dienste werden wiederum in der Datei `/etc/cyrus.conf` aktiviert. Im Abschnitt `START` sorgt die Zeile

```
mupdatepush cmd="ctl_mboxlist -m"
```

dafür, dass das Programm `ctl_mboxlist` beim Start des Servers mitstartet und dank dem Schalter `-m` den lokalen Mailboxbestand mit der vom Mupdate-Server geführten Liste synchronisiert. Sobald es Änderungen am Mailboxbestand gab, nimmt es auch im laufenden Betrieb Kontakt mit dem Mupdate-Server auf.

Im Abschnitt `SERVICES` aktiviert der Eintrag

```
fud cmd="fud" proto="udp" listen="4201" profork=0 maxchilds=10
```

wie beim Frontend-Server den Dienst zur Verwaltung der Mailbox-Informationen.

Der Mupdate-Server

Als Bindeglied zwischen Front- und Backend-Server muss der Mupdate-Server mit den beiden anderen kommunizieren können und ständig aktuelle Listen über den Mailboxbestand der einzelnen Backend-Server vorhalten.

Was die Authentifizierung betrifft, richtet man sie auf die gleiche Art wie beim Backend-Server in der Datei `/etc/imapd.conf` ein:

```
sasl_pwcheck_method: auxprop
sasl_auxprop_plugin: sasldb
```

Zudem muss man (in unserem Fall mit `saslpasswd2 cyrus-backend`) den Nutzer anlegen, mit dem sich der Backend-Server am Mupdate-Server authentifiziert. Vergessen Sie auch hier nicht, dem Nutzer `cyrus` mit `chown cyrus:mail /etc/sasldb2` Leserechte für die Datenbank mit den Login-Informationen zu geben.

Die folgenden Konfigurationseinträge in `/etc/imapd.conf` versetzen den Cyrus in den Mupdate-Modus:

```
admins: cyrus-backend
# Cyrus-Account, mit dem sich der Backend"=Server authentifiziert und
# administrative Rechte erhält.

servername: cyrus-mupdate.example.com
# Der Hostname, mit dem sich der Mupdate-Server bei den anderen
# Servern meldet.
```

Um den Mupdate-Dienst zu aktivieren, tragen Sie im Abschnitt SERVICES der Datei /etc/cyrus.conf folgende Zeile ein:

```
mupdate  cmd="mupdate -m" listen="mupdate" prefork=1
```

Der Schalter -m startet den Mupdate-Dienst als Master, welcher auf Port 3905 lauscht.[1] Von diesem Dienst wird immer eine Instanz im Leerlauf vorgehalten, um bei einer Anfrage sofort reagieren zu können. Auch zum Aktivieren des Mupdate-Setups ist ein Neustart des Cyrus nötig.

Funktionstest

Sind alle drei Cluster-Maschinen eingerichtet, beobachten Sie das Mail- und Systemlog (zum Beispiel mit `tail -f /var/log/messages` und `tail -f /var/log/mail`), um eventuelle Fehler gleich aufzuspüren. Sieht hier alles unverdächtig aus, liefern Sie beim Frontend-Server eine E-Mail ein:

```
cyrus-frontend # telnet localhost 25
Trying 127.0.0.1...
Connected to localhost.
Escape character is '^]'.
220 cyrus-frontend.example.com ESMTP Postfix
HELO mail.heinlein-support.de
250 cyrus-frontend.example.com
MAIL FROM: <p.hartleben@heinlein-support.de>
250 Ok
RCPT TO: <paul@example.com>
250 Ok
DATA
354 End data with <CR><LF>.<CR><LF>
Subject: Hier kommt eine Test-Mail

Test
.
250 Ok: queued as 835281C3C2
quit
221 Bye
Connection closed by foreign host.
```

Kommt diese E-Mail im Postfach auf dem Backend-Server an, hat alles funktioniert. Testen Sie nun noch das Abrufen eines Nutzerpostfachs. Am einfachsten ist es, Sie frageb das Postfach auf dem Frontend-Server mit `telnet` ab:

[1] Ohne diese Option startet `mupdate` als Slave, was auf den Backend-Servern der Fall ist.

[2] Interessant an diesem Listing ist übrigens auch der Einsatz selbstdefinierter IMAP-Flags bei der Spam-Bekämpfung: Ein Client-seitiger Spamfilter stattet alle eintreffenden Mails elegant mit den Flags `JunkRecorded` und `$NotJunk` bzw. `$Junk` aus.

```
linux: # telnet localhost 143
Trying 127.0.0.1...
Connected to localhost.
Escape character is '^]'.
* OK linux Cyrus IMAP4 v2.2.12 server ready
a001 LOGIN paul@example.com geheim
a001 OK User logged in
a002 SELECT inbox
* FLAGS (\Answered \Flagged \Draft \Deleted \Seen $NotJunk $Junk JunkRec
orded)
* OK [PERMANENTFLAGS (\Answered \Flagged \Draft \Deleted \Seen $NotJunk
$Junk JunkRecorded \*)]
* 6 EXISTS
* 0 RECENT
* OK [UNSEEN 2]
* OK [UIDVALIDITY 1164122999]
* OK [UIDNEXT 66]
a002 OK [READ-WRITE] Completed
a003 fetch 2 body[header]
* 2 FETCH (FLAGS (\Seen $NotJunk JunkRecorded) BODY[HEADER] {1520}²
Return-Path: <paul@example.com>
Received: from gucky.heinlein-support.de ([unix socket])
         by linux (Cyrus v2.2.12) with LMTPA;
         Tue, 17 Jul 2007 19:47:58 +0200
X-Sieve: CMU Sieve 2.2
[...]
From: Peer Hartleben <p.hartleben@heinlein-support.de>
To: paul@example.com
Subject: testttt
Date: Tue, 17 Jul 2007 19:48:49 +0200
User-Agent: KMail/1.9.6
MIME-Version: 1.0
Content-Type: text/plain;
  charset="us-ascii"
Content-Transfer-Encoding: 7bit
Content-Disposition: inline
Message-Id: <200707171948.49989.paul@example.com>

)
a003 OK Completed (0.000 sec)
```

Funktioniert doch nicht alles wie gewünscht, führen oft folgende Denkanstöße zur Lösung des Problems:

- *Alle* Operationen müssen über den Frontend-Server laufen. Das gilt sowohl für das Senden und Empfangen der E-Mails, als auch für das Anlegen und Verwalten der Mailboxen. Die Backend-Server sind jetzt für jeden direkten Zugriff tabu oder Sie riskieren ein inkonsistentes System.
- Alle verwendeten Cyrus-Features müssen sowohl auf den Front- als auch auf den Backend-Servern aktiv sein. Nutzen Sie zum Beispiel `altname-`

space oder virtdomains, müssen diese Parameter auf allen Maschinen – vom Mupdate-Server abgesehen – identisch in der /etc/imapd.conf eingetragen sein. Anderenfalls können die Nutzer nicht auf ihre Mailboxen zugreifen oder nur einen Teil davon sehen.

- Achten Sie auf konsistente Hostnamen. Wenn nicht anders definiert, verwendet SASL den Hostnamen der Maschine bei der Authentifizierung (zum Beispiel) am Mupdate-Server. Ändern Sie diesen, kann sich der Rechner nicht mehr korrekt anmelden. Auf der sicheren Seite sind Sie, wenn Sie den Rechnernamen mit dem Wert servername in der Datei /etc/imapd.conf definieren. Den hier angegebenen Wert benutzt Cyrus anstelle des tatsächlichen Hostnamens der Maschine.

- Mailboxen werden im Cluster nicht mehr automatisch erzeugt. Haben Sie sich auf dem Single-Server-System daran gewöhnt, dass Cyrus für neue User, für die Authentifizierungsdaten vorliegen, automatisch die Postfächer anlegt, müssen Sie die Postfächer nun manuell erzeugen. Es wird aber daran gearbeitet, diesen Automatismus zukünftig auch im Murder-Setup zu ermöglichen.

17.2 Cyrus-Replikation

Während sich Frontend-Server klonen und über einen Loadbalancer ansprechen lassen, war von Redundanz bei den Backend-Servern bisher keine Rede: Jeder einzelne verfügt über jeweils unterschiedliche Mailboxen. Dadurch fehlt an dieser Stelle jeglicher Ausfallschutz: Ist einer dieser Rechner nicht erreichbar, kommen die jeweiligen Nutzer nicht an ihre Postfächer.

Seit der Cyrus-Version 2.2 existiert jedoch ein Replikationsmechanismus, der sich allerdings noch im frühen Beta-Stadium befindet. Daher rührt auch die Warnung auf den Webseiten der Carnegie-Mellon-Universität: *Einsatz auf eigenes Risiko.* Unerschrockene Administratoren, die ihn als Beta-Tester dennoch einsetzen möchten, erfahren mehr dazu im offiziellen How-to.[3] Dieser Replikationsmechanismus kann sowohl für Backend-Server in einem Murder-Setup, als auch für eigenständige Cyrus-Mailserver verwendet werden.

Einzige Alternative dazu ist das regelmäßige Kopieren des Cyrus-Datenbestands auf ein identisches System, welches im Notfall aktiviert wird und die Aufgaben übernehmen kann. Das Vorgehen entspricht dem beim Backup, welches in Kapitel 14.9 ab Seite 266 beschrieben ist.

[3] http://cyrusimap.web.cmu.edu/imapd/install-replication.html

17.2.1 Replikation der Authentifizierungsdaten

Da die Authentifizierungsdaten der Nutzer getrennt vom Cyrus-System verwaltet werden, müssen sie separat repliziert werden. Auch darum müssen Sie sich leider selbst kümmern und – so möglich – entsprechende Mechanismen der jeweiligen Datenquelle heranziehen. Im einfachsten Fall, der Authentifizierung über Unix-Systemaccounts, genügt ein Cron-Job, der `/etc/passwd`, `/etc/shadow` und bei Bedarf auch `/etc/groups` regelmäßig per `rsync` sichert, oder eine zentrale Userverwaltung mit dem *Network Information Service* (NIS). Bei LDAP- und MySQL-Datenbanken empfehlen sich die jeweiligen Synchronisationsmechanismen dieser Systeme, die den Rahmen des Buchs an dieser Stelle sprengen würden. Für MySQL gibt es seit Version 5 einen eigenen Replikationsmechanismus, der genauer unter `http://dev.mysql.com/doc/refman/5.0/en/replication.html` erläutert ist.

Für LDAP-Datenbanken existiert der Hilfsdienst `slurpd`, der eine Master-Slave-Replikation von LDAP-Servern erlaubt und somit auch für Redundanz beim Authentifizierungsbackend sorgen kann. Mehr zu Arbeitsweise und Einbindung erfahren Sie unter `http://www.bind9.net/manual/openldap/2.2/replication.html`.

Anhang

A IMAP-Befehlsreferenz

IMAP ist nicht nur ein komplexes Protokoll, sondern auch ebenso komplex und vielfältig definiert. Neben dem eigentlichen RFC 3501,[1] der IMAP in der seit März 2003 geltenden Version 4rev1 definiert, existieren unzählige weitere RFCs oder Internet-Drafts mit vielen Erweiterungen, den *IMAP-Extensions.*

Diese Vielfalt verwundert nicht, hat das IMAP-Protokoll durch sein Kommando `CAPABILITY` doch absichtlich den Grundstein dafür gelegt, dass Server flexibel optionale Erweiterungen und Besonderheiten anbieten können, die sich die einstigen Erfinder von IMAP nie hätten träumen lassen.

Die unzähligen Extensions sprengen leider den Rahmen dieser Referenz, zumal viele neuere Extensions noch keinen Weg in die aktuellen Softwareversionen gefunden haben. Schöne Erweiterungsideen gibt es durchaus: `URLAUTH` (RFC 4467[2]) erlaubt die Angabe von IMAP-Server, Logindaten,

[1] `http://www.faqs.org/rfcs/rfc3501`
[2] `http://www.ietf.org/rfc/rfc4467.txt`

IMAP-Folder und Nachrichten im Stile von `imap://tux@example.com/INBOX/;uid=425`, so dass sich Verweise auf einzelne Nachrichten leicht an Dritte übermitteln oder referenzieren lassen. Andere RFCs erweitern vorhandene Standards: RFC 4731, [3] erst im November 2006 veröffentlicht, stattet das Kommando `SEARCH` mit zusätzlicher Funktionalität aus.

Die nachfolgende Referenz stellt IMAP4rev1 sowie die wichtigsten von Courier und Cyrus derzeit unterstützten IMAP-Extensions vor.

Nicht jedes IMAP-Kommando ist zu jedem Zeitpunkt innerhalb einer IMAP-Session erlaubt. Sie finden die Befehle daher nach den in Kapitel 2.2.2 ab Seite 33 eingeführten Zuständen geordnet. Bei der Groß- und Kleinschreibung hingegen ist IMAP flexibel: Sie spielt für Kommandos und Subkommandos keine Rolle.

Längen werden im IMAP-Protokoll stets als *Oktett* gemessen, also in Einheiten à acht Bit. Da nahezu alle heutigen Systeme pro Byte jeweils acht Bit verwenden, lassen sich beide Begriffe synonym verwenden: 120 Oktetts entsprechen heute 120 Bytes.

A.1 Kommandos, die Clients jederzeit aufrufen können

`CAPABILITY`

Fragt die Fähigkeiten des Servers ab (siehe auch Kapitel 2.2.3 ab Seite 35). Dieser sendet daraufhin eine *ungetaggte* Antwortzeile beginnend mit „`CAPABILITY IMAP4rev1`“ zurück. Jeder Server muss die Capabilities `STARTTLS`, `AUTH=PLAIN` und `LOGINDISABLED` unterstützen:

```
a001 CAPABILITY
* CAPABILITY IMAP4rev1 STARTTLS AUTH=GSSAPI LOGINDISABLED
a001 OK CAPABILITY completed
```

Mit `LOGINDISABLED` tut der Server kund, dass er derzeit nicht bereit ist, von diesem Client eine Authentifizierungsanfrage anzunehmen. Im Beispiel erlaubt der Server höchstwahrscheinlich keine Authentifizierungen, solange der Client nicht mittels `STARTTLS` in den verschlüsselten Modus wechselt.

`NOOP`

Steht wie in vielen anderen Protokollen auch für *no operation*. Mit diesem Kommando kann der Client die Verbindung offen halten und einen etwaigen Autologout-Timer zurücksetzen:

```
a002 NOOP
a002 OK NOOP completed
```

[3] `http://www.ietf.org/rfc/rfc4731.txt`

Viele Server geben im Rahmen der `NOOP`-Antwort ihrerseits den aktuellen Nachrichtenstatus zurück und informieren so über neue Mails:

```
a003 NOOP
* 22 EXPUNGE
* 23 EXISTS
* 3 RECENT
* 14 FETCH (FLAGS (\Seen \Deleted))
a003 OK NOOP completed
```

`LOGOUT`

Wenn sich der Client per `LOGOUT` ausloggen möchte, sendet der Server ein *ungetaggtes* `BYE` zurück und trennt die Verbindung:

```
a004 LOGOUT
* BYE IMAP4rev1 Server logging out
a004 OK LOGOUT completed
```

A.2 Kommandos im Not-Authenticated-Zustand

`AUTHENTICATE`

Leitet die Authentifizierung des Clients ein. Je nach genutzter Authentifizierungsmethode tauschen Client und Server weitere Informationen aus. Bei Challenge-Response-Verfahren sendet der Server in der mit einem + markierten Zeile den Sitzungsschlüssel (*Challenge*), der Client berechnet anhand der Challenge, des Usernamens und des Passworts den passenden Login-String (*Response*):

```
a001 AUTHENTICATE CRAM-MD5
+ PDUwNjZGNEVFNDNGM0NCQzIzODI1MEVERTc3ODg4Qjg4QGtqaWRkZXI+
cC5oZWlubdVpbiBlZjlkZdQ5YjIxYzk3ZekzNzQ4MzUhMmQ2NDYzZjlhOA==
a001 OK LOGIN Ok.
```

`LOGIN`

Bittet um ein einfaches Login im Klartext, das laut RFC jeder Server unterstützen muss. Aus Sicherheitsgründen sollte es aber nur im SSL/TLS-Modus möglich sein, weil dabei Username und Passwort ungeschützt und damit einfach abhörbar übermittelt werden:

```
a001 LOGIN tux geheim
a001 OK LOGIN completed
```

`STARTTLS`

Damit leitet der Client den Wechsel zur SSL/TLS-verschlüsselten Kommunikation ein. Die ursprüngliche Verbindung wird dabei weiter genutzt:

```
a001 CAPABILITY
* CAPABILITY IMAP4rev1 STARTTLS LOGINDISABLED
a001 OK CAPABILITY completed
a002 STARTTLS
a002 OK Begin TLS negotiation now
```

Der Server hat die Möglichkeit, in einer SSL/TLS-gesicherten Verbindung andere `CAPABILITY`-Rückmeldungen zu geben. So kann er anschließend großzügiger bei den Login-Mechanismen sein:[4]

```
a003 CAPABILITY
* CAPABILITY IMAP4rev1 AUTH=PLAIN
a003 OK CAPABILITY completed
a004 LOGIN tux geheim
a004 OK LOGIN completed
```

A.3 Im Authenticated-Zustand mögliche Kommandos

`SELECT`

Wählt einen Ordner aus, der den späteren, auf Nachrichten bezogenen Kommandos als Ausgangsbasis dient, und löscht dabei im bisherigen Arbeitsfolder als `\Deleted` gekennzeichnete Mails. Der Server gibt auf dieses Kommando mehrere ungetaggte Zeilen in beliebiger Reihenfolge zurück, in denen er den Client über den Status des Ordners informiert:

```
a005 SELECT INBOX
* FLAGS (\Answered \Flagged \Deleted \Seen \Draft)
* 172 EXISTS
* 1 RECENT
* OK [UNSEEN 12] Message 12 is first unseen
* OK [UIDVALIDITY 3857529045] UIDs valid
* OK [UIDNEXT 4392] Predicted next UID
* OK [PERMANENTFLAGS (\Deleted \Seen \*)] Limited
a005 OK [READ-WRITE] SELECT completed
```

Mit `FLAGS` verrät der Server, welche Flags er für diesen Ordner derzeit im RAM hält (vgl. Seite 37), während er mit `OK [PERMANENTFLAGS (`*`flag1 flag2`*` ...)]` alle Flags angibt, die der Client dauerhaft ändern kann. Liefert der Server diese Angabe nicht, darf der Client davon ausgehen, dass er in dieser Session zwar alle Flags manipulieren darf, der Server diese Änderungen aber nicht speichern wird.

4 Da die folgende Kommunikation verschlüsselt abläuft, kann man sie in einer per **`telnet`** initiierten Session nicht wie gezeigt führen, sondern muss dazu Tools wie **`openssl`** nutzen.

Die Zahl vor dem Stichwort `EXISTS` besagt, wieviele Nachrichten der Ordner enthält, während `RECENT` auf die Anzahl aller als `\Recent` markierten Nachrichten folgt, also der neuen Mails seit dem letzten Login, die dieser Client als erster sieht. Mit `OK [UNSEEN` *`zahl`*`]` liefert der Server nicht etwa die Anzahl der ungelesenen Nachrichten, sondern die Sequenznummer der ersten ungelesenen Nachricht.

`OK [UIDNEXT` *`unique-id`*`]` teilt dem Client die nächste *Unique ID* mit; `OK [UIDVALIDITY` *`unique-id-value`*`]` liefert hingegen den derzeit gültigen *Unique ID Value* (siehe Kapitel 2.2.1 ab Seite 31).

Mit der getaggten Antwort *`tag`* `OK [READ-WRITE] SELECT complete` sagt der Server, dass er das `SELECT`-Kommando zu Ende ausgeführt hat. Hat der Client Schreibzugriff auf den Ordner, *sollte* der Server die `OK`-Antwort mit der Angabe `[READ-WRITE]` versehen. Besitzt der Client ausschließlich Leserechte, *muss* der Server `[READ-ONLY]` ausgeben.

`EXAMINE`

Entspricht dem `SELECT`-Kommando, doch wählt der Client den angegebenen Ordner ausschließlich zum *Lesen* aus. Der Server gibt die gleiche Antwort wie auf das `SELECT`-Kommando, gibt in der abschließenden `OK`-Zeile aber folgerichtig `[READ-ONLY]` an:

```
a006 EXAMINE Test
* 17 EXISTS
* 2 RECENT
* OK [UNSEEN 8] Message 8 is first unseen
* OK [UIDVALIDITY 3857529045] UIDs valid
* OK [UIDNEXT 4392] Predicted next UID
* FLAGS (\Answered \Flagged \Deleted \Seen \Draft)
* OK [PERMANENTFLAGS ()] No permanent flags permitted
a006 OK [READ-ONLY] EXAMINE completed
```

Der Zugriff über `EXAMINE` darf nicht dazu führen, dass neue Nachrichten das `\Recent`-Flag verlieren, denn auch das wäre eine (serverseitige) Änderung am Verzeichnis.

`LIST`

Auf das `LIST`-Kommando hin erhält der Client eine Liste aller für ihn erreichbaren Verzeichnisse. Dabei gibt der Server in seinen ungetaggten Antworten auch die Ordner-Attribute und den jeweils gültigen *Hierarchy Delimiter* an:

```
a016 LIST "" "*"
* LIST (\HasNoChildren) "." "INBOX.Privates.Urlaub"
* LIST (\HasNoChildren) "." "INBOX.Privates.Orchester"
* LIST (\HasChildren)   "." "INBOX.Privates"
* LIST (\HasNoChildren) "." "INBOX.ToDo"
* LIST (\HasNoChildren) "." "INBOX.Test"
```

```
* LIST (\HasChildren)   "." "INBOX.Buchzeugs"
* LIST (\HasNoChildren) "." "INBOX.Buchzeugs.LPIC-1"
* LIST (\HasNoChildren) "." "INBOX.Buchzeugs.Postfix 3"
* LIST (\HasNoChildren) "." "INBOX.Buchzeugs.Snort"
* LIST (\HasNoChildren) "." "INBOX.Buchzeugs.IMAP"
* LIST (\Unmarked \HasChildren) "." "INBOX"
a016 OK LIST Completed
```

Das LIST-Kommando kennt zwei Parameter: Der zweite besteht aus dem Mailboxnamen oder einem entsprechenden Wildcard-Muster. Der erste nennt sich *Referenz* und gibt den Kontext an, in dem der Mailboxname interpretiert wird – relativ zur Referenz:

```
a017 LIST "INBOX.Privates" "*"
* LIST (\HasNoChildren) "." "INBOX.Privates.Urlaub"
* LIST (\HasNoChildren) "." "INBOX.Privates.Orchester"
a017 OK LIST completed
```

Die Referenz wird speziell dann interessant, wenn der IMAP-Server entsprechend RFC 3501 auch Zugriffe auf ein Dateisystem oder einen News-Server zulässt. Da weder Courier noch Cyrus dies erlauben, sprengt das Thema den Rahmen dieses Buchs.

Im normalen Mailbetrieb bleibt das Referenz-Argument wie im mit a016 getaggten Kommando einfach leer. Der Mailboxname entspricht dann exakt dem Ordnernamen, wie er im SELECT-Kommando (siehe Seite 312) benutzt wird.

Die Wildcard * steht klassisch für jedes beliebige Zeichen. % hingegen passt auf alle Zeichen unter Ausnahme des Hierarchie-Trenners:

```
a018 LIST "" "INBOX.Privates*"
* LIST (\HasNoChildren) "." "INBOX.Privates.Urlaub"
* LIST (\HasNoChildren) "." "INBOX.Privates.Orchester"
* LIST (\HasChildren) "." "INBOX.Privates"
a018 OK LIST completed
a019 LIST "" "INBOX.Privates%"
* LIST (\HasChildren) "." "INBOX.Privates"
a019 OK LIST completed
```

Gibt man als zweites Argument einen leeren Mailboxnamen an, gibt das LIST-Kommando einfach nur den Hierarchie-Separator zurück:

```
a020 LIST "" ""
* LIST (\Noselect) "." ""
a020 OK LIST completed
```

CREATE

Legt einen neuen Ordner auf dem Server an. Im Falle von Unterverzeichnissen muss der Client den kompletten Pfad angeben – mit dem vom Server vorgegebenen Hierarchie-Separator (im folgenden Beispiel der Punkt). Sollten darüberliegende Verzeichnisse nicht existieren, muss der Server sie automatisch anlegen:

```
a021 CREATE PRIVATES
a021 OK CREATE completed
a022 CREATE PRIVATES.FREUNDE.URLAUB
a022 OK CREATE completed
```

Ob neben dem Ordner `PRIVATES` auch noch ein Ordner `Privates` existieren darf, entscheidet der Server, und zwar pro Verzeichnis. Nur bei der `INBOX` ist es nicht zulässig, zwischen Groß- und Kleinbuchstaben zu unterscheiden.

Leider kann der Client nicht einfach abfragen, welcher Schreibweisenregel der Server im jeweiligen Folder folgt, sondern ist hier auf Trial-and-Error angewiesen.

`DELETE`

Löscht das angegebene Verzeichnis vom Server. Enthält es Unterverzeichnisse (so wie das eben angelegte Verzeichnis `PRIVATES` den Unterordner `PRIVATES.FREUNDE.URLAUB` enthält), darf der Server diese *nicht* automatisch mitlöschen.

Löscht man das Verzeichnis `PRIVATES` mitsamt aller darin gespeicherten Nachrichten, taucht es fortan mit dem Flag `\Noselect` in den Auflistungen auf. Damit kennzeichnet der Server, dass der Ordner nur der Abbildung der Namensstruktur dient, nicht aber eigene Nachrichten enthalten darf.

Folgerichtig lassen sich Verzeichnisse mit dem Flag `\Noselect` auch nicht mit `DELETE` löschen – sie sind ja bereits gelöscht.

`RENAME`

Benennt einen Ordner auf dem Server um. Existieren Unterordner, wird deren Pfad ebenfalls angepasst. Wenn es die übergeordneten Verzeichnisse des neuen Ordners noch nicht gibt, legt der Server diese automatisch an:

```
a023 LIST "" *
* LIST () "/" Test
* LIST (\Noselect) "/" foo
* LIST () "/" foo/bar
a023 OK LIST completed
a024 RENAME Test bla
a024 OK RENAME completed
a025 RENAME foo zowie
a025 OK RENAME Completed
a026 LIST "" *
* LIST () "/" bla
* LIST (\Noselect) "/" zowie
```

```
* LIST () "/" zowie/bar
a026 OK LIST completed
```

Wird der Ordner INBOX umbenannt, so *muss* das Verzeichnis INBOX als leerer Ordner erhalten bleiben; die darin liegenden Nachrichten werden ins neue, „umbenannte" Verzeichnis verschoben. Enthält die INBOX Unterverzeichnisse, so bleiben auch diese erhalten:

```
a027 LIST "" *
* LIST () "." INBOX
* LIST () "." INBOX.bar
a027 OK LIST completed
a028 RENAME INBOX old-mail
a028 OK RENAME completed
a029 LIST "" *
* LIST () "." INBOX
* LIST () "." INBOX.bar
* LIST () "." old-mail
a029 OK LIST completed
```

SUBSCRIBE

Setzt das angegebene Verzeichnis auf die Liste der vom Client (bzw. dessen Nutzer) abonnierten Verzeichnisse – der Client kann später über das Kommando LSUB (siehe unten) gezielt darauf zugreifen. Für die Vorteile dieses Vorgehens siehe Kapitel 2.2.4 ab Seite 43.

Der Server darf prüfen, ob es das Verzeichnis zum Zeitpunkt des SUBSCRIBE-Kommandos gibt. Andererseits darf er nicht einfach Verzeichnisse von der Abo-Liste eines Clients löschen, selbst wenn diese irgendwann einmal nicht mehr existieren. Es ist also möglich, nicht mehr existierende Verzeichnisse abonniert zu halten für den Fall, dass sie wieder entstehen.

UNSUBSCRIBE

Streicht ein Verzeichnis von der Liste der abonnierten Verzeichnisse.

LSUB

Die Parameter und die Serverantworten entsprechen denen des LIST-Kommandos (Seite 313), allerdings gibt LSUB (kurz für *list subscribed*) nur die vom Client abonnierten Verzeichnisse aus.

STATUS

Erlaubt die gezielte Abfrage von Statusinformationen, ohne dass der Server das betreffende Verzeichnis dabei (etwa wie bei EXAMINE, siehe Seite 313) auswählt. Das Kommando eignet sich also insbesondere dazu, den Status derzeit nicht angewählter Verzeichnisse herauszubekommen.

Da STATUS-Abfragen unter Umständen etwas Rechenzeit in Anspruch nehmen und sich Courier und manch anderer Server schwer damit tun, neben der ausgewählten Mailbox noch ein weiteres Verzeichnis zu evaluieren, ist es laut RFC 3501 nicht zulässig, das STATUS-Kommando auf bereits ausgewählte Verzeichnisse anzuwenden.

Der Client gibt dabei in Klammern an, welche Parameter des angefragten Verzeichnisses ihn interessieren:

```
a030 STATUS Test (UIDNEXT MESSAGES)
* STATUS Test (MESSAGES 231 UIDNEXT 44292)
a030 OK STATUS completed
```

APPEND

Fügt eine neue Nachricht in den aktuellen Ordner ein. Diese muss RFC 2822 entsprechen (also aus Mailheader und einem durch eine Leerzeile abgetrennten Mailbody bestehen). Der Server muss sich dabei an folgende Regeln halten:

- Enthält die E-Mail eine `Date:`-Headerzeile, übernimmt er das darin vermerkte Datum als Empfangszeit der Nachricht.
- Existiert ein als Ziel angegebener Ordner nicht, so darf der Server dieses Verzeichnis nicht einfach anlegen. Stattdessen kann er dem Client mit einem [TRYAGAIN] in der Antwort deutlich machen, dass dieser den Ordner vorher mit CREATE anlegen soll.
- Übergibt der Client in Klammern Flags wie `\Seen` oder `\Answered`, so *sollte* der Server diese entsprechend speichern:

```
a031 APPEND saved-messages (\Seen) {310}
+ Ready for literal data
Date: Mon, 7 Feb 1994 21:52:25 -0800 (PST)
From: Tux <tux@example.com>

Hallo Paul, können wir uns morgen um 15:30 treffen?

a031 OK APPEND completed
```

  Fehlt diese Angabe, sollte er per Default auch keine Flags speichern, sondern dem Client lediglich das `\Recent`-Flag präsentieren. In geschweiften Klammern muss der Client zudem sagen, wie lang die neue Mail in Bytes (hier: `310`) ist, damit der IMAP-Server das Ende der Übertragung erkennen kann.
- Scheitert das Ablegen einer Nachricht aus welchem Grunde auch immer, muss der Server den vorherige Zustand des Verzeichnisses vollständig wiederherstellen, damit es so aussieht, als ob die gesamte Aktion nicht stattgefunden hätte.

A.4 Kommandos im Selected-Zustand

`CHECK`

Das `CHECK`-Kommando gibt Programmierern die Möglichkeit, ihre eigene IMAP-Implementation zu debuggen. Es liefert keinen vorgegebenen Rückgabewert. Damit steht es der Software frei, darauf mit beliebigem Debug-Output zu antworten – oder einfach nur ein `OK` von sich zu geben und keine Aktion auszuführen. Um die Verbindung offen zu halten, sollten Clients stets `NOOP` verwenden.

`CLOSE`

Löscht physikalisch alle als `\Deleted` geflaggten Mails eines Ordners. Anschließend wird der jeweilige Ordner abgewählt. Damit geht die IMAP-Verbindung in den Authenticated-Zustand über.

Wählt der Client mittels `SELECT` oder `EXAMINE` einen anderen Ordner oder loggt er sich mittels `LOGOUT` aus, so führt der Server implizit ein `CLOSE` aus, so dass auch dann alle als `\Deleted` gekennzeichneten Mails gelöscht werden.

`EXPUNGE`

Auch `EXPUNGE` löscht alle als `\Deleted` markierten Nachrichten, hält den gewählten Ordner allerdings im Selected-Status und gibt zudem für jede gelöschte Nachricht eine ungetaggte Meldung zurück.

Vorsicht: Das Löschen der Mails verändert natürlich die Sequenznummern der Nachrichten. Da der Server jede Mails einzeln entfernt, nummeriert er sie vor jedem weiteren Löschkommando neu, um die Lücke zu schließen. Löscht man wie unten die Nachrichten 3, 4, 7 und 11, liefert der Server die IDs der Nachrichten 3, 3, 5 und 8 zurück:

```
a032a STORE 3,4,7,11 +FLAGS (\Deleted)
* 3 FETCH (FLAGS (\Deleted \Seen))
* 4 FETCH (FLAGS (\Deleted))
* 7 FETCH (FLAGS (\Deleted \Flagged \Seen))
* 11 FETCH (FLAGS (\Deleted \Seen))
a032a OK STORE completed
a032b EXPUNGE
* 3 EXPUNGE
* 3 EXPUNGE
* 5 EXPUNGE
* 8 EXPUNGE
a032b OK EXPUNGE completed
```

Wenn der Client auf die Liste der gelöschten Nachrichten keinen Wert legt, sollte er also das Kommando `CLOSE` dem Kommando `EXPUNGE` vorziehen.

`SEARCH`

Beauftragt den Server mit einer Suche in allen Nachrichten im ausgewählten Ordner. Der Server liefert ungetaggt eine Liste aller Sequenznummern der E-Mails, auf die die Suchkriterien zutreffen. Auch hier gelten ein paar Regeln:

- Die Textsuche ignoriert stets Groß- und Kleinschreibung (*case-insensitive*).
- Ein Textsuche gilt als erfolgreich, sobald das Suchmuster als Teilstring in der Mail auftaucht.
- Die Suchkriterien werden stets mit logischem UND verknüpft, sofern der Client nicht explizit ein ODER verlangt.
- Das Suchmuster darf eine durch Klammern zusammengefasste Liste mehrerer Suchbegriffe sein, falls die logische Kombination mit `OR` oder `NOT` dies erfordert.

Bei der Angabe der Suchkriterien spielt die Reihenfolge keine Rolle.

Möglich sind folgende Angaben:

`sequenznummer1,sequenznummer2,...`

Gibt man die Sequenznummer(n) der zu durchsuchenden Nachrichten an, beschränkt der Server die Suche auf eben diese. Dabei kann man sowohl Aufzählungen (`24,90,30`) als auch Bereiche (`80:100`) benutzen oder beides kombinieren:

```
a033 search TEXT "gestern" 24,90,30,80:100
* SEARCH 24 90
a033 OK done
```

Das Wort `gestern` kommt hier also in den Mails Nummer 24 und 90 vor.

`ALL`

Steht für alle E-Mails in der Mailbox.

`ANSWERED`

Alle als `\Answered` geflaggten Nachrichten.

`BCC` *`string`*

Nachrichten, bei denen der genannte *`string`* im `Bcc:`-Feld des Mailheaders steht.[5]

`BEFORE` *`datum`*

Nachrichten, deren internes Datum vor *`datum`* liegt. Die Uhrzeit wird dabei nicht berücksichtigt. *`datum`* muss im Format `29-Sep-2007` angegeben werden.

[5] Die meisten Mailer löschen das `Bcc`-Feld im Mailheader, da es der Angabe von Empfängern dient, die nichts voneinander wissen sollen. Insofern kann es sehr gut sein, dass eine Mailbox keine Mails mit dieser Information enthält.

`BODY` *`string`*

Nachrichten, bei denen der genannte *`string`* irgendwo im Body steht:

```
a034 SEARCH BODY "gestern abend"
* SEARCH 218 587 1232 1421 2258 3696 4123
a034 OK SEARCH done.
```

Für dieses Kommando gibt es folgende alternative Schreibweise:

```
a034 SEARCH BODY {13}
+ OK
gestern abend
* SEARCH 218 587 1232 1421 2258 3696 4123
a034 OK SEARCH done.
```

Gibt man in geschweiften Klammern die Länge der gesuchten Zeichenkette in Bytes (hier 13) an und schließt das Kommando anschließend mit einem Zeilenumbruch (CRLF) ab, fragt der Server (hier Courier mit `+ OK`) nach dem Suchstring. Diesen gibt man jetzt ohne schützende Anführungszeichen an.

Auf diese Weise lässt sich auch nach Umlauten u. a. Zeichen mit Bytewerten größer 127 suchen, die im Kommando selbst nicht erlaubt sind. Hier muss man zusätzlich die Zeichenkodierung mit `CHARSET` angeben:

```
a035 SEARCH CHARSET iso-8859-1 BODY {7}
+ OK
München
4412 4416 4420 4427 4429 4430 4434 4435 4438 4440
a035 OK SEARCH done.
```

sucht in allen ISO-8859-1-kodierten Mailteilen nach dem (in dieser Kodierung) 7 Bytes langen String `München`.

`CC` *`string`*

Diejenigen Nachrichten, die den angegebenen *`string`* im `Cc:`-Feld des Mailheaders enthalten.

`DELETED`

Alle als `\Deleted` geflaggten Nachrichten.

`DRAFT`

Alle als `\Draft` geflaggten Nachrichten.

`FLAGGED`

Alle mit `\Flagged` markierten Nachrichten.

`FROM` *`string`*

Nachrichten, die *`string`* im `From:`-Feld des Mailheaders enthalten.

`HEADER` *`feldname string`*

Nachrichten mit dem angegebenen Header-Feld (entsprechend RFC 2822), die darin die Zeichenkette *`string`* enthalten:

```
036 SEARCH HEADER X-Virus-Scanned amavisd
* SEARCH 90 194
036 OK done
```

Ist `string` leer, trifft die Abfrage auf alle Nachrichten zu, die das Header-Feld generell besitzen, gleich welchen Inhalts:

```
037 SEARCH HEADER X-Virus-Scanned ""
* SEARCH 24 29 90 98 194
037 OK done
```

`KEYWORD` *`flag`*
Nachrichten, die das angegebene Flag enthalten.

`LARGER` *n*
Nachrichten, die größer als *n* Bytes sind. Ein Zeilentrenner entspricht dabei genau *zwei* Bytes, da RFC 2822 entsprechende Mails Zeilen mit CR/LF statt nur CR oder LF beschließen.

`NEW`
Alle Nachrichten, die als `\Recent`, nicht aber als `\Seen` geflaggt sind.

`NOT` *`suchoption`*
E-Mails, die der Suchoption *nicht* entsprechen:

```
a038 SEARCH FLAGGED BEFORE 1-Jan-2007 NOT FROM "geeko"
* SEARCH 3 6 7 9 10 11 12 15 16  20 21 22 24 25  29 31 32 33
a038 OK SEARCH completed.
```

`OLD`
Alle nicht als `\Recent` geflaggten Nachrichten.

`ON` *`date`*
Nachrichten, deren internes Datum *`date`* entspricht. Die Uhrzeit wird dabei nicht berücksichtigt.

`OR` *`suchoption1 suchoption2`*
Nachrichten, die auf *`suchoption1`* oder *`suchoption2`* ansprechen:

```
039 SEARCH OR FROM tux@ FROM paul@
* SEARCH 25 29 31 32 33 55 64
039 OK done
040 SEARCH (OR FROM tux@ FROM paul@) BEFORE 1-Jan-2007
* SEARCH 25 29 31 32 33
040 OK done
```

`RECENT`
Alle als `\Recent` geflaggten Nachrichten.

`SEEN`
Alle als `\Seen` geflaggten Nachrichten.

`SENTBEFORE` *`datum`*
Nachrichten, deren im `Date:`-Header angegebenes Datum vor *`datum`* liegt. Die Uhrzeit bleibt dabei unberücksichtigt.

`SENTON` *`datum`*
: Nachrichten, deren `Date:`-Header das angegebene *`datum`* enthält. Auch hier bleibt die Uhrzeit unberücksichtigt.

`SENTSINCE` *`datum`*
: Nachrichten, deren `Date:`-Header ein Datum nach *`datum`* enthält. Die Uhrzeit findet keine Berücksichtigung.

`SINCE` *`datum`*
: Nachrichten, deren interner Datumsstempel auf *`datum`* oder später gesetzt ist. Die Uhrzeit wird dabei nicht berücksichtigt.

`SMALLER` *`n`*
: Nachrichten, die kleiner als *`n`* Oktetts sind.

`SUBJECT` *`string`*
: Nachrichten mit *`string`* im `Subject:`-Feld des Mailheaders.

`TEXT` *`string`*
: E-Mails mit *`string`* im Header oder Body:

```
a041 SEARCH TEXT "Urlaub"
* SEARCH 4 23
a041 OK SEARCH completed.
```

Mit `TEXT` sucht man – zumindest auf Servern, die sich standardkonform verhalten – in Rohdaten, wo Umlaute typischerweise als `=FC` oder `=C3=BC` (im Falle von ü) kodiert sind. Daher empfiehlt es sich, besser mit dem `SEARCH`-Subkommando `BODY` (siehe Seite 320) zu arbeiten.

`TO` *`string`*
: Nachrichten mit *`string`* im `To:`-Feld des Mailheaders.

`UID` *`uid1,uid2,...`*
: Nachrichten, deren Unique Identifier einer der als Argument angegebenen Nummern entspricht.

`UNANSWERED`
: Alle nicht als `\Answered` geflaggten Nachrichten.

`UNDELETED`
: Alle nicht als `\Deleted` geflaggten Nachrichten.

`UNDRAFT`
: Alle nicht als `\Draft` geflaggten Nachrichten.

`UNFLAGGED`
: Alle nicht als `\Flagged` markierten Nachrichten.

`UNKEYWORD` *`flag`*
: Alle Nachrichten, die *nicht* mit dem angegebenen Flag markiert wurden.

`UNSEEN`
: Alle nicht als `\Seen` geflaggten Nachrichten.

FETCH

Fordert die angegebene(n) Nachricht(en) an. Über abschließend angegebene Schlüsselwörter kann der Client gezielt bestimmte Teile einer Nachricht abrufen, etwa nur die Mailheader, die er braucht, um das Inhaltsverzeichnis aufzubauen, wenn er zu diesem Zeitpunkt an der länger dauernden Datenübertragung des Mailbodys noch kein Interesse hat. FETCH kennt dabei folgende Schlüsselwörter:

BODY oder BODYSTRUCTURE

Ruft die MIME-Struktur der Nachricht ab:

```
a042 FETCH 8 BODYSTRUCTURE
* 8 FETCH (BODYSTRUCTURE (("text" "plain" ("charset" "iso-8859
-1") NIL NIL "quoted-printable" 721 22 NIL ("inline" NIL) NIL)
("image" "jpeg" ("name" "Bild1_anse_gaulettes1.jpg") NIL NIL))
a042 OK FETCH completed.
```

Diese Beispielmail enthält 22 Zeilen und ist 721 Oktetts (also Bytes) lang. Die Angabe NIL steht je nach Interpretation für *not in list* bzw. für „nichts“ (lat.: *nihil*), dient also als Platzhalter für hier nicht besetzte Felder in der MIME-Struktur.

BODY[] oder RFC822

Ruft die angegebene(n) Mail(s) in ihrer Gesamtheit ab. Bei allen Zugriffen über diese beiden Kommandos setzt der Server automatisch das Flag \Seen. Möchte man das verhindern, verwendet man BODY.PEEK[] anstelle von BODY[], das ebenfalls alle nachfolgend besprochenen Erweiterungen kennt.

BODY[HEADER]

Ruft den kompletten Header einer Nachricht nach RFC 2822 ab:

```
a043 FETCH 30 BODY[HEADER]
* 30 FETCH (BODY[HEADER] {1458}
Return-Path: <p.heinlein@heinlein-support.de>
X-Original-To: tux@example.com
Delivered-To: tux@example.com
[...]
Message-Id: <200706062304.5047.p.heinlein@heinlein-support.de>

)
a043 OK FETCH completed.
```

Die ungetaggte Antwortzeile enthält in geschweiften Klammern die Länge der folgenden Serverantwort (hier 1458 Oktetts, also Bytes).

Für BODY.PEEK[HEADER] gibt es das Synonym RFC822.HEADER.

BODY[HEADER.FIELDS (*feld1 feld2 ...*)]

Ruft aus dem Header der Nachricht lediglich die hier angegebenen Felder ab:

```
a044 FETCH 30 BODY[HEADER.FIELDS (Message-ID)]
* 30 FETCH (BODY[HEADER.FIELDS ("Message-ID")] {67}
Message-Id: <200706062304.5047.p.heinlein@heinlein-support.de>

)
a044 OK FETCH completed.
a045 FETCH 30 BODY[HEADER.FIELDS (Message-ID Date)]
* 30 FETCH (BODY[HEADER.FIELDS ("Message-ID" "Date")] {105}
Date: Wed, 6 Jun 2007 23:04:04 +0200
Message-Id: <200706062304.5047.p.heinlein@heinlein-support.de>

)
a045 OK FETCH completed.
```

`BODY[HEADER.FIELDS.NOT (`*`feld1 feld2 ...`*`)]`
: Gibt den Header *ohne* die angegebenen Header-Felder aus.

`BODY[`*`ebene`*`.MIME]`
: Komplexe Nachrichten bestehen aus mehreren Teilen: dem eigentlichen Mailtext, einigen binären Attachments oder ggf. sogar einer weiteren Nachricht, die der Absender angehängt hat. Alles wird durch die MIME-Struktur zusammengehalten.

Die technischen Details der verschiedenen, ineinander verkapselten Ebenen der Nachricht kann man über das Schlüsselwort MIME abrufen. Der eigentliche Mailtext befindet sich auf Ebene 1:

```
a046 FETCH 8 BODY[1.MIME]
* 8 FETCH (BODY[1.MIME] {127}
Content-Type: text/plain;
  charset="iso-8859-1"
Content-Transfer-Encoding: quoted-printable
Content-Disposition: inline

)
a046 OK FETCH completed.
```

Das erste Attachment bildet Ebene 2:

```
a047 FETCH 8 BODY[2.MIME]
* 8 FETCH (BODY[2.MIME] {159}
Content-Type: image/jpeg;
  name="Bild1.jpg"
Content-Transfer-Encoding: base64
Content-Disposition: attachment;
        filename="Bild1.jpg"

)
a047 OK FETCH completed.
```

`BODY[TEXT]` oder `RFC822.TEXT`
: Ruft den kompletten Mailinhalt (ohne Header) ab:

```
a048 FETCH 28 BODY[TEXT]
* 28 FETCH (BODY[TEXT] {378}

Lieber Paul,

hier der =DCberblick =FCber unsere regionalen Treffen im Juni:

Do., 07.06.07: sage@guug Berlin

  Kristian K=F6hntopp h=E4lt ab 19:00 einen Vortrag zum Thema
  "Security Management" im Vortragsraum E-N 360 der TU Berlin.

  http://www.guug.de/lokal/berlin/

a048 OK FETCH completed.
```

Die Ausgabe lässt sich einschränken, zum Beispiel auf die ersten 200 Zeichen:

```
a049 FETCH 28 BODY[TEXT]<0.200>
* 28 FETCH (BODY[TEXT] {200}

Lieber Paul,

hier der =DCberblick =FCber unsere regionalen Treffen im Juni:

Do., 07.06.07: sage@guug Berlin

  Kristian K=F6hntopp h=E4lt ab 19:00 einen Vortrag zum Thema
  "Security Management" im
a049 OK FETCH completed.
```

Zwischen der schließenden eckigen und der öffnenden spitzen Klammer darf *kein* Leerzeichen stehen. Möchte man sich den Mailbody zwischen Zeichen 100 und 200 ausgeben lassen, ändert sich der Inhalt der spitzen Klammer in `<100.200>`. Diese Syntaxerweiterung kennt `RFC822.TEXT` allerdings nicht.

`ENVELOPE`

Auf dieses Kommando hin generiert der Server ein Listing mit den wichtigsten Daten des RFC-2822-Headers der E-Mail, die für eine Anzeige in einer Nachrichtenübersicht genutzt werden können (Betreff, Datum, Absender, Message-ID). Mit dem beim Einliefern der Mail benutzten SMTP-Envelope hat dies übrigens nichts zu tun: Dieser existiert nach dem Abspeichern der E-Mail ja nicht mehr.

```
a050 FETCH 8 ENVELOPE
* 8 FETCH (ENVELOPE ("Tue, 8 May 2007 17:40:02 +0200" "Bild =
?iso-8859-1?q?f=FCr_den_leeren?= Rahmen" (("Ivonne Reimann" N
IL "i.reimann" "heinlein-support.de")) (("Ivonne Reimann" NIL
 "i.reimann" "heinlein-support.de")) (("Ivonne Reimann" NIL "
i.reimann" "heinlein-support.de")) ((NIL NIL "tux" "example.c
```

```
om")) NIL NIL NIL "<200705081740.03490.i.reimann@heinlein-sup
port.de>"))
a050 OK FETCH completed.
```

`FLAGS`

Listet alle für die angegebene(n) Nachricht(en) gesetzten Flags auf.

`INTERNALDATE`

Gibt das interne Datum der Nachricht aus:

```
a051 FETCH 45,46 INTERNALDATE
* 45 FETCH (INTERNALDATE "30-Apr-2006 15:57:48 +0000")
* 46 FETCH (INTERNALDATE "30-Apr-2006 15:57:48 +0000")
a051 OK done
```

`RFC822.SIZE`

Die Größe der Nachricht nach RFC 2822 (also mit CRLF als Zeilenende) in Bytes:

```
a052 FETCH 42 RFC822.SIZE
* 42 FETCH (RFC822.SIZE 3649)
a052 OK done
```

`UID`

Die Unique ID der Nachricht:

```
a053 FETCH 42 UID
* 42 FETCH (UID 43)
a053 OK done
```

Hieran wird deutlich, dass Sequenznummer und UID in aller Regel nicht übereinstimmen.

Dabei ist es möglich, mehrere Schlüsselwörter in runden Klammern miteinander zu kombinieren:

```
a054 FETCH 56 (FLAGS INTERNALDATE RFC822.SIZE)
* 56 FETCH (RFC822.SIZE 3731 FLAGS (\Seen) INTERNALDATE "30-Apr-200
6 15:57:49 +0000")
a054 OK done
```

Für oft benötigte Kombinationen gibt es Abkürzungen:

`ALL`

Entspricht `(FLAGS INTERNALDATE RFC822.SIZE ENVELOPE)`

`FAST`

Entspricht `(FLAGS INTERNALDATE RFC822.SIZE)`

`FULL`

Entspricht der Kombination `(FLAGS INTERNALDATE RFC822.SIZE ENVELOPE BODY)`

STORE

Versieht eine oder mehrere Nachrichten mit Flags. Der Server antwortet darauf mit einer oder mehreren untaggten FETCH-Antworten, in denen er die nun für die betroffenen Nachrichten geltenden Flags zusammenfasst. Der Client kann auf diese FETCH-Antwort verzichten (z. B. um Übertragungsvolumen und -zeit zu sparen), wenn er statt FLAGS die STORE-Option FLAGS.SILENT benutzt, die es ebenfalls in den drei nachfolgend genannten Varianten gibt.

FLAGS (*flag1 flag2 ...*)

Setzt alle hier angegebenen Flags. Bereits vorhandene, hier nicht erneut erwähnte Flags werden ersatzlos gelöscht. Ausnahme: Das \Recent-Flag bleibt erhalten.

+FLAGS (*flag1 flag2 ...*)

Fügt die hier angegebenen Flags hinzu:

```
a055 STORE 2:4 +FLAGS (\Deleted)
* 2 FETCH (FLAGS (\Deleted \Seen))
* 3 FETCH (FLAGS (\Deleted))
* 4 FETCH (FLAGS (\Deleted \Flagged \Seen))
a055 OK STORE completed
```

Selbstdefinierte Flags (auch *Keywords* genannt) setzt man übrigens genauso wie Systemflags, mit dem Unterschied, dass sie keinen führenden \ im Namen tragen:

```
a056 STORE 100 +FLAGS (project)
100 FETCH (UID 102 FLAGS (\Seen projekt))
a056 OK done
```

-FLAGS (*flag1 flag2 ...*)

Entfernt die hier angegebenen Flags.

COPY

Kopiert die angegebene(n) Nachricht(en) in einen anderen Ordner. Die Flags der Nachricht *sollten* erhalten bleiben, ebenso *sollte* der Server das \Recent-Flag setzen, da die Nachrichten an ihrem neuen Ort neu sind:

```
a057 COPY 2:4 MEETING
a057 OK COPY completed
```

Ähnlich wie beim APPEND-Kommando (siehe Seite 317) *sollte* der Server fehlende Ordner nicht einfach erstellen, sondern dem Client stattdessen eine NO-Antwort versehen mit [TRYCREATE] zurückgeben, um ihn zu animieren, das Verzeichnis anzulegen.

Scheitert das COPY-Kommando aus irgendeinem Grund, ist der Server natürlich verpflichtet, den alten Zustand des Verzeichnisses wiederherzustellen.

UID

Dieses besondere Kommando kann den Befehlen COPY, FETCH und STORE vorangestellt werden, um anzuzeigen, dass diese drei Befehle die als Argument angegebenen Zahlen nicht als Sequenznummern, sondern als unveränderliche Unique IDs verstehen sollen.

Während das folgende Kommando die Nachrichten mit der Sequenznummer 2 bis 4 in den Ordner INBOX.Privates kopiert ...

```
a058 COPY 2:4 INBOX.Privates
a058 OK COPY completed
```

..., kopiert der folgende Befehl die Nachrichten mit den Unique IDs 400 bis 403 – was nicht heißt, dass der Ordner über 400 Nachrichten enthalten muss:

```
a059 UID COPY 400:403 INBOX.Privates
a059 OK COPY completed
```

Will man den Bereich der zu bearbeitenden Nachrichten auf die größte in diesem Ordner vorhandene Unique ID beschränken, kommt die Wildcard * zum Einsatz: 403:*. Selbst wenn diese kleiner ist als der Startwert 403, gibt der Server eine Nachricht als Treffer zurück (nämlich die mit der höchsten Unique ID), es sei denn, der Ordner ist vollständig leer.

Dass Unique IDs nicht lückenlos fortlaufend sind, demonstriert folgendes Beispiel:

```
a060 UID FETCH 4827313:4828442 FLAGS
* 23 FETCH (FLAGS (\Seen) UID 4827313)
* 24 FETCH (FLAGS (\Seen) UID 4827943)
* 25 FETCH (FLAGS (\Seen) UID 4828442)
a060 OK UID FETCH completed
```

Nicht vorhandene Unique IDs ignoriert der Server stillschweigend. Auch wenn keine einzige der angegebenen UIDs existiert, gibt er OK zurück, obwohl er in Wirklichkeit nichts gemacht hat. Da Sequenznummern immer lückenlos aufsteigend sind, kann dieses Problem bei „normalen" COPY-, FETCH- und STORE-Kommandos nicht auftreten.

Stellt der Client das Kommando UID einem SEARCH-Befehl voran, sagt er dem Server damit, dass der seine Ergebnisse in Form von Unique IDs (und nicht als Sequenznummern) angeben soll. Die vom Client gelieferten Nachrichten-IDs versteht der Server aber weiterhin als Sequenznummer:

```
a061 UID SEARCH 1:100 FROM "Smith"
* UID SEARCH 80 242 882
a061 OK SEARCH done.
```

Natürlich ist die Unique ID weiterhin als Suchkriterium zulässig. Im folgenden Beispiel sucht der Client in den Nachrichten 1 bis 100 nach Mails, die UIDs größer oder gleich 403 haben. Der Server liefert als ungetaggte Antwort deren Unique IDs:

```
a062 UID SEARCH 1:100 UID 403:*
* SEARCH 6924 8697 16600 16908 19373 19374
a062 OK SEARCH done.
```

A.5 IMAP-Extensions

Im Laufe der Zeit wurden zahlreiche weitere IMAP-Extensions definiert, die leider recht unübersichtlich über verschiedene RFCs verstreut sind. Diese Entwicklung ist nicht abgeschlossen, auch derzeit sind noch neue Erweiterungen in der Diskussion, beispielsweise um Übersetzungsmöglichkeiten und Mehrsprachlichkeit besser abzudecken.

Welche IMAP-Extensions der Server unterstützt, erfährt der Client über das Kommando `CAPABILITY`:

```
a CAPABILITY
* CAPABILITY IMAP4rev1 UIDPLUS CHILDREN NAMESPACE THREAD=ORDEREDSUBJECT
THREAD=REFERENCES SORT IDLE AUTH=CRAM-MD5 AUTH=CRAM-SHA1 ACL
a OK CAPABILITY completed
```

Viele Extensions stellen genau ein neues, gleichnamiges Kommando bereit, andere gar keines oder mehrere (anderslautende) IMAP-Befehle. Die nachfolgende Übersicht gibt einen Überblick über die wichtigsten IMAP-Extensions:

`UIDPLUS`
: Der Server sendet erweiterte Antworten nach RFC 4315 (früher: RFC 2359), die auch die Unique-IDs der Mails enthalten.[6] Damit kann ein Client einige Abfragen einsparen; außerdem legt die Erweiterung die Grundlage für Offline-IMAP (auch Cached oder Disconnected IMAP).

`CHILDREN`
: Antworten des Servers geben bei Verzeichnis-Listings die Attribute `\HasChildren` bzw. `\HasNoChildren` an.[7] Auch dies spart dem Client weitere Abfragen, da er nicht mehr einzeln prüfen muss, ob ein IMAP-Folder weitere Unterverzeichnisse enthält.

6 `http://www.ietf.org/rfc/rfc4315.txt`
7 `http://www.ietf.org/rfc/rfc3348.txt`

`NAMESPACE`
: Da der IMAP-Namensraum nicht fest definiert ist, kann der Client über dieses Kommando das unterstützte Namensschema des Servers abfragen.[8]

`SORT`
: Der Server unterstützt serverseitige Suchkommandos mittels `SORT`.[9]

`THREAD=`*`algorithmus`*
: Der Server unterstützt die Suchmethode `THREAD` in der angegebenen Variante.[10]

`IDLE`
: Der Server unterstützt Push-E-Mail über das `IDLE`-Kommando (siehe Seite 181 und 206).[11]

`AUTH=`*`methode`*
: Gibt die neben `LOGIN` und `PLAIN` unterstützten Login-Methoden an.[12]

`ACL`
: Unterstützt die Einrichtung von ACLs (*Access Control Lists*) per IMAP, so dass ein User anderen Nutzern einzelne IMAP-Folder freigeben kann (siehe Kapitel 10.1 ab Seite 157 (Courier) und Kapitel 14.2 ab Seite 240 (Cyrus)).[13]

`QUOTA`
: Sofern Quotas für einen Account aktiviert sind, kann der Client mit dieser Extension die zulässige Höchstgrenze und die derzeit vorhandene Belegung abfragen.[14]

A.6 Experimentelle Kommandos

Mit `X` beginnende Kommandos sind nicht in Standards definiert und gelten als experimentell oder proprietär. Der Server darf nie von sich aus X-Antworten senden, es sei denn, der Client hat explizit versucht, ein solches Kommando zu benutzen.

Unterstützt ein Server proprietäre X-Kommandos, so teilt er dies ebenfalls über das `CAPABILITY`-Kommando mit. Ein Beispiel ist das Courier-Feature

8 `http://www.ietf.org/rfc/rfc2342.txt`
9 `http://www.ietf.org/internet-drafts/draft-ietf-imapext-sort-18.txt`
10 `http://www.ietf.org/internet-drafts/draft-ietf-imapext-sort-18.txt`
11 `http://www.ietf.org/rfc/rfc2177.txt`
12 `http://www.ietf.org/rfc/rfc2060.txt`
13 `http://www.ietf.org/rfc/rfc4314.txt`
14 `http://www.ietf.org/rfc/rfc2087.txt`

XCOURIEROUTBOX, mit dessen Hilfe man Mails per IMAP versenden kann (siehe Kapitel 10.5 ab Seite 183):

```
a CAPABILITY
* CAPABILITY IMAP4rev1 UIDPLUS CHILDREN NAMESPACE THREAD=ORDEREDSUB
JECT THREAD=REFERENCES SORT IDLE AUTH=CRAM-MD5 AUTH=CRAM-SHA1 ACL
XCOURIEROUTBOX=INBOX.Outbox-Test
a OK CAPABILITY completed
```

B

POP3-Befehlsreferenz

Auch POP3 kennt verschiedene Verbindungszustände. Doch es zeigt sich schnell, dass diese einfach und zwingend logisch sind:

Authorization State
: Die Verbindung steht, der User ist jedoch noch nicht eingeloggt. Folgerichtig kann man den Server in diesem Zustand nur nach seinen Erweiterungen fragen, SSL-Verschlüsselung anfordern und die Authentifizierungskommandos `USER`, `PASS`, `AUTH` und `APOP` absetzen.

Transaction State
: Der User ist eingeloggt und kann Mails abrufen – Authentifizierungskommandos sind nicht mehr zulässig.

Update State
: Der Client hat sich mit `QUIT` ausgeloggt. Nun muss der Server die als gelöscht markierten Nachrichten tatsächlich entfernen und danach die Verbindung trennen.

Hat ein Verbindungsabbruch ohne `QUIT` die Verbindung zum Client beendet, wird der Update State nicht erreicht. Zum Löschen vorgemerkte Mails verbleiben daher auf dem Server.

B.1 Alle Kommandos im Überblick

`USER` *`username`*
: Übergibt beim Login den Usernamen.

`PASS` *`passwort`*
: Übergibt beim Login das Passwort im Klartext.

`STAT`
: Liefert die Anzahl der E-Mails in der `INBOX` und deren Gesamtgröße in Bytes.

`LIST`
: Liefert eine nummerierte Liste aller E-Mails und deren jeweiliger Größe in Bytes. Gibt man eine dieser Nummern als Argument an, verrät der Server die Größe der jeweiligen Mail.

`RETR` *`n`*
: Holt die E-Mail Nummer *n* vom E-Mail-Server.

`DELE n`
: Markiert (!) die E-Mail Nummer *n* zum Löschen auf dem E-Mail-Server.

`NOOP`
: Dieses funktionslose Kommando (*no operation*) hilft dem Client, die Verbindung zum Server auch bei Inaktivität offen zu halten. Zudem lässt sich damit die Existenz der Verbindung testen.

`RSET`
: Setzt bei allen E-Mails die in der aktuellen POP3-Session gesetzten Löschmarkierungen zurück, also quasi ein *undelete*.

`QUIT`
: Beendet die POP3-Sitzung. Dabei werden alle entsprechend markierten E-Mails gelöscht.

Darüber hinaus gibt es einige Kommandos, die nicht jeder Server kennen muss:

`AUTH` *`methode`*
: Der Client kann dem Server eine Authentifizierungsmethode vorschlagen. Unterstützt der Server diese, so steigt er in das entsprechende Protokoll ein. Unterstützt er sie nicht, erzeugt er einen Fehlercode:

```
AUTH KERBEROS_V4
-ERR Authentication failed.
```

`APOP`
: Leitet eine Anmeldung mit verschlüsseltem Kennwort ein.

`CAPA`
: Fragt den Server nach den verfügbaren POP3-Extensions:[1]

```
CAPA
+OK Here's what I can do:
SASL CRAM-MD5 CRAM-SHA1 LOGIN
STLS
TOP
USER
LOGIN-DELAY 10
PIPELINING
UIDL
IMPLEMENTATION Courier Mail Server
```

In diesem Fall bietet der Server folgende Extensions an:

`STLS`
: Die vom Server als `STLS` annoncierte POP3-`STARTTLS`-Erweiterung stellt das gleichnamige Kommando zur Verfügung, mit dem der Client im Authorization State TLS-Verschlüsselung anfordern kann (vgl. den `STARTTLS`-RFC 2595).

`TOP`
: Ruft mit der Syntax `TOP` *n* *x* den Header und die ersten *x* Zeilen von E-Mail Nummer *n* ab.

`USER`
: Zeigt an, dass Klartext-Logins mit dem Kommando `USER` möglich sind.

`LOGIN-DELAY` *n*
: Teilt dem Client mit, wieviele Sekunden zwischen zwei Logins mindestens verstreichen müssen.

`PIPELINING`
: Ermöglicht es dem Client, mehrere POP3-Kommandos direkt nacheinander abzusetzen, ohne auf ausstehende Antworten des Servers zu warten. Der Server muss die entsprechenden Antworten strikt in der Reihenfolge der Kommandos zurücksenden, da anders eine Zuordnung unmöglich ist.

[1] RFC 2449, `http://www.ietf.org/rfc/rfc2449.txt`

`UIDL`

Ruft die eindeutige ID der E-Mail ab, deren Nummer der Client als Argument angibt. Diese darf sich auch über mehrere POP3-Sitzungen hinweg nicht ändern und kann vom Client zur Synchronisation des Postfachs genutzt werden.

`IMPLEMENTATION`

Diese Capability gibt dem Server die Möglichkeit, sich mit einem als Argument angegebenen, persönlichen ID-Text zu outen, stellt aber keine neuen POP3-Kommandos zur Verfügung.

C

Installation aus dem Quellcode

Wenn die von Ihrer Distribution mitgelieferte Version veraltet ist, Sie unbedingt ein neues Feature benötigen oder den Server optimal an die Umgebung anpassen wollen, kommen Sie um eine Kompilation aus dem Quellcode nicht herum. Bei selbstgebauter Software sind Sie jedoch für das zeitnahe Erkennen und Beheben von Sicherheitslücken selbst verantwortlich, da diese nicht den Update-Mechanismen der Distribution unterliegen.

C.1 Courier

Beim Übersetzen des Courier-IMAP-Servers aus dem Quellcode hilft es, einige Stolperstellen im Vorfeld zu kennen. Daher zeigen wir im Folgenden anhand von OpenSuSE 10.2, wie man eine Minimalinstallation aufsetzt. Bei anderen Distributionen unterscheidet sich das Vorgehen im Allgemeinen nur, was die Namen distributionsspezifischer Pakete betrifft.

Falls nicht schon geschehen, sollten Sie zuerst die nachfolgenden Pakete installieren:

- die Werkzeuge, die zum Übersetzen des Quellcodes nötig sind: `make`, `gcc`, `gcc-c++`, und alle Pakete, von denen diese anhängen,
- die GDBM-Datenbanken aus den Paketen `gdbm` und `gdbm-devel`,
- `openssl` für SSL/TLS-gesicherte Verbindungen.

In Abhängigkeit vom gewünschten Authentifizierungsbackend benötigen Sie außerdem die `dev(el)`-Pakete für MySQL (`mysql-devel`), PostgreSQL (`postgresql-devel`) und/oder OpenLDAP (`openldap2-devel`). Ohne die entsprechenden C(++)-Header-Dateien lässt sich Courier zwar kompilieren, doch fehlen anschließend sowohl die Konfigurationsdateien als auch die Unterstützung für die jeweilige Authentifizierungsmethode.

Von der offiziellen Download-Webseite des Courier-Projekts[1] laden Sie die Pakete `courier-imap` und `courier-authlib` in der jeweils aktuellen Version herunter und entpacken diese. Doch Vorsicht: Aus Sicherheitsgründen möchte Courier nicht mit `root`-Rechten übersetzt werden. Die nachfolgenden Arbeiten müssen Sie darum unter einem normalen Useraccount vornehmen:

```
user@linux:$ cd src
user@linux:src$ wget http://prdownloads.sourceforge.net/courier/ \
courier-imap-4.1.3.tar.bz2
[...]
user@linux:src$ wget http://prdownloads.sourceforge.net/courier/ \
courier-authlib-0.59.3.tar.bz2
[...]
user@linux:src$ tar -xvjf courier-authlib-0.59.3.tar.bz2
courier-authlib-0.59.3/
courier-authlib-0.59.3/README
courier-authlib-0.59.3/configure.in
courier-authlib-0.59.3/aclocal.m4
[...]
user@linux:src$ tar -xvjf courier-imap-4.1.3.tar.bz2
courier-imap-4.1.3/
courier-imap-4.1.3/packaging/
courier-imap-4.1.3/packaging/suse/
courier-imap-4.1.3/packaging/suse/courier-imap.init.in
[...]
```

Übersetzen Sie dann zuerst das Paket `courier-authlib`. Achten Sie dabei darauf, den Quellcode mit den Rechten eines unprivilegierten Users zu kompilieren, am Ende aber mit `root`-Rechten zu installieren.

[1] `http://www.courier-mta.org/download.php`

```
user@linux:src$ cd courier-authlib-0.59.3
user@linux:src/courier-authlib-0.59.3$ ./configure
[...]
checking for strchr... yes
configure: creating ./config.status
config.status: creating Makefile
config.status: creating config.h
config.status: executing depfiles commands
user@linux:~/src/courier-authlib-0.59.3$ make
[...]
Compiling authpasswd.c
Linking authpasswd
CONFIG_FILES=authlib.3 CONFIG_HEADERS= /bin/sh ./config.status
config.status: creating authlib.3
config.status: executing depfiles commands
make[2]: Leaving directory '/home/user/src/courier-authlib-0.59.3'
make[1]: Leaving directory '/home/user/src/courier-authlib-0.59.3'
user@linux:src/courier-authlib-0.59.3$ su -c "make install"
Passwort: root-passwort
[...]
/usr/bin/install -c -m 644 -m 660 authdaemonrc.tmp /usr/local/etc/authl
ib/authdaemonrc.dist
rm -f authdaemonrc.tmp
chown daemon /usr/local/etc/authlib/authdaemonrc.dist
chgrp daemon /usr/local/etc/authlib/authdaemonrc.dist
:
make[4]: Leaving directory '/home/user/src/courier-authlib-0.59.3'
```

Nehmen Sie sich dann das Paket `courier-imap` vor:

```
user@linux:src$ cd courier-imap-4.1.3
user@linux:src/courier-imap-4.1.3$ ./configure
[...]
config.status: creating imapd.cnf
config.status: creating pop3d.cnf
config.status: creating config.h
config.status: executing depfiles commands
user@linux:~/src/courier-imap-4.1.3$ make
[...]
cp imap/pop3d-ssl.dist .
cp imap/imapd.cnf .
cp imap/pop3d.cnf .
cp -f ./maildir/quotawarnmsg quotawarnmsg.example
make[2]: Leaving directory '/home/user/src/courier-imap-4.1.3'
make[1]: Leaving directory '/home/user/src/courier-imap-4.1.3'
user@linux:src/courier-imap-4.1.3$ make check
[...]
INFO: LOGIN, user=confmdtest, ip=[127.0.0.1], protocol=SMAP1
INFO: LOGOUT, user=confmdtest, ip=[127.0.0.1], headers=0, body=0, rcvd=
2491, sent=6164, time=0
INFO: LOGIN, user=confmdtest, ip=[127.0.0.1], protocol=SMAP1
INFO: LOGOUT, user=confmdtest, ip=[127.0.0.1], headers=0, body=0, rcvd=
```

```
26, sent=610, time=0
make[2]: Leaving directory '/home/user/src/courier-imap-4.1.3/imap'
make[1]: Leaving directory '/home/user/src/courier-imap-4.1.3/imap'
make[1]: Entering directory '/home/user/src/courier-imap-4.1.3'
make[1]: Für das Ziel check-am ist nichts zu tun.
make[1]: Leaving directory '/home/user/src/courier-imap-4.1.3'
user@linux:src/courier-imap-4.1.3$ su -c "make install"
[...]
test -z "/usr/lib/courier-imap/share" || mkdir -p -- "/usr/lib/courier-
imap/share"
 /usr/bin/install -c 'mkimapdcert' '/usr/lib/courier-imap/share/mkimapd
cert'
 /usr/bin/install -c 'mkpop3dcert' '/usr/lib/courier-imap/share/mkpop3d
cert'
make[2]: Leaving directory '/home/user/src/courier-imap-4.1.3'
make[1]: Leaving directory '/home/user/src/courier-imap-4.1.3'
user@linux:src/courier-imap-4.1.3$ su -c "make install-configure"
[...]
  TLS_CERTFILE: new
  TLS_TRUSTCERTS: new
  TLS_VERIFYPEER: new
  TLS_CACHE: new
  MAILDIRPATH: new
make[1]: Leaving directory '/home/user/src/courier-imap-4.1.3'
```

Die hier gezeigte Vorgehensweise sorgt dafür, dass Programmverzeichnisse wie Konfigurationsdateien allesamt unter `/usr/local` installiert werden: Wenn im Buch von `/etc/courier/imapd` die Rede ist, finden Sie diese Datei jetzt unter `/usr/local/etc/courier/imapd`. Dies ist korrekt und wünschenswert, weil es eigene Kompilationen sauber von den Standard-Paketen der Distribution trennt. Wenn Sie den selbstgebauten Courier dennoch direkt in der Root-Hierarchie installieren wollen, fügen Sie dem Kommando `configure` jeweils den Parameter `--prefix=""` hinzu:

```
user@linux:src/courier-authlib-0.59.3$ ./configure --prefix=""
[...]
user@linux:src/courier-imap-4.1.3$ ./configure --prefix=""
[...]
```

Vergessen Sie nicht, zuletzt noch die Start-/Stopp-Skripte zu installieren. Sie können sie wahlweise direkt an die passende Stelle verschieben oder einfach per Symlink einbinden. Dieser Arbeitsschritt erfordert `root`-Rechte:

```
linux: # cd /etc/init.d
linux:init.d # ln -s ../../usr/lib/courier-imap/libexec/imapd.rc .
linux:init.d # ln -s ../../usr/lib/courier-imap/libexec/imapd-ssl.rc .
linux:init.d # ln -s ../../usr/lib/courier-imap/libexec/pop3d.rc .
linux:init.d # ln -s ../../usr/lib/courier-imap/libexec/pop3d-ssl.rc .
```

C.2 Cyrus

Um den Cyrus-IMAP-Server aus dem Quellcode zu übersetzen, wie wir es im Folgenden am Beispiel von SLES 10 zeigen, muss Cyrus-SASL bereits installiert sein. Das ist auf vielen Linuxsystemen der Fall, da diese Bibliothek als Quasi-Standard-Authentifizierungsmechanismus für verschiedene Anwendungen (zum Beispiel Postfix) Verwendung findet. Lässt sie sich über die Paketverwaltung Ihrer Distribution nicht installieren, müssen Sie sie von Hand übersetzen, was wir im Folgenden ebenfalls demonstrieren. Bei manchen Distributionen (wie z. B. SuSE Linux 9.3) lassen sich Probleme mit distributionsseitigen Voreinstellungen nicht ausschließen, wenn der Cyrus gegen eine von der Paketverwaltung installierte SASL-Bibliothek gelinkt werden soll.

Zum Übersetzen benötigen Sie wie üblich den C(++)-Compiler (bei SLES in den Paketen `gcc` und `gcc-c++`), `make` (aus dem Paket `maketools`) sowie die Headerdateien aus den Paketen `glibc-devel` und `libstdc++-devel`.

C.2.1 Die Cyrus-Quellen

Die Programmquellen des IMAP-Servers und der SASL-Library lädt man am besten direkt von der Cyrus-Webseite der Carnegie-Mellon-Universität[2] herunter:

```
user@linux:$ wget ftp://ftp.andrew.cmu.edu/pub/cyrus-mail/ \
cyrus-sasl-2.1.22.tar.gz
[...]
user@linux:$ wget ftp://ftp.andrew.cmu.edu/pub/cyrus/ \
cyrus-imapd-2.2.12.tar.gz
[...]
```

Andere im Netz erhältliche Quellen weichen meist vom Original ab und enthalten ganz spezielle Anpassungen. Für Produktionsanwendungen sollten Sie immer stabile Versionen verwenden. Wer experimentieren möchte, kann die als *unstable* gekennzeichneten Beta-Versionen auf eigenes Risiko nutzen.

`tar -xvzf` entpackt die Quelltextarchive in zwei separate Unterverzeichnisse, `cyrus-imapd-2.2.12` und `cyrus-sasl-2.1.22`.

C.2.2 Systemuser anlegen

Damit die zu kompilierenden Programme nach der Installation korrekt arbeiten, müssen Sie sicherstellen, dass auf Ihrem System die Nutzerkennung

[2] `http://cyrusimap.web.cmu.edu/downloads.html`

cyrus und die Gruppe mail existieren, denn wie fast jeder wichtige Dienst laufen Cyrus-IMAP und Cyrus-SASL mit den Rechten eines eigenen Nutzers und einer separaten Gruppe:

```
linux: # grep mail /etc/group
maildrop:!:59:
linux: # grep cyrus /etc/passwd
```

Existieren beide – wie im vorliegenden Fall – nicht, legen Sie den Nutzer cyrus und die Gruppe mail an:

```
linux: # groupadd mail
linux: # useradd -d /usr/lib/cyrus -g mail cyrus
linux: # passwd cyrus
Changing password for cyrus.
New Password: passwort-fuer-cyrus
Reenter New Password: passwort-fuer-cyrus
Password changed.
```

Dabei weist das oben gezeigte useradd-Kommando dem Nutzer cyrus das Arbeitsverzeichnis /usr/lib/cyrus zu und ordnet ihn der Gruppe mail zu.

C.2.3 Installation von Cyrus-SASL

Welche Funktionen in Cyrus-SASL aktiviert werden und welche abgeschaltet bleiben, legt man mit configure-Optionen fest:

```
linux: # cd cyrus-sasl-2.1.22/
linux:cyrus-sasl-2.1.22 # ./configure \
--with-saslauthd=/var/run/saslauthd \
--with-plugindir=/usr/local/lib/sasl2 \
--with-mysql=/usr/local/mysql \
--with-openssl=/usr/local/ssl \
--with-bdb-incdir=/usr/local/bdb/include \
--with-bdb-libdir=/usr/local/bdb/lib \
--with-dblib=berkeley \
--enable-anon \
--enable-login \
--enable-plain \
--enable-sql \
--enable-cram \
--enable-digest \
--disable-krb4 \
--disable-otp
configure: creating cache ./config.cache
checking build system type... x86_64-unknown-linux-gnu
checking host system type... x86_64-unknown-linux-gnu
```

```
checking target system type... x86_64-unknown-linux-gnu
checking for a BSD-compatible install... /usr/bin/install -c
checking whether build environment is sane... yes
checking for gawk... gawk
checking whether make sets $(MAKE)... yes
checking for gcc... gcc
checking for C compiler default output... a.out
checking whether the C compiler works... yes
[...]
Configuration Complete. Type 'make' to build.
```

`--with-saslauthd=/var/run/saslauthd` gibt den Pfad zum Prozessverzeichnis des SASL-Authentifizierungsdienstes an.

`--with-plugindir=/usr/local/lib/sasl2` legt das Verzeichnis fest, in welchem die SASL-Plugins landen sollen.

`--with-mysql=/usr/local/mysql` aktiviert MySQL-Unterstützung (über PAM). Der Schalter verlangt als Wert den Pfad zu den dafür benötigten PAM-Modulen. Der Schalter `--enable-sql` sorgt dafür, dass der Kompiliervorgang das SQL-Plugin erzeugt, mit dem Cyrus-SASL später eine MySQL-Datenbank abfragen kann.

`--with-openssl=/usr/local/ssl` fordert die OpenSSL-Unterstützung an und legt den Pfad zum OpenSSL-Installationsverzeichnis fest.

`sasldb2` lässt sich nur nutzen, wenn Sie den Pfad zu den Berkeley-DB-Headerdateien (mit `--with-bdb-incdir=/usr/local/bdb/include`) und mit `--with-bdb-libdir=/usr/local/bdb/lib` den Pfad zu den Berkeley-DB-Bibliotheken angeben. Zusätzlich müssen Sie mit `--with-dblib=berkeley` Berkeley-DB-Unterstützung anfordern.

Mit `--enable-anon` erlaubt SASL anonymes Login, mit `--enable-login` die Passwortübergabe in Form von Windows-kompatiblem Klartext, während `--enable-plain` die Authentifizierung über den `PLAIN`-Mechanismus (ebenfalls Klartext) aktiviert. `--enable-cram` sorgt dafür, dass SASL CRAM-MD5-Passwörter akzeptiert; dank `--disable-digest` werden Digest-MD5-Passwörter hingegen abgelehnt. `--disable-krb4` deaktiviert die Kerberos-4-Unterstützung und `--disable-otp` One-Time-Passwörter.

Weitere Möglichkeiten, auf die Funktionalität der Bibliothek Einfluss zu nehmen, zeigt Ihnen die Dokumentation im `doc/`-Verzeichnis des ausgepackten Quellcodes oder der Aufruf von `./configure --help`.

Wenn Sie Funktionen aktivieren, die andere Dienste nutzen, müssen diese zum Zeitpunkt des `configure`-Aufrufs auf dem System existieren. Geben Sie zum Beispiel `--enable-sql` an, ohne dass MySQL auf ihrem System installiert ist, bricht `configure` mit einer Fehlermeldung ab.

Ist das der Fall, schauen Sie sich die letzte Fehlermeldung genau an. Meist fehlt nur ein für den Übersetzungsvorgang benötigtes Programm, im folgenden Beispiel etwa der Compiler:

```
linux:cyrus-sasl-2.1.22 # ./configure
configure: loading cache ./config.cache
checking build system type... (cached) x86_64-unknown-linux-gnu
checking host system type... (cached) x86_64-unknown-linux-gnu
checking target system type... (cached) x86_64-unknown-linux-gnu
checking for a BSD-compatible install... (cached) /usr/bin/install -c
checking whether build environment is sane... yes
checking for gawk... (cached) gawk
checking whether make sets $(MAKE)... (cached) yes
checking for gcc... (cached) gcc
checking for C compiler default output... configure: error: C compiler
cannot create executables
See 'config.log' for more details.
```

Das Nachinstallieren von gcc und g++ behebt das Problem – `configure` kann sauber durchlaufen. Ist letzteres der Fall, lässt sich der Übersetzungs- und Installationsvorgang starten:

```
linux:cyrus-sasl-2.1.22 # make && make install
```

Da einige Programme distributorseitig die SASL-Bibliothek im Verzeichnis `/usr/lib/` erwarten, empfiehlt es sich, einen symbolischen Link auf das Verzeichnis mit den soeben erzeugten Bibliotheksdateien zu setzen:

```
linux:cyrus-sasl-2.1.22 # ln -s /usr/local/lib/sasl2 /usr/lib/sasl2
```

Je nach Distribution und Architektur Ihres Systems kann der für SASL vorgesehene Bibliotheksstandort auch anders heißen. Gebräuchlich sind auch `/usr/lib/sasl2` bei 32-Bit-Systemen und `/usr/lib64/sasl2` auf 64-Bit-Systemen.

Um auf Nummer Sicher zu gehen, empfiehlt es sich, das Testprogramm `testsaslauthd` zu übersetzen, welches mit dem Quellcode mitgeliefert wird, und es ins Verzeichnis `/usr/local/bin` zu kopieren. Das ist schnell erledigt, da hier kein Makefile erzeugt werden muss:

```
linux:cyrus-sasl-2.1.22 # cd saslauthd/
linux:saslauthd # make testsaslauthd
linux:saslauthd # cp testsaslauthd /usr/local/bin/
```

Ein Aufruf von `/usr/local/bin/testsaslauthd` testet das SASL-Plugin `saslauthd`. Dieses fragt auf SuSE-Systemen per Default PAM und PAM wiederum die Unix-Systemaccounts ab. Dazu benutzen Sie am besten einen existierenden (ggf. zuvor angelegten) Unix-Systemuser:

```
linux: # testsaslauthd -u username -p passwort -f /var/run/sasl2/mux0
OK "Success."
```

`-u` gibt den Usernamen an, `-p` das Passwort und `-f` den Pfad zum Socket, über den mit SASL kommuniziert werden kann.

C.2.4 Installation des Cyrus-IMAP-Servers

Die Installation des Cyrus-IMAP-Servers funktioniert nach dem gleichen Prinzip wie die von Cyrus-SASL:

```
linux: # cd /usr/local/src/cyrus-imapd-2.2.12
linux:cyrus-imapd-2.2.12 # export CPPFLAGS="-I/usr/include/et"
linux:cyrus-imapd-2.2.12 # ./configure \
--with-sasl=/usr/local/lib \
--with-perl \
--with-auth=unix \
--with-dbdir=/usr/local/bdb \
--with-bdb-libdir=/usr/local/bdb/lib \
--with-bdb-incdir=/usr/local/bdb/include \
--with-openssl=/usr/local/ssl \
--without-ucdsnmp
checking build system type...
[...]
```

Cyrus benötigt die zur Common-Error-Bibliothek gehörende Headerdatei `com_err.h`, die auf vielen Systemen nachinstalliert werden muss, bei Debian und Ubuntu etwa aus dem Paket `comerr-dev`. Sie liegt meist im Verzeichnis `/usr/include/et/`, was über die Umgebungsvariable `CPPFLAGS` anzugeben ist.

Dank `--with-sasl=/usr/local/lib` nutzt der Cyrus die in `/usr/local/lib` installierte Cyrus-SASL-Bibliothek. Dank `--with-perl` unterstützt der Server die Skriptsprache Perl, in der ein Großteil der Cyrus-Skripte und Module geschrieben ist. `--with-auth=unix` stellt als Default-Authentifizierungsmethode `unix` ein. Damit wertet der Cyrus die Dateien `/etc/passwd` und `/etc/shadow` beim Login von Mailnutzern aus.

Durch Angabe des Oberverzeichnisses für die Berkeley-Datenbank-Dateien mit `--with-dbdir=/usr/local/bdb` aktiviert man deren Nutzung und kann Userdaten damit in einer `sasldb2`-Datenbank lagern. Mit `--with-bdb-libdir=/usr/local/bdb/lib` und `--with-bdb-incdir=/usr/local/bdb/include` muss man allerdings explizit den Pfad zu den Berkeley-DB-Bibliotheken bzw. -Headerdateien angeben. `--with-openssl=/usr/local/ssl` aktiviert die Unterstützung von OpenSSL und gibt den Pfad zum SSL-Installationsordner an.

`--without-ucdsnmp` deaktiviert die SNMP-Unterstützung. Obwohl nicht offiziell dokumentiert, lässt sich Cyrus per SNMP überwachen. Wenn Sie daran interessiert sind, werfen Sie am besten einen Blick auf `http://osdir.com/ml/mail.imap.cyrus/2003-01/msg00517.html`.

Auch hier gibt `./configure --help` alle Optionen aus, mit denen sich Cyrus beim Kompilieren an die eigenen Bedürfnisse anpassen lässt.

Lief `./configure` erfolgreich durch, starten Sie Übersetzung und Installation mit `make && make install`. Nach erfolgreicher Installation müssen die Arbeitsverzeichnisse für Cyrus mit dem Programm `mkimap` angelegt werden. Deren Pfade sind in der Konfigurationsdatei `/etc/imapd.conf` hinterlegt, die `mkimap` auswertet:

```
linux: # /usr/local/cyrus/bin/mkimap
reading configure file...
i will configure directory /var/lib/imap.
i saw partition /var/spool/imap.
done
configuring /var/lib/imap...
creating /var/spool/imap...
done
```

Überprüfen Sie sicherheitshalber, dass diese Verzeichnisse und Dateien für den User `cyrus` schreib- und lesbar sowie für die Gruppe `mail` lesbar sind.

C.2.5 Start und Stopp komfortabel

Den letzten Schliff verpassen Sie dem Cyrus-IMAP-Daemon mit einem Start- und Stopp-Skript für einfacheres Aktivieren und Beenden:

```
#!/bin/bash
#
# Cyrus-Startup-Skript

case "$1" in
start)
   # Cyrus-SASL starten
   /usr/local/sbin/saslauthd -c -a shadow &

   # Cyrus-IMAP-Daemon starten
   /usr/cyrus/bin/master &
   ;;
stop)
   # Cyrus-SASL beenden
   killall saslauthd

   # Cyrus-IMAP-Server beenden
   killall /usr/cyrus/bin/master
   ;;
*)
   # Ausgabe der möglichen Optionen
   echo "Usage: $0 start|stop"
   exit 1
   ;;
esac
```

Selbstverständlich können Sie auch die meist umfangreicheren Start-Stopp-Skripte der Distributionen so anpassen, dass sie mit dem selbstkompilierten Cyrus funktionieren.

Index

B

D

E